被隱形的女性

從各式數據看女性受到的不公對待，
消弭生活、職場、設計、醫療中的各種歧視

Invisible Women

EXPOSING DATA BIAS IN A WORLD DESIGNED FOR MEN

卡洛琳・克里亞朵・佩雷茲 Caroline Criado Perez

洪夏天——譯

推薦序

拼綴缺口，看見隱形女人！

——高雄醫學大學性別研究所退休教授 成令方

終於等到了！等到了可以捕捉陽光下灰塵的篩網，等到了可以清除塵埃的智慧、能量與行動的方向。

美國疫情還未解危，卻因警察暴力造成的「喬治．佛洛伊德（George Floyd）死亡事件」引爆全美抗議潮。退休的美國湖人隊明星球員賈霸（Kareem Abdul-Jabbar），對美國種族歧視的發言，非常精準貼切。我認為與本書的主題「被隱形的女人」中提及的性別歧視（sexism）異曲同工。

賈霸說：「美國的種族主義就像空氣中的塵埃，就算你幾乎被窒息嗆死。種族主義的塵埃幾乎是隱形的，直到你讓陽光照進來。當陽光照下來時，你看見到處都是灰塵。只要我們讓陽光一直進來，我們就有機會打掃灰塵。但是，我們必須保持警惕，因為空氣中總是會有塵埃。」

性別歧視就像種族歧視一樣。造成性別歧視的原因很多。本書作者提出看見並且拆解性別歧視的作法，是一針見血地指出社會「性別資料缺口」（gender data gap）造成的。這些讓女人隱形的「缺口」，就如賈霸說的，是看不見的塵埃。

形成看不見的「隱形女人」（塵埃）的背後，更是我們都自然擁抱，毫不質疑的「以男人為標準值，預設值」的性別主義。女性主義前輩西蒙．波娃（Simone de Beauvoir）70年前就說過：「世界的表象，就如世界本身，都是男人的產物；他們以自身觀點描述世界，誤以為他們所說的就是絕對的真實。」「以男人為標準值，預設值」的角度去記錄，使得女人在電影，新聞，文學，科學，健康，醫藥，教育，交通，城市規劃，經濟，工程，大數據等資料記載中是沉默的。這大量的沉默，使得女人被看成能力、才智、感覺、表現不如男人的「第二性」。

「社會性別資料缺口」是什麼？在此舉一個運動的例子說明。「2013年，英國網球好手安迪・莫瑞（Andy Murray）贏得溫布頓男網冠軍，所有媒體大加讚揚，稱他『結束了英國長達77年的等待』。然而，薇吉妮亞・韋德（Virginia Wade）明明在1977年奪下溫布頓女網冠軍。3年後，一名運動記者告訴莫瑞，他是『史上首位贏得2次奧運金牌的球員』，但這並非事實。莫瑞否認這個頭銜，明確指出『大小威廉絲姊妹各奪得4面左右的奧運金牌』。在美國，人人都同意美國國家足球隊從未打進世界盃決賽，但事實並非如此，美國國家女子足球隊抱回4次世界盃冠軍。」其實這些資料和數據要找都找得到，只是因為記者和人們只看到男性的成功，女人就成了隱形人。

「以男人為預設值」又是什麼？在此舉科技公司的職場經驗為例。現在大家都重視人才的「能力」是升遷任用的公平法則。然而根據美國人才創新中心（Center for Talent Innovation）的報告指出，在科技公司工作10年後，多達40%的女性離職，相比之下男性只有17%。女性離職率高的原因並不是一般人認為的「需要照顧家庭」，也不是她們不喜歡工作內容。她們離職的原因主要是「工作環境不友善」，「主管貶低女性的言行」，以及「升遷以及工作計畫被擱置」。這其實是制度化的性別歧視。這樣的數據，應證了「男性是預設值」的職場標準。

每個國家社會都有大量的「社會性別資料缺口」。作者使出洪荒之力，搜集各種資料來證明，除了有這樣的「缺口」存在之外，還有一些補綴「缺口」的作法，讓讀者逐漸看到可以讓女人不再隱形的行動與作法，帶來改變的希望。

本書作者佩雷茲以犀利、貼切、幽默的文字，配合博大豐富的數據資料，引領陽光照進我們生活的每個角落。於是，我們有能力看見這些無所不在的灰塵蛛網——「社會性別資料缺口」。再藉由各國資料彼此的交織補綴，「缺口」逐漸被看到又逐漸被縮小，我們才有能力清潔打掃過去蒙蔽我們眼睛的塵埃。感謝這本書帶給我們莫大的能量與智慧。

這本書是獻給所有心懷期待，盼望台灣會更好、更善、更健康的台灣人。這是一本可以為各層級政府長官、私人企業機構領導人、推動政策改革團體指點迷津的書。這也是一本送給關心自己生活品質的女人和男人，提供改變的行動策略。這是一本可以一讀再讀，大家一起讀一起討論的好書。有趣、幽默、有創意、具有學術價值，令人大開眼界的書。謝謝作者送給我們這樣珍貴的禮物。

推薦序

一起翻轉這個預設男性為標準值的世界

——財團法人婦女新知基金會秘書長 周于萱

今年（2020）5月20日，是台灣第一位女總統連任的就職典禮，而就在前一天，總統府公布了史上最「男」的內閣名單，新內閣42位政務官當中竟然只剩下2位女性（勞動部長許銘春、公平會主委黃美瑛），許多婦女團體成員聞訊後紛紛在社群媒體上表達憤怒與失望。婦女新知基金會以聲明及網路圖文痛批蔡英文政府的史上最「男」內閣是「父權傲慢官場現形，女性參政倒退30年」，忘記她4年前的反省跟承諾。但隨即引來網友砲轟「都已經有女總統了，你們（女人）還想要什麼？」、「我們現在用人唯才，女人自己不爭氣，還跑來哀哀叫性別比例，這個名單只是剛好而已。」

但真的是這樣嗎？台灣選出第一個女性總統，台灣最新一屆的國會女性比例是亞洲第一，已經性別平等了，從此世界太平？提到性別，我們判斷政治人物是否具有政治能力的標準就會變得「狹隘」？

我想這就是這本書《被隱形的女性》想要告訴大家的事情。

書中提到，美國的研究發現，當孩子還很小的時候，女童和男童都認為「女生可以成為非常、非常聰明的人」，但是到她們6歲進入學校教育的時候，這些小女生意識到，才智不是屬於他們的天賦。再加上她們在生活中所看到、聽到、接觸到的都是男性政治人物時，「政治人物=男性」的預設值就會深植人心，不言自明。

而政治參與還只是其中的一小部分而已。從考古的性別偏好、語言文法的陰陽性、表情符號的設計，到藝術、科學、音樂、教育、醫療各個領域，都出現了以男性為標準預設值，缺乏足夠的性別統計資料時，而出現（大多是對女性）的困擾，甚至是傷害。

日前香港媒體報導，日本的女性漫畫家早期以男性筆名出道，後來成為大師級作者才公開女性身分。漫畫家是男性這件事，讀者往往認為理所當然，會直接關注他的作品本身；然而，一旦女性漫畫家的身分暴露，她的長相、身材、私生活等等，馬上會成為人們茶餘飯後的話題，作品的品質反而是其次了。

這也讓我想到前幾年我和先生到日本旅遊，為了長途移動而租了汽車。明明在線上填寫租用表單的時候，姓名等資料都是我，也寫了是女性駕駛。但是人到現場租借的時候，店員還是直衝著我先生滔滔不絕的說明租借的規則。在我委婉表達不悅，以及駕駛人是我本人之後，換來的卻是日本店員（對，是男性店員）滿滿的驚嘆，讓我哭笑不得。原來男性作為主要駕駛人在人們心中是如此的理所當然。

讀這本書的過程當中，「對欸，為什麼會這樣？」的疑問不停的跳到眼前，顯然男性作為預設值，會讓女性變得「特別麻煩」、「特別難搞」。但其實只是我們一直用男性偏誤的角度在分析問題，缺乏性別資料來協助我們看見更多元的需求而已。

非常推薦大家看完之後，可以把這本書送給不想承認男性紅利的男性朋友、煩惱政策該如何修正推動的公務員，以及至今仍然小看自己貢獻的女性朋友。只有當我們意識到這樣的男性偏誤存在，我們才能夠更有意識的去讓政策、設計變得更完善。

visible
Women

EXPOSING DATA BIAS IN A WORLD DESIGNED FOR MEN

目次

Invisible Women

EXPOSING DATA BIAS IN A WORLD DESIGNED FOR MEN

目次

作者序

揭開性別資料缺口，讓女性不再沉默

我們現存的人類歷史，只能稱作不完整的資料庫，遺漏了一大塊。從「人是獵人」理論開始，過去的史學家講述人類演化過程時，不管是生物學或文化層面，幾乎都沒提到女人扮演的角色。男人的生活被當作全人類的代表。至於提到同樣占人口一半的女性，可說只有沉默。

這樣的沉默遍及四處。電影、新聞、文學、科學、都市規劃、經濟，我們的文化充斥著如此的沉默。我們口中述說的歷史，現在和未來，都存在著大量的沉默。歷史變了形，卡著一個女人形狀的缺口，女人存在，卻「缺席」了。這就是性別的資料缺口。

性別資料缺口不只產生大量的沉默。這些沉默，這些缺口，都有後果。它們每天都在影響婦女的生活。有些影響相比之下無關緊要。比如，辦公室空調都以適宜男性的溫度去設定，女性只能在一旁瑟瑟發抖；或者，書架以平均男性身高設計，女性伸直手臂也搆不到上層。這些都令人氣結，毫無疑問，也的確很不公平。

但它們不會造成生命威脅。不像其他更嚴重的事例。當安全措施沒有考量女性的身材，一場車禍足以奪走人命。當妳的發病症狀被視為「非典型」，醫生沒發現妳有心臟病。當全世界都以男性資料為基準時，女性可能會因此喪命。

但最重要的事情是，性別資料缺口通常並非出於惡意，甚至不是有意為之。大大相反。數千年來，人們都習於如此思考，因而造成了性別資料缺口；事實上，缺口是**欠缺**思考的產物。我們甚至可以稱它為雙重的欠缺思考：男性代表全人類，而無人思及女性。當我們提到「人」，我們指的其實是男人。

這並不是什麼新發現。西蒙・波娃在1949年就寫道：「人等於男人，男人不是以女人本身，而是以男人為基準去定義女人；他不把她視為獨立的存在。（……）他是『主體』，他是『絕對』——而她是『他者』。」[1]這句話家喻戶曉。然而，至今女性依舊是「他者」，這才是新聞。我們的世界愈來愈仰賴數據、大數據，甚至被它們奴役。我們用巨大的電腦，以巨大的演算法，挖出巨大的真相。但當大數據裡包含了巨大的沉默，你再怎麼挖掘，頂多也只能找出一半的真相。裡面常常沒有女人的蹤跡，對女性來說，那根本不是真相。正如計算機科學家的名言：「投入垃圾，也只能產出垃圾。」

正因我們對數據的仰賴，消除性別資訊缺口成了當務之急。醫生仰賴人工智慧下診斷，企業依賴人工智慧篩選履歷，甚至與潛在員工面試時，也靠人工智慧完成；這些都是常見的生活實例。然而，人們訓練人工智慧時用的是充滿缺口的資訊，再加上演算法常受到專利保護，我們甚至無法檢視它們是否曾考慮到眾多的資料缺口。至少從現有證據來看，人們顯然沒把這些考量納入演算程式中。

在本書中，數字、科技、演算法都是不可或缺的一部分。數據是資訊的同義詞，而資訊的來源繁多。統計數據是資訊的一部分，然而人類經驗也是資訊。我認為，要是我們想設計一個適用於每個人的世界，我們就必須讓女性參與。要是那些做決策的人，全是身體健全的白人男性（而且十有八九是個美國人），就會造成資訊缺口；然而他們所裁定的決策卻足以影響我們每一個人。同樣的，醫學界沒有搜集足夠的女性資料，也會產生資訊缺口。我會向讀者解釋，沒有結合女性觀點，是在無意識間造成男性偏誤的重要原因，而人們卻說這只是「性別中立」，甚至自以為用意良善。這就是波娃說的，男人誤把個人觀點視為絕對真理的意思。

本書會提到，男性在各種領域都忽略了女性特有的許多議題，讀者會發現3項主題反覆出現：女性的身體、女性無支薪的照護責任，以及男性對女性的暴力。這些重要議題影響我們生活的每一個層面，左右我們的日常生活，從公共運輸到政治，從工作場域到醫院手術。但男性忘了這些，因為他們的身體和女人不一樣。我們會看到，女人做了各種未給職的工作，而男人只做了一小部分這類工作。雖然男人也得對抗男性暴力，但他們所遇到的暴力與女性大不相同。然而眾人都忽略了這些差異，我們把男性身體和他們的生活經驗，當作性別中立。這就是對女性的歧視。

在本書中，我會提到生理性別（sex）和社會性別（gender）。生理性別指的是各種決定一人是男還是女的生理特徵，XX和XY染色體。社會性別指的是我們附加於生理性別的各種社會意涵──人們把妳**當作**女性時，他們對待妳的方式。後者是人類創造的產物，但這兩者都真實存在。在這個由男性數據組成的世界中，兩者都對女性造成嚴重後果。

雖然兩種性別的定義不同，但我以「社會性別資訊缺口」（gender data gap）一詞概括所有與女性有關的資料缺口，因為人們並不是基於生理性別，而是基於社會性別，才把女性排除於資料之外。資訊缺口戕害了太多婦女的人生，我想要在為此現象命名的同時，釐清其根源所在。在本書中，你會看到許多人宣稱他們是基於女性生理排除女性，但事實相反，女性的生理結構並不是最大的問題。問題是人們附加於女性身體的社會意涵，而且社會不願把女性身體納入考量。

《被隱形的女性》講述的是一個關於缺席的故事，有時我難以下筆。因為我們一開始就沒有搜集到女性相關的資料，而且即使我們有涵蓋兩性的資料，也通常不會按性別解析，因此女性整體面對了寬大的資料缺口。然而說到非白人女性、傷殘女性、工人階層的女性，我們更是幾乎完全沒有她們的資料。不只是因為沒人搜集這些弱勢婦女的資料，而是即使搜集了，也沒把它們與男性資料分開，因此我們沒有所謂「按性別分列的資料」。從學術工作到電影角色，相關的統計資料都只分為「女性」和「少數民族」，於是少數民族婦女消失了，被切進不同的分類中。在能取得資料的情況下，我都會提供——但這些資料幾乎不存在。

精神分析並非本書的主旨。那些造成性別資料缺口的推手，我無法直接得知他們內心最真實的想法，因此本書無法提出最切實的證據，解釋為何我們的資訊中滿是性別資料缺口。我只能向讀者提供資料，請讀者認真考慮這些證據。而且我也沒興趣弄明白，那些設計出充滿男性偏見的工具的人，他們本身是否真是性別歧視者。就某個角度而言，個人動機無關緊要。重要的是行為模式。重要的是，我提出的資訊是否足以證明，性別資料缺口並非只是一個巧合。

我會說，性別缺口絕不是一個巧合。我認為性別資料缺口既是因也是果，是「將男人視為全人類」的邏輯所造成，是欠缺思考的產物。我會向讀者展示，這種性別偏見不但常見，且散布每一個角落，扭曲了本該客觀的資料，然而資料正一步步操縱我們的生活。表面上超級公正的超級電腦，正一步步引導我們走向一個超級理智的世界，然而波娃所寫的書籍《第二性》（*Second Sex*）中所說的，依舊句句屬實：女人再厲害，也不過是男人的次等品，而女人正因此面臨各種危險。

前言
以男性為本的世界

人類社會的基本架構，就是將「人」的預設值定為男人。這是根深柢固的老舊習慣，跟人類演化理論一樣深植人心。西元前四世紀，亞里斯多德就直言男人才是人，好像這是無庸置疑的事實。他在《動物的生殖》（*On the Generation of Animals*）一書中宣稱：「當後代出現雌性而非雄性，就是變異的開始。」（但他至少承認基於「自然的必要」，這是無可避免的發展。）

經過了兩千年，芝加哥大學於1966年辦了探討原始狩獵—採集社會的專題研討會，主題為「人是狩獵者」（Man the Hunter）。超過75位來自各國的社會人類學家共聚一堂，探討狩獵對人類演化及發展過程的重要性；他們一致同意，狩獵扮演十分重要的角色。[1]研討會論文集中一篇文章宣稱：「從生態、心理及生活習慣來看，人類之所以不同於猿猴，都是因為我們的祖先是狩獵者。」聽來合情合理，但女性主義者指出，這理論的破綻之處是沒有考慮到女性的演化。論文集明確指出，狩獵是男性活動。因此，要是「我們的智能、興趣、情感、社會生活的基礎——全都歸功於人類成功發展狩獵活動，」那女性的演化又是怎麼一回事呢？要是人類演化全由男人主導，女人還能算是人類嗎？

人類學家薩莉．斯洛科姆（Sally Slocum）寫於1975年的論文〈女人是採集者〉（Woman the Gatherer）[2]，如今已成為經典之作。薩莉質疑主流的「人是狩獵者」理論，批評這只是「一找到男性行為的實例，就以為它足以解釋全人類的演化」。為了點出這些論述的疏漏，她提出一個簡單的問題：「當男人出門打獵，女人在做什麼？」答案是，她們採集食物；除此之外，人類嬰兒依賴母親的時間很長，女人得照顧嬰幼兒、讓幼兒離乳。女人的日常活動和狩獵一樣，都仰賴多方合作。薩莉抗議，人們空有這些背景知識，「卻堅持男人對獵殺的渴望，是人類演化與適應的基礎，根本過度強調攻擊性的重要。那畢竟只是人類生活的一個面向而已。」

薩莉在40年前就批評了這種說法，但至今演化理論仍處處可見男性偏見。2016年英國《獨立報》（*Independent*）刊登了一篇文章，標題為〈研究發現，人類經演化而發展出噬血暴力的本性〉。[3]這篇報導引用題為〈人類致命暴力本能的譜系根源〉的學術論文，宣稱與一般哺乳動物相比，人類演化後對自身物種的威脅性，是其他動物的6倍以上。[4]

以人類整體而言，這樣的結論並沒有錯——但事實上，會運用足以致命的暴力對待其他人類的，絕大多數都是男人：瑞典一份長達30年的研究報告指出，多達90%的謀殺案，凶手都是男人。[5]放眼其他國家，包括澳洲[6]、英國[7]、美國[8]的數據都支持這項結論。聯合國2013年的調查顯示，全世界的殺人案件中，96%的犯案者為男性。[9]這麼說來，究竟是全人類都有謀殺同類的傾向，抑或這是種男性特質呢？要是女人多半沒有謀殺傾向，那麼女性的「譜系學」（phylogenetics）①究竟是什麼？

學術研究中，「只要沒附加說明，男人就代表了全人類」

的觀點，影響了所有民族研究的範疇。比方來說，遠古人類的洞穴畫常以各種獵物為主角，因此研究人員直覺判斷畫下它們的是男人——因為男人是獵人。但近年來研究者再次分析法國與西班牙的洞穴畫作四周的手印後，發現大部分的圖畫其實出自女性之手。[10]

就連骨骸也逃不了「只要沒附加說明，男人就代表全人類」的思考模式。我們可能會以為，每具人類骨骸都該客觀的分為男性或女性，怎會受到「人類的預設值是男人」的影響呢！不是嗎？但我們錯了。一具10世紀左右，人稱「比爾卡戰士」（Birka warrior）的維京人骷髏，雖然分明有著女性骨盆，然而超過100年來，世人都認為「她」是男的，只因陪她入葬的是一整副武器，還有2匹當作祭品的馬。[11]從陪葬品看得出來，這個墓葬的是一名戰士[12]——而戰士指的當然是男性囉。其實維京的口述歷史經常提及女戰士，但考古學家認為那全是「虛構的，只是美化歷史的神話」。[13]顯然武器是比骨盆更可靠的證據，兼具判斷性別的功用；但它們都贏不了DNA分析。2017年的DNA分析證明了這具骸骨的性別確實是女性。

然而，這場論戰並沒有就此結束，只是方向改變了。[14]可能骨骸中摻有他人的遺骨；可能基於某些理由，那名女子才破例與武器一起下葬。這兩點並非全無立論基礎，然而研究者根據墳墓內物品的擺放方式，一一駁斥了這些論點。但最令人眼界大開的是，一具女戰士的骸骨居然會引起如此強烈的質疑聲浪。一想到在類似情況下，只要墓裡葬的是一具男性骨骸，卻「從未引起如此多的質疑」，更令人吃驚。[15]的確，考古學家在挖掘墓地時，總是找到比較多的男人。人類學家菲利浦．

沃克（Phillip Walker）在其1995年的著作中，就花了整整一章討論人們如何把骷髏貼上性別標籤，表示發現的男女骨骸比例「並不符合我們所知的性別人口比例」。[16]既然我們都知道維京婦女可以擁有房產和繼承權，也能成為勢力強大的商人，她們當然也可能上戰場，不是嗎？[17]

畢竟，比爾卡戰士可不是唯一被發現的女戰士遺骨。「從保加利亞到蒙古，歐亞草原上散落了許多女性骸骨，她們身上都留著戰鬥的痕跡，」英國作家娜塔莉・海恩斯（Natalie Haynes）在《衛報》（*Guardian*）上寫道。[18]對斯基泰人（Scythian）②等擅長騎馬射箭的古老民族而言，男性戰士並不具備任何搶眼的天生優勢。以DNA分析遍及烏克蘭和中亞各地上千個有武器陪葬的墓堆，就會發現37%的斯基泰婦女與年輕女孩都是活躍的戰士。[19]

要是讀者明白，「只要沒附加說明，男人代表全人類」的思考模式深植於人類社會的基石，也就是我們所說的語言本身，也許我們就不會驚訝於它的普遍程度。當薩莉批評人類學充斥以男性為主的偏誤，她指出，這種偏誤「不只出現於少量的分析資料，而是存在於他們詮釋資料時使用的語言本身。」她寫道：「人們模糊且氾濫的使用『人』（man）這個字，以致我們再也無法確認它指的是男人，還是人類整體。」文字意義的崩解讓薩莉懷疑，「在許多人類學家的心中，本該泛指人類

---

①又稱親緣關係學，研究物種或種群之間的演化歷史與關係。

②西元前10世紀到西元前3世紀間，於歐洲東北部、東歐大草原至中亞活動的民族，有的以農耕維生，也有的游牧。

全體的『人』字，已經成為『男人』的代名詞。」接下來我們會看到不少實例，證明她說的恐怕是真的。

美國詩人穆麗爾．魯凱澤（Muriel Rukeyser）的詩作〈神話〉（Myth）中，年老眼盲的伊底帕斯問斯芬克斯：「為什麼我認不出自己的母親？」斯芬克斯告訴他，當年她出謎題時，伊底帕斯回答的並非正確答案。當時她問，什麼會在早上用四腳走路，下午用兩隻腳，晚上用三隻腳走路，而伊底帕斯回答「人」。斯芬克斯解釋，「你完全沒提女人。」伊底帕斯抗議道：「人當然包括了女人，這是每個人都知道的事。」

事實上，斯芬克斯說得對，伊底帕斯答錯了。儘管人們**的確**知道，理論上這麼說沒錯，但當人們說「人」時，並沒有「也包括女人」。過去40年間，遍及各種語言的繁多研究都指出，所謂「以男性代稱整體」的現象，比如以性別中立的「他」（he）指稱第三者，事實上那不是真的男女通用，[20]在大多時候，「他」都被解讀為「男性」。

當提問者使用「以男性代稱整體」的詞彙，要受試者想個著名人士時，大部分的人想到的會是著名男性，而非女性；[21]或者會認為某個職業以男性為主；[22]要是被問到職位或官位的任命時，會直覺提出男性人選。[23]同樣的，要是一個職缺以男性代稱整體的文字招攬人才，女性申請的機率比較低；就算申請了，面試時的表現也會比較差。[24]事實上，偽中性文字被解讀為男性的情況實在太過普遍，就連一些刻板印象以女性為主的職位，比如「美容師」，突然都被人當作男性。[25]這也會扭曲科學研究，產生詮釋性別資料的缺口：2015年的研究指出，心理研究的自陳式量表若使用以男性代稱整體的詞彙，會影響女性受試者的應答，「測試分數的意義」也可能因此遭到扭曲。[26]作者指出，使用以男性代稱整體的詞彙，「可能會表現出男女間的不實差異；要是使用性別中立的字彙，或並列男女兩性用詞，就不會出現這種現象。」

就算有長達數十年的證據顯示，「以男性代稱整體」的用詞模稜兩可，許多國家的官方政策依舊堅持沿用這些字眼，只為了——避免混淆。前不久，法國最高法文權威組織法蘭西學術院（Académie française），就在2017年大力譴責「包容性寫作」③，抨擊這會讓語言「變形」，宣稱要是改變所有以男性代稱整體的用詞，會讓「法文陷入致命危機」。其他如西班牙[27]和以色列[28]等國家也曾發生類似爭議。

英語文法規則不隨陰陽性而變化，因此現代以男性代稱整體的現象並沒有那麼嚴重。比如「醫生」（doctor）或「詩人」（poet）等詞彙，過去以男性代稱整體（女醫生或女詩人分別稱為poetesses和doctoresses，但通常含有嘲笑意味），現已被視為中性詞。雖然在正式書面用詞中，只有那些堅持以「他」來指「他或她」的守舊學究依舊以男性代稱整體，然而在非正式場合，美國人常用的俚語dude（老兄）或guys（傢伙）加深了以男性代稱整體的現象；在英國，lads（小夥子）也被視為中性用詞。英國近年的一場爭議，讓我們見識到以男性為本的情況依舊很嚴重：2017年，倫敦史上第一位女消防局長丹妮・卡頓（Dany Cotton）上任後，建議人們該以firefighter代替fireman

③以法文為例，lecteurs（讀者）一詞的字尾eur是陽性，包容性寫作則是加上陰性字尾rice，成為lecteur·rice·s，同時指男讀者與女讀者。

時，各種恐嚇信件如雪片般朝她飛去。我們得說，firefighter遠比舊名稱酷多了；幸好現在firefighter一詞已成為標準用詞。[29]

其他語言如法文、德文、西班牙文，則是所謂「受性別屈折的」（gender-inflected）語言，性別與語言本身密不可分。所有的名詞都分為陰陽性。桌子是陰性，車子是陽性：la mesa roja（紅色的桌子）和el coche rojo（紅色的車子）。至於與人有關的詞彙，雖然陰陽性都存在，但永遠以陽性為標準用詞。舉個例子吧，用谷歌搜尋一下德文的「律師」一詞，出現的是anwalt，字面上指的是男律師，卻被當作通稱的律師用詞。如果你要說女律師，那麼該說「anwältin」。（女性名詞經常像這個字一樣，以陽性詞彙為字根，再加上陰性詞尾變化，再次驗證女性常被視為男性的變形，也就是波娃所說的「他者」。）男性詞彙也常用來指一群人：當無法確定性別，或者指一群有男有女的團體時，都以男性詞彙代稱整體。因此在西班牙文中，一百名女老師組成的群體稱為las profesoras，但只要加上一名男老師，這群人就會突然變成los profesores。這就是「以男性為本」的威力。

直到現今，這些性別屈折語言仍然多以男性詞彙指稱整體。大部分的招才廣告都使用陽性詞彙，特別是主管級的職缺。[30]奧地利近年的一項語言研究指出，主管級職缺的招徠廣告中，陽性詞彙和「兩性平等詞彙」（陰陽性詞彙並列）的比例是27:1。[31]歐盟議會自認找到了解決之道，自2008年起，建議所有以性別屈折語言編寫的招才廣告，在職缺後加上「男女皆可」（m/f），認為只要提醒世人女性的存在，就能讓代稱整體的男性詞彙看起來更「公平」些。雖說歐盟議會用意良善，但沒有資料證明這樣的解決辦法真的有用。當研究人員實際進行測試，發現「男女皆可」並未減低男性詞彙的排他性——證明決策人士在制定政策前，最好**先**搜集資料。[32]

為性別用詞字斟句酌，真能帶來任何影響嗎？事實上，還真有影響。2012年世界經濟論壇（World Economic Forum）的分析報告指出，使用性別屈折語言的國家，每句話中都帶有強烈的陰陽分別，而這些國家的男女也最不平等。[33]然而諷刺的是，性別最平等的國家並非那些使用不分陰陽性詞彙的語言（比如匈牙利文或芬蘭文）的國家。事實上，兩性最平等的國家使用的是第三種語言，也就是「自然性別語言」（natural gender languages），比如英文。這些語言容許人們在詞彙上加諸性別（如女老師〔female teacher〕、男護理師〔male nurse〕），但詞彙本身不隨性別而變化。這份研究的作者群認為，如果我們無法在詞彙上標示性別，就算強調「女性的存在」，仍無法「糾正」潛在的性別偏見。簡而言之，當男性是不用附加說明的通則，女性就會消失，毫無發聲機會。

許多人寧願相信，深植語言中的男性偏誤，不過是過往不夠進步才會遺留至今的產物罷了，但實例卻推翻了這種說法。世界上有種語言，「使用者增加的速度傲視全球」[34]，多達90%的線上人口使用它，那就是繪文字：表情符號。[35]繪文字誕生於1980年代的日本，使用者多為女性：78%的女性經常使用表情符號[36]，相比之下，使用它的男性為60%[37]。雖說如此，直到2016年前，表情符號居然都只有男性圖案，實在令人百思不解。

智慧型手機裡的表情符號，都是由聽起來頗為厲害的「統一碼聯盟」（Unicode Consortium）所決定。統一碼聯盟的總部位於矽谷，他們與各方團體合作，制定國際通行的軟體常規。他們決定在現行表情符號庫中增加某個表情符號（比如「間諜」）時，也會決定如何編碼。接著每家手機製造商（或推特、臉書等平台）再設計自己的「間諜」圖案。雖然圖案不同，但編碼都是一樣的，因此不同平台的使用者都能透過類似的圖案表達同樣的意思。一個眼睛變成愛心的表情符號，不管在哪個平台都是一張眼睛變成愛心的臉孔，只是圖案會有少許差異。

長久以來，統一碼並沒有為大部分的表情符號定下性別。大部分的平台上，一個跑步男子的表情符號，並不是稱為man running，而是中性的runner。同樣的，代表警官的表情符號在統一碼圖庫中，被稱作police officer，而不是policeman。這些中性的詞彙卻被平台以男性詮釋，繪成男性圖案。

2016年，統一碼決定改變當時情況。他們放棄原本的「中性」詞彙，決定所有指人的表情符號，都加上性別敘述。[38]因此，原本都被套上男性跑者的「跑者」圖案，統一碼現在明確加上男跑者與女跑者的編碼。所有的職業和運動員，現在都有男女選項。這看似無關緊要的一小步，實為重大的勝利。

把矛頭對準手機製造商和社群平台，指責他們有性別歧視很容易，而我們接下來也會發現，雖然有時是不自覺的，但他們的確如此。然而，就算他們一開始真的設計了看起來「中性」的跑者圖案，大部分的人仍會把它詮釋為男跑者，因為我們習於把雙眼所見視為陽性或男性，除非另有標示。我們當然希望能勸服那些憤怒的文法學者，不再用「他」一字代稱全人類，改用「他或她」（甚至用「她或他」，但這恐怕會遭天譴！），說服他們這不是最可怕的改變；然而，不再「以男性為通稱」，其實只是這場戰鬥的前半階段而已。男性偏誤深植於我們心中，就連真正中性的詞彙也常被解讀為陽性或男性。

2015年一份研究指出，在人類一電腦互動的詞彙中，有5個指「人」的名詞都很中性：使用者、參與者、個人（person）、設計者和研究者。[39]幹得好呀，人類一電腦互動學家！但不可避免的，其中（當然）有蹊蹺。當受試者在研究人員指示下，思索其中一個詞彙10秒再畫下圖像時，顯然這些看似中性的詞彙，被詮釋為男性或女性的機率並不相等。以男性受試者而言，只有「設計者」被詮釋為男性的機率低於80%（但仍逼近70%）。而且受試者把「研究者」當作無性別的機率，高於當作女性的機率。女性受試者的男性偏誤比較輕微，但整體而言，仍傾向把中性詞彙視為男性，只有「個人」和「參與者」被視為男性或女性的機率各半；而男性受試者把這兩個詞視為男性的機率都將近8成。

這項結果令人沮喪，卻呼應了數十年來「畫個科學家」實驗的資料：當研究者要參與者畫科學家，絕大多數都會畫出男性科學家。由於男性偏誤太過嚴重，近年有份實驗結果顯示，終於有28%的孩童聽到這個指示時會畫女人，立刻被世界各地的媒體讚為性別平等的一大進步。[40]同樣的，2008年有份研究以巴基斯坦9~10歲的學童為對象，請孩子畫出「我們」。[41]令人震驚的是，畫出女人的女學生鳳毛麟角，而且根本沒有半個男學生畫出女性。

就連非人類的事物，也難逃男性偏誤；我們看到的世界，依舊以男性為本。在一項研究中，實驗者使用陰性代名詞稱呼一隻中性的填充玩偶，鼓勵參與者把它視為雌性，然而孩童、父母、照顧者依舊會以「他」來稱呼那些動物玩偶。[42] 研究者發現，動物必須「超級女性化」，才會有「將近一半的參與者把它稱為她，而不是他」。

平心而論，這並不是毫無道理的推論：「它」的確經常是雄性。2007年一份國際研究報告分析了多達25,439個兒童電視節目角色，非人類角色中，只有13%為雌性；女性人類角色的數據好一些，占了32%，但仍遠低於男性。[43] 一份報告分析1990~2005年間適宜兒童觀賞的電影後發現，有台詞的角色中，女性角色只占了28%；更令人震驚的是，在群眾場面裡，女人只占了17%，顯然「以男性為本」是世間通則。[44]

男人不只比女人擁有更多的角色，現身螢幕的時間也是女人的2倍；要是主角是男人，那麼男性的上鏡時間可能是女角的3倍之多。[45] 只有當主角為女性時，男角與女角的上鏡時間才趨於平等（人們常以為女性的上鏡時間比較長，但實情並非如此）。男人的台詞也比女人多，整體而言，男角的對白是女角的2倍；主角是男人的電影中，則為3倍；同時有男女主角的電影中，男角的對白仍幾乎是女角的2倍。只有以女主角為主的少數電影中，男女角色的露面時間趨於均等。

這樣的失衡不只出現在電影和電視上，它無所不在。

它也出現在雕像上：當我從英國公共紀念碑與雕刻品協會（Public Monuments and Sculptures Association）的資料庫計算全國各地的雕像，我發現光是以「約翰」為名的雕像，就比所有非皇室出身且具有明確姓名的女性歷史人物多。要是我們算上皇室人物，多虧維多莉亞女王熱中於樹立自己的雕像，女性雕像的總數才得以超過約翰。基於此，就算我不情願，也不得不向她致上幾分敬意。

鈔票上也少不了它：2013年，英格蘭銀行宣布要把鈔票上唯一的女性歷史人物換成男人。[46]我為此發起一場抗議活動，成功阻止了銀行；同時其他國家也出現類似活動，比如加拿大和美國。

新聞媒體也有它：從1995年開始，全球媒體監督計畫（Global Media Monitoring Project）每5年就會評估女性在世界各地印刷媒體與廣播節目的代表度。他們在2015年最新一期的報告中發現，「不管是報紙、電視、廣播新聞，被閱聽大眾讀到、看到、聽到的人物中，女性只占了24%，跟2010年的情況一樣，沒有進步」。[47]

連學校的教科書，也有它的蹤影：分析過去30年，遍及德國、美國、澳洲、西班牙等數個國家的語言與文法教科書，就會發現教科書例句中，男性比例遠遠高於女性（平均比率約為3:1）。[48]一份美國研究分析1960~1990年間出版的18本高中歷史教科書的圖片，發現有名有姓的男性圖片遠多於女性圖片，男性超過女性的比率從18~100倍不等；而在索引中，只有9%的人名為女性（其中有本教科書2002年的版本仍維持這樣的比例）。[49]至於近年，一份2017年的報告分析了10本政治學入門教科書，發現只有10.8%的頁面包含女性人物（有些書的比例只有5.3%）。[50]分析亞美尼亞、馬拉威、巴基斯坦、台灣、南非、俄國的教科書，也都出現同樣以男性為本的偏差。[51]

男性偏誤無所不在，甚至讓經典科幻動作遊戲《銀河戰士》（*Metroid*）的創作者得以利用這種文化偏誤，帶給使用者驚喜。遊戲創作者在近年一場訪談中表示：「我們苦思怎麼做才能讓每個人嚇一跳，於是討論到移除（主角）薩姆斯的頭盔。接著有人說：『要是薩姆斯是女的，一定會讓大家大吃一驚！』」[52]為了確保人人都明白主角是女的，他們還讓她穿上粉紅比基尼，擺了個翹臀姿勢。

然而，當時《銀河戰士》是遊戲世界中的特例，至今依舊如此。儘管2015年皮尤民調中心（Pew Research Center）發現，美國電動遊戲的男性與女性玩家人數不相上下，[53]但2016年，全球規模最大的年度電玩博覽會E3電子娛樂展中，僅僅3.3%的遊戲強力推銷他們的女性要角。[54]而且這個數據比前一年還差：根據女性主義頻道（Feminist Frequency）的調查，2015年有9%的遊戲宣傳女性角色。[55]然而，當遊戲真的設計女性人物供玩家選擇，通常只被視作一種「特殊功能」。2015年的E3遊戲展上，《異塵餘生4》（*Fallout 4*）的總監陶德·霍華德（Todd Howard）公開試玩時，展示玩家在遊戲中可輕鬆切換男女角色；然而到了後半段，他仍切回男性角色完成遊戲。[56]就像女性主義頻道發表2016年E3遊戲展的數據時所下的結論：「英雄的預設值就是男人。」[57]

男性導向的文化深植人心，男性體驗、男性觀點已經變成全人類共同的體驗與觀點，至於占了全球一半人口的女性體驗，則被視為小眾的利基市場。正因男性變成全人類的代稱，當喬治城大學的一位教授將她的課程命名為「白人男性作家」，很快就躍上新聞頭條。然而，眾多校園裡「女性作家」的課程卻被視為理所當然，無人為此大驚小怪。[58]

正因男性代表了全人類（而女性只是小眾），有部講述英國女性爭取投票權的電影，被評論家抨擊「過度偏狹」，因為電影中沒有提及第一次世界大戰（這篇影評還刊登在《衛報》上呢）。令人難過的是，這正好驗證了維吉妮亞．吳爾芙（Virginia Woolf）1929年觀察到的現象，至今仍沒有改變（批評家會說：「這本書很重要，它與戰爭相關。那本書不重要，因為它描述的是女人坐在客廳裡的心思。」）。59 正是基於同樣的立場，V．S．奈波爾（V. S. Naipaul）批評珍．奧斯汀（Jane Austen）的作品「十分狹隘」，然而與此同時，卻沒人期待《華爾街之狼》（*The Wolf of Wall Street*）提及波斯灣戰爭。當挪威作家卡爾．歐夫．柯諾斯格德（Karl Ove Knausgaard）以自身為主題，寫了長達6冊的自傳，《紐約客》（*New Yorker*）雜誌還讚揚他寫出了「人們共同的焦慮」。

正因如此，維基百科網站「英格蘭國家足球隊」（England national football team）的頁面是男子國家足球隊的資料，而女性球隊的頁面則被稱為「英格蘭國家女子足球隊」（England women's national football team）。正因如此，2013年維基百科的作家頁面，分為「美國小說家」與「美國女小說家」。正因如此，當2015年的研究分析維基百科數種語言的頁面時，發現與女性相關的頁面會出現「女」、「女性的」、「女士」之類的字眼，然而男性的頁面中卻不會出現「男」、「男性的」或「男士」之類的字眼，因為男人不說自明。60

我們把14~17世紀稱為「文藝復興時代」，然而，社會心理學家卡蘿．塔夫瑞斯（Carol Tavris）1992年的著作《誤解女性》（*The Mismeasure of Woman*）中指出，那可不是女性的文藝復興時代。當時的女人依舊無法受教育，也不可能在藝術界大放異彩。我們把18世紀稱為「啟蒙時代」，雖說當時的「人權獲得拓展」，但「女權卻受到限制，她們無法擁有房產，無法主導自己的收入，不能接受高等教育，沒有機會獲得專業訓練」。我們認為古希臘是民主的搖籃，然而，當時占人口一半的女性卻沒有投票權。

2013年，英國網球好手安迪・莫瑞（Andy Murray）贏得溫布頓男網冠軍，所有媒體大加讚揚，稱他「結束了英國長達77年的等待」，然而薇吉妮亞・韋德（Virginia Wade）明明在1977年奪下溫布頓女網冠軍。3年後，一名運動記者告訴莫瑞，他是「史上首位贏得2次奧運金牌的球員」，但這非事實。莫瑞否認這個頭銜，明確指出「大小威廉絲姊妹各奪得4面左右的奧運金牌」。[61] 在美國，人人都同意美國國家足球隊從未打進世界盃決賽，但事實並非如此，美國國家女子足球隊抱回4次世界盃冠軍。[62]

近年來不少人試圖扭轉根深柢固的男性文化偏誤，但常面臨各方的壓力。當漫威漫畫（Marvel Comics）將雷神索爾化為女性時[63]，粉絲激烈抗議——不過《連線》雜誌（*Wired*）指出，當索爾變成青蛙，倒「完全沒人吭聲」。[64]《星際大戰》（*Star Wars*）系列推出2部以女性人物為主角的電影時，網路一片譁然。[65] 科幻影集《超時空奇俠》（*Doctor Who*）是英國最長壽的電視影集之一，主角是一名可以變換形體的外星人博士，定期會變身為不同外貌，但頭12次，外星人都以男性打扮現身。直到2017年，主角才首次變身為女性。扮演第五任外星人博士的彼得・戴維森（Peter Davison）對劇組選擇女性擔綱演出博士一角的決定有所「疑慮」，認為這不是明智之舉。[66]他認為博士本就是「男」的，並且替「那些失去榜樣的男孩們」感到遺憾。憤怒的男人在社群媒體推特上號召眾人抵制《超時空奇俠》，譴責這是基於「政治正確」所做的決定，是刻意向「自由思想」靠攏的偽善。[67]

不過科林・貝克（Colin Baker）不同意戴維森的說法，他在戴維森之後接演博士的角色。他反擊，「男孩過去50年都能以外星人博士為榜樣」，並進一步思索，難道人們只能當同性別者的榜樣嗎？「難道我們不能當所有人的榜樣？」科林，這的確很難辦到，畢竟我們已經看到，「人」常被解讀為男性。從各種事例看來，女人的確能在某種程度上把男性當作仿效的榜樣，但男人並不接受以女人為榜樣。女人會買男人所寫、關於男人的書，但男人不會買女人所寫、關於女人的書（至少這樣的男人很少）。[68]電玩遊戲《刺客教條》（*Assassin's Creed*）於2014年宣布推出新的多玩家合作模式，然而玩家無法扮演女刺客，不少男性玩家為此額手稱慶。[69]他們宣稱，玩女性角色會降低他們對遊戲的認同感。

記者莎拉・迪塔姆（Sarah Ditum）認為這些爭論只是浪費時間。「拜託，」她在專欄中斥責這些玩家，「你們玩過主角是藍色刺蝟的遊戲，扮演過經過神經機械學強化的星際船艦軍官，甚至還能當馴龍師。但一想到女人也能當主角，有完整的內心世界和活躍個性，你們的想像力突然就受到限制了？」[70]理論上來說，莎拉說得沒錯。把自己當成藍色刺蝟，**應該**比想像自己是個女人還要困難。然而就另一方面而言，她的確錯了，因為藍色刺蝟「音速小子」和男玩家有個極為重要的共通點，這個連結比男人、女人同為人類還更強大，那就是：音速小子是雄性。我們知道他是雄性，因為他不是粉紅色，頭上沒有蝴蝶結，不會傻里傻氣的笑。他是沒有特別標示的標準性別，不是非典型角色。

不管哪個文化領域，只要提到女性都會引來強烈反對。我在2013年提倡英國鈔票背面應加上女性歷史人物時，④許多憤怒的男人感到非以各種恐嚇阻止我不可。他們威脅要強暴我、讓我斷手斷腳，甚至要謀殺我。當然，並不是所有反對的男人都做出如此凶暴的威脅，但就連比較溫和的抗議，他們也確保我清楚明白，我的提議讓他們感到不公不義。我還記得有個男人對我的諫言是：「現在到處都是女人！」大家只要想一下，我費盡千辛萬苦才讓英國鈔票上出現一名女性，就明白他的發言背離事實；然而，他的反應倒揭示了不少事情。就連在鈔票上印上一名女性圖像，都會讓這些男人感到不公平。對他們而言，男女本就平起平坐；儘管到處都是男人的天下，但這只是客觀顯示男人多麼優秀罷了。

英格蘭銀行一開始也宣稱，鈔票上多為男性人物，只是按貢獻多寡決定的結果。他們宣稱鈔票上的歷史人物都由「客觀的篩選標準」決定。要加入這串「鍍金名單」，必須是「英國歷史上的關鍵人物」，得滿足下列條件：具備家喻戶曉的知名度；創作優秀的藝術作品；不曾引起爭議；「做出長久且歷久不衰的貢獻，受到世人一致讚揚」。拜讀這些全然受主觀操控的價值評斷標準，我終於明白為何銀行發行的鈔票上會被5名白人男性所占據：歷史的性別資料缺口，讓女人難以達成上述任何一個號稱「客觀」的條件。

1839年，作曲家克拉拉・舒曼（Clara Schumann）在日記中寫道：「我曾經自認擁有創意與天賦，如今我已拋棄這樣的想法；一個女人不該渴望作曲——從來沒有女人寫得出名曲，我又怎敢妄想自己辦得到呢？」令人悲慟的是，舒曼錯了。在她之前**曾有**女人寫下名曲，其中有些女子是17~18世紀最成功、作品最豐富、最具影響力的作曲家。71只是，她們的名字沒有「家喻戶曉」，因為女人還沒過世前就已被世人遺忘——或者由於性別資料缺口，她的作品被世人認為是某個男人之作。

費利克斯・孟德爾頌（Felix Mendelssohn）以自己的名義，出版了姊姊芬妮・亨塞爾（Fanny Hensel）的6部作品。2010年，一份之前被認為是孟德爾頌手寫的樂譜，證明出自亨塞爾之手。72多年來，古典文學研究者都宣稱，羅馬詩人索皮希雅（Sulpicia）不可能寫出那些留有她簽名的詩句，因為它們太棒了，更別提其中那些太過煽情的文句。73茱蒂斯・萊斯特（Judith Leyster）是領頭加入藝術家同業公會的女性之一，當時她是知名的畫家。然而當她於1660年辭世，世人把她的作品都視為她丈夫的創作。直到2017年，人們才發現19世紀畫家卡洛琳・路易莎・戴利（Caroline Louisa Daly）的新作品；在此之前，她的畫作都被視為其他男性的作品，其中一人甚至不是畫

---

④英國鈔票正面是現任君主的肖像，反面則是歷史人物。鈔票史上出現過3名女性；第一位是英國護士與統計學家佛羅倫絲・南丁格爾（Florence Nightingale），出現在1975~1992年的10鎊鈔票上；第二位是社會改革家與慈善家伊麗莎白・弗萊（Elizabeth Fry），出現在2002~2016年的5鎊鈔票；第三位是作家珍・奧斯汀，出現在2017年的10鎊鈔票，沿用至今。作者之所以於2013年發起運動，是因為當時發表的新版5鎊鈔票設計以邱吉爾取代弗萊，以致所有鈔票背面都只有男性歷史人物。

家。[74]

贏得皇家學會休斯獎章的赫莎・艾爾頓（Hertha Ayrton），是20世紀初的英國工程學家、物理學家和發明家。她認為，「女人的成就一旦被誤植為某個男人的功勞，就成了難以糾正的錯誤。這樣的事簡直像九命怪貓一樣，一再重演」。她說得沒錯。教科書不斷宣稱，湯瑪士・杭特・摩根（Thomas Hunt Morgan）搶先發現性別不是由環境決定，而是由染色體決定；然而事實上，娜蒂・史蒂文斯（Nettie Stevens）才是以粉蟬實驗證明這件事的學者；在兩人的信件往來中，摩根還向史蒂文斯詢問她的實驗細節。[75]塞西莉亞・佩恩—加波施金（Cecilia Payne-Gaposchkin）發現太陽主要的組成物是氫，但她的研究結果常被歸為她的男指導教授的成就。[76]在那麼多不公平的實例中，最著名的莫過於羅莎琳德・富蘭克林（Rosalind Franklin），她從X射線實驗和單位晶胞中確認DNA的雙股螺旋結構，以及由磷酸分子組成的骨架。然而獲得榮耀的卻是詹姆斯・華生（James Watson）和法蘭西斯・克里克（Francis Crick），他們因她而發現DNA的結構，贏得了諾貝爾獎，成為家喻戶曉的大人物。

雖然有那麼多女性成就被錯誤歸功給男性的實例，但這並不代表英格蘭銀行刻意排除女性。它們只是說明了看似客觀的標準可能充斥男性偏誤。以鈔票人物來說，歷史上將女性成就歸於男性的習慣，讓女性難以符合英格蘭銀行的篩選條件。真相是，歷史人物的價值由公眾意見決定，而公眾意見受文化影響。要是一個文化建立於和我們一樣充滿男性偏誤的社會，在此文化中的女人自然逃不過被邊緣化的命運。男性是人類的預設值，而女性的預設值則是被邊緣化。

英格蘭銀行主觀的篩選標準也顯示，男性是人類預設值的現象，既是性別資料缺口的因，也是它的果。銀行界人士忽略了歷史性別資料缺口，因此都以男性能達成的成就來設定篩選條件。比如說，「沒有引起爭議」看似用意良善，但歷史學家蘿瑞爾・瑟齊爾・烏利齊（Laurel Thatcher Ulrich）的名言道盡一切：「乖女人很少創造歷史。」結果就是，英格蘭銀行不只沒有糾正歷史性別資料缺口，甚至進一步強化。

到處都可見到披上客觀外衣的主觀價值判斷。2015年，參加英國高考課程（A level）的學生潔西・麥克卡貝（Jesse McCabe）注意到，音樂課程表定的63項作品中，沒有一首出自女性作曲家之手。她寫信質疑評鑒機構愛德思（Edexcel），但他們為課程內容辯護。「在西方古典樂傳統中（事實上就連其他樂界也是如此），女性作曲家的表現並不是特別突出，」他們的回信道，「因此我們自然只能納入非常少的女性作曲家。」注意他們所使用的詞彙，愛德思並沒有說女性作曲家不存在——畢竟《世界女性作曲家百科全書》（*International Encyclopaedia of Women Composers*）至少列出了6,000名。愛德思在信中說的是「經典之作」，也就是說，受到廣泛認可、最具影響力、扮演塑造西方文化角色的偉大作品。

音樂市場向來自以為「經典之作」的形成過程十分客觀，但事實上，它們就像社會各種偏頗且不平等的價值評估標準一樣，完全主觀。一整套的經典選輯中，女性被屏除在外，因為自古以來，女人幾乎不可能成為所謂成功的作曲家。放眼歷史長河，要是女人被容許作曲，也只能在家中對親密家人與友人演奏，不可能公開演出。規模龐大的交響樂曲是作曲家奠定名聲的關鍵，但通常女性不被容許編寫，因為世人認為女性編寫交響曲是「不合宜」的。[77]對女人來說，音樂是她們生活的「點綴」，不該發展為事業。[78]直到二十世紀，伊麗莎白・麥康奇（Elizabeth Maconchy）成了第一位成為英國作曲家公會主席的女性，但樂譜出版商萊斯里・布澤（Leslie Boosey）卻拒絕出版她的作品，阻止她的雄心壯志，直言：「我只會出版女性作曲家寫的小曲。」

就算那些「小曲」真能為女性贏得經典大師的地位，然而她們所擁有的資源太少，爬升的地位有限，她們的文化遺產依舊難以流傳後世。安娜・比兒（Anna Beer）在著作《如蜜的樂音：古典音樂中被遺忘的女性》（*Sounds and Sweet Airs: The Forgotten Women of Classical Music*）比較17世紀多產作曲家芭芭拉・史托齊（Barbara Strozzi）和同一時期的男性作曲家法蘭切斯科・卡瓦里（Francesco Cavalli）。史托齊生前發表了大量作品，遠比當時任何一名作曲家還要多。然而，卡瓦里是威尼斯聖馬可大教堂的音樂總監，既有地位又有財富的他，得以確保所有作品（包括生前未出版的作品）都收藏於圖書館，流傳後世。他有能力雇用人員保管他的檔案，而且還能預付費用，確保自己死後每年祭日的彌撒，樂團都會演奏他所寫的曲目。雙方握有的資源差異太過懸殊，史托齊無力確保後人記得她譜下的樂章，兩人的立足點根本不平等。當人們堅持將史托齊等女性作曲家排除在經典作品外，宣稱這一切只是由作品的卓越程度決定，只是加強從古至今的男性偏誤，有失公允。

女性不只被排除於文化史之外，她們也難以爬上權力高層。正因如此，我們教導孩子歷史時，常只告訴他們男人的生活。2013年，英國發生一場關於何謂「歷史」的論戰。一邊是英國當時的教育部大臣麥克・戈夫（Michael Gove），倡導他新推出的「返樸歸真」自然歷史課程。[79]戈夫和他的支持者組成一群21世紀的葛萊恩⑤大軍，堅持孩童需要的是「事實」。[80]他們需要「知識的根基」。

他們口中每個孩子都該理解的「知識根基」、「事實的基礎」，除了其他醒目的各種缺陷外，最鮮明的特徵就是，整套課綱中幾乎沒有女性存在。在第二關鍵期（7~14歲）的課程中，只出現2名都鐸王后。第三關鍵期（11~14歲）的課程中，只有5名女性，其中4名只出現在〈女性角色的改變〉章節（南丁格爾、瑪麗・西格爾〔Mary Seacole〕⑥、喬治・艾略特〔George Eliot〕⑦和安妮・貝贊特〔Annie Besant〕⑧）——這樣的編排合理暗示課程的其他篇章都只有男人。

2009年，著名的英國歷史學家大衛・斯塔奇（David Starkey）批評女歷史學家太過專注於亨利八世的歷任妻子，他堅稱國王才是歷史的「中心」[81]，抱怨她們不夠用心研究國王。他把國王的私生活貶為次要的「肥皂劇」，宣稱亨利八世統治期間的政治才是最重要的歷史，比如宗教改革。斯塔奇堅稱：「如果用5分鐘解釋歐洲歷史，那就是白人男性的歷史，因

---

⑤狄更斯著作《艱難時代》（*Hard Times*）中的國會議員兼教育家，自命不凡，十分嚴厲，只在乎數字與事實。
⑥1805~1881, 英國牙買加商人與護士。
⑦1819~1880，英國作家，原名瑪麗・安妮・伊凡斯。
⑧1847~1933，社會改革家，提倡婦女權利。

為他們扮演了最重要的角色。除此之外，其他說法都是謊話連篇。」

斯塔奇之所以這麼說，是因為他斷定私生活毫不重要。但它們真的毫不重要嗎？以約莫出生於1320年後的愛格涅絲·亨汀頓（Agnes Huntingdon）為例，我們得以從她兩段婚姻的法院公開檔案，窺見她的私人生活。[82] 我們發現她是家庭暴力的受害者，而且她的家人十分反對她的第一段婚姻，試圖宣告她的婚姻無效。1345年7月25日晚上，遭第二任丈夫攻擊的愛格涅絲逃離家中，當晚她的丈夫持刀出現在她哥哥的家門前。14世紀的一名女性遭受家庭暴力，毫無選擇的自由，豈是與歷史毫無關聯的私生活？她的私生活是否正好揭露了男性掌控女性的歷史？

不管在任何情況下，把世界一切為二，分為「公開」與「私生活」，恐怕都是錯誤的分割。這兩者無可避免的彼此影響，糾纏難解。歷史教師凱薩琳·愛德華茲（Katherine Edwards）強烈反對戈夫的教育改革，她在受訪時指出，近來有份研究解析了女性在美國南北戰爭的角色。女性絕非與戰事無關，事實上，「整個南方邦聯都低估了女性的貢獻與影響力，連女性也沒意識到自己所扮演的角色」。

菁英階級女性自幼所受的教育讓她們深信女人無用的神話，不相信自己也能從事那些毫不女性化的工作。當男人紛紛從軍，她們無法替補男人留下的空缺，只能寫信給前線的丈夫，哀求他們放棄打仗，回到家鄉保護家裡的婦孺。相較之下，貧窮的女性更為積極，令政府感到困擾。她們組織起來，反抗南方邦聯的政策，「因為她們挨餓，不得不想盡辦法餵飽自己的家人」。分析南北戰爭結果時把女性排除在外，不但造成性別資料缺口，甚至也對美國的建國史產生誤解。這些都是值得人們知道的「事實」。

從人類史、藝術史、文學史、音樂史，到人類演化史本身都宣稱，它們講述的是客觀事實。但事實上，這些事實長久以來都在欺騙我們。它們沒能為世上一半的人口發聲，只是扭曲片面的說法；就連我們所使用的詞彙，都只指涉一半的真相。當資料沒有加入世界一半的人口，就會造成資料缺口。我們自以為認識自己，但我們吸收的只是一連串的謬誤，反而加深「以男性為本」的荒誕說法。這**才是**事實。

以男性為本的神話歷久不衰，直到今天依然影響著我們如何看待自己——而若說過去幾年所發生的諸多事件揭示了什麼，那就是我們看待自己的方式，絕不只是微不足道的小事。身分認同是一股威力強大的力量，但我們一直忽略它，誤解它，終至讓自己陷入困境：唐諾・川普（Donald Trump）當選美國總統、英國脫離歐盟和伊斯蘭國（ISIS）只是近年的3個例子，這些擴及全球的現象瓦解了世界秩序，而它們本質上全都是以身分認同為起始點的運動。正是把男性偽裝為中性、適用於全人類的神話，讓人們誤解和忽略身分認同的威力。

一名我短暫約會過的男子試圖反駁我的論點，說意識形態使我盲目。他說我無法以客觀或理智的角度看待世界，因為我是女權主義者，而我用女權主義的雙眼看世界。他自認是自由主義者，而我向他指出，同樣的說法也適用於他時，他猶疑了。不，這是客觀，這是常識，是波娃的「絕對真實」。對他來說，他看到的世界是一致的，然而女性主義——從女性的觀點來看這個世界——則是小眾利基，是受意識形態蒙蔽的。

讓我想起這個男人的，是2016年的美國總統選舉。大選剛結束，推特、演說和報章專欄裡滿滿都是白人男性大力譴責所謂「認同政治」的壞處，實在讓人受不了。川普當選後10天，《紐約時報》（*New York Times*）上刊登了一篇由哥倫比亞大學人文學教授馬克・里拉（Mark Lilla）所寫的文章，抨擊希拉蕊・柯林頓（Hilary Colinton）「刻意尋求非洲裔、拉丁裔、LGBT團體和女性選民的支持」。[83]據他所說，她忽略了「白人勞動階級」。里拉認為希拉蕊的「多元觀點」十分「狹隘」，欠缺「更廣大的視野」（顯然里拉認真拜讀了奈波爾的著作），而他也從現今的大學生身上見到了這一點。他宣稱，現在學生受到的教育讓他們過於重視多元性，「反而對階級、戰爭、經濟和人類共同的利益毫不關心，令人驚愕」。

這篇文章發表後2天，前民主黨候選人伯尼・桑德斯（Bernie Sanders）為新書巡迴活動來到波士頓[84]，他在詮釋選舉的結果時表示：「有人說『我是女人！投給我！』，但這樣的說詞不夠有力哪。」[85]而在澳洲，《澳洲人》日報（*Australian*）編輯保羅・凱利（Paul Kelly）則把川普當選視為「對認同政治的反擊」；[86]英國工黨議員理察・柏貢（Richard Burgon）在推特上表示，川普當選是「中間及左派選民放棄經濟體制變革，依賴認同政治所造成的後果」。[87]

《衛報》的賽門・詹金斯（Simon Jenkins）的結論是，2016是可怕的一年，「身分認同的使徒過度為少數族群辯護」，扼殺了自由主義，因而遭受各界抨擊。「我不屬於任何族群，」他寫道。因此，他無法「加入遍及世界各地的病態亢奮」。他渴望「1832年光榮的革命重演⑨」。而那場革命造成的結果，是讓英國擁有地產的數十萬名男性獲得了選舉權。[88] 還真是個令人振奮的年代啊。

這些白人男性的見解都有個共同點：一提到種族或性別，政治就成了「認同政治」；種族與性別和諸如「經濟」等「更廣大」的議題毫無關係；它十分「偏狹」，只在乎女性和非白人選民的訴求，而「勞動階級」指的理所當然是「白人男性勞動階級」。2016年大選期間，人們認定煤礦業是純正的勞動階級工作，這裡的勞動階級當然暗指男性。然而，根據美國勞工統計局的資料，煤礦業共有53,420的勞工，他們的年薪中位數是59,380美金。[89] 相比之下，多達924,640名從事清潔與家管工作的婦女，其年薪的中位數是21,820美金。[90] 這樣看來，誰才是真正的「勞動階級」？

白人男性的共同點是，他們都是白人男性。我特別強調這一點，因為正是他們的膚色與性別，讓他們得以大聲宣揚詭異的邏輯，認為所有不是白人或不是男人的人才有身分認同的問題。當一名白人男性，習於一切都以白人和男人為主，他們當然會忘記白人男性也是一種身分。

法國左翼行動派分子皮耶・布赫迪厄（Pierre Bourdieu）在1977年寫下：「理所當然的事往往不用多加解釋：傳統從不多說，它毋需說自己是傳統。」[91]「白人」與「男性」二詞之所以沉默，是因為它們不用大聲疾呼，早已深植人心。白人和男

---

⑨指英國1832年發布的改革法案，改變了議會成員的決定方式，讓更多人獲得投票權。

性是不言自明的，不受質疑的。它們是預設值。其他非預設值的人不得不面對這樣的現實，他們的需求和觀點向來都被世人所遺忘，每天都得與整個世界對抗。而這個世界，從來不為他們和他們的需求著想。

白人與男性理所當然的現實，再次讓我想到我那不愉快的約會對象（好吧，其實有好幾人都像他一樣）。這一切都指向對客觀、理性的錯誤信仰，正如凱瑟琳・麥金儂（Catherine Mackinnon）說的，白人男性的觀點是「無觀點的觀點」（point-of-viewlessness）。他們從不宣稱自己的觀點是白人男性的觀點（因為不需要），因為他們是標準值，被理所當然的視為非主觀。他們的觀點直接被視為客觀看法，甚至通行全球。

但這樣的假設毫無根據。事實上，白人男性正和黑人或女性一樣，也是一種身分。一項研究針對白人美國人的觀點和偏好的候選人，發現川普崛起正源自於「白人認同政治」的興起，研究者把「白人認同政治」，定義為「藉由投票保障白人選民的集體利益」。[92]研究者的結論是，白人身分認同「強烈影響對川普的喜好」。男性認同也是如此。以性別分析川普的支持者，會發現「愈痛恨女性的選民，愈支持川普」。[93]事實上，敵視女性幾乎和政黨認同一樣，都是川普支持者的顯著標的。這樣的結果之所以令人驚訝，是因為我們太過習慣以男性為本的神話。

男性被視為通則，最直接的起因就是性別資料缺口。由於其他身分的人根本沒有表達的機會，白人男性才會變成理所當然的預設值。但男性通則也是性別資料缺口的成因：因為沒有人看到女人，沒有人記得她們，因為男性所提供的資料成就我們理解的大部分世界，**變成**世界的通則。占人口一半的女性因此位居弱勢，她們只代表小眾利基，她們的觀點是主觀而非客觀。這個框架把女人設定為是可被遺忘的，可被忽略的，可有可無的——不管是在文化、歷史、資料層面，都成了不重要的角色。因此，女人被視而不見。

本書講述的就是當人們忽略世上一半人口所發生的故事。它揭示性別資料缺口如何傷害女性，她們不正常的人生卻被視為正常。從都市規劃、政治到工作場所，這世界完全依據男性資料打造，然而一旦出了差錯，當女人生病了，當她們的房子被洪水沖垮，當她們因為戰爭不得不逃離家園，就會遭遇一連串的困境。

但這並不是個毫無希望的故事。當女人敢於走出陰影，用她們的聲音與身體為自己發聲，世界就會開始改變，資料缺口才會被抹平。因此，本書的核心是號召人們改變。長久以來，我們把女性視為人類標準的變異值，因此我們能忽略她們，讓她們不被世人看見。改變觀點的時刻已然到來。是時候，讓人們看見女性。

第一部

●

日常生活

第一章

鏟雪也有性別歧視？

一切都始於一個玩笑。2011年，由於瑞典發起性別平等運動，卡爾斯庫加鎮（Karlskoga）的官員不得不以性別角度重新評估所有政策。當一條又一條的政策接受嚴格檢視，其中一位不幸的官員打趣道，至少那些「強調性別的人」不會去管鏟雪這件事。可惜的是，他的發言反倒讓那些「強調性別的人」開始思考：鏟雪是否也有性別歧視？

與此同時，卡爾斯庫加鎮的鏟雪人員就像大部分的行政部門一樣，會優先清除主要幹道上的積雪，人行道和自行車道上的雪則是最後才處理。然而，這種優先順序影響男女的程度大不相同，因為男性與女性的交通方式不同。

雖然我們沒有各國依照性別分析的長期資料，但現有的性別資料分析清楚顯示，女性採取步行和使用大眾交通工具的頻率遠高於男性。[1]法國大眾運輸的使用者中，超過2/3的乘客是女性；美國費城與芝加哥的數據分別是64%[2]和62%[3]。同時，世界各地的男性通常以開車代步[4]；一個擁有1輛私家車的家庭，最常用車的人通常也是男性[5]——就連號稱女性烏托邦的瑞典也是如此。[6]

男女之別並不止於交通方式，男女移動的**原因**也大不相同。男人的用路模式通常比較單純：每天出門上班，來回通勤進出市中心。相比之下，女性的用路模式複雜多了。世界上，75%未支薪的照護工作由女性負責，連帶影響了她們的用路需求。比方說，女性常見的外出動線包括先送孩子去上學，再去上班；接送年老親戚去看醫生，在回家的路上轉去買菜。這稱為「連鎖路線」（trip-chaining），由數項短程且彼此影響的路線組成。世界各地的女性出門時，經常都採連鎖路線。

倫敦女性帶孩子去學校的機率是男性的3倍[7]，進行連鎖路線的機率比男性高25%[8]；要是家中有一個孩子年齡超過9歲，這個機率就會增為39%。不只是英國，歐洲各地的男女數據都一樣懸殊；雙薪家庭中，女性在通勤路上接送孩子的機率是男性的2倍。要是家有年幼孩童，這項數據更加鮮明：有一名5歲以下孩子的職業婦女，其連鎖路線會增加54%；然而處於同樣情境的男性，其連鎖路線只會增加19%。[9]

男女用路的差異指出，卡爾斯庫加鎮看似無性別之分的鏟雪先後順序，事實上完全不符合性別平等原則。因此地方議員改變了鏟雪順序，優先為行人和大眾運輸使用者考量。他們思考過後表示，這麼做絲毫不會增加鎮上的財務負擔，而且在深達3英寸的積雪中開車，遠比在積雪深達3英寸的人行道上推娃娃車（或推輪椅、騎單車）容易。

當時他們並沒有意識到，這樣的改變事實上還會替他們節省開支。瑞典北部自1985年起搜集被送到醫院的傷患資料，而這些傷患絕大多數都是行人；道路溼滑或結冰時，行人受傷的機率是汽車駕駛的3倍[10]；所有道路意外的傷患中，行人就占了一半[11]。而在這些受傷的行人中，大多數是女性。分析瑞典城市於莫歐（Umeå）地區的行人傷患案例可發現，其中79%在冬天受傷，而在單人意外中（也就是沒有涉及他人的事故），多達69%的傷患是女性。2/3的受傷行人是在結冰或有雪的路面上滑倒、摔跤，48％傷患的傷勢為中度到嚴重，最常見的是骨折和脫臼。在這些數據中，女性的傷勢通常也比較嚴重。

斯堪尼郡（Skåne County）的一項5年研究也呈現類似趨勢，且進一步發現受傷不但會增加醫療支出，也會造成生產力低下。[12]整個冬季，行人跌倒所耗費的資源約莫為3,600萬克朗（相當於1.08億台幣）。然而，這樣的估計值十分保守：許多受傷的行人前往的醫院，不一定會把資料提交給國家交通意外資料庫；有些人前往私人診所；有些人選擇在家療傷。因此，醫療體系和生產力所受的實質影響可能更大。

就算這項估計值可能過於保守，但行人因結冰路面受傷的成本，是冬天道路維護成本的2倍。靠近斯德哥爾摩的索爾納市（Solna），這項費用則是3倍，其他研究結果顯示更懸殊的差距。[13]不管實際數據為何，避免行人受傷，鏟雪時優先保障人行道的安全，顯然是對經濟有利的選擇。

2016年，一場意外讓鏟雪事件畫下句點。斯德哥爾摩的性別平等鏟雪計畫未能成功執行，另類右派在部落格上大肆慶祝。[14]這是因為當年的降雪量遠遠超過往年，道路和人行道都積滿了雪，以致通勤上班族全都出不了門，上不了班。當右翼評論家急著慶祝女性政策推行起來問題重重，他們全都忘了卡爾斯庫加鎮已成功推行性別平等鏟雪政策3年之久。

而且右翼提出的觀點都不符實情。資訊網站「熱街」（Heat Street）宣稱，這項政策失敗的原因之一，是「需要前往醫院診療的傷患人數激升」[15]——然而他們卻忽略了「激升」的是行人傷患數[16]，2016年政策未能成功執行的問題，不在於把行人列為優先，而是鏟雪進度的效率不張。汽車駕駛人的確因此頗為困擾，然而超乎尋常的降雪量也波及其他用路人，不只是駕駛人而已。

隔年冬天的狀況大為進步：當我與斯德哥爾摩交通部委員丹尼爾・海登（Daniel Helldén）①見面時，他告訴我長達200公里的單車、行人並行道，現在都以特殊工具鏟雪，讓它們在冬天雪季時也「像夏天時一樣平坦」，而道路意外也減少了一半，「成效十分顯著」。

卡爾斯庫加鎮原本的鏟雪順序，並不是刻意犧牲女性，專為男人謀福利。就像本書提到的許多例子，它是性別資料缺口造成的後果——在這個例子中，則是決策觀點出現缺口。原本安排鏟雪順序的是男人（大半政策都由男人決定），他們只熟悉自己的通勤模式，於是依照自己的需求定下優先順序。他們無意排除女性需求，他們只是沒有想到她們。他們沒有意識到，女性的需求可能與自己不同。會發生這樣的資料缺口，正是因為女性沒有參與規劃過程。

馬德里理工大學的城市規劃教授伊奈絲・桑切斯・德・瑪德里亞加（Inés Sánchez de Madariaga）告訴我，這是交通規劃中頻繁出現的問題。她解釋，「與交通相關的職位，大多都掌握

①海登自2019年開始擔任斯德哥爾摩交通部長。

在男性手中。」在西班牙，「不管是官職或技術職，各部會中就屬交通部的女性成員最少。那些男性仰賴的親身經驗，造成了政策偏頗的設計。」

整體而言，工程師多半只關心「和就業相關的移動」。固定工時造成交通巔峰時段，規劃者必須了解基礎建設所能承載的最大值。「基於技術上的理由，的確必須依巔峰時段來設計基礎建設，」伊奈絲承認。儘管如此，但這無法解釋為何女性的需求遭到忽視——女性的移動模式並不完全符合巔峰時段，因此「不會影響交通規劃的最大承載量」。

從許多研究都能看出，人們比較重視以男性為主的移動模式。聯合國婦女地位委員會發現運輸規劃有「男性偏誤」，而且「結構性的忽略性別平權」。[17] 2014年，歐盟的大眾運輸系統民眾滿意度調查報告中，儘管譴責歐洲各國的大眾運輸疏於考量婦女需求，卻仍把男性用路模式視為「標準」。[18] 有些常見的規劃用語更令人憤怒，比如「強制性移動」（compulsory mobility）一詞；伊奈絲解釋，這一詞常用來概括「所有基於職業與教育需求」的移動。[19] 好似因照護而產生的移動絲毫沒有強制性，只是業餘人士的「私人時間」（me time），可隨意被犧牲。

政府的支出優先順序也有一樣的性別偏誤。《新政治家》雜誌（*New Statesman*）的政治線記者史蒂芬·布許（Stephen Bush）於2017年7月寫了篇文章，指出雖然保守黨政府不斷宣稱要緊縮預算，但過去兩任財政大臣都在道路建設項目上格外開恩，耗費驚人巨資。[20] 英國的道路基礎建設並未不敷使用，而民眾生活水準正在下降，政府本該更明智的分配預算，但不知為何，不同時期的兩位大臣都認為花錢整修道路是最佳選擇。相比之下，到了2014年已經有多達7成的市政府減少公車預算（而公車是女性最常使用的交通工具），單單在2013年就縮減了1,900萬英鎊，且公車票價年年上漲。[21]

這麼做的不只有英國政治家。2007年有份報告指出，世界銀行73%的交通資金被花在道路和高速公路上，大多數用來建設鄉間或城際道路網。[22]某些情況下，道路的確是正確的投資選擇，但那些道路通往何處呢？道路方向的決定並未顧及兩性平等。另一份世界銀行報告提及非洲國家賴索托（Lesotho）一座村莊，因建造新路而發生爭執，證明以性別分析為基礎的資料對城鎮發展計畫十分重要。女性希望新道路通往一座「提供各種基本服務，且離本鎮最近的市鎮」；男性則希望路朝向另一頭，通往「讓他們得以輕鬆騎馬前往的更大城鎮和市集」。[23]

許多交通調查刻意遺漏短程步行和其他「不使用引擎」的移動方式，進一步加深交通資料的性別缺口。[24]伊奈絲表示，「制定基礎建設政策時，這些資料常被視為不相關」。女性以雙腳步行的距離和時間通常比男性長（其中部分原因是她們身負照護責任；另一個原因則是女性通常比較貧困），邊緣化不使用引擎的移動方式，對女性的影響當然比較顯著。忽略短程步行，也讓連鎖路線的資料缺口更形嚴重，因為連鎖路線中常出現至少一段的步行路程。簡而言之，把短程步行視為無關於基礎建設的假設，簡直就像在說女性與基礎建設政策無關。

女性當然與基礎建設密不可分。男人通常是獨自行動，但女人移動時卻有很多額外負擔——她們可能剛買了家用品，推著嬰兒車，陪伴她們負責照顧的孩童或年老家屬。[25] 2015年的倫敦交通調查報告發現，「經過一段步行後，女性對街道和人行道的滿意度很可能遠低於男性」，這恐怕正反應了女性不只比男性更常步行，而且女性推嬰兒車的機率更高，因此不夠完善的人行道對她們的影響也更為明顯。[26] 伊奈絲分析，人行道崎嶇不平、狹窄、有裂縫，上面又滿是擋路的街道設施，而在許多交通樞紐地帶，還有各種狹窄陡峭的階梯，這對推娃娃車的人來說簡直「寸步難行」，足以把步行時間延長4倍之多。「那些帶幼兒的年輕婦女該怎麼辦呢？」

+

重視汽車多於行人並非難以避免的現象。在維也納，多達60%的移動由雙腳完成，大部分歸因於市政府規劃交通時，十分重視性別之分。自1990年代開始，維也納的性別都市規劃要角伊娃．凱亞（Eva Kail）搜集行人數據並推動下列革新：改善行人穿越道的位置和標示（新增了40處行人穿越道）；翻新階梯，同時增設為娃娃車和單車設計的斜坡；加寬人行道，總共加寬了1,000公尺；在行人通道增設路燈。[27]

巴塞隆納市長阿妲．科勞（Ada Colau）以同樣的決心，把城市還給行人，創造了所謂的「超級街區」（superilles）。超級街區是一個方形區域，只容許當地人通行，車輛限速很低，行人和汽車享有一樣的優先權。另一個例子則是倫敦於2016年推行的公車「轉乘優惠方案」，這也是不需要花多大經費就能推行的政策，讓女性的移動更加便利。[28] 在此之前，一旦換搭公車就得再付一次全票，但新的方案讓乘客1小時內，能以一段全票搭乘2次公車。過去的計費系統對女性最為不利，而此次革新最大的受益者也是婦女。除了女性的連鎖行程機率高於男性之外，搭乘公車的乘客也是女性較多（57%），其中主要原因有二，一是搭公車比較便宜，二是乘客認為公車更適宜兒童、嬰幼兒搭乘。公車乘客需要換車的機率也比較高，以往每次換車就要多付一次全票，現在只要在1小時內轉乘，毋需再次付費。

女性為什麼更常轉車呢？就像世上大多數的城市一樣，倫敦的公共運輸網呈放射狀發展。[29]這造成許多主要道路會在一個「商業中心區」交匯，周圍則有環狀幹道，愈靠近中心區道路愈密集，交通網看起來就像蜘蛛網一樣。這對只需要進出市中心的通勤人士很方便，然而對其他人來說，可就沒那麼便利了。而「方便／不便」的二元現象，也幾乎完美呼應了男性／女性的分野。

倫敦的轉乘優惠改善了公車使用者的困境，然而此方案尚未擴及世界各地。在美國的部分城市，轉乘不用另外付費（洛杉磯在2014年推行），但其他許多城市仍舊計費。[30]就拿芝加哥來說，轉乘大眾運輸系統必須再次付費。[31]2016年的研究揭露芝加哥的運輸系統，對大部分女性的交通模式極為不利[32]，更讓人對轉乘費用不滿。這份研究比較Uber推出的共乘平台Uberpool和芝加哥的大眾運輸，顯示通往市中心的旅程，兩者耗費的時間幾乎相等——平均花6分鐘即可到達。相比之下，不同區域間的旅程，使用Uberpool花了28分鐘即可到達，但若搭乘公共運輸工具卻得耗費47分鐘，然而女性經常必須為了非正式的工作或照護責任往來不同地區。

女性的時間特別緊縮（支薪和無薪的工時加起來，女性的工時長於男性），使用Uberpool看來似乎是理想的解決之道。[33]然而它的費用是大眾運輸的3倍，而整體而言女性握有的現金比男性少：綜觀世界各地，掌控家庭財務的通常是男性而非女性，且全球的性別薪資差異高達37.8%②（詳細數據隨各國而有不同，英國為18.1%，澳洲23%，安哥拉則高達59.6%）。[34]

資源不均當然是個難題，但就某個角度而言，態度與優先順序才是嚴重的問題。麥肯錫管理顧問公司估計，女性的無薪勞動每年為全球生產總值貢獻10兆美金[35]，但人們仍認為與有薪工作相關的移動，比未支薪照護工作的移動還要重要[36]。當我向伊奈絲問到，像倫敦或馬德里這樣的大城市，是否已有人指出政府基於經濟利益，應提供專為女性照護責任著想的交通工具，她立刻表示，「當然。女性勞動都是各國生產總值不可或缺的一部分。只要女性就業的比例增加，國內生產總值就會大幅增高。但要讓女性能夠出門工作，城市政府必須支援她們才行。」而其中一項關鍵，就是設計讓女人能兼顧無薪勞動，又能讓她們準時抵達工作地點的交通系統。

要如何改善地鐵和火車之類的基礎建設呢？伊奈絲解釋，地鐵和火車的歷史缺口難以輕易改正，所需的經費也不容小覷。「我們可以讓它們變得沒有障礙，」她說，但多半也僅止於此。相反的，公車更加靈活，它們的路線和站牌應該「隨乘客需求調整和安排」。事實上，這正是阿姐在巴塞隆納所推行的計畫。她引進新的垂直公車網，不像放射狀的蜘蛛網，而是縱橫交錯的網，讓連鎖行程變得更容易。伊奈絲也認為，大眾運輸必須發展出「介於汽車與公車間的交通服務。墨西哥有種叫做「特塞羅」（terceros）的交通工具，就像很小很小的迷你巴士。此外，他們也有共乘計程車。這些都讓移動更加方便，我認為，它們能幫助女性獲得更多機動性，應大力推廣。」

長久以來，交通規劃的性別資料缺口之所以如此巨大，說穿了是因為規劃的人多是男性，而男性規劃者通常都沒有想到女人可能有不一樣的需求。但除此以外，還有另一個比較不容原諒的理由。那就是女人常被認為比較**麻煩**。「女人的交通模式更為複雜，」伊奈絲解釋。她設計了一份調查表，了解女性的照護移動狀況。整體而言，交通當局對女性「非典型」的移動習慣毫無興趣。加州大學洛杉磯分校的都市規劃學教授安娜絲塔莎・盧凱圖—西德利斯（Anastasia Loukaitou-Sideris）告訴我，「運輸公司多半認為每個人的需求都一樣。男人、女人，他們要的沒什麼不同。但這悖離事實。」惱怒的她苦笑。「只要跟女乘客聊聊，她們就會告訴你一大堆運輸公司想不到、沒有照顧到的需求。」

交通當局沒有把手中現有的資料依性別分類，讓原本的性別資料缺口進一步擴大，情況更加惡劣。英國交通部發布的年度交通統計資料[37]中，只有一項依男女性別數據分開列出（通過駕駛測驗的人數：2015-2016年，44%的女性應試者順利通過測驗，男性則為51%），並附上一個列有性別與步行資料分析的政府網頁。除此之外，報告中完全沒有提及性別用路差異，比如公車與鐵路使用者的性別數據。然而，要是我們想設計一

②行政院主計處統計，台灣女性平均時薪為292元，為男性340元的85.8%，兩性薪資差距為14.2%，換算成天數的話，女性必須比男性多工作52天（14.2%乘以365天，等於52天），才能達到男女整年總薪資相同。

個對所有使用者都有利的運輸系統，就不能缺少這些資料。

印度的大眾交通公司也沒有依性別分析數據[38]，歐盟近期的一項報告則批評與性別相關的交通資料嚴重匱乏，表示「歐洲各國的大城市多半沒有定期搜集這些資料」[39]。美國和英國一樣，年度交通統計報告中只提到女性2次：一次與駕駛執照相關，另一次與步行相關。[40]與英國不同的是，美國報告中甚至沒有列出明確的資料來源和可用的統計數據，只說了幾句含糊的概論。

世界各國的交通部門及運輸公司呈現數據的方式，還隱含另一種較不容易被發現的資料缺口。整體而言，所有因支薪勞動而產生的移動都被歸為一個類別，但照護工作卻被歸類在其他較不受重視的類別，舉例來說，「採購」被歸為休閒活動。這樣的資料分類一開始就沒有考量性別差異。當伊奈絲搜集馬德里與照護工作相關的交通資料時，發現因照護需求而產生的移動，幾乎和工作通勤的數據不相上下。她依性別分類資料時，發現「造成女性移動最大、最重要的原因是照護他人，就像男人主要的移動需求是工作一樣」。她認為，要是所有的交通調查都能加入性別分析，規劃人士就不得不把因照護而產生的移動和工作通勤等同視之。

+

伊奈絲提醒，要是我們真想設計同時為男性與女性服務的交通系統，就不該只專注於交通建設的設計，因為女性機動性面臨的困難，也與大方向的規劃政策有關。明言之，我們該創造「多功能」地區。在許多國家，法律都把城市劃分為商業區、住宅區、工業區等單一功能的區域，這稱作「分區規劃」（zoning），而多功能區域徹底違反傳統的都市規劃常規。

分區規劃可上溯到古代，比如說政府把城牆內外分為不同用途。但直到工業革命，人們才明確切割工作和居住的地區，並依此限制各區所能建造的建物種類。然而這些過度簡化的區域類別，把男性偏誤深深埋入世界各地的城市結構中。

分區規劃的法規最重視的是負責養家的異性戀已婚男性。他們早上出門工作，晚上回到市郊的家中休息。伊奈絲分析，這就是「交通領域中大多數決策人士的真實生活」，家庭對他們來說是休息的地方，這樣的觀念就是世界各地城市規劃的基石。[41]

對決策人士來說，家是「告別支薪勞動的庇護所」，是「休閒放鬆的地方」，但對大多數女性來說，家不只扮演休息的角色。世界各地的女性負責的無薪照護工作，是男性的3倍[42]；根據國際貨幣基金組織的資料，若進一步細分，婦女照顧孩童的時間是男人的2倍，而她們做的家事量是男性的4倍。[43]世界銀行發現烏干達中部的凱特比鎮，當地女性每天花15個小時做各種家事、照顧小孩、挖地、準備食物、搜集燃料與飲水，想當然爾，她們一天只剩下30分鐘左右的休閒時間。[44]相反的，男人花在挖地的時間比女人少1小時，只花少許時間做家事和照顧孩童，完全不用去搜集燃料和飲水，因此每天都有4小時左右的空閒從事休閒活動。對他來說，家也許是放鬆的地方，但對她來說呢？情況可大不相同。

不管如何，異性戀的雙薪家庭中，女性通常是孩童和年長家屬的主要照護者，而法律對住宅區和工作區的明確劃分帶給她們許多困擾。那些必須帶著小孩和生病的親屬往來市區外圍地帶的人，欠缺便捷的大眾交通工具，交通建設人士忘了他們的需求。事實上，絕大多數的分區規劃法令都沒有考量女性（甚至許多男性）日常生活的實況。

一廂情願把家庭視為休閒的地方是欠缺考慮的表現，且足以帶來深遠的嚴重影響。巴西於2009年推動名為「我的房子，我的生活」（Minha Casa, Minha Vida）的公共住宅計畫，本意是幫助那些住在不宜居住之處的人，當時估計這些人多達5,000萬。[45]然而，公共住宅計畫並沒有如預期般順利解決問題。

世人對巴西棚屋區（favelas）的刻板印象是生活水準低落的貧民窟，一個貧窮、無法可管、犯罪叢生的地區，恐懼不安的居民日日夜夜憂心虎視眈眈的幫派。雖說刻板印象的確有幾分真實，但對許多棚屋居民來說，他們的實際生活與刻板印象相差甚遠；在國家未能提供社會住宅的情況下，棚屋區是社區民眾以自己的力量建造的家園，住在這兒的人們滿足彼此的需求，而且大部分棚屋區都位在方便居民工作與移動的地點。

但政府的「我的房子，我的生活」計畫，卻無法提供現有棚屋區的機能。這些集合住宅大部分都位在西區遙遠的邊緣地帶。里約住房部部長安東尼奥・奧古斯圖・維希斯默（Antônio Augusto Veríssimo）在2010年把這區形容為「長眠之區」（região dormitório），因為這裡欠缺工作機會。[46]事實上，維希斯默反對在這兒建設公共住宅，憂心會形成更多的貧民窟。倫敦政經學院研究後發現，當地法律限定安排社會住宅的住戶時，不能讓住戶搬到離原居住地7公里以外的地方，然而搬進此種公共住宅的人，大部分都來自7公里以外的地區，不符法規。[47]

42歲的路易莎原本住在里約南區的棚屋。南區很富裕，而且里約大部分的就業機會都位於南區、中央區和北區。「我一走出家門，馬上就能上班，」她向海因里希．伯爾基金會（Heinrich Böll Foundation）的研究員表示。[48]「那裡的交通四通八達，去哪兒都不成問題。我不用走數英里的路才能搭上公車。」然而，她現在住進大坎普區（Campo Grand）的公共住宅，此處位在發展落後的西區，離她的舊家足足有50公里遠。

住家附近沒有工作機會，居民只能浪費長時間通勤，仰賴交通建設才能前往北區和中央區工作，有時甚至單程就得花上3小時，而那兒的大眾運輸頂多只能說勉強堪用。新興住宅區中，超過60%的地區都得花上30分鐘的路程才能抵達最近的公車站牌。[49]把原本住在便捷市中心的民眾遷移到里約的郊區，對婦女的影響格外嚴重，因為里約就像全球各地一樣，大多數擁有汽車的都是男性：71%車輛都屬於男人，而男人使用私家車通勤的機率是女人的2倍。[50]

除此之外，由於無薪的照護勞動多半落在女性肩上，因此女性居民受到的衝擊也比男性大。倫敦政經學院的研究學者梅麗莎．費南德茲．亞瑞哥西亞（Melissa Fernández Arrigoitia）告訴我，她訪問一位剛搬到公共住宅的女性居民時，對方表示自己非常恐慌。她有孕在身，又有2個小孩，她之所以能抽身上班，全因為她母親能代她照顧幼兒。搬到公共住宅代表她和母親與工作地點相距70公里之遠，她不可能繼續原本的工作。然而，嶄新的公共集體住宅欠缺兒童照護服務，既有的設施「並未更新或擴及新遷入的居民」。[51]

政府設計新集體住宅的方式，加劇了兒童照顧措施不足的情況。這些公寓按照傳統核心家庭的概念來規劃——然而棚屋區常見的家庭單位絕不是核心家庭。「當你踏入棚屋區的一戶人家，裡面多半住了多達三代人，」泰瑞莎·威廉森（Theresa Williamson）博士表示。她是城市規劃專家，主要在里約工作。她補充：「在棚屋區，你絕不會見到獨居的老人。」同樣的，梅麗莎拜訪的家庭，多半都是與小孩和老父或老母住在一起的單親媽媽。然而公共住宅標準化的設計，建了許多「超級迷你」的住宅單位，「無法滿足各種家庭形式的需求」，而副作用就是，多代同住的棚屋區提供的兒童照護方案，無法適用於設計新穎的集體住宅。

而在公共集體住宅，所謂的公共空間多半都是「偌大的停車場」，事實上這裡很少居民有車。少許的「遊樂場無人維護」，只設立最便宜的遊樂器材，2~3個月就壞了，而且沒有人修理更換。集體住宅的設計強調個人隱私，沒有考量社群互助。泰瑞莎解釋，棚屋區帶來家庭的親密感，「只要你的孩子長到一定歲數，照護孩子所需的時間心力就會大幅減少，因為大家都會替你顧小孩。」失去了這些社區支援，孩子不是陷入孤立無援的處境，就是踏上犯罪一途。最好的情況則是「孩子都不出門，只待在家裡，突然間女性必須時時照顧孩子，無法再像棚屋區那樣安心自在。」種種改變迫使媽媽必須仰賴兒童照護機構，偏偏當地欠缺這樣的服務。

這並非資源不足，而是優先順序的問題。2014年世界盃和2016年奧運前夕，巴西斥資數百萬改善交通建設。政府並不缺錢，只是錢被花在其他地方。倫敦政經學院的城市研究人員發現，新的快速轉運公車網優先替那些建有奧運相關設施的區域服務，而「貧窮的新住宅區和市中心間的大眾運輸嚴重不足，但政府完全不去改善這些問題」。[52] 不只如此，根據居民的說法，政府在乎的並非幫助那些亟需改善生活環境的人，反而更重視為世界盃和奧運設施騰出適宜建地。

為此，女性就被犧牲了。克莉絲汀・桑多斯（Cristine Santos）搬到大坎普區的帕塔第維亞住宅區（Vivenda Das Patativas）後，失去原本在新伊瓜蘇（Nova Iguaçu）市集的工作。「我得搭3班公車才能到那裡上班，」她解釋。[53] 另一名婦女每天的通勤時間長達6小時，筋疲力盡的她遇上了一場差點奪去她性命的車禍。[54] 由於住宅周邊缺乏工作機會，婦女開始在家中開店，賣飲料、提供午餐、幫人剪髮。但她們都知道，她們可能會因此遭到驅逐，因為她們違反了分區規劃法規。在棚屋區，她們可以把家當作營業場所，因為沒有法規限制，理論上整個棚屋區都是非法住宅。然而，政府的公共住宅就不同了，這兒明定為住宅區，禁止任何人把家當作營業場所。

簡而言之，巴西政府把女人遷移到離合法工作區十分遙遠的地方。然而，她們也離非正式工作區很遙遠：巴西有多達720萬的家庭清潔工，其中絕大多數都是女性。政府沒有提供她們合宜的大眾運輸工具，也沒有兒童照護服務。[55] 這樣一來，政府根本等於是在逼女性把家庭轉變為工作場所，因為這是唯一實際可行的辦法。而這麼做卻被視為違法行為。

公共住宅不該如此，而我們的確得提出其他解決辦法。伊娃解釋，1993年維也納政府官員決定建造新的集體住宅時，他們首先定義「使用空間者的需求」，接著尋找技術上的解決方案，滿足住戶的希望。[56] 也就是說，先搜集資料，特別是依性別而分的資料，再進行設計，因為這些住宅所想服務的「人」是女性。

奧地利國家統計局當時搜集的資料揭露，女性比男性花更多時間做家務和照顧孩童。[57]根據世界經濟論壇最新的數據顯示，奧地利女性花費在無薪勞務上的時間是男人的2倍；而女性花在無薪和給薪勞務上的時間總合也超過男性。[58]伊娃解釋，為此官方設計了「第一代女性工作城」（Frauen-Werk-Stadt I），滿足女性的照護需求。後來又建了第二、三代。

伊娃表示，最初尋找地點時就考量如何讓女性進行照護時更加方便，並依此決定地點。女性工作城的旁邊就是電車站，工作城內設有一所幼兒園，附近有數間學校，因此學童很快就能自行上下學（伊奈絲告訴我，對女性來說，最耗費時間的任務之一，就是接送孩子上下學，帶孩子看醫生，帶他們從事戶外活動）。工作城內有診所、藥局、各種店面，附近也有大型超市。這是終極的多功能建築設計。

事實上，維也納女性工作城的設計，很類似巴西功能導向的棚屋區。工作城把社群和共享空間列為優先。建築物之間彼此連通，每層樓最多只有4戶人家，中間有共用的中庭空間，不但有草地，也有兒童遊戲區，而每個居住單位都能看到中庭。除此之外，透明的樓梯空間，即使從外面也能看得一清二楚；公共空間設置明亮燈具；停車場也有足夠照明，且只有住戶能夠進入停車場……這些都增加了住戶的安全感。[59]維也納的另一個集體住宅「無車住宅區」（Autofreie Mustersiedlung）則徹底取消停車場，不顧每個新公寓都該配有一個停車位的分區規劃建築法規。[60]少了停車場，資金用在建設社區空間，增加兒童遊戲區。無車住宅區並非針對女性設計，但考量到女性比男性更少用車，花更多時間照顧孩童，因此這兒同時滿足了婦女對住宅與照護的需求。

女性工作城住宅內的開放式格局，也考量到婦女的照護責任。每間公寓都以廚房為核心，在廚房忙碌的人看得到家中其他空間，呼應每個公寓都望得見中庭的設計。這不只讓婦女在廚房工作之餘也能隨時照看孩童，同時也把家務視為家的重心，巧妙的挑戰家務是女人責任的概念。相較之下，一名費城官員必須不斷提醒那些把廚房安置在四樓，又不設置電梯的建商，質問他們：「難道你想抱著嬰兒，帶著買回來的食品雜貨，從一樓爬到四樓嗎？」[61]

第二章

小便池的性別友善

英國廣播公司（BBC）資深記者薩米菈．阿邁德（Samira Ahmed）於2017年4月前往倫敦知名的巴比肯藝文中心，參加《我不是你的黑鬼》（*I Am Not Your Negro*）放映會。到了中場時間，薩米菈想去廁所。

去過巴比肯中心看表演的女性，都知道在這裡上廁所代表的意思：戲院的燈一亮就得一馬當先衝出去，搶在眾人之前跑到廁所，不然長長的排隊人龍眨眼間就會一路蔓延到大廳。

女人已經習慣出門時免不了要排隊。排隊上廁所令人煩躁，為她們的夜晚潑上一盆冷水。中場休息時間，她們不能和朋友悠閒的啜飲小酒、討論表演，只能呆站在廁所前的冗長隊伍中，既煩悶又無奈，唯一的安慰就是與前前後後的其他女性互望，交換一、兩個心有靈犀的白眼。

但這一晚非比尋常。這一晚，排隊的人龍比平時更誇張。隊伍比平時還長。因為巴比肯中心把男女廁的標示都改成性別友善，刪除「男」與「女」的字眼，變成「設有小便池的性別友善廁所」和「設有隔間的性別友善廁所」。這實在可笑至極，鮮明的驗證了藝文中心完全沒有為女性設想。誰都知道這樣的改變會帶來什麼樣的結果。「設有小便池的性別友善廁所」只有男性使用，但男人、女人都能使用「設有隔間的性別友善廁所」。

這麼做，表面上好像廁所變成了性別友善，事實上只是擴張了男人的廁所使用權：大部分的女性都無法使用小便池，但男性當然能使用小便池，也能使用隔間廁所。而且，在「設有小便池的性別友善廁所」中，沒有可丟棄衛生用品的垃圾筒。薩米菈上推特發文：「我剛在**你們的電影院**看了《我不是你的黑鬼》，結果馬上就得解釋何為歧視，多麼諷刺啊。」她建議解決排隊問題的最好方法就是：「把男廁改為性別友善廁所。男廁**從來沒有**人排隊，你們都知道這回事。」[1]

這並非什麼難解的世紀謎題，但巴比肯中心的管理團體多為男性，他們似乎無法理解這樣的邏輯。的確，男人並不了解婦女終年都在排隊的困擾——雖然女廁排隊的人潮常常蔓延到主要廁所通道之外，就算再健忘的男人，也必定見過這種場景。[2]但很少人——不管是男人還是女人——明白問題在哪裡。不少人會怪罪女人（正如其他情況，人們總是先把矛頭指向女人），而不是怪罪男女廁依男性偏誤而設計。然而，男性偏誤的設計正是問題所在。

男女廁的面積相等，看似十分公平合理；長久以來，這就是廁所設計的真相。甚至連正式的管線工程法規都明文規定男女廁的空間必須相等。然而，男廁同時設置了隔間和小便池，因此在相同時間內，男廁每平方英尺得以解決生理需求的人數遠比女廁多。突然之間，相同的面積大小不再是公平的象徵。

就算男女廁都設置一樣多的隔間，問題還是沒有解決。女性使用廁所的時間，是男性的2.3倍。[3]大部分的老人和行動不便者都是女性，而這兩個族群使用廁所的時間都比較長。婦女帶著小孩、陪伴老人和行動不便者的機率也比較高。[4]除此之外，適孕年齡的女性中，隨時有20~25%的女性正值月經來潮，必須定時更換棉條或衛生棉。

不管如何，女性使用廁所的頻繁度也超過男人：懷孕期間膀胱容量會大幅減少，而婦女發生泌尿道感染的機率是男人的8倍，這都增加了她們上廁所的頻率。[5]面對這些身體構造上的差異，要是有人還堅持相等的面積就代表男女平權，那還真是個（冥頑不靈的）平權教條主義者。

表面上平等，實際上卻藏著男性偏誤，已經夠糟糕了，但更可怕的是，世上多達1/3的人口沒有合格的廁所可用。[6]根據聯合國資料，每3名女性就有1人沒有安全的廁所可用[7]，而水援助組織（Water Aid）的報告揭露，全球所有的女童與婦女每年共耗費970億個小時，只為找到一個安全的地方解決生理需求[8]。缺少合宜廁所是嚴重的公共問題，而且男女雙方都是受害者。舉例來說，印度60%的人口都沒有廁所可用[9]，90%的水源都遭到污染[10]。然而，女性因此受到的折磨更加嚴重，而男性「可隨地解決」的態度，也加重了女性的困境。[11]對女性而言，正在小便時被人撞見是一種恥辱。許多女人在天明前就得出門解決需求，接著等好幾個小時，直到天色再次變暗，才敢出門尋找比較隱蔽的地方大小便。[12]這並不只是貧窮國家的問題：人權觀察協會（Human Rights Watch）訪問在美國菸草田中工作的年輕女孩，發現她們「一整天都在憋尿，不喝水，但這麼做會增加脫水的機率，也很容易因天氣過熱而生病。」[13]

如廁不便影響了女性的有薪勞動。86%的印度人從事非正式經濟工作（informal economy），其中91%是女性。大部分女性都在市集攤位工作，要是沒有公共廁所，她們一整天都無法解決生理需求。[14]阿富汗的女警上廁所時會兩兩同行，因為她們的更衣間和廁所常有偷窺洞，不然就是無法鎖門；有位國際顧問向人權觀察協會形容，女廁根本是「騷擾中心」。缺乏安全的廁所會讓女性放棄加入警力，連帶嚴重影響了女童或婦女遭遇罪犯時，警方的處理態度。[15]

儘管女人對公共衛生設施的需求比較高，但事實上，男人總是得到比較好的待遇。孟買的500萬名女性中，超過一半沒有室內廁所可用，而且市內也沒有可供女性使用的免費公廁。然而卻有數千座供男性免費使用的小便池 。[16]孟買的貧民窟中，經常有多達8,000名女性共用6間浴廁[17]，而且政府2014年的資料顯示，整座城市有「3,536間男女共用的公廁，但沒有半間女性專用的廁所——連警局或法院都沒有女廁」[18]。

2015年一項調查發現，孟買貧民區中有12.5%的女性會等到晚上才到室外排便。她們「寧願承擔在夜間獨自外出的風險，而公廁離住處的平均距離是58公尺」[19]。但是，在戶外排便對女性來說並不安全，在那些女性用來解放生理需求的區域和前往的道路上常有男性徘徊，因此婦女暴露於遭受性侵的危險中。[20]輕則被淫窺（包括男人當面自慰），重則被強暴，而在某些極端案例裡，女性甚至因此喪命。

解放生理需求本該是平凡無奇的日常活動，但女性如廁卻可能面臨各種程度不一的性騷擾與性侵害。儘管如此，我們鮮少取得女性因如廁而受害的精確數據，相關資料之所以不全，擔憂遭到羞辱絕對是不可輕忽的原因。很少女性願意談論這些話題，因為世人可能會怪罪她們才是「挑逗」的那一方。[21]但現有資料已足以證明，欠缺合格的衛生設施是重要的女權議題。

2016年有份研究指出，當女性不得不在室外解決生理需求，遇到非伴侶性暴力的機率，是家有廁所的女性的2倍。[22] 2014年，印度北方邦（Uttar Pradesh）2名分別為12歲和14歲的少女[23]慘遭謀殺後，全國開始關注女用公廁缺乏的問題，但熱度並沒有維持多久。2014年冬天，孟買高等法院命令各地市政府都得在主要幹道，設置專供女性使用的廁所，且必須確保廁所的安全與衛生。[24]此計畫提出了96處可設置公共女廁的地點，而孟買地方政府也保證會撥5,000萬盧比（約相當於2,100萬台幣）增建新廁所。但一年後，網路女權雜誌《寬廣》（*Broadly*）揭露，根本半間廁所都沒動工。[25]到了2016年，政府就停止撥款了。[26]

那些沒有建公廁的地方政府也許認為這樣就能減少支出，但耶魯大學2015年的研究揭露，以此節省經費只是假象。作者群建了數學模型，以「衛生設施的數量和女性前往廁所的步行時間，分析兩者與性侵風險的關係」，同時計算性侵的有形成本（失去的薪資及醫藥、法院和監獄費用）和無形成本（痛苦、折磨、被殺害的風險），並比較建設廁所的成本和相關維護費用。

他們把模型套在南非的卡耶利沙地區（Khayelitsha），這兒有240萬人口，設有5,600間公廁，而研究作者群指出，每年發生的635件性侵案讓國家花上4,000萬美金。要是把公廁數量增加到11,300間會花上1,200萬美金的費用，但前往廁所的平均距離會縮短將近一半，性侵案也會減少30%。根據他們的數學模型，建造廁所省下的社會和警務成本高於建造與維護成本，因此地區政府能省下500萬美金。研究者進一步表示，這只是保守估計的數據，因為他們沒有計入「在資源不足的城市地區，改善衛生設施所能增加的保健益處」。[27]

但額外的保健益處非常多，而且女性會是主要的受益者。女性一憋尿很容易會引發膀胱與泌尿道感染，還有人會因此脫水或長期便祕。[28] 在戶外如廁的女性暴露於得到各種感染與疾病的風險，包括骨盆腔發炎、寄生蟲、肝炎、腹瀉、霍亂、骨髓灰質炎和各種由水傳播的病症。光是印度，每年因這些疾病死亡的人數多達數百萬（其中以女性和孩童占多數）。[29]

缺少公共衛生設施引發的民眾健康問題，並非只發生在低收入國家。加拿大和英國的研究揭露，關閉廁所會增加泌尿道感染、膀胱腫脹引發的病症，除此之外還有一系列與泌尿／婦產科相關的疾病都跟著等比增加。同樣的，研究顯示「要是在生理期間，沒有廁所供女性更換衛生棉條」，因衛生用品而得到鏈球菌毒性休克症後群（streptococcal toxic shock syndrome）的機率也會增加。[30] 然而，隨著時代演變，公廁反而成了珍稀之物。2007年的研究指出，半世紀來美國不斷關閉公廁。[31] 而英國在1995~2013年間關閉多達一半的公廁——不然就像離我倫敦住處最近的公廁一樣，改建為知名的另類時髦酒吧。[32]

都市規劃沒有考量女性遇到性侵的風險，顯然違反了女性在公共空間應享有平等人權的原則。然而，欠缺性別意識的都市規劃實例多不勝數，設計師經常忘了女性的存在，不合格的衛生設備只是一例。

女性在公共空間常感到恐懼。事實上，女性感到害怕的機率比男性高2倍。難得的是這回我們有數據證明。「世界各地的犯罪調查和實證研究都揭露，大多數的女性在公共空間都會害怕潛在的暴力，」加州大學洛杉磯分校都市規劃學教授安娜絲塔莎解釋。分析美國和瑞典的犯罪數據，我們得知即使男女處於類似環境，兩方的反應卻大不相同，女性「對危險和社會失序的訊號，塗鴨、髒亂環境和廢棄建築……等環境的敏感度，遠比男人敏銳得多」。

英國交通部的一項研究強調男女對危險的認知迥然不同：62%的女性害怕走在多樓層的立體停車場中；而在月台上等車時，60%的女性會感到害怕；在公車站牌，49%的女性會害怕；59%的女性從車站或站牌走回家時會害怕。相較之下，男性在相同場所感到害怕的比例，分別為31%、25%、20%和25%。[33]低收入女性害怕遇襲的比例特別高，部分原因是她們多半住在犯罪率高的區域，而且她們的工作時間並非朝九晚五[34]，常常必須在暗夜時返家。[35]通常基於同樣的原因，少數民族的女性感到害怕的比率更高，且她們還可能會遭遇種族意識所引發、針對女性的暴力。

這些恐懼讓女人喪失機動性，失去來回城區的基本人權。[36]芬蘭、瑞典、美國、加拿大、台灣和英國的研究都顯示，基於這些恐懼，女性不得不改變她們的行為和移動模式。[37]她們會避開特定路線、時段和交通方式，避免在夜晚出門。加拿大一項研究指出，半數受訪女性「表示這些恐懼讓她們不敢使用大眾運輸工具或公共停車場」[38]。世界各地的研究都顯示，「女性不使用大眾運輸工具最大的原因」就是害怕遭遇犯罪事件。[39]

在經濟能力許可下，她們會轉而選擇自行開車或搭乘計程車。

麻煩的是，許多女性沒有這樣的經濟能力。大部分使用大眾運輸工具的乘客都是「交通囚犯」，要是不使用大眾運輸工具，就無法前往他處。[40]這些人沒有選擇，而低收入女性受到的影響最為顯著，還有那些住在發展中國家的人——比如說，印度女性難以取得私人交通工具[41]，因此遠比男性更仰賴大眾運輸。[42]這些女性不得不繞路前往目的地，或只在有人陪伴時才出門。有些女性甚至乾脆辭去工作——不只低收入的婦女，其他女性也會選擇這樣的解決方法。[43]有回我在推特上討論女性使用大眾交通時面臨的性騷擾，一名男子回文告訴我，他認識一位「才智兼備、能力過人的女性，實在太厭倦每天在地鐵中被人偷摸，因而辭去在西堤區人人稱羨的好工作，搬離倫敦」。

這顯然很不公平。但大多時候，人們都怪罪女性太過膽小，而不是設計規劃都市空間、交通系統的人士，然而正是他們讓女性感到不安全。一如以往，差勁設計背後的推手是性別資料缺口。根據官方統計資料，事實上男人在公共空間，包括大眾運輸，遇上歹徒的機率更高。安娜絲塔莎表示，這樣的矛盾「更讓人們深信女性對犯罪的恐懼毫無來由，並不是犯罪本身引發女性的恐懼」。但她指出，官方統計數據沒有反應事情的全貌。

女性穿梭於公共空間的同時，也穿梭於一連串的性威脅之中。先別討論性侵等嚴重的犯罪行為，婦女每天都得面對男性各種令人不安的行徑——而且他們都是評估後才這麼做。從吹口哨、以輕浮言語吸引女性注意、露出不懷好意的眼神、使用「性相關的貶低言辭，詢問姓名」，這些都稱不上犯罪行為，但都會讓人感受到性方面的威脅。[44]這是一種被眾人觀看、身邊危機四伏的感覺——而且這些行為隨時可能進一步加劇。許多女人都有過類似的經驗，一開始男人說：「美女！笑一個，沒什麼嘛」接著突然間就變成：「幹，賤貨，妳敢不理我？」甚至一路被跟蹤回家，遭到性侵。女人都知道陌生男子一句「單純」的話語絕不單純。

但女性不會告發這些行為。她們能向誰告發？人們可說完全沒有意識到這些行為的存在，直到有了像「性別歧視的日常」（Everyday Sexism）或「呼之即來」（Hollaback）等組織，女性才有地方討論每天在公共空間遇到的各種「未達犯罪但令人害怕」的行徑。當諾丁罕警方開始記錄厭女行為（從妨害風化的自我暴露、摸一下抓一把、掀裙子）到仇恨犯罪（hate crime，要是尚未符合犯罪的定義，則歸類為仇恨事件），他們發現告發案件激升——並不是男人突然之間變得更可惡了，而是女人發現終於有人重視她們的聲音。[45]

儘管女性常在公共空間面臨這些不受人重視的威脅，然而只要她們身邊有男性相伴，就不會遭遇這類威脅，讓情況更加複雜，而且男性本身較少遇到這樣的騷擾。巴西近年一項調查發現，2/3的女性在外出移動時曾受到性騷擾，一半案例發生在大眾交通工具上或車站中，相比之下男人遇到的機率只有18%。[46]那些不會輕浮騷擾女性的男人少有類似的親身體驗，自然完全不知道女性面臨的困境。當女性提出這些問題，他們會輕描淡寫的以「我從沒見過這種事」來回應，形成了另一個性別資料缺口。

而我們搜集資料的方式，進一步加重了資料缺口。2017年有篇論文解釋，「目前十分缺乏性騷擾普及度的大規模資料」，受害人很少告發是原因之一，另一個原因則是「犯罪統計中常未納入性騷擾的資料」。[47]更糟糕的是，性騷擾經常「難以被歸類」，許多研究沒有「明定性騷擾的定義，或整理性騷擾的種類」。2014年，澳洲學會（Australia Institute）發現87%的受訪女性曾在街道上遭遇言語或肢體騷擾，然而他們「並未搜集騷擾事件的程度或形式等資料」。

女性感受到的恐懼與官方實際的統計數據相差甚遠，且範圍不止於輕微事件。事實上，即使遇到更嚴重的侵犯，女性也不會向官方通報。2016年，華盛頓哥倫比亞特區的地鐵性騷擾調查發現，77%的受害者從未舉發騷擾事件。這呼應了墨西哥婦女協會（Inmujeres）所調查的結果。此協會由政府成立，致力打擊針對女性的犯罪。[48]

紐約市的通報率更低，據估計，地鐵中96%的性騷擾和86%的性侵事件都無人舉發，而在倫敦，據報1/5的女性都曾在使用大眾交通工具時受到肢體攻擊。2017年的研究發現，「當受害者遭遇非自願、與性有關的攻擊行為，將近90%的人都不會通報政府當局」。[49]一項非政府組織進行的調查則發現，在亞塞拜然，巴庫市女性地鐵使用者中，所有遭遇過性騷擾的女性都表示自己不曾向政府當局舉發。[50]

由此可見，警方的官方資料並未反映全部的真相。雖說世界各地依然欠缺女性在公共場所遭遇的性犯罪資料，無法歸納整理它們的「本質、地點和時間」，但愈來愈多的研究顯示，女性的恐懼絕非不理性的表現。[51]

從里約到洛杉磯，都曾發生男人在公車上強暴女人和少女，而司機坐視不管，照舊行駛的事件。[52]「真相就是，每次外出時，我都害怕不已，」來自墨西哥，34歲的維多莉雅·華雷茲（Victoria Juárez）說道。在墨西哥，每10名女性就有9人曾在大眾運輸工具上遭遇性騷擾[53]，女性員工舉報男人會在公車附近徘徊，「綁走上下公車的女人」[54]。她們說通勤上下班是一天中最危險的時刻。

2016年的研究發現，90%的法國女性曾在大眾運輸上被性騷擾[55]；同年5月，2名男性試圖在一輛巴黎列車上輪姦女性而坐牢[56]。2016年華盛頓地鐵調查指出，在大眾運輸系統中，女性被騷擾的比率是男性的3倍。[57]同年4月[58]，華盛頓地鐵上一名暴露性器官的嫌疑犯遭人指認，一個月後他的行為變本加厲，在列車上拿出尖刀威脅一名女子，並強暴了她。[59]2017年10月，另名重複犯案者在華盛頓地鐵上被捕，他兩次都找上同一名受害者。[60]

《犯罪預防與社區安全》（*Crime Prevention and Community Safety*）期刊2017年特別號的文章〈女性的犧牲和交通環境的安全〉中，都市規劃教授瓦妮雅·奇卡多（Vania Ceccato）在編後語提到：「本特別號中所有的論文都傳遞了同樣的訊息：大眾運輸中以婦女為目標的性犯罪案件鮮少遭到舉發，不管是瞪視、撫摸、偷抓、射精、暴露性器官，還是強暴案。」[61]

+

女性之所以沒有出面告發，背後有數項原因。有些與社會風氣有關：恥辱、羞愧，擔心會被指責，或沒有人相信她們。

政府當局難以改善這種情況。唯有社會本身改變才行。但許多女性不舉發的原因更為單純，而且輕易就能改變。

首先，大部分女性都不確定「什麼樣的行為可稱為性騷擾，而且很擔心相關當局的反應」[62]。就算她們知道自己遭到不合理的對待，也不知道能向誰舉發。[63]世界各地的女性都欠缺清楚明瞭的資訊，不知道自己要是在大眾運輸工具中遇到性騷擾或性犯罪該如何應對；有趣的是，當大部分的政府都善於向民眾宣導發現可疑包裹時該怎麼做，性騷擾和性犯罪的相關宣導卻少得可憐，有時是因為當局根本沒有任何防範與應對措施。[64]這導致另一個問題：女性**真的**舉發時，她們的經驗又是什麼。

一名英國女子在2017年於推特上描述自己搭公車時被一名男子性騷擾後，向司機舉發後發生的事。[65]公車司機聽了她的遭遇後反問她希望他怎麼做，並說道：「妳是個漂亮姑娘，妳要男人怎麼辦？」她的經驗和另一名26歲女性的經驗類似；這名女子在德里搭上公車：「當時約莫晚上9點。站在我後面的男人偷摸我。我大叫，抓住那人的衣領。我要司機停車。但司機說該下車的是我，我得自行解決問題，因為其他乘客趕時間。」[66]

擔憂別人不當作一回事，正是阻止莎拉・海渥（Sarah Hayward）舉報的原因。我住在倫敦，她是這一帶的市議員。「我約莫22歲的時候，有一回我搭上一班人滿為患的地鐵，我感覺到有人正在摸我。我無法解釋當下那種極度的恐慌。我料想得到，要是我出聲，人們只會認為地鐵太擠了，一切都是我誤會了。」諷刺的是，擁擠的地鐵可能正是她遭遇性騷擾的原因之一：資料顯示，交通尖峰時間也是性騷擾最密集的時刻。[67]莎拉告訴我，她至今仍「盡量避免在尖峰時刻搭地鐵」。

航空業也同樣欠缺舉發性騷擾案件的程序。《頁岩》雜誌（*Slate*）2016年有篇文章講述達娜．T（Dana T）的故事。達娜搭上一班往來美國與德國的班機，旅途中本來熟睡的她突然驚醒，發現有隻手正在撫抓她的胸部。[68]那隻手來自坐她身旁的男乘客。她向空服員舉報，而他們一開始仍試圖說服她坐在原來的位子。最後，他們把她的位子換到商務艙。雖然許多空服員同情她的處境，但沒人知道發生這種情況時該如何處置。飛機降落後，那位男乘客若無其事的下了飛機，前往他的目的地。2017年也發生過類似的事件，美國航空的空服員拒絕讓一名女乘客換座位，然而她旁邊的男人正在手淫。[69]

各國的運輸主管機關從上到下滿是男性員工，而他們該踏出的第一步就是接受眼前的確有個問題。[70]當安娜絲塔莎打算調查美國各地的運輸公司如何因應婦女搭乘大眾交通工具時的安全問題，她遇到了性別資料缺口。她只找到2份1990年代的報告，裡面隻字未提女乘客的安全需求，而且911事件後，交通安全經歷了重大革新，因此這兩份報告也早已過時。最新的報告是2005年，但它主要關注美國運輸公司如何因應恐怖主義的威脅，「完全沒有探討婦女的擔憂和安全需求」。

於是，安娜絲塔莎自行著手調查。然而，那些以男性為主的運輸公司員工一看到她就流露出抗拒的神色。「妳預設了一個前提，妳認為這世界對女性來說比較不安全，」某運輸公司的男性營運長這麼回應她。另一間運輸公司的安全暨保全部主任（也是男的）則堅持，「安全與保全的議題和擔憂與性別無關」。另一位（又是男的）安全暨保全部主任駁斥安全計畫應依性別規劃的提議，堅持「我們系統的統計資料並未顯示女性遇到的風險比較高」，這正是性別資料缺口造成的結果。

運輸公司意識到眼前的確有個需要解決的問題後，第二步就是讓交通規劃人士依照實際證據設計解決方案。美國有131個運輸公司（占美國中大型運輸系統的一半）回覆了安娜絲塔莎的調查，「其中只有1/3認為各地運輸公司該為此做些改變」，而且只有3間運輸公司**真的**做了些處置。考量到我們缺少女性在大眾運輸空間的長期資料和研究，這樣的結果也許不令人意外；安娜絲塔莎也發現，「儘管各地運輸公司有所行動，但他們採取的策略和地點，與女乘客對安全與警衛的需求和渴望差異甚遠」。

她所訪談的運輸公司中，大部分都是為公車系統設置安全措施：80%設置監視器，76%設有警鈴；73%有公共廣播系統。但絕大多數的公車站牌都沒有任何安全措施，而運輸公司也無意設置。這跟女性的期望恰好相反：在黑暗的公車站等車，遠比坐在公車上要可怕得多。事實上，她們的恐懼有跡可循：一份研究發現，在車站或車站附近被攻擊的機率，是在交通工具上的3倍。[71]

運輸公司選擇的保全種類也很重要，而它們同樣不符合乘客的需求。也許基於成本考量，運輸公司多半偏好技術性的解決方案，不想聘雇保全人員。並沒有多少人著手分析監視器是否能扼止騷擾案，但許多研究一再發現，女性十分懷疑它們的實際用途。她們強烈傾向在車上安排乘務員或保全，以此作為事先防範的手段，而不相信角落某個閃爍的小燈。真有人在數里之外看著監視器嗎？無人知道。[72] 有趣的是，男人偏好科技解決方案，不喜歡雇用保全——也許是因為男性比較不會遇到人身侵犯的情形。[73]

若考量聘雇一名全職保全很昂貴（然而只要能增加女性使用大眾運輸的機率，這絕不是種浪費），其實還有許多較為經濟的解決方案。[74] 安娜絲塔莎告訴我，「波特蘭的公車站設有數位時刻表，人們知道下一班公車抵達的明確時間」，也就是說，女性不會因為不知道下班公車半小時後才會到，而在黑暗中無止境的等待。我得承認，聽到某些人把數位時刻表視為終極的解決方案令我相當驚訝——倫敦絕大部分的公車站牌都有數位時刻表，沒有設置的公車站十分罕見。

其他以實證為基礎的解決方案[75]，包括透明的公車站，增加透視性和照明——不只是公車站、地鐵站需要增加亮度，整條路線都該這麼做。[76] 公車站的地點也很重要，安娜絲塔莎表示，「有時只要把站牌往前或往後移幾英尺，確保它們設置在經常有人出入的建築物前」，就能大大改善安全度。我個人最欣賞的作法，是夜間公車除了正式的站牌外，讓女性能要求在指定地點下車。雖然女性是主要的公車使用者，但搭乘夜間公車的女乘客很少。雖然我們沒有齊全的資料足以解釋這樣的差異，但從現有數據看來，女性鮮少搭乘夜間公車的主要原因之一，多半是感到不夠安全。[77]

對交通規劃人士來說，最好的消息就是除了增加保全巡邏和照明之外，其他措施的成本都不高。安娜絲塔莎在洛杉磯推動的調查發現，針對性別的犯罪案多半發生於特定幾個公車站，代表當局只需專注於問題區域，這麼一來就能進一步降低成本。[78]每個運輸公司都需要當地數據，而他們必須有意願去搜集才行。可嘆的是，他們多半無心搜集。安娜絲塔莎告訴我，在美國，「聯邦政府並未提供任何誘因」去鼓勵運輸公司搜集數據。「沒有法律規定他們必須搜集數據，因此他們毫無動作。」她不相信運輸公司欠缺經費，這只是他們的「藉口」。

對女性來說，德里的大眾運輸系統在2014年成為世上第四危險的交通系統。經過人盡皆知的「德里輪姦案」後，印度女性決定親自搜集資料。[79]這場登上世界各地新聞頭條的輪姦案，發生於2012年12月16日，當時剛過晚上9點，地點在德里南區。23歲的喬蒂・辛格（Jyoti Singh）是修習物理治療的學生，她和朋友阿凡寧德拉・潘迪（Avanindra Pandey）剛去電影院看了《少年Pi的奇幻漂流》（*Life of Pi*），兩人決定搭德里眾多的私有公車回家。[80]然而渴望返家的兩人，再也沒有機會踏進家門。兩人先被歹徒用生鏽的鐵棍打成重傷，接著6個男人輪流強暴喬蒂。這場攻擊持續了1小時，他們甚至把金屬棍插進喬蒂的身體，殘暴的刺穿了她的結腸。[81]6名強暴犯逞了慾、氣力耗盡後，把兩位幾乎不省人事的男女丟在路旁，離他們搭上公車的地點約5英里遠。[82]13天後，喬蒂傷重而亡。隔年，3名女性成立了名為「安全城市」（Safe-City）的集體製圖平台。[83]女性可在網站標示她們被騷擾的地點、日期、時間，描述事發經過，「這樣其他人就能在地圖上看到經常發生性騷擾案的『熱點』」。目前搜集到的資料頗具啟發性：偷摸是最常見的性騷擾形式——遠超過吹口哨——而且最常發生在公車上（過度擁擠可能是原因之一）。

如此創新的解決方案很實用，但它們無法取代由專業研究人員搜集與分析的資料。而且，不只是大眾運輸工具，所有的都市規劃領域都十分欠缺類似的資料。《衛報》在2016年刊登的一篇文章探詢，為什麼我們不設計「不只適用於男性，也適用於女性」的城市，提醒世人沒有足夠的都市資料庫，「沒有依性別追蹤資料、分析趨勢，就難以發展合乎女性需求的基礎建設計畫」。[84] 可嘆的是，即使我們真的開始搜集數據，也不代表我們會不間斷的持續下去：2008年，一個以英國為據點的性別與建築研究資料庫「性別站」（Gendersite）成立了，但它只營運到2012年，就因欠缺資金而關門大吉。[85] 最重要的是，當我們不搜集資料，不用性別分析的數據設計都市，就會在最令人意外的地方發現男性偏誤，而它們通常是在無意間造成的。

╪

大部分會去健身房的女性，在踏入自由重量訓練區時，都得先做一番心理建設，好去面對占據那兒的男性；大部分的男人不是把她看作怪胎，就是視她為麻煩。理論上而言，妳的確有權走進自由重訓區，但妳必須先克服那些心理障礙，鼓起勇氣，而男人卻不用面對這些壓力。妳必須具備某種自信，才能不在乎那些眼光。然而有時候，妳就是沒辦法打起精神面對那一切。我住處附近的公園裡設有室外運動場，情況也是一樣：要是場上只有男人，我通常會放棄踏進去，那些無法避免的瞪視直截了當的提醒我，我並不屬於那裡，而我有時實在無力消受那些眼神。

這樣的抱怨免不了會遇到一些反擊，有些人要女人別像溫室的花朵——或者要女權主義者別再把女人塑造成溫室的花朵。當然，有些女人並不在乎男人不懷好意的注視，也不在乎他們故意擺出的雄性架勢。但那些選擇迴避的女性並非大驚小怪，事實上，許多女人踏入本是中性的公用運動空間時，的確必須面對男人的敵意。[86]健身房就像大眾運輸系統，假扮成男女平等的共用空間，實際上卻充滿男性偏誤。

好消息是，其實只要我們稍加設計就能改變男性偏誤，而且已有相關單位著手搜集資料。1990年代中期，維也納當地官員推動的研究發現，只要女童一滿10歲，去公園和公共遊樂區的頻率就會「大幅降低」。[87]這些官員並沒有聳聳肩，宣稱小女孩得學會勇敢，而是思考公園的設計出了什麼問題。他們規劃了一些實驗性專案，開始搜集資料。

他們的研究結果很有啟發性。原來寬敞的開放空間正是問題所在，迫使女孩必須與男孩爭奪同一個空間。然而，女孩沒有與男孩競爭的自信（這正是社會制約的實例），因此她們放任男孩占據空間。當官員把一座公園分割成數個小型區塊，女孩的人數就增加了。不只如此，他們也改變了公園運動器材的配置。原先運動器材區的四面都設有金屬圍欄，且只有1個出入口，而出入口附近總聚集了一票男孩。無意與男孩較勁的女孩們乾脆放棄。此時，維也納出現了一位可與影集《公園與遊憩》（*Parks and Recreation*）女主角媲美的人物——克勞蒂亞・普林斯—布蘭登堡（Claudia Prinz-Brandenburg），她提出一個簡單的建議：多設幾個出入口，同時讓出入口寬敞些。[88]除此之外，運動器材區也像草地一樣，分成數個區塊。籃球之類的正式運動場仍然存在，同時增設了休閒運動的空間——女孩通常會使用後者。這些都是微小的改變，但它們奏效了。1年後，去公園的女孩不但增加，休閒運動設施的數量也增加了。現在，維也納新設置的公園都依照這樣的原則規劃。

瑞典馬爾摩市（Malmö）發現，過去都市更新計畫在規劃「年輕人的空間」時，也受到類似的男性偏誤影響。一般而言，政府會設置供玩滑板、攀岩、塗鴉的空間。[89]問題是，並不是「所有的年輕人」都從事這些活動。市政府專為年輕人所規劃的休閒空間和器材，使用者多半是男孩，只有10~20%的使用者是女孩。再一次，這些官員沒有聳聳肩，想著問題是出自那些不想使用這些空間的女孩，而是轉而搜集資料。

2010年，市政府推動新的都市再生計畫（把停車場改建為休閒區域）前先詢問女孩想要的是什麼。[90]依此設計的休閒區域具備充足的照明，且像維也納的公園一樣，分割為大小與高度不同的空間。[91]馬爾摩市交通部官員克里斯欽・瑞西伯（Christian Resebo）參與了這個計畫，他告訴我自此之後，他們又「設計了2個專為少女及年輕女性規劃的公共空間」。

這些考量性別的設計，受益的絕不只是女性，而是全民的荷包。瑞典哥特堡每年花大約8,000萬克朗，設立運動俱樂部和運動協會。當然，這麼做的原意是造福每一個人。但當市政府官員檢視資料，卻發現並不是每個市民都能獲益。[92]大部分的經費都花在正規訓練——而參與正規訓練的人主要以男孩為主。在44項運動中，有36項運動補助款撥給了男孩。總計下來，哥特堡花在男孩身上的運動經費，比女孩多1,500萬克朗。這不只代表花在女性運動上的經費較少——有時甚至根本沒有經費，女孩只能自行付費才能從事想要的活動。要是她們付不起，乾脆就放棄運動。

這份報告的結論是，要是女孩偏好從事的運動沒有足夠的經費支持，她們的心理健康連帶也會受損，相信大部分的讀者不會因此感到意外。也許更令人驚訝的是，報告指出投資少女多運動就能減少骨質疏鬆所引發的骨折，連帶降低相關的醫療支出。肢體運動能強化年輕人的骨質密度，降低未來骨質疏鬆的風險。研究者指出特別重要的是，女生必須在青春期前就開始運動。

哥特堡估計，每年約有1,000件跌倒所造成的骨折，而當中3/4的傷患皆為女性，耗費1億5,000萬克朗的醫療支出，其中1億1,000萬就花在女性傷患身上。這份報告的結論表示，「要是本市能在女性運動多投資1,500萬克朗，就能減少14%由骨質疏鬆造成的骨折病例。光是省下的錢就足以支應這項投資。」

當都市規劃人士沒有考量性別差異，公共空間自然便成了男性主導的空間。但事實上，全球一半的人口是女性，擁有女性的身體。全球有一半的人，每天都得面對針對她們的身體而來的各種性威脅。與此同時，全球人口所需的照護工作，多半都由女人一肩扛下，而且通常沒有支薪。女人的需求並不只是小眾利基而已。要是公共空間真的為每個人服務，我們就該開始考量世界另一半人口的日常生活。正如我們看到的，這不只是公平正義的問題，同時也是單純的經濟問題。

進行都市規劃時考量女性的照護責任，會讓女性更加活躍於支薪勞動，而我們將會在下一章看到，女性對國內生產毛額有重大的影響。解決女性面臨的性暴力，落實預防措施——比如提供足夠的單一性別公廁——長期下來會減少對女性的暴力所造成的經濟成本。當我們在設計開放空間和公共活動時，考量到女性的社會化過程，就能促進女性長期的心理與生理健康，這會幫我們進一步省下不少花費。

簡而言之，設計公共空間時把女性排除在外，並不是資源有限的問題，而是優先順序造成的結果；截至目前，不管是刻意為之還是無意疏忽，我們在乎的優先對象都不是女性。這顯然不符合公平正義，而且違反了經濟原則。女性也有享用公共資源的同等權利，我們不該再用設計把女人邊緣化。

第二部

●

工作場所

第三章

漫長的星期五

1975年10月24日還沒結束，冰島男人已經把這一天稱作「漫長的星期五」。[1]超市的香腸全都售罄，成了「當時最受歡迎的即食食品」。辦公室到處都是跑上跑下的孩童，大人用糖果賄賂，只希望他們安靜下來，反而讓他們不斷伸手要糖。學校、托兒所、漁業工廠不是全面關閉，就是半關閉，減少工作量。至於冰島女性呢？她們在**放假**。

聯合國將1975年訂為「婦女年」（Women's Year），而冰島女性決心讓這一年實至名歸。冰島規模最大的5個婦女機構推派代表，組成委員會；經過一番討論後，婦女罷工的點子應運而生。10月24日，全冰島的女性都罷工一天。不只不做支薪工作，也不煮飯、清掃、顧小孩。少了女人擔下那些讓國家順利運作卻被視而不見的勞務，就讓冰島男人瞧瞧會發生什麼事。

90%的冰島女性參與罷工。雷克雅維克的市中心廣場聚集了參加遊行的25,000名婦女，這是全冰島最盛大的一場示威活動，除了首都，還有20餘場遊行在各地進行。冰島全國人口只有22萬人，這樣的參與度可謂十分驚人。[2]隔年，冰島在1976年通過《性別平等法案》，將工作場所和學校的6種性別歧視列為違法。[3]5年後，維格迪絲・芬博加多蒂爾（Vigdís Finnbogadóttir）擊敗3名男性候選人，成為全球第一位由人民投票選出的女性元首。今天，冰島國會雖然沒有使用性別配額制，卻是全球最性別平等的國會。[4]世界經濟論壇編列的2017年全球性別落差指數中，冰島連續8年拔得頭籌。[5]

＋

《經濟學人》雜誌（*The Economist*）也把冰島譽為對職業婦女最好的國家。[6]雖說這件事值得慶祝，但我們也得注意《經濟學人》的用語——要是冰島的罷工真發揮了功效，其所揭露的事實之一就是「職業婦女」一詞實為累贅。事實上，世上沒有不工作的女性。只有勞動但**未支薪**的女性。

放眼全球，75%的無薪工作都由婦女完成[7]，她們每天從事無薪勞動的時間為3~6小時，相比之下男人平均只花30分鐘到2小時。[8]這樣的不平等很早就開始了，5歲大的女童做的家事都比她們的兄弟多，而隨著年齡增長，兩性的差異就更加明顯。男性的無薪勞動時數最長的國家是丹麥，女性的無薪勞動時數最短的國家是挪威，但丹麥男性的勞動時數卻比挪威婦女的還短。[9]

只要我提起男女負擔的無支薪工作量不平等，總會有人回應：「但是情況應該有變好吧？男人應該漸漸會負擔愈來愈多的勞動吧？」以個體來說，的確有些男人開始從事多一點的無薪工作。但說到整體男性人口呢？不，情況並沒有改善，因為男人從事無薪工作的比例停滯不前，令人吃驚。澳洲一項研究發現，就算比較富裕的夫妻平日會雇用家事幫手，但剩下的無薪工作依舊以傳統比例分配，擔下大部分勞動的仍是女性。[10]當愈來愈多的女性加入有薪勞動力，男性卻沒有相應做出改變，沒有增加他們的無薪工作量，因此女性的工作總時數不斷增加。過去20年來的各種研究都發現，不管兩人的薪資各有多少，分別花了多少在家庭支出上，大部分的無薪工作都由女性完成。[11]

就算男人的無薪工作量真的增加了，負責例行家事的仍然不是男人[12]，而家庭中大部分的工作都是例行家事[13]。相反的，男性會從事比較有趣的活動，比如顧小孩。平均而言，61%的家事都由女性完成。比方來說，印度婦女每天從事6小時的無薪勞動，其中5小時都用來做家事，而印度男人只花了13分鐘在家事上。[14]而在老人照護方面，男性也絕少從事比較私密、骯髒或耗費精神的工作。在英國，70%失智老人的無薪照護者是女性[15]，而且失智者的沐浴、更衣、如廁和失禁時的處理，都是由女性照護者負責[16]。女性承擔24小時密集輪值看護的機率是男性的2倍，而且女性照護失智者5年以上的機率也比男性高。[17]女性照護者所得到的幫助遠少於男性，因此她們感到孤立無援的機率也比較高，得到憂鬱症的機率也較高——而這些正是造成失智的原因之一。[18]

與此同時，男人照舊從事日常的休閒娛樂——看電視、做運動、玩電動。美國男性每天的休閒時間比美國女性多1小時[19]，而英國國家統計局發現，英國男人每週享受的娛樂時間比女性多5小時[20]。澳洲一份研究揭露，女人的休閒時間極短，讓她們比男性更容易發生「骨折和其他危險」。[21]

總而言之，世界各地女性（除了少數例外）的工時超過男性。並不是每個國家都提供按性別分析的資料，但從現有數據來看，各地女性工時明顯較長。韓國婦女每天比男人多工作34分鐘，葡萄牙婦女則多90分鐘，中國婦女是44分鐘，南非婦女是48分鐘。[22]各國時間長短雖不同（世界銀行估計，烏干達女性每天平均工作15小時，而男性平均工作9小時），但各國女性的工時多半比男性長。[23]

美國研究人員在2010年調查男女科學家無薪勞動的情況，發現54%的女科學家負責家中的煮食、清潔、洗衣等家事，等於她們每週除了在外工作60個小時，回家還要再勞動10小時；相比之下，只有28%的男科學家從事無薪勞動，而且時數只有女性的一半，兩者數值懸殊。[24]而且他們的資料庫也顯示，女性負責家中54%的親職工作，男性只負責36%。印度婦女的總工時中，有66%花在無薪勞動上，而男性的工時只有12%屬於無薪勞動。在義大利，女性工時中有61%沒有支薪，相比之下男性只有23%。至於法國女性，57%的勞動時數沒有薪水可領，男性只有38%。

這些額外工作都影響了婦女的健康狀況。我們早就知道心臟手術後，女病患（特別是55歲以下）的復原狀況遠比男性差。但直到2016年一份加拿大研究發表後，研究人員才發現女性的照護負擔是造成這種差異的原因之一。「我們注意到女性病患做了冠狀動脈繞道手術後，多半立刻重回照護者的崗位，而男性病患多半有其他人照顧他們，」主要研究者珂玲・諾瑞斯（Colleen Norris）解釋。[25]

這種情況說不定能解釋另一份芬蘭研究的結果。[26]芬蘭研究發現，心臟病發後單身女性的復原情況比已婚女性好，而密西根大學的研究[27]則指出已婚夫妻中，丈夫每週為他們的妻子增加了7小時的家事，顯然已婚女性的生活更加繁忙勞累。澳洲的研究也發現，單身男性與女性的家事時間幾乎相等；當女性與伴侶同住，「不管兩人的工作狀態為何，女性花在家事的時間都會增加，而男性的時間則縮短」。[28]

十

談到工作，不只《經濟學人》忘了女性的無薪工作量。就連《Inc》等商業雜誌都刊登發人省思的文章，告訴讀者，「科學」告訴我們，「你」每週不該工作超過40小時[29]；或者《衛報》告知我們，要是你每週工作超過39個小時，「你的工作就可能會殺死你」，但這些雜誌提到的「你」並不包含女性，因為女性沒有選擇權，沒有該與不該。[30]她們每週的工時都超過這些時數，毫無例外。而超長工時正在殺死她們。

壓力是第一個殺手。英國職業健康與安全管理局（Health and Safety Executive）於2017年調查工作場所時，揭露各種年齡層的女性因工作引發壓力過大，出現焦慮、憂鬱症的比例都高於男性。[31]整體而言，女性感受到的壓力比男性多53%，但男女差異在35~44歲的年齡層最為明顯：10萬名男性勞工中，1,270名男性壓力過大、焦慮、得憂鬱症，而女性勞工的案例則為男性的2倍，10萬名女性勞工中有2,250人出現壓力過大及相關症狀。

職安管理局的結論是，這樣的差異主要來自女性從事的產業。教育、健康、社會照護等公共服務部門的壓力通常比較大；另一個原因則是「男女對壓力的態度和看法有文化上的差異」。這些可能都很有道理，但職安管理局的報告仍有十分嚴重的性別資料缺口。

國際勞工組織（International Labour Organization）自1930年

代開始，就公告人們每週不能工作超過48小時，但他們指的是有薪勞動。[32]只要每週工作超過此時數，就會增加國家的健康支出。但愈來愈多人意識到，真實情況恐怕更加複雜。

2011年有份報告搜集了1997-2004年間英國公務員的資料，發現每週工作超過55小時，會增加女性得憂鬱症和焦慮症的風險，但對男性則沒有明顯的影響。[33]就連每週工作41-55小時，女性的心理健康惡化的機率都會增加。這和加拿大1999年的研究相符[34]，而2017年有份報告[35]分析了6年「澳洲家庭、收入和勞動力動態調查」的結果，也發現女性所能負荷的有薪工時遠低於男性，不然她們就會賠上心理健康。

但女性付出的代價絕不只有心理健康。數份瑞典研究發現，即便加班時數略增也會增加婦女住院機率和死亡率，但加班反而對男性產生保護作用。[36]美國有篇2016年的論文，研究長時工作32年後對人的影響，也發現一樣的男女差異。[37]普通的長工時（每週41-55小時）會減少男性「得到心臟疾病、慢性肺病和憂鬱症的風險」。相反的，同樣的長工時會讓女性得到心臟病和癌症等致命疾病的機率「大幅增加，令人擔憂」，毫無例外。事實上，只要女性每週工作超過40小時，罹患這些疾病的風險就會開始增加。要是她們每週平均工作60小時，持續超過30年，得到其中一項疾病的風險增為3倍。

為什麼會這樣？這些是不是證明了女性天生就是比較弱？

並非如此。事實上，澳洲的研究發現，雖然在不會影響心理健康的前提下，男性可應付的平均工時明顯比女性長，但是有一組研究對象的性別差異非常微小。這一組人士被稱為「無負擔」勞工，也就是說，這些勞工幾乎沒有支薪工作以外的照護責任。無負擔的男性與女性勞工所能承擔的工時，都十分接近國際勞工組織規定的48小時。問題是，女性有很多負擔，只是她們的工作不為世人所注意罷了。

演員雷恩・葛斯林（Ryan Gosling）在2017年的金球獎晚會上感謝伴侶伊娃・門德斯（Eva Mendes）無薪的付出，指出要是沒有她的奉獻，他不可能登上舞台領取獎座；人們聽了紛紛稱讚他是罕見的好男人。[38]相比之下，《衛報》專欄作家海德莉・佛里曼（Hadley Freeman）在2018年寫下的故事居然沒有引起世人重視，實在令人吃驚。她寫道：「我有位朋友要請星期五的假，而她的主管回答：『即使我有不只一個孩子，我照樣能勝任全職工作。』『沒錯，但你的妻子為了養育你們的孩子而辭掉她的工作，』我的朋友真想這樣回，但她說不出口。」[39]

這個男人就是看不見——或者不想看見——他身邊做了那些無薪工作的人是誰。因為有人擔下了無薪工作，他才能在有了孩子之後，依舊輕鬆的從事全職工作，照領他的薪水。他從未想到自己之所以不需要在星期五請假，不是因為他的工作能力比女同事強，而是因為她不像他，家裡可沒有個全職主婦。

當然異性伴侶關係中，並不是每個男主管家中都有個家庭主婦，因為大部分的女性無法完全辭去給薪工作。相反的，為了滿足家庭的照護需求，她們轉向兼職工作。在英國，42%的女性有兼職，而男性只有11%。全部的兼職工作者中，女性就占了75%。[40]然而，兼職工作的時薪低於全職工作——其中一項原因是高階職位很少能由數人兼職分擔，而且通常沒有彈性工時。因此，女性為了獲得照護勞動所需的彈性工時，只能從事那些低於自己技能的工作[41]，無法賺取她們應得的薪資[42]。

2016年蘇格蘭的兩性平均時薪差異為15%——但這項數據並未揭露全職與兼職工作的重大差異。[43]男女全職工作的時薪差異為11%，但全職男性和兼職女性的時薪差異高達32%。2017年，全英國全職雇員的時薪中位數是14英鎊，[44]而兼職雇員的時薪只有9.12英鎊。[45]

有人說大部分女性之所以從事收入較低的工作，不過是種職涯選擇。但要是她們不低就，小孩就無人照顧，家事就無人完成；因此這恐怕無法被稱作是自由的選擇。不管怎麼說，美國長達50年的全國普查[46]證明，當許多女性加入一個產業，該產業就會出現低薪現象，失去「高薪光環」[47]，看來與其說女人選擇低薪工作，不如說低薪工作選擇了女人。

這些「不是選擇的選擇」讓婦女陷入貧困。經濟合作暨發展組織（Organisation for Economic Cooperation and Development，簡稱經合組織）近年一份報告揭露，要是一國婦女耗費在無薪照護工作上的時間遠超過男性，男女時薪的差距也就愈明顯。[48]在英國，薪資低於生活工資（living wage）的勞工，61%為女性[49]，而倫敦財政研究機構（Institute for Fiscal Studies）也發現，生了一個孩子後的12年間，男女薪資差異會增加到33%，因為女性的職涯（和薪水）停滯不前。[50]美國已婚女性和已婚男性的薪資差異，是沒有小孩的男女薪資差異的3倍。[51]

隨著時間過去，這些薪資差異有增無減。在德國，生過一個小孩的媽媽，等到她45歲時，她比沒有中斷工作的婦女少賺285,000美金。[52]來自法國、德國、瑞典和土耳其的數據都顯示，即使像某些國家一樣，以社會性移轉（Social transfer）計算女性無薪照護工作帶來的貢獻，女性一生賺取的薪資仍比男性少了31~75%。[53]

這一切都讓婦女在老年陷入極為貧苦的處境，部分的原因是她們沒有多餘的錢可儲蓄，為老年生活預做準備；然而政府在設計退休金計畫時，也沒有考量到女性一生的薪資比較低。這不完全是資料缺口的問題，因為這些數據的確存在。但要是政府不正視統計數據，搜集再充足的資料也是徒勞。而政府也確實沒有實際運用數據來制定政策。

在世界銀行等國際財務組織的建議下，過去20年來，各地政府漸漸從採行社會保險，轉型為（多半由私人公司管理）的個人退休金存款帳戶計畫。[54]退休者領取的退休金直接來自過去繳納的退休金，並按照他們預計領取的年分分配。然而這對女性十分不利，她們過去把時間用在無薪的照護工作，工作年限比別人短（某些國家和職業法規限制了退休年齡），偏偏她們的壽命又比較長。

在其他政策上，男性的獲益也比女性多，包括近年澳洲退休基金的稅務減免政策（男性因此增加退休金的機率較高）[55]，而英國則啟動職業年金自動加入（auto-enrolment）機制。就像世界各地的退休金計畫，這些政策都犯了常見的失誤，沒有考量女性為了負擔無薪照護責任，不得不縮減有薪勞動，卻沒有得到任何補償。因此，女性「無法在工作的年限內為自己繳納足夠的退休金」。[56]更不可原諒的是，英國的制度沒有考量到女性為了應付有薪和無薪的工作量，常常做數種不同兼職。[57]為了符合自動加入退休計畫的資格，一名勞工每年至少得賺取1萬英鎊。雖然許多女性的年薪超過1萬英鎊，但她們經常為1名以上的雇主工作，然而計算1萬英鎊的門檻時，不能以數項工作累積的總薪資來計算。這代表「32%的受雇女性，也就是多達270萬名女性勞工的所得不足，無法讓她們從自動加入退休計畫獲益，相比之下，男性勞工只有14%面臨同樣的困境」。[58]

巴西、玻利維亞、波札那提供了另一種解決方案。這三國近乎實現了國民年金的目標，同時縮減了性別缺口，這都「歸功於廣泛推行非繳費型年金制度」。[59]玻利維亞的女性每生1胎，就能獲得1年的退休金，上限為3胎。長期下來，這不但解決了女性貧困的問題，另一個附帶利益是，由於主要照護者能獲得退休金點數，無形中鼓勵男性承擔多一點無薪照護責任。[60]這讓人們注意到另一個問題：女性的無薪工作產值被低估，是因為我們沒注意到她們的付出，還是因為我們不重視這些工作的價值，因此看不到它們的存在？

除了檢討退休金的男性偏誤，政府也得推動新政策，讓女性能夠保住她們的有薪工作，才能真正解決女性老年的貧困問題。第一步就是推行有薪產假與育嬰假①，且不能僅止於此。

全面支持職業父母的歐洲國家，女性就業率也最高。[61]來自世界各地的眾多研究顯示，產假對有薪就業市場的女性參與度有正面功效。[62]所謂的正面功效，不只是女性就業人數增加，同時她們的受雇時數和收入也增加了。而低收入婦女是因

---

①台灣分為產假和育嬰假，但在某些國家，產假一詞同時也包含育嬰假（parental leave），本書作者以產假（maternity leave）一詞涵蓋媽媽因生產與育兒而需要的假期，爸爸則為陪產假（paternity leave）。

此獲益最明顯的族群。[63]

但我們必須注意，並不是所有的育嬰產假政策都合乎公平原則。重要的是產假長短與領取的薪資多寡。要是沒有足夠的產假，女性可能會辭去正職工作[64]，或轉而從事兼職工作[65]。當谷歌發現女性職員生產後的離職率是其他員工的2倍，他們決定想辦法留住女性員工，把原本3個月的減薪產假，改為5個月的全薪產假，女性離職率隨之降低了50%。[66]

除了美國以外，所有工業化國家都保障公司員工可請有薪產假[67]，但絕大多數的國家在產假長短或全薪、半薪等政策上，沒有擊中「甜蜜點」，而且絕不可能在兩方面同時令人滿意。澳洲近年一份分析指出，保障女性繼續工作的最佳有薪產假長度是7個月到1年[68]，但全球沒有任何一個國家提供如此長的給薪產假。

經合組織中，有12國提供全薪產假，但這些國家的產假都不超過20週，平均長度為15週。以葡萄牙來說，雖然提供了100%的全薪產假，但產假只有6週。相比之下，澳洲提供18週產假，但只給付42%的薪資。愛爾蘭的產假為26週，但只給付34%的薪資。因此雖然這些國家的女性理論上可以請產假，但事實上這些產假長短只是學術數字，很少人真能請那麼久。

英國政治家喜歡吹噓（特別是在脫歐公投前夕）英國提供了「最慷慨」的產假，比歐盟1992年頒行的《懷孕員工指令》（Pregnant Workers Directive）中規定的14週還要長。[69]就技術上而言，這確實不假，但這並不代表英國女性比其他歐洲婦女獲得更好的福利。歐洲各地的有薪產假平均為22週。[70]但此數據並未揭露實領薪資的比例和產假長度，而各地相關規定差異甚大。克羅埃西亞保障全薪30週產假，相比之下，英國提供39週產假，但平均只給付30%的薪資。事實上，2017年一份報告評估歐洲34國提供女性勞工「薪資合宜的產假」長度時，英國名列第22名（合宜的工資給付不超過1.4個月）。

現在英國準備退出歐盟②，有薪產假政策可能會持續退步，離其他歐洲鄰居的標準更遠。自 2008年開始，歐盟試圖把產假標準延長為全薪20週。[71]然而此提案陷入僵局，多年來無法通過，最後於2015年完全遭到擱置，其中的重要阻力正來自英國和其商業說客，他們多年來費盡苦心只為擋下此案。[72]要是沒有英國從中作梗，歐盟婦女就能享有更多的產假福利。與此同時，馬丁．卡拉南（Martin Callanan，我寫本書時，他擔任英國脫歐部國務大臣）於2012年，在歐盟議會上發表了一項演說，宣稱《懷孕員工指令》是「阻止企業聘雇員工的多項原因之一」，表示「應予以廢除」。[73]

對英國的部分婦女而言，她們根本沒有任何產假，因為《懷孕員工指令》並沒有納入女性政治家。英國國會的女議員有產假，但要是她們本人沒有出席議會，也沒有人能代她們投票。就技術而言，產假期間的婦女可以運用「配對」（pairing）機制，也就是說一名投同意票的議員配上一名投反對票的議員，雙方協議同時放棄投票。然而從2018年的投票中，就能看出此機制並不合宜；當保守黨議員布蘭登．路易斯（Brandon Lewis）與自由民主黨議員喬．史溫森（Jo Swinson）配對，路易

---

②英國已於2020年1月31日晚上11時正式退出歐盟。

斯卻神祕的「忘記了」配對協議，在2次重要的英國脫歐議題投票中投了票，讓政府以極小的差距險勝。

國會的情況已經很糟糕，但地方政府則更為惡劣。1972年的《地方政府法案》（Local Government Act）第85節提到，「要是地方議員未參加議會達6個月，就會失去議員一職，除非政府當局特許此議員缺席」。讀者也許以為，產假當然屬於可被政府認可的缺席理由，但女性福利機構福西特協會（Fawcett Society）委託的一項調查報告指出，英格蘭只有12個地方議會擬訂正式的產假政策，雖然有些議會提供非正式的解決方案，但多達3/4的議會完全沒有提供任何產假。[74]當政策沒有考量到世界上有一半的人口會懷孕，並帶來新生命，女性就保不住工作。

2015年，地方議員夏琳．麥克林（Charlene McLean）因早產不得不住院數個月。雖然她與地方議會保持聯絡，且對方告訴她，她享有一切應有的權利，但她要復職時卻被告知，由於她缺席6個月，必須重新競選才能回到工作崗位。夏琳事件之後，紐漢（Newham）區議會仍沒有改變相關規定，罔顧女性生理構造的現實問題。他們唯一進行的改變，就是確保所有孕婦獲得充分資訊，了解自己沒有休產假的權利。[75]隔年伯明罕市議員布莉姬．瓊斯（Brigid Jones）被告知，要是她懷孕了，就得卸下她在政府孩童服務部門的職務。

美國女性的處境更是悽慘。世界上有4個國家完全沒有保障給薪產假，其中之一就是美國。[76]美國《家庭醫療假法》（Family and Medical Leave Act）保障員工12週的無薪假——但限制繁多，其中之一就是過去12個月，妳就職的企業必須雇用超過50名員工。[77]因此，就連**無薪假**也只有60%的勞工能夠受益。[78]剩下的40%女性勞工，沒有任何法規預防她們遭公司開除的命運。當然，**負擔**得了無薪假的女性人數更少：每4名美國母親，就有1名在生產後2週內回到工作崗位。

對某些美國女性而言，國家或產業彌補了欠缺產假的困境。2016年1月，當時的總統歐巴馬（Barack Obama）提供聯邦員工6週的給薪照護假[79]，目前有4州（加州、羅德島、紐約、紐澤西四州和華盛頓特區）提供給薪家庭假，由員工的社會保險給付。[80]有些幸運的女性，其任職公司的確會提供產假。雖然國家或公司彌補了部分缺口，但多達85%的美國婦女沒有任何的給薪產假。[81]

議員多次試圖透過立法改善現況，但都失敗了。最近一次就是2018年，川普提議由聯邦預算，提供剛生產的母親6週的失業給付。[82]這項提案沒有通過，但就算通過了，產假太短再加上補貼金額不夠，仍無法有效提高女性有薪勞動的參與度。美國亟需解決這方面的問題，因為與其他工業化國家不同，美國女性有薪勞動人口參與度正在下降——2013年的研究發現，其中1/3的婦女離職是因為政策不夠友善家庭。[83]

美國政府持續尋找解決方案，試圖解決顯然非常棘手的難題。然而，政府最近的一次動作只是證明，漠視性別差異的政策如何無意識的歧視女性。[84]我在2018年著手編寫本書，同年美國國會的共和黨人士興奮提議，為了讓人民及早在生育期間享有社會安全福利，不妨延後給付退休金的時間，好彌補支出。這個想法的確有吸引人之處：這是項不用多花錢的方案，至少政府不用多花錢。但對女性來說，這可稱不上是種福利。

性別薪資差異，以及女性花在照顧孩童上的時間，已經造成女性所獲得的社會安全福利較少，而這項政策只是讓問題更形嚴重罷了。[85]再加上女性壽命較長，老年時女性的身體比較衰弱，她們所需要的退休金相比之下會比較多，絕不是比較少。[86]因此這項政策的主要影響，就是加劇年老婦女陷入貧困的窘境。

另一個制定假期政策時忽略性別差異，以致歧視女性的實例，就是美國的大學教職系統。受終身教授制度（Tenure-track）規範的美國學者，取得第一個學術工作後有7年的時間爭取終身聘任的資格，不然就會被開除。但這樣的制度歧視女性——特別是想要養育孩子的女性，其中有個原因是完成博士學位和取得終身職的時期（約莫30~40歲），正是女性最可能懷孕的時期。[87]這造成了什麼結果？有年幼孩子的已婚婦女取得終身職的機率，比有年幼孩子的已婚男性少了35%[88]，而已取得終身職的教職員中，70%的男性已婚且有小孩，相比之下只有44%的女性已婚且有小孩[89]。

美國大學對此幾乎沒有提出解決方案——即使有些大學試圖改善，但他們推行的方案並未真的納入性別差異，反而讓他們原本想解決的問題進一步惡化。[90]在1990年代和2000年代初期，幾間美國大學實行了本意要造福家庭的政策：每生1個小孩，父母爭取終身職的年限就增加1年。但事實上，需要多1年的並不是「父母」雙方，而是母親。密西根大學的愛莉森・戴維斯－布雷克（Alison Davis-Blake）在《紐約時報》苦澀的表示：「生產可不是無關性別的事。」[91]在這額外的一年中，大部分女性得面對害喜噁心，每5分鐘跑一次廁所，換尿布或使用擠乳器，與此同時男性卻得以花更多時間專心研究。這項政策的獲益者並不是父母雙方，只有男人占了便宜，付出代價的卻是女性：一項研究分析了美國最優秀的50所大學的經濟系助理教授聘雇狀況，發現1985~2004年間，這樣的政策讓女性在第一份教職取得終身職的機率減少了22%。與此同時，男性獲得終身職的機率增加了19%。[92]

這份分析刊登於一份沒有正式發表的論文中，有人質疑其完整的研究結果[93]——但我們早就知道，有孩子的父母雙方取得終身職的狀況差異甚大，再加上統計數據告訴我們，照護責任多半落在誰的肩上（更別提懷孕、生產、哺乳都只能仰賴女性），這些政策理所當然該考量誰才是真正生小孩的人，以及誰是主要照護者。然而至今，仍然沒有任何大學依此擬訂相應政策。

這並不是說，父職陪產假不重要。它當然很重要。這不只是公平原則（父親當然有權參與孩子的生活），我們握有的數據也顯示，給薪父職假也有助於女性就業。截至2016年，瑞典的女性就業率傲視歐盟，有將近80%的婦女在職場奮鬥。[94]同時，瑞典請陪產假的父親也是全球最多，每10名人父就有9人請了3~4個月的陪產假。[95]相比之下，經合組織各國要是父親能請陪產假，通常每5個人父只有1名請假——而在澳洲、捷克和波蘭，每50名人父才會有1名請假，比例甚低。[96]

如此懸殊的數據並不令人意外：瑞典的陪產假制度可謂世上最大方的政策，而且當瑞典政府開始推行陪產假，可說開創了全球先例。自1995年開始，瑞典就保障爸爸1個月的陪產假，並給付90%的薪資。這一個月的假無法移轉到母親身上，爸爸要是不請，那麼父母的親職假就損失了1個月。2002年，陪產假延長到2個月，且在2016年進一步延長為3個月。[97]

雖然瑞典早在1974年開始，就允許父親們請陪產假，但推動「不請假就損失」的父職育嬰假之前，一直只有6%的男性會請。換句話說，男人堅持不請陪產假，直到政府規定他們不請假就會浪費這項權利才有所改變。冰島也出現同樣的模式，推動「爸爸配額」制（daddy quota）後，請陪產假的人數倍增。在南韓，政府推行專為父親打造的權益後，請陪產假的人數激增3倍。[98]相比之下，英國政府卻在2015年實施父母共享親職假制度，沒有專為爸爸打造的父職育嬰假，證明即使有了數據，政府仍可能視而不見。想當然爾，英國父親請育嬰假的人數「令人感嘆的低」，政策推行後12個月內，每100名男性只有1人請了假。[99]

日本也採用了爸爸配額制，最後卻以失敗收場。其中主要的原因之一，就是配額制的設計既沒有考量當地的性別薪資差異，也沒有考慮女性真正的生理構造。父母雙方能共享14個月的育嬰假，其中2個月保留給父親，但6個月後，給付的薪資從請假者的2/3月薪減為一半。婦女懷孕和生產後需要時間恢復體力，再加上可能需要哺乳，因此媽媽通常先請假，讓薪水較高者工作，維持較高的家庭總收入——平均而言，日本男性薪資比女性高27%。[100]因此毫不意外的，只有2%的日本父親會真的請應得的陪產假。[101]日本極端的工作文化也是造成配額制失敗的原因之一：員工即使放正常假期，也會引來他人的不悅，據說男性要是真請了陪產假，就會成為工作場所的笑柄，對職涯不利。

就算有些國家未能順利推行，政府仍必須保留男性請陪產育嬰假的權利；只要立法規範父母雙方都有照顧孩子的平等責任，長期下來還是會有明顯成效。畢竟孩子是父母雙方的結晶，雙方得共負養育責任。請育嬰假的男性，通常後來也會比較主動參與孩子的照護工作[102]——這也許正好解釋了瑞典2010年的一份研究。研究學者發現，父親每請1個月的育嬰假，母親未來的薪資平均會增加7%。[103]

╬

光靠以實證為基礎擬訂育嬰假政策，當然無法解決所有難題，畢竟女性並非有了新生兒才開始從事無薪工作，也不會就此結束，而傳統的工作環境正是為傳說中無家累的勞工所打造。無家累的勞工（多半都是男性）不需要為了照顧孩子或年老親屬而煩惱，也不需要煮飯、清掃、看醫生、買日常用品、解決孩子的跌倒意外或者被霸凌的事件，盯孩子做功課，接著就到了洗澡和睡覺時間，明天天一亮又開始日復一日的辛勞生活。無家累勞工的生活很單純，可輕鬆分為2部分：工作和休閒。雇主斷定每個勞工每天都能順利上班，在特定時間出現在特定地點。然而，當工作的時間和場合完全無法配合學校、育兒中心、醫生、雜貨店的地點和服務時間，女性就無法兼顧兩者。而工作場所一開始就沒有考量女性的需求。

有些公司的確想改善傳統工作場所和工作日程所隱藏的男性偏誤。金寶湯公司（Campbell Soup）在工作場所為員工孩子提供課後班和夏令營。[104]谷歌員工生小孩後，頭3個月公司會提供外帶餐點津貼、托兒補助，且在公司附近提供衣物乾洗等各種便利服務，讓員工能在工作日完成日常雜務。[105]索尼愛立信和印象筆記（Evernote）公司更進一步，出錢雇用清潔工去打掃員工的家。[106] 美國有愈來愈多的公司為家有新生兒的母親提供集乳室。[107] 美國運通公司甚至出錢讓哺乳中的女性員工在出差時，能把母乳及時寄回家。[108]

但照顧女性需求的公司仍屬例外的少數。蘋果在2017年宣布他們的美國總部是「全球最佳辦公大樓」。然而，這棟領先世界的完美辦公大樓提供了醫療和牙醫服務，甚至設有奢華的健康水療中心，卻沒有日間托育中心，引起眾人撻伐。[109] 看來這是對「男人」來說最佳的辦公大樓吧？

實際上，世界各地的工作文化持續剝奪女性的基本權利，而這一切都歸咎於深信男性需求就是全人類需求的信念。絕大多數的美國全職主婦、主夫（主婦占了97%）在近期一次民意調查中[110] 表示，要是能夠在家工作（76%）或工時可彈性安排（74%），他們願意重回職場。這樣的結果揭露了一項事實：雖然絕大多數的美國公司都宣稱提供員工彈性工時[111]，但現實情況絕非如此。實際上在2015及2016年，美國有彈性工時的勞工人數不但減少了，而且數家美國大企業廢除了遠距工作政策。[112] 英國勞工中，一半雇員希望有彈性工時，但只有9.8%的職缺提供[113] ——據稱要求彈性工時的女性甚至遭到懲處。

資方似乎仍把辦公室的長工時視為有效率的象徵，習於大方獎勵那些加班的員工。[114] 這根本是專為男人設計的紅利制度。統計學家奈特・席佛（Nate Silver）發現自1984年起，美國每週工作50小時以上的勞工（70%為男性）的時薪，與那些每週工時35~49小時，合乎一般標準的員工相比，前者加薪的速度快了2倍。[115] 而某些國家的稅制更加劇這些看不見的男性偏誤──在某些國家，加班所得無須課稅[116]──這就是「沒有後顧之憂」的勞工的福利[117]，與瑞典大不相同。瑞典正試圖推動減免處理家務者的稅額。[118]

在日本，職員常常在公司加班到午夜之後，因此長工時偏誤更為嚴重。其中部分的原因是日本的加薪與升職制度，常根據員工的工時與年資長短決定。[119]此外，日本職場還有飲酒會的文化──飲酒會nomunication一字就是結合日文的飲酒（nomu）和英文的溝通（comunication）而創的雙關詞。[120]理論上，女性當然也能不斷加班，參與飲酒會，但她們遇到的難題比男性更多。日本女性每天平均要花5小時從事無薪勞動，相比之下男性只需花1小時，由此可見，能夠在辦公室待到深夜，讓老闆印象深刻，還能勾肩搭背一同前往當地的脫衣舞俱樂部把酒言歡的員工，當然多半是男性。[121]

在大多數的日本大公司，女性只有2種發展方向：事業導向和非事業導向，而這連帶影響了女性的無薪工作量。非事業導向的職缺以行政事務為主，升職機會十分渺茫，一般稱作「媽媽導向」──因為「媽媽們」無法配合事業導向職位的工作文化。[122]再加上養育小孩降低了女性升職的機會（必須連續數年證明對公司忠誠，且不能跳槽，才有升職機會），想當然爾，70%的日本女性一旦有了第一個孩子，通常會停止工作10年或更久，甚至再也沒有回到職場；相比之下，停止工作10年以上的美國女性只有30%。[123]經合組織各國的勞動性別缺口嚴重度排行榜上，日本名列第六位，而日本的兩性薪資差異則高居第三位，這樣的數據一點也不讓人意外。[124]

學術界也有長工時文化的問題──而且學術界的升遷進程

通常依照男性生涯模式設計，更加劇了問題的嚴重度。一份歐盟報告分析歐洲數間大學，指出研究員的年齡限制歧視女性：女性中斷事業的機率較高，因此她們的「實際年齡通常比『學術年齡』要大」。125《孩子重要嗎？：象牙塔中的性別與家庭》（*Do Babies Matter: Gender & Family in the Ivory Tower*）一書作者之一，尼可拉斯・渥芬格（Nicholas Wolfinger）為《大西洋》期刊（*Atlantic*）寫了一篇文章，建議大學應該提供兼職的終身制職位。126這樣一來，孩子的主要照顧者可以兼職工作，同時無須放棄終身教職（也就是說爭取終身職的期限延長2倍）；也能在能力可及之時回到全職工作。雖然有些大學的確提供兼職機會，但非常少見，而且無法改善其他因照護責任，而不得不轉而兼職的女性所遇到的貧困問題。

有些女性決心挺身而出，親自解決問題。在德國，贏得諾貝爾獎的發展生物學家克莉斯汀・紐斯蘭－沃哈德（Christiane Nüsslein-Volhard）發現門下的女博士生有小孩後，處境遠比男學生不利，因而設立了基金會。127這些女性都是「認真奉獻的學者」，她們的小孩需要一整天的托育照護。然而，光是在白天送孩子到托育中心，無法真的讓受縛於長工時文化的女性與男性平等：托育時間一結束，女性又必須擔負照護責任，與此同時，男同事及沒有小孩的女同事「正在抓緊時間，多讀點書或進行多一點研究」。因此，就算這些女性再認真研究，也不得不敗下陣來。

紐斯蘭－沃哈德的基金會旨在阻止這條漏洞百出的管道。贏得基金會獎學金的人，能夠獲得1個月的補助金，讓她們花在「任何能減輕家庭負擔的事物上：包括家事清潔服務，購買省時省力的家電，比如洗碗機或烘乾機，或者在托兒所未營業或沒有名額時，讓她們能雇用夜間和週末保母」。獎學金的資格是，妳必須在德國大學攻讀研究所或進行博士後研究。最重要的是，不同於美國學界的終身制延長計畫不限性別，這份獎學金只提供給女性。

意識形態的男性偏誤並不只出現於工作場所，也深植於主導勞工工作方式的法規。比方說，工作開銷的定義。你可能會以為工作開銷的項目很客觀，與性別無關，但實情並非如此。一家公司允許員工報帳的支出，通常由一國政府的工作開銷定義決定。然而，政府定義通常與男性需要回報的項目相符。比如制服和工具是工作開支，但臨時托育費用不算作工作開銷。[128]

在美國，國家稅務局決定何謂正當的工作開銷，也就是說，「通常職員不能扣除個人、生活或家庭支出」。[129]然而，個人支出的界定有爭議——這時就要提到妲恩．包法索（Dawn Bovasso）的故事。美國廣告界只有少數幾名女性創意總監，妲恩就是其中之一。同時，她也是單親媽媽。當她的公司宣布要辦總監晚宴，妲恩必須做出選擇：要參加晚宴的話，她就得花200美金，支付雇用保母和交通的費用。一場晚宴值得她花這筆錢嗎？[130]妲恩的男同事便用不著算東算西，雖說有的男人也是單親爸爸，但他們是稀少物種。在英國，90%的單親家長是女性。[131]而在美國，此數據超過80%。[132]在妲恩的例子中，她的男同事只需確認一下行事曆，就能答應出席或拒絕。而大部分男同事都答應出席。事實上，他們不只接受邀請，還在晚宴餐廳隔壁訂了飯店房間，好在宴會上盡情飲酒。妲恩要是雇了保母，保母費用不能報公帳，但男同事訂飯店的費用，卻能列為公司支出。

這件事隱含的偏誤十分明顯：開銷的定義奠基於一個假設，那就是員工都有妻子在家打理家務、照顧小孩。那些工作無需支付費用，因為那是女人的工作；女人並不會因為打理家務和照顧小孩而賺到薪水。妲恩提出她的結論：「要是你加班，公司會給你30美金訂外賣餐點（因為你的妻子沒辦法替你煮晚餐），要是你想痛飲一番，公司會給你30美金買威士忌，但公司不會給你30美金讓你找個保姆（因為你老婆本該在家幫你顧小孩）。」最終妲恩說服公司支付因參加晚宴衍生的托育費用，但她指出，「我必須開口要求，才能得到他們例外開恩，給我補償。」這就是女性的處境：她們從不是預設值，總是例外。

不管如何，並不是所有的員工都能贏得這些例外禮遇。福西特協會2017年針對英格蘭和威爾斯地方政府所做的報告發現，雖然從2003年起，法規就要求「所有地方議會都必須提供補助津貼，支付議員因工作而產生的孩童照護費用」，但實際補貼的狀況零零落落。[133] 有些地方議會完全不補償議員的照護開銷，就算有些真的依法規支付，也只支付「部分金額」。洛赤戴爾（Rochdale）區議會「每小時只補助5.06鎊，並特別注明只『部分負擔議員雇用照護者的費用，而不是全額實支實付』——但在出差費用規範上並沒有這樣的嚴正警告」。這再次證明，問題的核心不是資源不足，而是優先順序。大部分地方政府都在晚上開會，此時正是最需要托育與保母的時刻。雖然從美國到瑞典等國的議員，都常採用遠距開會或遠距投票，但現今的英國法律並不容許這些比較經濟的解決方案。

以上事例足以說明，有薪工作文化必須進行全面的檢討。政府與企業都必須意識到，傳統的工作環境專為無後顧之憂的勞工打造，然而女性經常有後顧之憂；雖然男性員工比較容易實現資方心中「勞工都該自動自發為公司奉獻」的理想，但也有愈來愈多的男性員工不想再只為工作賣命。畢竟我們每一個人，包括企業，都不能失去照護者所做的那些看不見的無薪勞動，這是簡單明瞭的事實。因此，現在該停止懲罰那些願意擔下無薪照護責任的人。相反的，我們該開始正視無薪工作的存在，評估它們的價值，並依此重新設計有薪工作的環境。

第四章

用人唯才的神話

20世紀大半期間，紐約愛樂管弦樂團都沒有半個女性音樂家。1950和1960年代期間，他們雇用了一、兩名女性，但除此之外，整個樂團都是男性，女性比例一直為零。突然之間，情況大幅改變：1970年代之後，女音樂家的比例開始增加再增加。

管弦樂團的流動率非常低。樂團的人數相當穩定（共有大約100名音樂家），一旦雇用，通常就是終身職，很少有人會被開除。因此，當管弦樂團的女性比例從穩定的0%，在10年內增加為10%，這代表發生了值得注意的改變。

這個改變就是推行匿名試奏（blind auditions）。[1] 經過1970年代早期一場官司後，匿名試奏重新安排現場的配置，在演奏者前方立了一道屏幕，因此決定人員聘雇的評審委員們都看不到演奏者。[2] 屏幕的功效立竿見影，到了1980年代早期，新加入的音樂家中有50%都是女性。今天，紐約愛樂的女音樂家人數超過45%。[3]

立道屏幕只是簡單的小步驟，卻讓紐約愛樂的徵試過程真正實現用人唯才的目標。但事實上，紐約愛樂是個例外；在世界各地大部分的徵聘過程中，所謂的用人唯才只是詭詐的神話。事實上，這神話只是用來掩飾白人男性的慣有成見。更令人頹喪的是，就算提供再多可上溯數十年的證據，歷歷指證這只是毫無可信基礎的幻想，也難以打倒這個迷思。要是想打破白人男性的神話，單靠搜集資料決無法成就大業。

真相是，人們不願相信用人唯才只是個神話。在工業國家，人們不只認為產業**應該**按應試者的實力雇用人員，讓能者得以發揮，也深信實情**真是**如此。[4]然而不說其他國家，光是美國，就有證據顯示美國用人唯才的實行度**低於**其他工業化國家[5]，但美國人卻把這當作一種信仰，且過去數十年不斷重新設計雇用與升遷制度，看似企業真的落實能力決定一切的目標。2002年一份美國調查顯示，多達95%的公司採用績效評估制度（相比之下1971年只有45%），且90%都設有績效工資制度。[6]

問題是，能證明這些制度真的有效的證據有限。事實上，大部分實證都顯示它們沒多大用處。一份報告搜集來自美國數家科技公司，共248份的工作績效表現報告，發現女性員工會因為個性問題遭到各種批評，但男性員工卻不會。[7]女性會被要求說話時得注意語氣，或有所退讓。她們受到的批評包括好指使人、嚴厲、言語尖刻、愛爭好鬥（aggressive）①、感情用事和不理性。在這些形容詞中，只有aggressive一詞曾出現在男性員工的評估報告裡，而且「2次都是稱讚，勉勵男性員工要更加積極」。更可惡的是，數份報告在研究與工作績效相關的獎金與加薪情況時，都發現在表現相同的情況下，白人男性得到獎賞的比例高於女性和少數民族者。有份研究以某財務公司為對

①aggressive一字有正面也有負面意思，隨語境而不同，正面是積極進取、有衝勁，負面則是攻擊性強、愛爭好鬥。

象，揭露依績效發放紅利時，相同職位的男女所獲得的紅利差異高達25%。[8]

美國科技業將用人唯才的神話發揮到了極致。根據2016年的一份調查，企業的十大優先考量中，建立多元化的勞動力位居第七項，而新創科技公司創辦人的頭號煩惱則是「雇用對的人」。[9]每4名創辦人中，就有1人表示他根本不在乎多元化，也不在乎工作與生活的平衡度。這些現象都指向一個信念：要是你想雇用「最佳人才」，根本無須考量結構性的偏差。你只需懷抱用人唯才的信念即可。

實際上，要是你真相信能力高低就是一切，你就有可能創造出結構性偏誤。許多研究顯示，確信自己客觀公正，或者相信自己沒有性別歧視，都會讓你不夠客觀，容易做出性別歧視的舉動。[10]相信自己在聘雇過程中公正客觀的男性，在男性與女性求職者能力類似的情況下，雇用男性的機率較高；有趣的是，研究發現女性不會出現這樣的偏誤。宣稱重視實力勝過一切的組織中，即便男女員工的能力相近，管理者通常還是會重用男性員工，而非女性員工。

科技業與用人唯才的神話結合成美麗的愛情故事，對一個迷戀大數據潛力的產業來說，這多麼諷刺啊！因為科技業是少數真的握有實際數據的產業。即使矽谷將能力至上奉為圭臬，它的教主仍是名從哈佛退學的白人男性。至於它的信徒，更以白人男性為多數：科技業中，女性員工只占1/4，而總經理一職，女性只占了11%。[11]然而，美國大學的女性畢業生超過一半，全國化學系學生中，一半都是女性；就連數學系的女學生比例也接近一半。[12]

然而在科技公司工作10年後，多達40%的女性離職，相比之下男性只有17%。[13]人才創新中心（Center for Talent Innovation）的報告指出，女性離職率高的原因並不是家庭因素，也不是她們不喜歡工作內容。[14]她們之所以離開的原因歸諸於「工作環境」，「主管的貶低言行」，以及「職涯停滯不前的感受」。《洛杉磯時報》（*Los Angeles Times*）的專題報導也點出，女性因遲遲等不到升遷以及工作計畫遭擱置等原因而離職。[15]這些都跟用人唯才的理念背道而馳，不是嗎？這是不是看來很像制度化的性別偏誤？

面對這樣的數據，用人唯才的神話依舊屹立不搖，印證了「男性是預設值」的威力：當有人提到「人」時，80%的男人最先想到的畫面是男人。因此，科技業恐怕有許多男人根本沒**注意到**男性主導一切的情況多麼嚴重。除此之外，這也印證了此神話多麼吸引人，它不斷告訴那些既得利益者，他們所獲得的一切成就完全歸功於自身能力優秀過人。想當然爾，那些對選賢與能的神話深信不移的人，多半是來自上層階級的年輕白人美國人。[16]

╪

若說上層階級的白人美國人多半有用人唯才的迷思，那麼毫不讓人意外的，學術界也像科技業一樣，也是這種神話的虔誠信徒。學術界的高階職位——特別是科學、科技、工程和數學領域——都以中上階級的白人男性為主。理工科是讓用人唯才的神話茁壯滋長的完美培養皿。一份近期的研究發現，把宣稱學術界毫無性別偏誤的假報告，和證明學術界的確存在性別偏誤的真報告給男學者看，他們（特別是理工科的男性學者）對假報告的評價較高過。[17]事實上，性別偏誤隨處可見——而且都留下明確紀錄。

世界各地已有許多研究指出，女學生和女學者獲得的經費、與教授面談的頻率、受到教授輔導，甚至錄取工作的機率，都遠比能力相當的男性低。[18]她們一旦成為母親，更容易被視為能力較差，得到的薪資也較低；相反的，男性一旦成為父親，卻能獲得不少好處。[19]這樣的性別偏誤絕不限於學術界。雖然各種數據都證明學術界絕不是能力至上，但大學院校依舊假裝男女學生和男女學者全都站在相同的起跑點上。

一名學者要在學術界求發展，多半依他在同行評審的學術期刊上發表論文的頻率而定，但對男學者與女學者來說，發表論文可不是同一回事。數份研究發現，在雙匿名的審查制度下，論文作者和評審者的身分都未公開時，女作者的論文比較常過關，也獲得較好的評價。[20,21]雖說這方面的證據仍有不少變因，但基於學術圈已被證實充斥各種男性偏見，實在沒有理由不推動雙匿名的審查方式。然而，大部分的學術期刊和研討會依舊拒絕實行匿名制。

當然還是有許多女學者得以發表著作，但發表論文並非這場戰爭的全貌。引用次數常是評估研究論文影響力的重要指標，也會決定學者的職涯發展，但數份研究指出，女學者被引用的次數系統化的低於男性。[22]過去二十多年來，男學者自我引用的次數，比女性多70%[23]——與此同時，女性引用其他女學者的機率比男性引用女學者的機率高[24]，這顯示男女論文出版難易度形成了惡性循環：女學者得以發表論文的機率較低，造成女學者被引用的次數較少，連帶限制了女學者的事業發展，不斷輪迴。「男性是人類預設值」的想法，進一步加劇男女的引用差異：學術界廣泛以名字縮寫取代全名，因此學者的性別難以一望即知，造成許多女學者被當作男性。一份分析指出，女性被當作男性時（比如：P.被其他學者當作Paul〔保羅〕，而不是Pauline〔寶玲〕），被引用的機率遠比男性被當作女性時高10倍。[25]

經濟學家賈斯汀・沃菲斯（Justin Wolfers）刊登於《紐約時報》上的文章提及，他注意到記者常有以「男性為預設值」的習慣，他們會把男性撰稿人當作主要作者，但事實上很多時候女性才是主要作者。[26]貪圖方便的「男性是預設值」思考在媒體報導中不可饒恕，而在學術界，這更是罪不可赦，然而這樣的誤植卻屢見不鮮。經濟學界的論文多半由數位作者共同執筆，然而合著論文藏有男性偏見。不管是合著或個人論文，男性都獲得同等的讚揚；然而，要是他們與女經濟學家共同執筆，人們卻認為女經濟學家在合著論文中的貢獻，只有男性的一半。一份美國研究指出，這正好解釋了為什麼女經濟學家發表的論文和男性一樣多，但男經濟學家獲得終身教職的機會卻是女性的2倍。[27]另一份研究發現，男學者所做的研究經常被視為「科學品質較高」[28]，造成這種現象的幕後黑手，恐怕就是把男性視為預設值的習慣。也許這是單純的性別歧視，但也可能是把男人視為全人類，而女性只是小眾的思考模式所造成。不管如何，這多少解釋了為什麼學校課程表上，女教授的名字比較少。[29]

當然，在女學者面對這一大堆隱而不顯的麻煩事之前，她得先找到時間做研究才行，但連要這麼做也不容易。我們已經提過，女性在支薪職務以外，還肩負許多無薪工作，這些都有礙她們從事研究工作。然而，她們就連**在工作職場中**也得負擔無薪責任，這讓她們的處境更加艱難。當學生遇到情緒方面的難題，出面處理的都是他們的女教授，學生不會向男教授尋求心理、情感上的協助。[30] 除此之外，學生也比較會向女教授要求作業延期、提高成績和各種規則上的通融。[31] 若只是偶一為之，不會花太多的時間和精力；然而當許多學生都向她們求助，女學者就得耗上許多時間處理，與此同時大部分的男學者卻對此一無所知，而大學院校完全不會考量這些付出。

女性被要求負責不受重視的行政工作的頻率，也遠比男同事更高[32]——要是她們拒絕了，就會被視為「不討喜」而遭到懲罰，因此她們不得不接下這些事務。這樣的問題不只存在於學術界，在其他許多工作環境也是如此，特別是少數民族的婦女更容易遇到，她們得負責工作上的「家政事務」：諸如做紀錄、準備咖啡、為同事清理環境。不管在家還是工作場所，她們都逃不了這些雜務。[33] 而在學術圈，女性的教學時間經常比男同事更長[34]，教學和「榮譽」行政職一樣，都被視為比研究不重要、**也較無價值**的任務。這些都會影響女性發表論文的能力。此時，女性又陷入另一個惡性循環：女性沉重的教學工作讓她們無法發表足夠的論文，造成她們必須承擔更長的教學時數，周而復始。

女性不公平的承擔低價值的工作，而這些工作的評估系統更加深女性面臨的不平等，因為系統本身就結構性的歧視女性。高等教育常使用教學評量表，這再次印證即使我們**握有**資料，卻仍視而不見。數十年的跨國研究[35]指出，教學評量表不但毫無用處，無法真正評估教學水準，反而讓女性受歧視的情況雪上加霜，因為它們實際上「歧視女教師的程度十分嚴重，有明顯的統計差異」[36]。雖說如此，這些表格在顯示性別差異方面倒十分稱職。其中一項不利於女講師的歧視，是我們的老友「人類的預設值是男人」，要是她們提到白人男性以外的議題就會遭到反對。一名學生抱怨：「除了性別和種族抗爭外，我在這堂課沒有學到任何我之前不知道的事。」顯然這名學生並不認為性別和種族與課堂主題有關，而這堂課上的是：美國邦聯。[37]

我們一再掉入前言中提到的陷阱，沒有意識到「人」指的不只是「男人」，也指「女人」。另一名學生抱怨：「雖然安卓雅在第一天就提到，她會教導我們『人民的觀點』，但並沒有提到會那麼偏重第一民族②和女性歷史。」順便一提，我們對這位講師是否太過專注於「第一民族和女性歷史」持保留態度。我一位朋友也得到學生類似的不滿批評，一位男學生認為她的政治哲學課「太過」專注於女權。然而在一學期10堂課中，她只在其中一堂課提到女權。

沒那麼用心教學的男教授，比用心教學的女教授獲得更高的學生評價，這樣的事屢見不鮮。學生認為，男教授給分的速度較快——但這樣的情況根本不可能發生，因為那是只有一名講師的線上課程，且研究人員在實驗過程中誘導各半的學生相

②指加拿大境內北美洲原住民及其子孫，法定上與印第安人同義。

信講師是男性或女性。要是學生認為女講師不夠溫暖親切，就會產生排斥感。然而，要是她們**真的**既溫暖又親切，學生又會認為她們沒有展現權威，不夠專業。另一方面，當女講師展現權威或具備淵博學識，也可能引發學生的不認同，因為她違反了性別期待。[38] 與此同時，要是男講師表現親切，就會受到熱烈愛戴；然而女性的親切卻被視為理所當然，要是不夠親切，反而會讓人留下更深刻的印象。

一份報告[39] 分析了「評價我的教授」網站（RateMyProfessors.com）上多達1,400萬條評價，發現學生對女教授的評價常是「可惡」、「嚴厲」、「不公平」、「嚴格」和「討人厭」，而且學生的用詞愈來愈不堪入目。許多女講師放棄去看學生的評價，「因為學生的評論遠比過往激烈，有時用詞甚至十分極端」。一名在加拿大大學任教的政治史女講師的學生評價如下：「我喜歡妳的乳頭透出胸罩的樣子。多謝啦。」而且此評價被其他學生評為有用。[40] 這位講師現在只穿「有墊的胸罩」。

教學評量研究不只發現女講師常被學生認為比較「可惡」，也揭露男教授比較常被學生形容為「聰穎」、「明智」、「聰明」、「是名天才」。這些男教師是否真比他們的女同事更有天賦？還是這些詞彙表面上看似無性別之分，但實情並不然？想像一下一名天才的樣子。通常最先浮現在你腦海的是一名男子。這沒什麼大不了的——我們都有些無意識的偏見。我想到的是愛因斯坦——那張他頂著一頭亂髮，張嘴吐舌頭的知名照片。但在真實世界，這樣的偏見（我喜歡稱此為「才智偏誤」〔brilliance bias〕）代表了男教授總被視為比較有見地、比較客觀、天生比較有才能。學術界的事業發展仰賴學生所回覆的教學評量表，然而教學評量表無法鑑別真正的能力高下。

才智偏誤的產生，重要原因之一就是資料缺口：我們的歷史忽略了那麼多女性天才，因此說到天才時，人們相當比較不容易想到女性。結果就是，當勝任一份工作的重要條件之一是「才智」時，這兩字的真正意思其實是「你得有男性性器官」。數份研究揭露，要是社會文化認為一個職業領域仰賴「才智」或「天分」才能成功的程度愈高——想想哲學、數學、物理、編曲、電腦科學——以此為學業主修和職業的女性愈少。[41] 我們就是沒辦法把女性看作天生聰明的人。事實上，我們甚至認為女性特質和才智高低成反比：近年學者在一份研究中讓受試者看美國頂尖大學中科學領域男女教授的照片，發現男性外表不會影響受試者評斷他是否為科學家。[42] 然而女性的情況卻大不相同，要是女人的外表愈接近女性刻板印象，她被當作科學家的機率就愈低。

從孩子還很小的時候，我們就灌輸他們才智偏誤。美國近期研究揭露，5歲的女童開始上小學時，她們和同齡男童一樣都認為女生可能成為「非常、非常聰明的人」。[43] 但她們一滿6歲，想法就改變了。她們開始質疑自己的性別。對性別的懷疑嚴重到讓她們開始自我設限：要是眼前放的遊戲是專為「非常、非常聰明的孩子」所設計，5歲的女童會像同齡男童一樣積極的玩——但6歲的女童卻突然對遊戲失去興趣。學校教育讓小女生意識到，才智不是屬於她們的天賦。想當然爾，等到這些孩子長大，填寫教授的教學評量表時，學生便習於低估女講師的能力。

學校也灌輸男童才智偏誤。正如前言所提到的，數十年間於全球各地所做的「畫一名科學家」實驗中，絕大多數的孩童畫出的科學家都是男性，近年一項「畫一名科學家」的統合分析發現，我們的性別歧視終於降低了些，立刻受到各家媒體熱烈讚揚。[44] 1960年代，只有1%會畫女科學家，現在有28%的受試孩童會畫女性。當然，這是顯著的進步，但仍與事實差距甚大。在英國，擁有各種科學學位的女性人數其實超過男性：研究聚合物的學生中高達86%為女性，遺傳學則有57%為女性，微生物學中則有56%的學生為女性。[45]

不管如何，實際研究結果遠比新聞頭條宣稱的更加複雜，並且提供了駭人的證據，證明學校課程的資料缺口正使得孩子們產生性別偏見。學童剛入學時，不管是男生還是女生，畫出的男女科學家比例約莫相等。等到孩子長到7~8歲，他們畫出的男科學家便遠遠多於女性。到了14歲，少年、少女畫出男科學家的機率是女科學家的4倍。因此，雖然現在有比較多孩子畫出女科學家，但他們多半出自尚未進入教育系統的幼童之手，一旦入學，學校就開始教育他們性別偏見，而這樣的偏見都是資料缺口所造成。

除此之外，性別差異也有相當顯著的改變。1985~2016年間，女童畫女科學家的比例，從33%激增為58%。而男童的比例分別是2.4%和13%。男女童的差異也許能幫助我們了解2016年的另一項研究。研究發現，生物系女學生依照實際能力評價同學，然而，男學生卻認為其他男學生，比實際表現優於他們的女學生還要聰明。[46] 才智偏誤是難以抗拒的迷藥。它不但讓學生評量老師或同學時失準，甚至有證據顯示，它也讓教師錯誤評量他們的學生。

過去十多年間有數份研究指出，招聘過程中看似與性別無關的推薦信其實也充滿了性別偏誤。[47]一份美國研究發現，與男性相比，女性求職者的推薦信中較常出現人際關係的形容詞（溫暖、親切、會照顧人），比較少提到積極性（具備雄心壯志、自信）。然而，推薦信中出現與人際關際有關的形容詞，反而會降低求職者的錄用機會[48]，特別是求職者是女性時；要是男人「具備團隊合作的能力」，會被視為擁有領導者特質，然而同樣的形容詞用在女性身上，「會讓女性看來像個追隨者」[49]。而在學術界，女性的推薦人常強調她們的教學能力（較低階的工作），比較少提到研究能力（較高階的工作）；[50]而且會使用容易引人質疑的詞彙（模稜兩可的話語或空泛的讚美）；[51]比較不會使用引人注意的形容詞，比如「十分出色」和「表現傑出」。女性的推薦人多半會使用強調「耐力」的詞語，比如「認真工作」。

大學使用的教學評量和推薦信，看似實行過程與結果都沒有性別偏誤，事實上其核心卻藏著資料缺口。然而，就像面向更廣的「用人唯才」資料缺口一樣，這並不是因為我們沒有資料，而是大學拒絕正視並解決這些問題。即使種種證據顯示推薦信和教學評量並不公正，它們仍是徵聘、升職與解聘過程中極為重要的參考，受到廣泛使用，被視為個人價值的客觀評量。[52]英國甚至打算在2020年推動「卓越教學架構」（Teaching Excellence Framework），讓教育體系更重視學生的教學評量。卓越教學架構會決定一所大學所能獲得的經費多寡，而「全國大學生滿意度調查」則被視為「進一步促進教學水準的關鍵度量制度」。在這個卓越教學的新世界，可以想見女性將陷入極為不利的困境。

要是我們在乎學術機構的研究品質，我們就該正視學術界並未真的落實用人唯才的事實。研究顯示，女學者比男性更可能在專業上挑戰「男人為預設值」的思考模式。[53]這代表了只要愈多女性發表論文，就能愈快填補研究界的性別資料缺口。而且，我們的確該關心學術研究的品質。這並不是僅限於少數人的問題，並不是只有那些躲在學術象牙塔的人才會受到影響。學術機構發表的研究，足以顯著影響政府政策、醫療行為、職業安全與衛生法規。學術界的研究會直接影響我們日常生活的每個層面。女性絕不該在這些領域被遺忘。

＋

既然我們從實證得知孩童在學校學到才智偏誤，要阻止學校灌輸他們這樣的觀念應該不難。事實上，近期的一份研究揭露，要是教科書中出現女性科學家的照片，會增進女學生在科學相關科目的表現。[54]因此，停止教育女孩才智不屬於她們的第一步，就是停止曲解女性。聽來很簡單吧。

要是等到孩子已經被灌輸才智偏誤再糾正就為時已晚了。孩子一旦被灌輸女生沒有男生聰明的觀念，等到他們長大後踏入社會，經常會成為那些加劇才智偏誤的人。這足以嚴重影響人工招聘過程，更可怕的是，現在愈來愈多的企業採用演算法篩選求職者，進一步加深才智偏誤。當我們把決策能力外包給程式，我們有足夠的理由相信，編寫程式的人其實在無意識中，也把才智偏誤連帶寫進了程式裡。

美國科技記者史蒂文・勒維（Steven Levy）於1984年出版了暢銷書《駭客列傳：電腦革命俠客誌》（*Hackers: Heroes of the Computer Revolution*）。勒維筆下的俠客全都才智雙全。他們全都只有一個目標。他們全都是男人。而且，他們的性生活都乏善可陳。「你要當駭客，就要遵守駭客倫理，而你早就知道哪些事既沒有效率又浪費精力，比如女人，她們會消耗太多時間，占據太多記憶體，」勒維解釋。「直到今天，大體上女人仍被視為無法預測、不按牌理出牌，」一名駭客這麼告訴他。「一名駭客（當然，駭客的預設值是男人），怎受得了那麼不完美的生物？」

勒維大言不慚的寫下如此直白的厭女言論，但寫了2段話之後，他居然表示自己無法解釋為何駭客文化多半「僅限於男性」。他寫道：「儘管令人難過，但事實就是世上從來沒有出現過具備明星特質的女駭客，沒人知道箇中原因。」勒維，雖然我也不知道為什麼，但我們不妨大膽推測一下。

公開厭女的駭客文化，和欠缺女駭客的謎樣原因之間顯然有所關聯，但勒維沒有意識到兩者的因果關係，只是強化了天生聰明的駭客多半是男人的迷思。到了今天，恐怕沒有比電腦科學更受才智偏誤箝制的職業了。卡內基美隆大學（Carnegie Melon University）為大學先修課程的電腦科學教師辦了個夏季進修班，有名參與的高中教師問道：「愛寫程式的女孩到底去哪兒了？」他思索道：「我有很多熱愛電腦的男學生。好幾對家長告訴我，除非有人阻他們的兒子，不然他們的兒子可以寫一整晚的電腦程式。但我到現在還沒遇過這樣的女生。」[55]

這話也許不假，但另一位教師則指出，就算女學生不會花整晚使用電腦，並不代表她們不愛電腦科學。這名教師回憶自己當學生時的情景，描述她上大學的第一門電腦課時，她「愛上了」寫程式。但她並沒有徹夜不眠，甚至沒有把大部分的生活都耗在寫程式上。「徹夜不睡只為做一件事，是心無旁騖的表現，但除了表現他們的熱愛，同時也代表他們不夠成熟。女生對電腦和電腦科學的熱愛，表現的方式可能和男生大不相同。要是你只專注於那樣的狂熱行為，那麼你當然只注意到那樣的年輕男性。雖然有些女生也會出現狂熱行為，但大部分都不會如此極端。」

把典型男性行為視為電腦科學方面的天賦，並沒有考量到女性的社會化過程。要是女生出現反社會行為，很容易會受到欺負與懲罰，但男生並不會。而且更奇怪的是，早期寫程式原被視為女性的長項。事實上，婦女就是第一代的「電腦」③，在機器取代她們之前，女性老早就在軍隊中負責複雜的數學運算、解決問題取代。[56]

機器取代女性後，男性還是花了許多年的時間才取代婦女在電腦領域的地位。全世界第一台可使用的數位電腦ENIAC於1946年首次亮相，而背後負責編寫程式的是6名女性。[57] 1940與1950年代，絕大多數編寫程式的人都是女人，[58]《柯夢波丹》雜誌（*Cosmopolitan*）於1967年刊登了一篇題為〈電腦女孩〉（The Computer Girls）的文章，鼓勵女性加入編程行列。[59]「寫程式就像規劃一場晚宴一樣，」電腦界的先驅葛蕾絲．霍普（Grace Hopper）解釋。「你必須提前規劃，安排每件事的先後順序，這樣當你需要某樣東西時，它已經準備好了。編寫程式仰賴耐心以及處理細節的能力。在寫程式方面，女性可說是『天生好手』。」

約莫與此同時，企業主開始發現編寫程式並非如原先所想，是種低技巧、專屬於低階職員的工作。寫程式和打字或編檔不同，它仰賴進階的解決問題能力。女性早已開始編寫程式，顯然她們具備寫程式所需的能力，然而才智偏誤開始運作，壓倒了客觀現實。企業主開始訓練男性寫程式。接著他們發展了看似客觀的徵才工具，但事實上，它們都隱而不顯的排擠女性。就像今天大學使用的教師評量制度一樣，那些徵才測試都受到批評，因為它們「並未告訴業主求職者適不適合這份工作，反倒指出他或她具備哪些特質，然而那些特質多半是刻板印象」。[60] 我們難以得知這些徵才工具究竟源於性別資料缺口（他們沒有意識到自己尋求的人才特質其實偏向男性），還是直白的性別歧視，但我們無法否認的是，它們**的確**獨厚男人。

那些強調「細微差別或特定問題解決能力」的適性選擇題測驗強調瑣碎的數學運算能力，就連當時的企業主都認為它們與編寫程式間的相關性愈來愈薄弱。事實上，那些測驗強調的是當時男性常在學校習得的數學運算技巧。除此之外，測驗在測試受試者的人脈關係也頗有效率，因為男性參與的大學兄弟會或麋鹿兄弟會（Elks lodges）就充斥著各種測驗題庫的解答。[61]

人格評量表（Personality profiles）正式化了受到卡內基美隆

③電腦英文Computer的原意是「運算者」，過往多半由婦女擔任運算者的工作。

大學夏季進修班電腦科學教師讚賞的程式設計師刻板印象：熱愛電腦的宅男多半獨來獨往、欠缺社交技巧、衛生習慣不佳。1967年一份心理學論文指出，「對人不感興趣」和「討厭需要密切人際互動的活動」，都是「鮮明的程式設計者特質」，[62] 而且這篇論文還受到廣泛的引用。因此企業一心尋找具備這些特質的人，這些人成為那一代的頂尖程式設計師，而人格評量表也成了自證預言（self-fulfilling prophecy）④。

因此，隨著愈來愈多的企業在招聘時使用眾人看不到內容的演算法，這些隱而不顯的偏誤再次大量產生，我想這樣的發展並不令人意外。美國數據科學家凱西・歐尼爾（Cathy O'Neil）寫下《大數據的傲慢與偏見》（*Weapons of Math Destruction*）一書，在接受《衛報》專訪時，她解釋科技業線上徵才平台Gild（現已被城堡投資公司〔Citadel〕買下，並轉為內部部門[63]）如何讓企業主得以在檢視求職者的履歷表外，一併瞭解其「社交數據」。[64] 也就是說，業主會知道求職者在線上留下的活動行跡，這些數據可用來評量求職者的「社會資本」，基本上就是指一名程式設計師與數位社群的關係密不密切，藉由計算求職者在程式發展平台GitHub或Stack Overflow等網站上，花費多少時間分享和寫程式來評估。Gild從龐大的資料中篩選各種資訊，並且揭露了其他程式設計師的行為模式。

比方說，根據Gild的資料，常前往某個日本漫畫網站是一個「擅於寫程式的可靠指標」。[65] 因此，會去那個網站的程式設計師獲得較高的評分。這聽來多振奮人心啊，但就像凱西說的，一聽到這樣的特質獲得獎勵，只要你在乎多元性，你心中的警鈴就會響起。我們已看到，全球75%的無薪照護工作由女性完成，她們恐怕沒有多餘的休閒時間，花數個小時在線上討論日本漫畫。凱西也指出，「要是漫畫網站就像大部分的科技圈一樣，參與者以男性為主，發言口吻充滿性別歧視，那麼不少女性程式設計師就會避免上這樣的網站」。簡而言之，Gild簡直是卡內基夏季進修班那位男性電腦科學教師的演算法化身。

無庸置疑，Gild原先並無意創造一個歧視女性的演算公式。事實上，他們本意是**去除**人類心裡的偏見。但要是你不明白這些偏見的運作方式，要是你在搜集資料後，沒花上一點時間，以實證為基礎去驗證，那麼你就會在不知不覺中，繼續加劇過時的偏頗成見。女性的日常生活與男性大不相同，而我們既沒在日常生活中，也沒在網路世界裡把這一點納入考量，因此Gild的程式設計師無意間創造了一個看似公正，實則暗中歧視女性的演算法。

然而，這還不是最讓人不安的事。最讓人不安的，是我們還不知道問題的嚴重程度。像這樣的演算法，大部分都被視為企業的機密資產，受到嚴密保護。也就是說，我們不清楚演算法的編寫過程，也不清楚其中藏匿了哪些偏見。我們之所以得知Gild演算法的潛在歧視，全因為它的一名創造者願意告訴我們真相。而它代表著雙重的性別資料缺口：首先，編寫這些演算法的設計師本身就有性別偏誤；再者，整個社會都對性別存有偏見。因此，人工智慧也有著同樣的性別歧視。

---

④自證預言又稱為自我應驗預言，由美國社會學家羅伯特．金．莫頓（Robert King Merton, 1910~2003）提出，指人們先入為主的看法會影響人們的行為，促使原本的看法成真。

╬

無意間偏好男性的招聘過程，不只影響了徵才，也影響了升遷。谷歌就是個典型範例，女員工爭取升遷的比例遠低於男性。這並不令人意外：女性習於扮演謙和的角色，要是她們違反了明定的性別常規，容易受到懲罰與排擠。[66]但谷歌對此感到意外。我們得讚揚他們，因為他們得知後，決心改正這個問題。可嘆的是，他們改正問題的**方式**，正是「男人是人類預設值」思考模式的最佳範例。

沒人知道谷歌究竟是沒有相關資料，不了解文化對女性有特定期許的現實，還是根本不在乎它們。不管如何，他們的解決方案並不是修正優待男性的架構，而是糾正女性。谷歌人力營運部（Human Operations）部長拉齊洛．柏克（Laszlo Bock）在2012年告訴《紐約時報》，資深女員工開始主辦「鼓勵婦女自發性爭取升職」的工作坊。[67]換句話說，他們成立工作坊，想讓女人變得更像男人一些。但為何我們認為男人的行為模式、男人看待自己的方式，就是正確的方式？近年研究顯示，大部分女性會精準的評估自身才智，相比之下，智力平平的男性卻自認比世上2/3的人口更聰明。[68]由此看來，也許不是女性爭取升職的比例太低，而是男人爭取升職的比例太高了。

柏克宣稱谷歌的工作坊大獲成功，告訴《紐約時報》現在女員工爭取升職的比例與男性相比十分合理，但要是他所言不假，為什麼他拿不出數據來證明？當美國勞工部在2017年分析谷歌的薪資分配時，發現「整個公司幾乎所有的女性都遇到系統性的薪資不均問題」，而且「幾乎所有部門的男女薪資都存在6~7個標準差」。[69] 自此之後，谷歌就拒絕向勞工部提供完整的薪資數據，不惜在法院纏訟數月只為回拒勞工部的要求。他們堅持谷歌的男女薪資沒有任何不均。

對一家可說完全仰賴資料起家的公司來說，谷歌的拒絕配合可謂令人驚訝。不過其實這也沒什麼好驚訝的。軟體工程師周怡君（Tracy Chou）自2013年開始調查美國科技業的女工程師人數，發現「每家公司多少都隱藏或捏造了數據」。[70] 不只如此，企業沒興趣了解他們推動的「讓工作環境更友善女性，或鼓勵女性加入或留在電腦工作的措施」是否真的奏效。周怡君解釋：「我們沒辦法評估那些措施成不成功、值不值得仿效，因為它們都沒有適宜的評測標準。」結果就是，「沒人開誠布公的討論這個問題」。

為什麼科技業那麼害怕用性別解析雇聘資料？沒人知道確切原因。但恐怕科技業與「用人唯才」神話的愛情故事正是原因之一。要是你相信只要採用「用人唯才」的標準就能幫你找到「最棒的人選」，那麼資料對你有何用處？諷刺的是，要是這些所謂只重視能力的組織真的信奉科學而不盲從信仰，他們就該落實那些以實證為基礎的解決方案，而這些方案早已存在。舉例來說，倫敦政經學院的研究發現，配額制廣受大部分的人誤解，事實上配額制不會讓無能的女性獲得晉升，反而能「淘汰能力不足的男性」。[71]

企業也能搜集聘雇程序的資料並加以分析，了解他們自己是否真的毫無性別偏見。麻省理工學院就這麼做，他們分析過去30年的資料，發現「常見的系所招聘程序」不利於女性，而且「傳統的部門遴選委員會，極有可能排除十分優秀的女性人才」。[72]除非遴選委員會特別要求各系所的主任、所長提出表現優秀的女性候選人名單，不然他們多半不會提出女性的建議人選。當學院刻意尋找女性候選人，且最終聘用了許多女性，這些女性都表示要是沒有受到鼓勵，她們原本無意提出。正如倫敦政經學院的研究，麻省理工學院的論文也指出，他們刻意吸引女性求職時，並不會降低徵選的標準；硬要比較的話，事實上那些被錄取的女性「甚至比她們的男同事更有能力」。

好消息是，只要組織真的正視這些資料並決心改正，就能帶來極大的改變。一間歐洲公司在招募技術職人才時，當他們使用圖庫中的一張男性照片，附上強調「積極進取和競爭力」的文字時，那些應廣告而來的求職者中只有5%是女性。當他們使用圖庫中另一張女性的照片，附上強調熱情與創新的文字，女性申請者激升為40%。[73]數位設計公司Made by Many尋找資深設計師時，發現只要改變一下用詞，強調團隊合作和使用者體驗，少提一些全心全意、強調自我的誇張詞彙，女性求職者人數也會大幅增加。[74]職位相同，但徵才的框架不同了，就能讓女性求職人數增加數倍。

這只是2個實例而已，事實上有許多證據都指出，只要改變文宣用詞，就能增加女性應徵的機率。一份研究分析了多達4,000個求才廣告，發現與刻板男性氣概有關的用詞，比如「積極進取」、「雄心壯志」、「堅持到底」等文字，會降低女性應徵這些工作的意願。[75]顯然女性並沒有意識到這些用詞的存在，也不明白它們對自己的影響力。她們合理化自己的興趣缺缺，歸諸於個人原因——這證明了就算你沒意識到自己被歧視，歧視依舊存在，而且造成影響。

數家科技新創公司學習紐約愛樂，開始實施匿名徵才機制。[76] GapJumpers公司發給求職者一些專為特定職位設計的小作業，表現最佳的求職者無須提供任何個人資料，就會有單位主管與你聯絡。結果呢？脫穎而出的人中，60%來自代表性不足的少數背景。

匿名制在徵聘過程一開始的確發揮了效用，但要在晉升過程中落實匿名制恐怕並非易事。不過這也有解決之道：問責制（accountability）和透明化。有家科技公司搜集所有主管的決策資料，並依此決定主管的加薪幅度，而最重要的是，他們設立了委員會來監控這些資料。[77] 落實此措施5年後，男女薪資缺口真的就此消失。

第五章
亨利．希金斯效應

臉書首席營運長雪柔．桑德柏格（Sheryl Sandberg）還在谷歌工作時懷孕了。那是她第一次懷孕。「我的孕程並不順利，」她在暢銷書《挺身而進》（*Lean In*）中寫道。整整9個月，害喜孕吐的困擾一直糾纏著她。她的肚子大了起來，除此之外，她還全身浮腫。她的腳足足大了2個尺寸，「我得把腳抬到咖啡桌上才看得到它們；它們全變成奇形怪狀的腫塊」。

那是2014年，谷歌早已擴張為規模龐大的公司，具備大型停車場——然而對雪柔而言，全身浮腫的她要穿過停車場變得愈來愈辛苦。經過數個月的掙扎，她終於去見了谷歌創始人之一謝爾蓋．布林（Sergey Brin），提出「公司需要設立專供孕婦使用的停車位，並且必須位在辦公大樓正前方，愈快愈好」。布林立刻同意，「承認自己從未想過這件事」。雪柔「直到自己的腳痛得要命才意識到，孕婦需要專供她們使用的停車位」，她為此感到「羞愧」。

在雪柔懷孕之前，谷歌所面對的問題正是資料缺口：不管是谷歌的男性創始人或雪柔，都沒有懷孕的經驗。直到其中一人懷孕了，才填補了資料缺口。這造福了谷歌後來所有的懷孕員工。

然而，並不是資深高階女性員工懷孕，才能填補谷歌的資料缺口：在此之前，公司裡已有許多懷孕婦女照常上班。谷歌可以（也應該）主動尋找、搜集這些資料。但現實告訴我們，在企業裡通常必須仰賴一名資深高階女員工才能解決這類問題。然而，企業的管理職多半握在男人手中，因此現代工作環境滿是這些令人困惑的缺陷，從一般女性必須費盡吃奶力氣才推得開的沉重大門，樓梯和大廳地板使用透明玻璃材質（這代表下方所有人都能抬頭望見妳的裙底風光），到剛好會卡住妳鞋跟的地板縫隙。這些都不是大問題，只是一些惱人的小麻煩。雖說這一切並不會造成世界末日，但仍讓人頭痛。

還有辦公室的標準溫度。決定辦公室標準溫度的方案發展於1960年代，但此方案是依據平均年紀40歲、體重70公斤的男性的基礎代謝率設立。[1] 然而近年的研究發現，「從事輕量辦公室工作的年輕成年女性的代謝率遠遠低於」從事同樣活動的男性標準值。事實上，原先的算式可能將女性的基礎代謝率高估了35%，也就是說目前辦公室的平均溫度對女性太低了，比適合她們的溫度低了5度。這就是為什麼在夏天的紐約，我們會看到辦公室的女員工披著毛毯，而她們的男同事卻穿著夏季衣物，悠閒的到處晃盪。[2]

這些資料缺口全都違反公平原則，而且顯露企業多麼欠缺判斷力——要是勞工感到不舒服，生產力就會隨之下降。然而工作場所的資料缺口連帶造成的問題，遠比單純的身體不適及其所引發的效率低落更加嚴重。它們甚至造成慢性疾病，有時還會造成女性死亡。

整體而言，過去100年間工作環境不斷改善，已遠比之前安全。1900年代初期，英國每年約莫有4,400人死於職災。[3] 到了

2016年，此數據已降低為137人。[4]而在美國，1913年的全體勞動人口為3,800萬人，其中約有23,000人因工作喪命。[5]放眼2016年，全國總勞動人口1億6,300萬人中，僅5,190人不幸過世。[6]工作造成的致命意外案件數量急劇下降，多半歸功於工會向業主與政府施壓，改善了安全標準。英國自從1974年施行《工作健康與安全法》（Safety at Work Act）以來，工作場所的死亡率降低了85%。但在這美好的新聞故事中，我們必須要注意一件事。雖然男性因工作而受重傷的數字大幅下降，但證據卻顯示，女性因工作所造成的傷亡率卻在增加。[7]

女性因工作受到重傷的數字之所以增加，與性別資料缺口有關。傳統的職業研究都特別關注以男性為主的行業，因此我們對避免女性受傷的知識所知甚少，頂多全是拼湊而成的片段資訊。我們知道建築業的提舉重量問題——負重限度為何，要如何做才能保持安全。但照護業的提舉重量問題呢？嗯，那只是女人的工作，誰需要為此接受特別訓練？

碧兒翠絲·布蘭傑（Béatrice Boulanger）沒受過任何訓練。[8]她是長者的居家照護員，「從實作中學習一切知識」。然而她工作時常需要負重，比如她必須攙扶過重的人。有天她在幫一名女性出浴時，肩膀受傷了。「關節周圍的骨頭都碎了，」她向職業健康雜誌《危害》（*Hazards*）描述。「醫生不得不切除我的肱骨頂端。」碧兒翠絲最後同意替換整個肩關節。她再也無法做同一份工作。

碧兒翠絲的例子並非罕見特例。擔任照護員和清潔工的女性每次輪值所需舉起的重量，可超過一名建築工或礦工一次輪班所舉的重量。[9]「3年前，樓上只有1個水槽，」法國一間文化中心的清潔工告訴《平權時代》網站（*Equal Times*）。[10]「而在有水槽之前，我們必須提水上樓，水髒了又得再提下樓。沒人注意到這回事。」這些女性不像建築工或礦工，回家就能休息；對她們來說，回到家面對的是沒有薪水可領的第二份工作，她們還得提更多的重物、搬更多的東西、彎腰工作、不斷刷洗。

蒙特婁大學（Montreal University）的遺傳學家和生物學教授凱倫・梅辛（Karen Messing），終身都在研究女性的職業健康狀況。她在2018年回憶一生時寫下：「關於胸部尺寸如何影響提舉重物時所需的技巧，以及與背痛相關的問題，至今仍沒有生物力學方面的研究。」[11]然而，紐芬蘭紀念大學（Memorial University）的工程師安潔拉・泰德（Angela Tate）早就在1990年代警告過科學家，生物力學研究存在鮮明的男性偏誤。凱倫也指出，雖然愈來愈多的報告揭露，男女的疼痛系統運作方式不同，但女性因工作引起的肌肉骨骼疼痛仍受到世人質疑。[12]與此同時，我們才剛發現，幾乎所有的疼痛研究都只以公鼠為研究對象。

有時人們把職業健康的性別資料缺口，歸諸於男性死於工作的可能性高於女性。的確，大部分嚴重的職災意外多發生在男性工人身上，但這並非真相的全貌，因為意外絕非工作致人於死的唯一途徑。事實上，意外也不是最常造成工作者死亡的原因——遠遠不是。

每年都有8,000人死於與工作相關的癌症。[13]雖然這方面的研究多半以男性為調查對象[14]，但並不代表男性是最大的受害者。[15]過去50年來，各工業國的乳癌病例急劇增加[16]——然而人們對女性生理結構、職業與環境的研究不足，因此沒有足夠資料能解釋此現象背後的原因。[17]「我們知道粉塵對礦工所能造成的所有危害，」斯特陵大學（University of Stirling）的職業與環境政策教授羅瑞．歐尼爾（Rory O'Neill）對我說：「然而我們卻不了解『女性』在工作時面臨的危險，不管是生理構造還是化學方面的影響，我們都知之甚少。」

部分原因可歸諸於歷史問題。「許多疾病的潛伏期很長，比如癌症，」歐尼爾解釋，「要得到一個結論，得花上數十年的時間，才能搜集足夠的資料。」而我們研究傳統男性工作——礦業與建築業——好幾代了。具體來說，一直以來我們搜集到的都是男性資料：當女性也從事這些工作，或者暴露於同樣的環境中，「研究卻常把她們視為『干擾因子』，將她們排除在外。」然而，偏偏沒有人研究那些以女性勞工為主的產業。歐尼爾表示，就算我們現在著手研究，也得耗上整整一個世代的時間，才能得到可供使用的數據。

但我們根本還沒開始踏出第一步。我們仍然依賴那些以男性為對象的研究，假裝它們也適用於女性。更精確而言，那些研究的對象都是年齡25~30歲、體重75公斤的高加索男性。這就是所謂的「參考（男）人」（Reference Man），他具備足以代表全人類的超能力。事實上，他當然無法代表所有人。

男人與女人的免疫系統不同，有著不同的荷爾蒙，這些都會影響人體吸收化學物的過程。[18]女人的身材通常比男人嬌小，皮膚也比較薄，這些因素都會讓她們所能承受的有毒物質安全劑量低於男性。女性所能承受的門檻較低，且體脂肪較高，有些化學物質會蓄積於脂肪中，因而進一步提高估算難度。

結果就是，參考人所能安全承受的輻射量，完全不適用於女性。[19]人們常用的所有化學物，也是一樣的狀況。[20]然而，把男性當作人類預設值，以一個規則套用於全人類的原則仍歷久不變。[21]而測試化學物質的方式更讓情況惡化。首先測試化學物質時，通常都會獨立測試，並以單次暴露量為基準。然而女性吸收化學物質的方式並不是如此，她們不管在家中（清潔用品和化妝品）還是在工作場合，都會接觸到各種化學物質。

美甲沙龍的員工通常清一色都是女性（而且常是新移民），她們每天都暴露於一系列「存在於指甲油、去光水、凝膠、蟲膠、消毒劑、黏著劑等生財用品中的化學物質」。[22]其中有許多都已證明與癌症、流產和肺病有關。有些化學物質會改變人體荷爾蒙的正常功能。然而，這些女性經過一天的有薪工作後，回到家還得接著做無薪勞動，簡直是上第二個班。她們會暴露於清潔用品中無所不在的各種化學物質。[23]那麼多的化學物質混和後會造成什麼樣的後果，多半無人知曉，[24]然而的確有研究指出，同時暴露於多種化學物，遠比單次只有一種化學物對人體的毒害更大。[25]

絕大多數與化學物質相關的研究，都把重心放在皮膚如何吸收它們。[26]除了男性的皮膚較厚，吸收過程可能與女性不同之外，那些在美甲沙龍工作的女性也絕對不只透過皮膚接收化學物質。許多化學物質的揮發性很高，也就是說在室溫下，它們會在空氣中揮發，被人體吸入——而修補水晶指甲時，還會產生許多粉塵，這些都會被員工吸入。然而，目前可說毫無這些化學物質如何影響勞工健康的研究。

儘管有許多缺口，仍有愈來愈多的資料漸漸浮現。研究女性健康的學者安・洛甸・福特（Anne Rochon Ford）告訴我，加拿大人如何開始發現潛在問題。「多倫多市中心有間社區健康中心鄰近中國城，他們發現近來許多女性病患身上出現的一系列症狀，傳統上都認為是暴露於化學物質所引起，」她解釋。結果，這些女性全都是美甲沙龍的員工。數份報告分析美甲沙龍的空氣品質，發現其中的化學物質極少超過職業暴露容許值，然而容許值所根據的資料，並未考量長期、持續性的暴露會造成的後果。而內分泌干擾物（endocrine disrupting chemicals, EDC）引起的問題特別嚴重，它們不同於有毒物質，只要非常低的濃度就能造成危害，然而在許多塑膠、化妝品和清潔用品中，都能找到它們的蹤影。[27]

內分泌干擾物會模仿生殖激素，因此會阻斷它們的作用，「造成細胞和器官改變運作方式，使得人體中各種新陳代謝、成長、生殖等方面的運作失常」。[28]然而，內分泌干擾物如何影響女性的資料卻嚴重不足。[29]但目前已知的資訊值得我們思考，也該促使我們展開全面的資料搜集計畫。

我們已知道內分泌干擾物與乳癌有關，而數份研究都指出美容師得霍奇金氏病（Hodgkin's disease，又稱惡性淋巴肉瘤）、多發性骨髓瘤（multiple myeloma）和卵巢癌的風險特別高。[30]職業健康研究學家吉姆・布洛菲（Jim Brophy）與瑪格麗特・布洛菲（Margaret Brophy）調查汽車業的塑膠製造廠（專門生產供車輛使用的塑膠零件）使用的化學物質時發現，「他們所使用的材料**全**都可能對健康造成危害」，不是會導致乳癌，就是會阻斷內分泌系統，甚至兩者同時發生。「要是你在野外露營坐在營火旁，此時有人向營火丟了一個塑膠瓶或保麗龍杯，人們可以立刻逃跑，」布洛菲指出。「光是它們發出的味道，就足以告訴你那些氣體有毒。然而，那些女工每天都暴露在這種氣味中，她們在模塑機器前工作，那些機器會加熱塑膠球。她們置身於各種內分泌干擾物之中。」

女性在工作時要是暴露於乳癌致癌物或內分泌干擾物之中，只要工作10年，得到乳癌的風險就會增加42%。然而，布洛菲夫婦發現在汽車塑膠廠工作10年後，女性得到乳癌的機率增為3倍。「要是妳未滿50歲，那麼在停經前得到乳癌的機率將超過5倍。」即使只在此產業工作1年，得到乳癌的機率也會增加9%。[31]

世界衛生組織、歐盟和內分泌學會（Endocrine Society）都發表了重大報告，闡述內分泌干擾物造成的危害，而內分泌學會特別指出，工業化國家的乳癌病例大幅增加的原因之一，可能與接觸內分泌干擾物有關。[32] 然而那麼多國家中，頂多只有零星幾個國家立法限制內分泌干擾物的使用。苯二甲酸脂類（Phthalates）中也有些物質具備內分泌干擾物的特性，而人們用它們來軟化塑膠。它們存在於「一系列的產品中，從兒童玩具到淋浴簾都少不了它們。指甲油、香水、潤膚乳也會用到它們，就連在藥物的表層、醫療用具的管道上也能找到它們的蹤跡。」

在加拿大，「只有兒童的軟性乙烯基（vinyl）產品，明確限制了苯二甲酸脂類的應用；然而在加拿大化妝品製造業，大部分都沒有相關的使用限制」。歐盟從2015年開始，規定必須有明確理由才能獲得授權使用內分泌干擾物；然而他們並未對進口的產品設下相同限制。美國沒有任何聯邦法規要求企業明列他們製造的清潔產品成分，然而在美國，70%的家庭清潔工作由女性負責，而負責家庭和飯店的清潔工作的，多達89%是女性，其中大部分都來自少數民族。近年一份報告披露，就連人們以為「環保」的清潔產品也含有內分泌干擾物。[33]人們在2014年測試好自在衛生棉時，發現裡面含有「數種化學物質，包括苯乙烯、三氯甲烷、丙酮，而研究都已確認它們會致癌，不然就是含有會影響生殖和成長的毒素」。[34]

顯然我們需要數量更多、品質更好的資料，了解女性暴露於化學物質的程度與影響。我們需要依性別分列並加以分析的資料，同時必須包含生殖狀況。[35]目前大部分研究都只在乎化學物質對胎兒和新生兒的影響，但我們也必須了解並量測它們對女性本身的影響。[36]我們必須讓學者理解，由於無薪工作的負擔，女性經常會暫時中斷職涯再回到有薪勞動，而且常常同時從事2份以上的工作（以歐尼爾的話來說，這會讓女性吸收到「化學物雞尾酒」，同時暴露於數種有害物質），也就是說，要是研究人員只追蹤單一職業，且只在乎受試者當下所從事的職業，會形成嚴重的性別資料缺口。[37]

無庸置疑，職業健康研究中的性別資料缺口正一步步戕害女性。同樣無庸置疑的是，我們必須立刻開始有系統的搜集女性在工作環境的生理變化數據。然而，這故事還隱藏了第二個困境，從「用人唯才」的神話歷久不衰來看，填補性別資料缺口僅僅只是第一步。接下來才是最重要的，那就是政府與各界組織必須實際運用這些資料，依此擬定政策。然而，這一切遲遲沒有發生。

儘管加拿大的確有按性別分析化學物質對人體影響的研究

資料，但「許多化學物質的每日限制量，依舊使用一體適用的平均值」。[38] 英國每年約莫有2,000名女性得到乳癌，而且可能是輪值工作造成，然而英國職災補助金「核可的疾病清單上，沒有列出輪值造成的乳癌」。[39] 同樣的，石棉所造成的卵巢癌也沒有登上名單，即使卵巢癌在國際癌症研究機構（International Agency Research on Cancer）的癌症風險表中名列前茅，而且是英國女性最容易得到的婦科癌症。事實上，英國職業健康與安全管理局根本沒有計算與石棉有關的卵巢癌病例，當然也沒有追蹤。

＋

沒人注意那些傳統上以女性勞工為主的產業隱含風險的部分原因是，那些工作常是女性家務的延伸，只是它們的範圍更大，工作也更繁重。然而女性在工作場所的資料缺口，並非只出現在以女性為主要勞動力的產業。我們已經見到婦女在男性為主的產業工作時，甚至被視為「干擾因子」，根本沒人去搜集那些女性勞工的資料。

結果就是，就連那些長期搜集員工健康與安全資料的產業，也沒有女性的資料。2007年時，美國有將近100萬名女性農場勞工，然而「美國市面上幾乎所有的工具和設備，都依照男性或某個『一般使用者』去設計，然而所謂『一般使用者』強烈受到男性的體型、體重、體力等方面的平均值影響」。[40] 因此對女性來說，這些工具不是太重就是太長；手動的工具重量不均衡；把手和握把的尺寸不合適，或安置在不適當的位置（女性的手平均比男性小了2公分）；機械化設備不是太重，就是難以操控（比方說，拖拉機的腳踏板離駕駛座太遠）。

至於建築業的女性受傷資料，實在少之又少。但紐約職業安全與健康委員會（New York Committee for Occupational Safety & Health）指出，美國一項研究以木工協會的工人為對象，發現女木工扭傷／拉傷的機率高於男性，手腕與前臂神經受傷的比例也比較高。由於欠缺資料，我們難以判斷原因為何，但考量建築工地的「標準」設備都依照男性的人體工學設計，這恐怕多多少少造成了女性受傷比例高於男性的現象。

英國女性設計服務局（Women's Design Service）前局長溫蒂・戴維斯（Wendy Davis）質疑一袋水泥的標準重量。對男人來說，舉起一袋水泥並不難；但她指出，一袋水泥難道非那麼重不可嗎？「只要它們輕一些，袋子小一些，女性就能提得起來。」溫蒂也把矛頭指向磚塊的標準尺寸。「我有幾張我的成年女兒手握一塊磚的照片。她沒辦法用單手握住它。但我丈夫丹尼的手就能好好握住，大小恰到好處。為什麼磚頭的尺寸劃一，沒得商量？磚頭不一定非得那麼大不可。」同時，她也注意到傳統A1大小的建築師作品集，男人輕而易舉就能把它夾在腋下，然而大部分女性的手臂沒那麼長，無法像男人一樣夾在腋下，她再次以女兒與女婿的照片證明這件事。紐約職安健康委員會也注意到，「如扳手之類的手動工具，它們的標準尺寸都太大了，讓女性無法緊緊握住」。[41]

於軍中服務的女性也遇到設備都依照男性力學設計的困擾。我在研究過程中，發現了名字響叮噹的「觸覺姿勢感應系統」（tactile situation awareness system），這是種專為空軍飛機駕駛員設計的背心，上面設有32個感應器，要是駕駛員姿勢不正確，就會震動提醒她改正自己的位置。這是因為駕駛員有時會不確定她們在空中的位置，不知道飛機是往上飛還是朝下降。我在這裡特地以「她」來稱呼駕駛員，是因為一篇〈觸覺敏感度與人體觸覺介面〉的評論中提到，「此系統會讓駕駛員隨時掌握他的飛機與地面的方向」。[42] 評論接著又十分隨意的提及，「多毛的皮膚，且比較瘦削的身體區塊，會特別明顯感覺到背心的震動；而身體較柔軟且多肉的部位則比較不明顯」。由此可見，文章的代名詞使用他或她，絕非毫不相關。20%的美國空軍為女性，女性有隆起的胸部，而且上半身的毛髮並不多，這樣的感應系統當然會為女性帶來麻煩。[43]

軍隊沒有考量女性的生理結構，不只造成軍事設備不適用於女性，甚至會讓她們受傷。英國的女性陸軍官兵就算和男性「在有氧運動與耐力上都展現相同的體能數據」，她們的肌肉骨骼受傷的機率也會是男性的7倍，得到髖部與骨盆疲勞性骨折的機率則是男性的10倍。[44]

女性得到骨盆疲勞性骨折的機率如此之高，原因正是出自我所稱為的「亨利・希金斯」（Henry Higgins）效應。1956年的音樂劇《窈窕淑女》（*My Fair Lady*），描述語音學家亨利・希金斯花了數個月改造「門徒兼受害者」伊萊莎・杜立德（Eliza Doolittle），而且老是自鳴得意的貶低她，有天後者終於反擊了，希金斯卻對此困惑不已。「女人為什麼不能多像男人一點呀？」他咕噥。這樣的抱怨屢見不鮮——而人們的解決方法就是矯正女人。在一個男人被視為全人類，而女性被視為「特異」的世界，這樣的邏輯一點也不教人意外。

而英國軍隊的領導階層，長期都被一大票亨利・希金斯占據。英國軍隊的女兵踏步時必須與男性的腳步同寬，然而男性的平均踏步幅度比女性平均值大9~10%。[45]直到2013年，3名皇家空軍新兵向法院提出控訴後才廢除這樣的要求；而其中一名女兵經過4次骨盆骨折後終究選擇退役。[46]自從澳洲陸軍把規定的女性跨步幅度從76公分縮短為71公分，女兵骨盆疲勞性骨折的病例大幅下降。最棒的是，不強迫女兵行軍的速度要和男人一樣快，至今仍未造成世界末日。

士兵必須背負沉重軍需，可能讓情況更加惡化，因為負重量一增加，女性跨步的距離也會隨之變短；相反的，男性的跨步幅度不會因負重而出現「明顯改變」。[47]這也許解釋了另一份美國研究。學者指出，當女性背負超過其體重25%的重量，受傷的機率就會增加5倍。[48]要是軍用背包依女性身體構造設計，重量也許不會造成如此嚴重的結果，偏偏它們完全沒有依照女性力學設計。女性常常覺得背包穩定性不夠（而背包主要參照男性的身體測量數值來設計），附手槍套的腰帶不合身，背包肩帶很不舒服。[49]研究指出，「要是腰帶加了舒適的襯墊，臀部受力就會更平均」，這樣女性就能用比較強壯的腿部肌肉來支撐重量[50]——相比之下，男性上半身的力量比女性多50%，然而兩性下半身的力量差異則降到25%左右。然而，女兵為了適應依照男性上半身力氣來設計的背包，必須刻意拉長脖子，讓肩膀往前傾，很容易就會受傷——同時也會讓她們的步伐縮得比較短。

不適合女性身體的，可不只是軍用背包而已。直到2011年，也就是美國軍校開放女性就學35年後，才出現第一套按女性的臀部與胸部設計的制服。[51]這套制服的膝蓋護墊位置也和男性不同，因為女性的腿通常比較短。不過大部分民眾可能更有興趣的是褲襠——這套制服的褲襠也重新設計，不再沿用過去「男女通用」的拉鍊，新設計讓女兵無需脫下褲子也能如廁。雖然美軍總算接納女性身體不同於男性的現實，但性別缺口並未就此消失：這次的制服革新中並不包含靴子。女性的腳通常比男性窄，足弓比較高，但靴子並未依此重新設計。據《華盛頓時報》（*Washington Times*）報導，美軍「採買各種不同靴子，以適應炎熱與寒冷氣候、山地和沙漠戰場，以及晴雨天氣」，52 但就是沒買適合「特異性別」的靴子。

待過戶外的女性，不管時間長短，都體會過尿尿的煩惱。英國海事與海岸警衛署發給所有人一套連身工作服。海巡隊員必須先穿上這件連身服，再套上各種個人防護裝備，比如抵擋惡劣氣候的衣物、救生衣和攀爬背帶。要是你是個男人，連身衣前面的雙拉鍊非常方便，但一名女性在2017年英國全國工會理事會（Trades Union Congress）上指出，對所有穿連身工作服的女性來說，上廁所儼然成了「頭痛任務」，她們必須先摘除所有個人防護裝備，再把整件連身衣脫下。53「然而，我們必須出勤的事件，大部分都得進行數小時的搜索，」她進一步解釋，「你們應該能夠想像，一名女海巡隊員得面對多麼不舒服的窘境。已有人向管理階層建議，現行的連身工作服應改為兩件式，讓女性不需解開上半身，也能脫掉長褲。雖然管理階層同意這的確是個好建議，但目前並未展開任何行動。」

一名在阿拉斯加研究氣候變遷的女科學家，也因專為男性設計的連身工作服困擾不已。54 連身工作服在極為嚴寒的天候中非常實用，但它們都只有一個拉鍊。即使在設有室內廁所的地方，女性也會很不方便。為了上個廁所，她們不得不多花點時間脫下外套和所有衣物。然而在沒有室內廁所的地方，後果會更嚴重，因為女性可能會因此凍傷。這位女科學家最終買了一個模仿陰莖的橡膠漏斗來解決問題——結果呢？她尿了自己一身。為什麼女人不能多像男人一點？

在英國，法律規定業主必須免費提供雇員狀態良好的個人防護裝備。然而，大部分的個人防護裝備，都依照歐美男性的平均尺寸與身體特徵製造。英國工會理事會發現，大部分的業主都以為，他們只要為女性員工購買小一號的防護裝備，就算遵守了這條法規。[55] 女性工程學會（Women's Engineering Society）在2009年指出，74%的個人防護裝備全為男性設計。[56] 展望工會（Prospect Union）在2016年調查了各行各業的女性，包括效力於緊急服務、建築業、能源業的婦女勞工，發現只有29%的個人防護裝備專為女性設計，[57] 而英國工會理事會2016年的報告則揭露，「能源產業只有不到10%的個人防護裝備專為女性設計，而建築業的數據則為17%」[58]。一名鐵路業員工以短短一句話道盡一切：「小尺寸不但十分罕見，而且只有男版的小尺寸。」

英國工會理事會警告，個人防護裝備「男女通用」的設計，足以造成「嚴重後果」。男女的胸部、臀部和大腿的尺寸相差甚遠，會改變安全護帶的固定方式。依照「標準」美國男性臉孔形狀所設計的防護罩和護目鏡，不適用大多數的女人（這樣的設計甚至也不適合許多的黑人和少數族群男性）。安全靴也是個問題。一名女警官向工會理事會提議為犯罪現場的女性調查員設計適合的靴子。「警局提供的防護靴都跟給男人穿的一樣，」她解釋，「然而女警覺得它們很不舒服，太過沉重，對阿基里斯腱造成過大負擔。然而，我們的制服供應商拒絕解決這個問題。」

這可不只是舒適問題。不合身的防護裝備會阻礙女性工作——更諷刺的是，它們本身就足以增加危險。紐約職安與健康委員會指出，寬鬆衣物和手套都可能被卡在機械中，而過大的靴子會讓人跌倒。[59]那些在2016年接受展望工會訪談的女性，多達57%的人表示她們的個人防護裝備「有時會妨礙她們工作，甚至造成嚴重困擾」；[60]而在女性工程學會的調查中，超過60%表示她們遭遇同樣的問題。一名鐵路業員工提到，她收到尺寸為13號的「標準」手套，但「她在火車頭爬上爬下時，過大的手套對她來說很危險」，她向主管抱怨這個問題。她沒有說她花了多久才讓主管同意訂購合用的手套，但另一名也拿到13號「標準」手套的女性則告訴展望工會，她花了2年才說服主管訂購合她尺寸的手套。

英國工會理事會2017年的報告揭露，急救業人員遇到的防護裝備不合身問題最為嚴重，僅有5%的女性表示她們的防護裝備從未對工作造成妨礙。急救業必須配備的防護衣、防刺背心、反光安全背心和外套，都曾被該行從業人員表示並不合身。[61]這似乎是世界各地都有的問題：2018年，一名西班牙女警官為自己買了女用防彈背心（花了500歐元）卻得面臨風紀懲戒，然而政府發放的標準男性防彈背心就是不合身。[62]西班牙國民警衛隊工會（United Association of Civil Guards）婦女部門的祕書琵拉・維拉珂塔（Pilar Villacorta）向《衛報》說明，過大的防彈背心會讓女性陷入雙重危機：外套無法保護她們，而且「讓女警難以握取她們的手槍、手銬和伸縮警棍」。[63]

不合身的個人防護裝備甚至能置第一線的勞工於死地。1997年一名英國女警官用液壓破門錘強行進入一間公寓時，卻不幸被人刺傷身亡。由於防護衣讓她行動不便，因此她在使用破門錘時卸下了防護衣。2年後，另一名女警官表示，穿戴防護衣所造成的健康問題，讓她不得不進行縮胸手術。這件事發生後，又有700名女警站出來，抗議防護背心的標準尺寸問題。[64] 雖然過去20年來，相關抱怨層出不窮，但仍無人著手行動，至今看不到多少改變。英國女警表示，她們的工具腰帶讓她們瘀青累累，有些人則抱怨防刺背心會擠壓女性的身體，讓她們必須進行物理治療；許多人都怨聲載道，表示防護裝備不合胸部的尺寸。這不只是舒不舒服的問題，胸部會讓防刺背心變短，無法有效保護女性，完全抹煞了穿戴防護裝備的意義。

第六章

比不上一隻鞋

2008年發生嚴重的雙酚A（bisphenol A）大恐慌。自1950年代開始，人們就用此化學合成物製造透明耐用的塑膠器皿，多達上百萬種消費產品——從嬰兒奶瓶、食物罐頭到主要水管——都會用到它。[1]到了2008年，全球各地每年生產多達270萬噸的雙酚A，6歲以上美國人的尿液中，93%可測到雙酚A，由此可見雙酚A無所不在。[2]當時某聯邦衛生局（federal health agency）表示，這個我們每天都會接觸的化學合成物可能會引發癌症病變、染色體異常、腦部與行為異常及新陳代謝失調。最重要的是，低於標準的接觸值就能造成上述問題。想當然爾，這消息引起世人譁然，群情激憤。

就某方面而言，雙酚A的故事正是人們忽略女性醫療健康資料的下場。自1930年代中期，我們就知道雙酚A會發揮類似女性荷爾蒙雌激素的作用。至少在1970年代，我們就已察覺合成雌激素會讓女性罹癌：長達30年間，醫生開立己烯雌酚（diethylstilbestrol，簡稱DES，又稱人造動情素）給數百萬名孕婦服用，但數份報告揭露，在胎兒時期就接觸人造動情素的女嬰，長成年輕女性後容易得到十分罕見的陰道癌，因此這種化學物終於在1971年禁用。[3]雖然如此，數十萬噸的塑膠產品仍繼續使用雙酚A。到了1980年代末期，「隨著聚碳酸酯

（polycarbonate）在雷射唱片、數位影音光碟、水瓶和嬰兒奶瓶、實驗室和醫療用具上找到新市場」，光是在美國，雙酚A的產量便「大幅激升，每年產出將近10億美金」。[4]

然而，雙酚A的故事並不單與性別有關：它也與階級脫不了關係。至少，它與性別化的階級（gendered class）有關。大部分的奶瓶製造商深怕發生大型消費者抵制運動，多半主動從原料中移除雙酚A；雖然美國官員堅持雙酚A無毒，但歐盟與加拿大已準備全面禁止使用雙酚A。然而，目前的立法規範都只針對消費者產品，對於工作環境的接觸並沒有任何限制標準。[5]「我認為這太諷刺了，」職業健康研究學家布洛菲評論道，「我們討論它對孕婦和剛生產後婦女的諸多危害，卻從未想過『製造』這些瓶子的女工。那些女性的暴露程度，**遠遠**超過你從環境中吸收的劑量。然而，完全沒有人討論那些操作製造機器的懷孕員工處在何種危險之中。」

布洛菲說，這真是錯得很徹底。全民健康應該從關注勞工健康開始，再怎麼說，「勞工扮演了社會先驅的角色」。要是有人記錄從事塑膠業的女性得到乳癌的機率，並公諸於世，「要是我們真心在乎每天接觸這些化學物質的員工，瞧瞧她們的健康狀況」，那麼「絕對會大大影響在主流商業活動中使用這些物質的規範」。這絕對會「對全民健康產生重大影響」。

然而，我們並不夠關心婦女勞工的健康。女性健康研究學者安・洛匈・福特定居於加拿大，加拿大有5間女性健康研究中心從1990年代開始運作，其中包括她自己的研究中心，然而這些中心的經費都在2013年遭到砍除。英國也發生類似事件，「大眾研究經費遭到大幅刪減」，勞瑞・歐尼爾指出。因此，握有的「資源遠比學術機構充足」的化學產業及其相關事業，多年來成功抵抗法規修訂。他們抗拒政府禁令與限制。他們宣稱已經主動移除那些化學物，然而隨機的抽檢證明，那些化學物根本沒有消失。那些指出他們的產品有礙健康的研究和事證，都被一一否認。[6]在1997-2005年間，世界各地的實驗室提出115份雙酚A研究，由政府出資的報告中，多達90%指出，暴露於參考劑量或低於參考劑量就會影響人體健康。而另外11份由企業出資的報告，全都宣稱對健康沒有影響。[7]

結果就是工作環境依舊危險四伏。布洛菲對我說，他發現絕大多數自動塑膠工廠的通風設備，只是「在屋頂裝設風扇罷了。因此，換氣區域煙霧瀰漫直達屋頂；到了夏天，室內炎熱難受，煙霧清晰可見，他們必須打開門通風」。加拿大美甲沙龍的情況也是一樣，安表示。「這兒簡直像狂野的西部。所有人都能開間美甲沙龍。直到最近，政府才規定業主必須取得執照。」但就算如此，「規範十分寬鬆」。美甲沙龍無須設置通風設備，人員也無須經過合格訓練。沒有戴手套與面罩的相關規範。至於那些僅有的限制，也沒有人會到店家檢測是否確實施行——除非有人正式提出檢舉。

在此我們遇到另一個難題：誰會去檢舉呢？在那兒工作的婦女絕對不可能這麼做。那些在美甲沙龍、塑膠工廠、有各種潛在危險的地方工作的女性，是世上最弱勢、最無力反擊的一群人。她們很貧窮，都屬於勞動階級，常常是新移民，深怕會失去移民資格。這讓她們只能任由業主剝削。

汽車業的塑膠工廠通常並非福特等大型汽車廠的分支單

位，只是下游廠商。「這些工廠通常沒有工會，也常違反標準的聘雇規範，」安說。加拿大的汽車工業重鎮位於安大略的溫莎市，然而此地的失業率卻是全國最高，使得工作環境更加惡劣。結果就是，勞工都知道，一旦要求業主提供更好的防護措施，她們得到的回應必定是：「好啊，那妳就滾蛋吧。外面還有10個女人等著接妳的工作。」安描述：「我們聽過工廠工人親口告訴我們這樣的遭遇。」

這聽來不大合法，對吧？的確，這可能違法了。員工的權利在過去100年間逐步確立。世界各國都有不同的規範，但多半會保障有薪病假和產假、合理工時，保護員工不會遭到不公對待，也不會突然被開除。但你必須是一名正式員工，才能享有這些權利。然而，現在有愈來愈多的勞工都不是正式員工。

許多美甲沙龍的工作人員，理論上是獨立的約聘工。這讓業主輕鬆多了：他們經營一間奠基於消費者需求的公司，卻把潛在風險轉嫁到勞工身上，她們沒有保障工時，也沒有勞工保險。今天的客人比較少？那妳別來上班，我也不用付妳薪水。發生了小意外？妳滾蛋吧。遣散費？想都別想！

《紐約時報》在2015年報導了美甲師林清（Qing Lin）的故事。47歲的林清在工作時，不慎打翻了去光水，灑在客人價值不菲的Prada涼鞋上。[8]「當客人要求賠償，老闆給了她270美金，但那其實是從美甲師薪水扣下來的錢」，接著林清被開除了。「我比一隻鞋還不值錢，」她說道。《紐約時報》的美甲沙龍特別報導刊載了林清的故事，披露美甲沙龍員工遭受的「各種羞辱」，包括業主隨時以監視器監控，甚至以言語和行動侮辱員工。[9]紐約法院處理的訴訟中，員工指控每週工作長達66小時，且時薪只有1.5美金，要是當天生意欠佳，甚至完全拿不到薪水。就連美甲師喝杯水，業主也要收費。

《紐約時報》揭露美甲沙龍的真實面後，紐約推動了執照系統。業主必須支付員工最低薪資以上的薪水，而且所有的美甲沙龍都得掛上以數種語言寫就的「權利法案」內容。[10]然而，美國其他地方和世界各地的員工可就沒那麼幸運了。在英國，小型美甲沙龍的業主可自願申請執照，並遵守法規，但就算他們不這麼做，也不會遭罰[11]——也就是說，大部分的店家都不合規範。2017年的一份報告指出，英國的美甲沙龍員工主要為越南婦女，她們簡直成了「現代奴隸」。[12]

說到業主利用勞動法規漏洞的現實，美甲沙龍不過是這個毫無規範的大冰山上的一個小角罷了。未限制最低工時的零工時合約（Zero-hour contracts）、短期工合約，或者透過派遣公司雇用員工，這些都被矽谷美化為「零工經濟」（gig economy）並加以推廣，好似這些都是對勞工有益的策略。實際上，大部分的情況都顯示，零工經濟只是讓業主得以規避基本勞工權利罷了。臨時工合約造成惡性循環：首先，他們的員工權利較少，甚至讓他們都不敢去爭取自己**確實**享有的權利。因此，業主得以迴避提供員工理應獲得保障的權利。在歐盟各國，英國是不穩定就業（precarious work）成長速度最快的國家[13]，英國工會理事會的研究揭露，業主以臨時工合約剝削員工權利的情況層出不窮，讓工作環境急劇惡化[14]。

想當然爾，雖然國際工會聯盟（International Trade Union Confederation）指出不穩定工作「激升的程度十分駭人」，卻鮮少有人對其所導致的後果進行性別分析。[15]國際工會聯盟的報告表示，「官方統計數據和政府政策鮮少揭露並思考不穩定工作對女性的影響」，這是因為「測量勞動市場發展狀況的標準指標和數據」都未納入性別資料，而且正如以往，數據都沒有以性別解析，「因此有時難以計算女性的整體數據」。基於以上理由，「沒有全球女性從事不穩定工作的數據」。

然而，現有的特定區域與特定產業的研究都指出，從事不穩定工作的「女性人數極多」。英國公共服務業總工會（Unison）在2014年發現，女性幾乎占了2/3的低薪勞工，[16]其中許多人「同時從事數份工作，簽的都是不穩定工作契約，好彌補每個工作臨時被刪減的時數」。[17]根據福西特協會近年的一份報告，每8名英國女性，就有1人的工作合約是零工時契約。[18]而在倫敦，簽下零工時契約的女性多達1/3。

我們多半以為不穩定就業，只限於勞工市場中沒那麼強調「專業」的職務；事實上，不管是哪一種產業或職位階級，不穩定就業的情況都愈來愈頻繁。[19]根據英國大學與學院工會（University and College Union）的資料，常被視為菁英職業的高等教育職，臨時聘用的比例名列全英第二高。[20]大學與學院工會的資料並沒有按性別分析，但英國的高等教育統計局（Higher Education Statistics Agency）指出[21]，女性拿到短期工作合約的機率遠高於男性，而德國和歐洲的數據也是如此。[22]

更廣泛而言，過去10年來歐盟各國的女性就業率之所以增加，多半都是因為有更多的女性決定兼職，或成為不穩定工作勞工。[23]而在澳洲，有30%的女性擔任臨時工，男性只有22%；在日本，所有的非正規勞工中，女性就占了2/3。[24]哈佛大學的研究指出，2005~2010年間美國的「非典型工作」（alternative work）大幅增加，而從事這些工作的女性在10年間「增加了2倍以上」，也就是說，「現在女性受雇於非典型工作合約的機率比男性高」。[25]

對任何勞工來說，不穩定就業都非上上之選，然而問題在於，不穩定就業對女性的影響更加嚴重。首先，性別薪資差異可能因此更加惡化：英國零工時合約的員工，時薪通常比一般員工低34%，臨時工的時薪則比正職少了39%，派遣工則少了20%——隨著公共服務部門愈來愈習於外包人力，這些時薪的差異程度還在持續增加中。[26]但似乎沒人有興趣知道這對女性造成何種影響。一份歐洲的薪資政策報告批評，人力外包的潮流看似「鮮少甚至完全沒有提及對性別的影響」。[27]但現有的數據卻指出，此領域存在許多性別差異。

首要影響就是派遣工作人員「集體與業主談判的程度有限」。這影響到所有勞工的權益，但恐怕女性受害更深，因為證據指出集體協商（不同於個人薪資談判）對女性勞工更加重要——這又歸因於那煩人的「女性就是要謙虛」的性別常規。因此，無法集體協商的派遣職缺一旦增加，很有可能讓本就難以消弭的性別薪資差異進一步惡化。

然而，不穩定工作對女性的負面影響，絕不止於上述這種並非刻意引發的副作用。「零工經濟」本身就是在削弱勞工的權益。在英國，一名女性員工必須是正式員工，才能享有產假的福利。要是她只是「工作者」，也就是說她拿到的是短期或零工時合約，那麼她無權享有任何假期；要是她去生產了，就只能辭職，等到能夠復工時再重新找工作。一名女性要在產假期間獲得法定薪資，那麼她必須在過去66週中，工作至少滿26

週，而且平均每週薪資必須在116英鎊以上。

這就是難題所在。由於無法回到原先的工作崗位，某英國大學的研究助理荷莉生產後，薪資職等被降了2級。[28] 瑪麗雅也是大學研究人員，她的工作時數在她生產前6週突然不明所以的被砍掉一半。這對她的雇主大有好處，因為這樣就能大幅壓低她理應得到的產假薪資。蕾秋也遇到同樣的情況，她在一間酒吧餐廳工作。當她告訴雇主自己懷孕的消息，她的工作時數硬生生被刪減了大半。如今，她甚至不符合有薪產假的資格。

瑪麗雅生產後拿到了一份新的大學合約，但每週工時不到3小時——這是她能找到的唯一工作。要是其他職員請假，她就能幫忙代班多工作幾個小時，而她也確實這麼做了，但代班工作常常都是臨時才通知。此時，我們遇上了女性勞工所面對的第二個重大難題：無法事先得知、最後一秒才告知的工作安排，對女性的影響遠超過男性。

我們已經看到，至今全世界的無薪照護工作仍舊多半由女性承擔，特別是孩童照顧，因此不確定的工時對她們不啻為雪上加霜。其中部分原因歸咎於，英國的孩童托育服務並未考量到婦女現實的工作環境，也沒有為她們提供任何支援，這就是我們空有資料卻無意使用的事證之一。我們知道75%的低薪與中等薪資家庭，會在一般工時之外的時段工作，但大部分的正規孩童托育中心依舊只在早上8點至晚上6點的時段營業。而且父母不但必須預約，還得事先付清款項，然而當父母不知道何時需要孩童托育服務，又怎能事先預約並付費呢？單親父母則面對更加惡劣的窘境，而在英國，90%的單親家長其實是單親媽媽。[29] 全國臨時工中，單親家長者增加了27%。[30] 考量英國的托育費用可謂歐洲數一數二昂貴，這對單親家長必定是十分沉重的壓力。[31]

當演算法沒有考量性別差異，只會使工作時段難以安排的問題更加嚴重。愈來愈多的公司採用「即時」（just in time）的職務安排軟體，它們會依照企業的銷售模式和其他數據，隨時預估當下需要的勞工人數。它們也會反應實際銷售分析數據，當消費者需求下降，主管就能據此叫員工回家。「這簡直像魔術一樣，」克羅諾斯（Kronos）公司的商業發展副總裁如此向《紐約時報》形容。[32] 此公司為數間美國連鎖企業提供這種軟體服務。

對那些使用這個軟體增加收益的公司來說，它也許真的像魔法一樣神奇。但事實上，這只是把經營企業的風險轉嫁到員工身上。節約基層員工人數後，把錢花在增加主管人數，這也許也讓某些人開心得很。然而員工可就沒那麼開心了，特別是那些有照護責任的員工。珍奈特．納法洛（Jannette Navarro）是聖地牙哥的星巴克咖啡師，她把自己接下來的班表拿給《紐約時報》看。這份班表依照演算法安排。[33] 她必須在星期五工作到晚上11點，星期六清晨4點又得報到，接著在星期天清晨5點上班。她通常直到3天前才會知道接下來幾天的班表，這讓她很難事先安排小孩的照顧問題——為此她不得不中斷商業副學士的課程。這再次顯示，充滿性別資料缺口的世界本就存在的性別歧視，因為大數據的推廣而變得更加嚴重，且急劇惡化。也許演算法的設計者並不知道女性背負著無薪照護責任，或者他們對此毫不在乎，總之軟體的設計絲毫並未考量女性的需求。

星巴克發言人告訴《紐約時報》，珍奈特的例子「絕非常態，而且本公司至少會在1週前告知員工班表；要是員工希望固定上班時間，我們也會如其所願」。然而，當記者前往「位於全國各地的17間星巴克」，訪問現職員工和已離職員工，「只有2人表示，他們會在1週前得知自己的班表；有些人甚至在1天前才被告知」。雖然少數幾座城市已開始以法律明定業主事先通知員工班表的最短時限，[34]但美國並沒有適用全國的法令——事實上，大部分的國家都沒有，連英國也沒有。這並不夠。女性（主要的）工作（大部分）沒有薪水可領，因此有薪工作並非一個選項，而是生存的必須要件。社會必須解決這個問題。然而，想解決問題完全不能仰賴那些完全不考量婦女無薪工作責任的即時工時安排軟體。因此我們有2個選擇：不是政府提供免費、由全民買單的方案，解決女性無薪勞動的問題，就是終止即時工時安排軟體。

即使女性並未從事不穩定工作，她們的權利也常遭到剝削。工時不定或工作不穩定的女性，被性騷擾的危險更高[35]（可能是因為她們比較不敢反擊行為不軌的同事或雇主[36]），但隨著「＃我也是」（#MeToo）反性騷擾運動在社群媒體上發酵，我們也愈發清楚的意識到，沒有性騷擾問題的產業其實少之又少。

一如過往，資料缺口問題再次浮現。英國工會理事會警告「工作場合性騷擾的最新量化資料少之又少」，現有數據早已過時，這似乎是遍及全球的問題，要取得官方統計數據難若登天。聯合國估計（我們只有估計值）歐盟各國中，50%的女性曾在工作上遭遇性騷擾。[37]學者認為中國的數據可能高達80%。[38]澳洲一份研究發現，60%的女護理人員都曾經歷過性騷擾。[39]

每個產業的嚴重狀況各不相同。男性為主或領導階級以男性為主的工作環境，發生性騷擾的情況最為嚴重。[40]英國工會理事會2016年的一份研究揭露，製造業有69%的女性，休閒及餐旅產業則有67%的女性「曾舉發受過性騷擾」，相比之下所有產業的平均值是52%。美國2011年的研究也有類似結果，指出建築工程業的性騷擾比例最高，交通與公共事業次之。一份調查以在矽谷工作的資深女員工為對象，揭露90%的女性親眼見過性別歧視的舉動；87%曾面對男性的貶低言論；60%曾在非樂意的情況下受到同事的性追求。[41]而那些受到性追求的女性，有半數曾遇到對方不只一次提出性邀約，而提出邀約者，65%是她們的上司。接受調查的婦女中，每3名就有1人擔憂自己的人身安全。

其中有些女性因工作而必須與一般民眾密切接觸，這些人受到性騷擾的情況最為嚴重。在這些例子中，性騷擾經常惡化為暴力舉動。

「他把她抱起來，朝房間另一頭丟過去。他朝她的臉揮拳，血濺得到處都是。」

「那時他抓住我，拉我去撞玻璃。我倒在地上，但他沒有停止揍我。（……）我試圖反抗，一直推推擠擠，經過整個走廊。他拉我的頭去撞牆。牆上滿是我的血跡，有的是我手肘的傷，有的從我的臉流下。」

也許你覺得這並不是你會在辦公室遇到的狀況，那麼你該感激自己不是醫護人員。研究發現，護理人員「遭受的暴力對待多於警察或監獄警衛」。[42] 加拿大安大略省在2014年統計因工作受傷而必須長期休養的勞工，醫療照護產業的人數「遠高過其他受調的產業」。美國一份近期研究也發現「醫療照護業的勞工因遇到暴力而不得不暫停工作的情況，比因其他傷害而停工的比例高4倍」。[43]

吉姆‧布洛菲和同為職業健康研究學者的妻子瑪格麗特進行一項研究後，吉姆做出結論，加拿大醫療業是「至今為止我們見過最戕害身心的工作環境之一」。布洛菲夫婦於2017年進行以加拿大醫療業勞工所面對的暴力為主題的研究，並安排了焦點小組座談會，而受訪者「經常提到，『我每天上班都會遇到這些事。』」當他們質疑這種說詞，回應「每天」想必是種誇飾法，應該是說「經常」吧？「但她們會糾正我們。『不，我們說的是每天。這是工作的一部分。』」一名員工回憶有次一名病人「把一張椅子高舉過頭」，並指出「護理站至少被砸爛過兩、三次了」。其他病人會用床上的便盆、碗盤，甚至鬆脫的建築材料為武器，攻擊護理人員。

雖然類似事件層出不窮，但發生在醫療場所的暴力「鮮少被舉發，這是無所不在且持續已久的問題，大部分醫護人員都默默忍受，大多數事件都被人忽略」。造成如此情況的部分原因就是，沒有人研究這些事。根據布洛菲夫婦的調查，在2000年之前，幾乎沒人討論醫護人員遭受的暴力對待：2017年2月，他們在美國國家醫學圖書館的資料庫「醫療線上」（Medline）搜尋時，找到「155篇國際文章，其中149篇發表於2000年後」。

然而，全球欠缺女性在工作場所遭受的性騷擾與暴力案件資料的原因，不只是因為沒有人研究這個問題。其中一個原因在於，大部分的女性都不會舉發。[44]然而，女性不舉發的原因在於，組織沒有任何處理這些問題的應變措施。女性之所以沒有告發，是因為她們害怕對方報復，又惶恐即使出面舉發也不會帶來任何改變——坦白說，這樣的預測符合大多數產業的處理方式。[45]「我們尖叫，」一位護理人員告訴布洛菲夫婦。「我們所能做的就是尖叫而已。」

之所以沒有女性員工受到性騷擾的合宜處理程序，可能是資料缺口造成的。所有產業的領導階層都以男性為主，而現實就是男性遇到性騷擾的情況與女性大不相同。[46]因此，就像谷歌的管理階層從未想過孕婦需要特定車位，大部分的企業組織也沒想過要擬定員工遇到性騷擾和暴力的合宜處理辦法。這個例子也解釋了為什麼多元經驗對每個人都十分重要——要是我們真想填補資料缺口，更不可忽略多元經驗。[47]

布洛菲夫婦警告，「在醫療業的暴力案件分析中，幾乎無人注意到性別差異」。這實在太不幸了。根據國際護理協會（International Council of Nurses），「醫療從業人員中，以護理人員遇到的風險最大」——而絕大多數的護理人員都是女性。沒有性別分析，也代表了大部分研究都沒有考量到長期被低報的性暴力案件：吉姆發現在他們的研究中，只有12%的員工曾出面舉發。「我們沒有舉發性暴力案件，因為發生得太頻繁了，」一名女性解釋，她自己「就被抓傷過好幾次」。吉姆告訴我，由於「太多案件都沒有被舉報，可想而知官方數據大大低估了實際數據」，然而文獻中都沒有提到這樣的事實。元資料（metadata）缺口就這樣被世人忽略了。

傳統的醫院設計，也是造成護理人員在工作時容易遭到暴力對待的罪魁禍首。吉姆解釋，長長的走廊讓護理人員難以互相照應，她們分散在各處孤軍奮鬥。「那些長廊太可怕了，」一名醫護人員告訴布洛菲夫婦。「工作時你必須深入長廊，而且你無法和其他人保持聯絡。我比較希望單一方向的長廊改為環狀走道。」吉姆指出，環狀走道是可行的改善措施，讓員工得以彼此支援。「只要改成環形走道，就不會造成在走廊底端陷入死角的狀況。環形走道上只要有2個人，當情況不妙時，就會有人聽見。」大部分護理站都沒有用來反抗襲擊的阻擋物，常常只有一張接待桌而已，一旦有人攻擊，護理人員就無處可躲。另一名員工告訴布洛菲夫婦，有回她的同事被一名病人性侵。「調查人員建議醫院在護理站設置玻璃，但醫院大力反對。他們說這會讓病人感到自己被污名化。」

除了布洛菲夫婦訪談的員工，美國職業健康與安全行政署（Occupational Health and Safety Administration）訪談的員工也指出，傳統醫院的數項設計，包括「不安全的出入口、強度不足的冷暖氣、擾人的噪音量、不安全的物品」，都是造成醫院安全性不足的問題——但無須污名化任何人，就能解決這些問題。政府也能扭轉政策，解決醫護人員老是不足的問題。醫護人員指出，等待是引發病人對員工暴力相向的主因之一，而布洛菲夫婦「在每個焦點小組、每個地方都會聽到有人提出相同問題」。「要是醫護人員沒有立刻處理病人的問題，要是病人不得不等待，那麼病人訴諸暴力的可能性就會大幅升高，」一名醫護人員解釋。

重新設計醫院的空間配置，增加醫護人員數量，都不是便宜的解決方案，但要是我們計算醫護人員因受傷而停職的時間，和他們所面對的心理壓力，相比之下這些方案的成本就沒那麼昂貴。不幸的是，相關資料「不是沒有搜集，就是搜集的方式不當，」吉姆說。「不過，」他繼續說道，「我可以告訴妳，我從不懷疑高壓的工作環境、人力欠缺的問題、難以掌控的情況，都是讓護理人員陷入過勞的絕佳情境。」

而且，也要將醫護人員轉行、重新受訓的成本考量在內。布洛菲主持的數個焦點小組一再提及這個問題。「我們有些護理人員的年資長達25~30年，但她們卻說『我要去當清潔工』，或『我要去當廚師，因為我再也受不了這一切。我無法再去面對無人支持的困境，也應付不了每天可能遇到的危險。我必須忍受這些事，還要被人質疑，毫無支援。』」

就算不以長遠為考量，也有許多低成本的解決方案可供選擇，有些措施甚至簡單得令人驚訝。比如說，持續記錄病人的暴力舉動，向所有人員發出警告；簡化舉報過程，同時確保上級真的讀取這些報告；讓不同功能的警鈴發出不同聲音：「有回病人拉了鈴，但在護理站，浴室協助鈴、代表呼吸困難或心臟病發的藍色警報、員工警報全都是一樣的聲音。」1970年代英國劇迷會在熱門影集《非常大酒店》（*Fawlty Towers*）的某集劇情中看到同樣的警鈴問題。

明確指出可被接受和不可接受的病患行為，也不是昂貴的解決方案。「我注意到，醫院咖啡館有張海報，宣稱他們絕不容許任何形式的言語暴力，」一名婦女告訴布洛菲。「但我們的單位卻沒有類似的海報。（……）相反的，我們倒有張海報說，要是妳成了寡婦，芳心寂寞，不妨到單身網站來瞧瞧。然而，醫院卻不願意為我們放上抵制暴力行為的海報？」

布洛菲夫婦的研究參與者還提出一個恐怕單純到令人驚訝的辦法。她們「建議讓護理人員自由選擇，在名牌上移除姓氏，並且由雇主付費製作名牌。這是種安全預防措施」。光是移除名牌上的姓氏，就能避免很多擾人事件。比方說，某家醫院的一名訪客告訴一名女性醫護人員：「XXX，很高興認識妳。妳知道嗎？妳不該把妳的姓放在名牌上，因為我輕而易舉就能搜尋到妳的個人資料，找出妳是誰，住在哪裡。」

女性總是在工作。她們做著沒有薪水可領的工作、低薪的工作、不受人重視的工作、看不見的工作，但她們從未停止工作。然而，現代的工作環境不適於女性生存。從工作的位置、時數到標準法規，一直以來全都是依照男性的生活而設計，但如今已不符合它們最初設立的目的。勞動界必須全面革新——不管是法規、設備還是文化——而且新設計必須依女性生理構造與生活方式來決定。我們必須了解，女性做的工作並不是某種附加效益，某種我們不需要的紅利：女性的工作包含支薪與無薪層面，而且她們的付出是支持我們社會和整體經濟的骨幹。重視女性工作的時代已經到來。

第三部

●

設計

第七章

犁耕假設

首次提出耕犁假設（Plough hypothesis）的是丹麥經濟學家艾絲特・波斯哈普（Ester Boserup）：比起沒有用犁的社會，性別不平等的狀況在傳統上以犁耕作的社會中更加嚴重。她的理論奠基於，比較兩種耕作方式會發現游耕（shifting agriculture）對女性更友善，因為游耕使用手持工具，比如用鋤頭或尖棍來挖地；而犁耕通常仰賴馬或公牛之類力量大的動物拉犁，因此對婦女來說，前者比較容易。[1]

為什麼農耕方式會影響女性參與度的高低呢？這是因為男女體格有差異。要用犁耕地，「上半身必須夠強壯才行，握力也必須比較強，需要比較大的瞬間爆發力；要有這些體能特質才拉得動犁，或者控制拉犁的動物」，然而這些都是男性的生理特色。[2] 男人上半身的身體質量大約比女性重了75%[3]，因為女性上半身的瘦體質量（lean body mass）通常比較低[4]，因此男性上半身的力氣平均比女性多了40~60%[5]；相比之下，男性下半身的力氣平均只比女性高了25%[6]。同時，女性握力平均也比男性少了41%。[7] 而且這樣的性別差異不會隨年齡而改變：一位70歲的男性長者，其握力依舊比25歲的年輕女性強。[8] 而且即使經過體能訓練，也很難縮小這樣的差異：一份研究比較「接受強度體能訓練的女性運動員」和「沒有受過訓練，或接受低強度訓練的男性」，發現女性的握力「鮮少」超過男性受試者的50%。[9]整體而言，研究發現90%的女性（包括有接受體能訓練和沒有受訓練）的握力，比95%的男性受試者差。

不過，犁耕與游耕兩者對女性友善與否的差異度，也是社會性別角色造成的結果。拿起和放下鋤頭都很容易，隨時能開始也能隨時暫停，也就是說使用鋤頭之餘還能同時照顧小孩。然而要是必須使用沉重的用具，又由力氣大的動物拉行，情況可就大不相同了。除此之外，使用鋤頭是勞力密集的工作，用犁耕地則是資本密集的工作，[10]而時間和金錢比較起來，女性握有的資源以時間為主。艾絲特基於這些理由，認為使用犁耕種的社會，男性多半負責農務，因而享有比較多權力和特權，隨之形成性別不平等的社會。

根據一篇發表於2011年的論文看來，艾絲特的假設的確經得起考驗。[11]研究人員發現，傳統上以犁耕種的民族，其後代就算移民到其他國家，他們的性別歧視依舊比較嚴重。這篇論文也揭露，性別歧視觀念的強弱，與比較適合犁耕、不適游耕的地理及氣候條件有關。這暗示了人們可能主要是基於氣候而選擇犁耕，而不是原本就存在性別歧視，然而犁耕的發展卻促成了性別歧視。

有不少人批評犁耕理論。2014年一項研究分析伊索比亞的農業，指出雖然農耕者多半都是男性——「事實上所有阿姆哈拉語（Amharic）的民間傳說中」，農民都是男性——而犁地更是男人專屬的工作，然而男性上半身力氣較大的說法在此並不適用，因為他們使用的是比較輕的犁（當然反對者完全未提資本性投資或照顧小孩之類的議題）。[12]這個研究引用了一篇發表於1979年，一樣駁斥犁耕理論的論文，理由是「就連完全不用犁耕的地區，特別是南庫希特族（South Cushites），耕種者依舊以男人為主」。

真是如此嗎？難以定論，因為關於耕種者是男是女的資料——沒錯，你猜對了——充滿了缺口。你會找到無以計數的報告、文章和摘要文章[13]異口同聲的說「婦女提供了非洲大陸60~80%的農業勞力」，雖然說法有些不同，但大同小異，可惜的是幾乎沒有提供證據。這些數據可回溯到1972年聯合國非洲經濟委員會，也許這數據是真的，但我們既找不到正面證據，也沒有反面證據，因為我們手上的資料不足。

為什麼會這樣？部分原因在於男人和女人常一起忙農務，因此難以精準明列一項最終食品中，單一性別所付出的勞動多寡。聯合國糧食及農業組織（United Nations Food and Agriculture Organization）的一篇論文中，經濟學家雪若．多斯（Cheryl Doss）則指出，我們定義「食物」並為其定下價值的方式也有影響：我們依照熱量還是價格決定食物的價值？前者會讓主要糧食作物名列前茅，依照後者的話，拔得頭籌的可能是咖啡。考量到大部分女性「參與的是主要糧食作物的種植」，比較熱量價值的話，「可能就會顯示女性的農業生產量占了整體生產量的一大部分」。[14]

然而，此處的「可能」一詞很重要，因為在各國的調查中，通常不會提到農民是男性還是女性。[15]即使真**有**依性別分析的資料，過於粗心大意的調查設計也會低估女性勞動力：人們會問女性她們負責的是「家務」**還是**「工作」，好像這兩者完全相斥，或者不把家務視為工作之一。然而女性常直接選擇「家務」，因為這涵蓋了她們從事的大部分工作。[16]而「強調會帶來收入的活動」更擴大這樣的缺口，結果就是低估（多半由女性負責的）自給農務（subsistence production）的產值。此外，大部分的人都把農業定義為「田野實作」（field work），以致低估女性「照顧小型牲口、種植廚用果菜、收割後加工」等工作的產值。顯然男性偏誤造成了嚴重的性別資料缺口。

研究者將工作分為「主要」和「次要」活動，也造成類似的問題。首先，各項調查不一定都會搜集次要活動的數據。就算搜集了，也不一定會計入勞動數據中，這就是男性偏誤讓女性的有薪工作從人們眼前消失的實例。[17]女性常把她們的有薪工作列為次要活動，單純只是因為無薪勞動耗費的時間太多，但這並不代表她們每天花在有薪工作的時間非常少。結果就是，勞動市場的統計數據常隱藏嚴重的性別資料缺口。[18]

雪若用來驗證「60~80%」數據的資料中，就出現同樣的男性偏誤。雪若的結論是，全球農業勞動中，女性占不到一半，而她使用的聯合國糧農組織資料中，「要是受調者指出農業是他或她主要的經濟活動，那麼他／她就算是農業勞動力的一部分」。而就如我們所看到的，這樣一來婦女大半的有薪勞動都不會被計入。我們必須公平的指出，雪若的確注意到以這種方式計算數據有其缺陷，批評拉丁美洲的農業勞動力中，女性僅僅占了16%，這不符合實情。雪若指出，住在鄉間的拉丁美洲婦女「即使經常參與農務，但很可能表示『家庭』是她們的首要責任」，造成數字被低估。

就算考量計算婦女農業勞動的所有性別資料缺口，我們還是無法知道你家餐桌上的食物，有多少出自女性之手。這是因為女性的投入量與男性的產出量並不相等：就整體而言，婦女的農務產量不及男性。但這並不代表女性不像男性一樣辛苦。事實上，她們的勞動產出較少，是因為農業發展（從工具、科學研究到發展措施）全都依照男性的需求來設計。雪若寫道，事實上，考量女性各方面的限制（難以擁有土地、信用和新技術，同時還得承擔無薪工作），「要是女性真能產出一半以上的糧食作物，反而才令人驚訝」。

聯合國糧農組織估計，要是女性和男性都能取得同樣的生產資源，那麼女性主導的農場產出量可以增加30%。[19]但現實中她們並沒有這些資源。就像犁一樣，有些「節省勞力」的現代機器，實際上是「節省男性勞力」的機器。比方說，敘利亞2014年的研究指出，農務機械的問題的確減少了男性勞工的需求量，讓男人得以「追求農業以外、薪資更高的工作機會」，但卻增加了女性勞工的需求，因為「女性負責勞力密集的工作，包括移植、除草、收割和加工」。[20]而土耳其的情況正好相反，當有些農務改以機械取代人力，女性的農業勞動參與度便下降了，「因為男性可以操作機械」，而女性不願意操作機械。這部分得歸諸於女性教育不足和社會文化常規，但也是「因為那些機械並非為了配合女性操作而設計」。[21]

讓男性受惠且不利女性的，不只是農務器具的設計而已。拿所謂的「推廣服務」來說，相關的教育計畫教導農民科學技術，藉此增加產能。回顧過去，推廣服務向來就對女性不友善。聯合國糧農組織在1988~1989年間發表一份報告，他們只調查那些有性別分析數據的國家，發現所有的推廣服務中，只有5%以女性為對象。[22]雖然在此之後情況改善了不少，[23]然而至今仍有許多推廣措施忘了納入女性[24]——要是一切順利，那麼女性只是無法從這些活動中受益，但在最惡劣的情況下，她們反而會因此受害。

在聯合國支持下，希拉蕊・柯林頓（Hillary Clinton）創立了兩性資料庫組織（Data2x），目標就是填補全球的性別資料缺口。根據此組織2015年的分析，女性常常無法得知許多推廣措施的資訊，其中一項原因就是女性的工作已經超出負荷，即使那些教育活動對她們的未來大有助益，她們卻無法挪出空檔參與。[25]負責發展規劃的人士也發現女性的機動性比較低，一部分是因為她們必須承擔照護責任，除此之外，她們也多半沒有交通工具，或者經常受到女性不可單獨外出的限制。

不只如此，婦女也有語言和識字的障礙：許多計畫都以一國的通用語言推行，然而女性習得國家通用語言的機率低於男性。這是由於全球女性教育水準偏低，女性的識字率也遠低於男性，因此以文字寫就的資料無法幫助她們。這些都是非常基本的問題，不難列入考量並加以改善，但許多證據都指出，人們依舊忽略它們的存在。[26]

許多發展措施的參與資格，是參與者必須擁有一定大小的土地，或要求參與者必須是農戶的一家之主，或者擁有自身耕種的農地，女性因而受到排擠。至於其他推廣措施則有其他要求，比方說把對象限定於那些有足夠資金購入技術器材的農場，這也進一步排除了女性。這些條件都對男性農民特別有利，因為絕大多數的婦女都是窮困或耕作規模較小的農業人口，即使她們勞心勞力，擁有腳下農地的機率卻微乎其微。[27]

為了設計能真正幫助女性的措施，首先我們需要充足的資料。但有時看來，我們根本不想去搜集資料，而且是連試也不想試。蓋茲基金會（Gates Foundation）2012年的一份文件提到，某機構打算改良主食作物，之後再在市面上推出。[28]然而新品種優良與否乃是取決於種植者，而此機構進行實地試驗時，研究人員幾乎只讓男性農民參與。男性農民都表示產量是最重要的決定因素，因此該機構決定培育產量最多的品種。然而，後來一般的家庭卻不接受他們培育的品種，令此機構大感驚訝。

只與男性農民交流的決定實在過於草率。雖然我們的資料漏洞百出，但無庸置疑的是，女性占農業勞動力很重要的一部分：在發展度最低的國家，79%從事經濟活動的女性表示，她們主要的經濟活動就是農業，而全球從事經濟活動的女性中，有48%的主要經濟活動為農業。[29]而女性農民並不認為產量是最重要的。她們在乎農作物的其他特色，包括種植前得進行多少前置作業，必須除多少草，因為這些都是女性的工作。她們也在乎農作物收成後，最後得花多少時間才能煮熟，因為這也是女性的工作。而全新的高產量農作物增加了女性執行這些工作所需的時間，也難怪她們無法接受這些新作物。

+

要避免上述常見錯誤，負責發展與規劃的人士只消與一些女性農民談談即可，但令人疑惑的是，他們似乎對此格外抗拒。要是讀者認為，沒有與女性談談就悶頭設計新作物很差勁，那麼不妨聽聽發展中國家「乾淨」爐子的故事。

人類（我指的是大多數女性）遠從新石器時代，就開始用「三石爐」來煮食。所謂的三石爐，正如字面所指，就是把3顆大石堆在地上，中間放上一只鍋子；石頭中間則放置燃料（木柴或任何能夠燃燒的材料）。在南亞，75%的家庭至今仍使用生質燃料（木頭或其他有機物）來產生能源；[30]而此數據在孟加拉高達90%[31]。撒哈拉以南的非洲地區，生質燃料是7億5,300萬人口煮食用的主要能源。[32]這占了總人口的85%。

問題是，傳統爐具會產生毒性極強的氣體。在不通風的空間中以傳統爐子煮食的女性，實際上受到的危害，相當於一天抽100根以上的菸。[33]根據2016年的一篇論文，從秘魯到奈及利亞等國，爐具產生的有毒煙霧比世界衛生組織頒布的容許值還要高20~100倍。[34]而且每年因爐具的有毒煙霧而死亡的人數相當於290萬人[35]，是瘧疾的3倍[36]。而傳統爐具的效率低，讓情況更加惡化：使用傳統爐具的女性，每天暴露於有毒煙霧的時間是3~7小時。[37]也就是說以全世界而言，室內空氣污染是造成女性死亡最大的環境因素，也是讓5歲以下孩童死亡的最大殺手。[38]以全球疾病負擔（global disease burden）而言，室內空氣污染占了第8位，會引發各種呼吸道和心血管疾病，也讓人們愈來愈容易得到如肺結核等傳染性疾病以及肺癌。[39]然而，就像其他那些以女性為主要受害者的健康問題，「人們尚未以完整且講求科學的方式研究它們對健康的危害」。[40]

各種促進發展機構從1950年代開始，就試圖引進「乾淨的」爐具，然其成效不一。推廣這些措施其實最早是為了阻止森林濫伐[41]，而不是減輕女性無薪勞動的壓力，或改善傳統爐具所產生的煙霧對健康的傷害。當人們發現其實女性搜集生火原料，並不是環境災難的元凶，而是人們為了增加農地才造成大量林木被砍伐，大部分促進發展的產業就放棄了供應低污染爐具的計畫。倫敦大學亞非學院人類學家艾瑪．克魯（Emma Crewe）解釋，低污染爐具計畫「被視為無法解決能源危機的失敗方案，而且無助於其他發展領域」。[42]

但低污染爐具再次受到重視，希拉蕊在2010年9月宣布成立全球乾淨爐具聯盟（Global Alliance for Clean Cookstoves），目標是在2020年達成讓1億戶人家改用低污染且高效能的爐具與燃料。[43]這是值得稱許的目標，但若要確實落實計畫，讓女性真的使用這些爐子，我們還有許多工作要做，搜集資料就是其中之一。

聯合國2014年發表的一份報告指出，相較於水與衛生設施的資料，各國關於民眾取得高效率爐具難易度的資料「少得可憐」，國家級的能源政策和改善貧窮策略的文獻多半只關注電氣化程度。[44]根據世界銀行2005年的一份報告，政府搜集人民取得能源的相關資料時，多半採取測量新電路網普及度的手段，而沒有記錄發展計畫對社會與經濟的實際效益。[45]而且政府通常在推動發展計畫前，不會去了解使用者真正的需求：比方說，飲用水的抽取、食物加工、搜集燃料。欠缺資料的結果就是，至今幾乎所有的使用者都拒絕使用那些乾淨爐具。

艾瑪在1990年代就從爐具技術員得知，低污染爐具難以普及的原因是使用者來自「保守的文化背景」。[46]需要有人「教育」使用者如何正確使用爐具。都已經21世紀了，人們依舊把錯歸在女性身上。聯合國全方位環境改善計畫（WASHplus）和美國國際開發署（USAID）2013年共同出資的報告指出，孟加拉使用者體驗5種新爐具時，不斷指出它們都增加了烹調耗費的時間，需要費更多心力照看爐火。[47]這讓女性無法像使用傳統爐具時同時進行數項工作，迫使她們改變煮飯方式，也就是說，增加了她們的工作量。然而這份報告最重要的建議，就是一再重申必須想辦法改變女性，而不是改變爐子的設計。女性需要接受教育，了解這些爐子「多麼棒，比舊爐子好多少」，而不是爐具設計師得了解女性需求，不要再增加女性平均每天15小時的工作量。[48]

不管學者、非政府組織和外派技師怎麼想，問題的根源都不是女人。艾瑪解釋，爐具才是問題的根源：設計者老是把技術層面視為優先，在乎它們多麼節能，而不是考量使用者的需求，以致使用者拒絕接受。[49]使用者拒絕接受新爐具是長達數十年的問題，但發展設計的公司仍無意解決，[50]箇中道理很簡單，因為他們還沒有學會先尋求女性的意見，**再**開始設計產品，而不是先設計，再由上而下強迫她們接受。[51]

印度一項發展推動計畫失敗的原因就是，雖然新爐具在實驗室裡運作良好，但它所需的維修頻率高於傳統爐具——而設計者天真以為，「各個家庭」可自行處理維護的工作。[52]但在印度奧利薩（Orissa）地區，傳統上是由男人負責修理器具，而他們並不認為修理新爐子很重要，因為他們的妻子依舊能用傳統爐子做菜。因此，女性又回頭用那些製造大量有害煙霧的傳統爐子，新爐子被遺忘在角落生灰塵。

性別的優先順序差異也會影響家庭支出的安排，因此許多家庭根本不願購置新爐具。自1980年代早期開始，孟加拉推行了上百種方式，試過各種低污染爐具，然而鄉間98%的人繼續使用以生質燃料為能源的傳統爐具。[53] 2010年有個研究決心找出背後的原因，發現「任何一種改良過的爐具都受到女性的歡迎，相比之下反而是男性比較抗拒；女性特別喜歡對健康有益、附有煙囪的爐具」，而且要是她們的丈夫不在場，她們訂購新爐具的意願比較高。但4個月後小組成員回到村裡遞送爐具時，性別差異似乎消失了；女性對新舊爐具的喜好，變得和她們的丈夫一致。

2016年的報告也同意，女性沒有接受新型低污染爐具，很可能單純是因為她們無法決定自家的花費。報告揭露「女性為一家之主的家庭接受低污染煮食方式的意願，比男性為一家之主的家庭高」。[54] 與此同時，耶魯大學一份2012年的研究則指出，94%的受試者「相信傳統爐具造成的室內煙霧有害健康」，但他們「依舊選擇傳統爐具，以便能夠符合基本需求」。但這份研究無法阻止耶魯大學在記者發表會上堅持把標題訂為：「不管多努力改變孟加拉婦女，她們依舊偏好使用高污染爐具」，好像女性欠缺的不是決定支出的權力，而是她們特別難搞。[55] 也許讓愚蠢的女人任性選擇空氣污染的唯一原因，就是這樣的標題遠比「女性多半比較貧窮」的實情更加吸睛。

長達數十年來，無法設計符合女性需求的爐子，也沒有設計為女性量身打造的發展推動計畫，造成一場健康大災難，而情況正每況愈下。隨著氣候變遷，土壤沖蝕和沙漠化讓品質優良的燃料日漸稀少，迫使女性使用樹葉、稻草和糞便當作燃料，而它們釋出的煙霧毒性更強。這實在太過荒謬，因為人人皆知低污染爐具會大大改善女性的生活。葉門2011年的研究指出，難以取得水和瓦斯爐具的女性，花在有薪工作的時間為24%；一旦取得水和瓦斯爐具，她們花在有薪工作的時間大幅增加為52%。[56] 2016年一份研究印度爐具使用的報告指出，當女性轉而使用低污染爐具（比方說便宜且可攜帶的亞納姬二號爐〔Anagi 2〕，大大縮短了烹調時間），她們就有更多時間社交、參與家庭活動和社區集會。[57] 使用低污染爐具的家庭也能提升孩子上學的出席率。[58]

但我們依舊懷抱希望。2015年11月，印度學者的報告[59]指出，他們用「價值1美金的便宜器具，製成只要放在現行三石爐上就能使用的爐具」，成功讓受試者實地使用。這項簡易器具大大降低木柴需求，且讓煙霧量減低至「與昂貴的高效能爐具相近的程度」。這項重大突破正是填補長達數十年資料缺口的結果：政府花了20年，試圖在印度鄉間推廣高效率爐具，但多半敗下陣來，研究人員終於決心調查原因。

他們與女性對談，找到了真正根源：政府推廣的高效能爐具無法使用「大塊木頭，必須先把木柴砍成小塊才能使用」。這是之前提過2013年讓使用者試用5種爐具後發現的問題。這些研究者深知所有與烹煮有關的任務，包括燃料處理，都是婦女的工作範圍，而劈柴「對女性來說是十分困難的任務」，難怪女性會「放棄這些高效能爐具，因為她們所使用、傳統以泥巴和磚塊蓋成的朱哈灶（chulhas）沒有木柴尺寸的限制」。

基於調查結果，他們依女性需求著手改善爐灶技術。他們了解到，「一只高效能爐具不可能取代所有的傳統爐灶」，因此他們的結論是「唯有在世界各地推動為當地量身打造的解決方案，才能有效減少使用木柴燃料」。他們依照資料所設計的簡單梅瓦安及第爐架（mewar angithi），「能夠放在傳統的朱哈灶上，讓朱哈灶形成像高效能爐具一樣的通風機制」。

爐灶使用者另一個重要考量就是要壓低成本，因此設計者在當地市集找到洗衣機製造商用剩的金屬，「所需的成本只有一般金屬板的1/4」。梅瓦安及第爐架「簡單且可彎折的平板造型，很容易就能讓使用者依照自家的朱哈灶調整形狀」。在印度獲得成功後，肯亞[60]和迦納[61]的研究以同樣的器材讓民眾試用，也得到類似的正面回響，顯示只要設計者從源頭消弭性別資料缺口，就能達成顯著的成效。

第八章

適合所有（男）人的單一尺寸

1998年，鋼琴家克里斯多福・杜尼森（Christopher Donison）寫下他的心聲：「世界大約可分為兩半」，一半是那些手比較大的人，另一半是那些手小的人。雖說杜尼森是名男鋼琴家，但他的手小於一般男性，多年來一直難以適應傳統鍵盤；事實上，女性也和他有一樣的心聲。各種數據都證明，女性手掌的平均尺寸小於男性[1]，然而現今的各種器具都是根據男性手掌的平均尺寸去設計，好像適合男人的單一尺寸，真的適合所有人類。

當本該不分性別的產品被套上「適合所有男性的單一尺寸」，女性便屈居不利處境。女性平均手距介於17.8公分-20.3公分[2]，因此要彈奏寬達約122公分的標準鋼琴，對女性來說是種挑戰。標準鋼琴8度琴鍵的寬度約18.8公分，根據一篇研究的數據，這對87%的成年女鋼琴家來說都太寬了。[3]與此同時，2015年的研究比較473名成年鋼琴師的手距和他們的「名聲響亮程度」，發現享譽國際的12名鋼琴家，手距都寬於22.4公分。[4]在這群崇高的大師中只有2名女性，其中一位的手距約22.9公分，另一位為約24公分。

標準琴鍵尺寸不只讓女鋼琴家難以與男鋼琴家分庭抗禮，也會影響她們的健康。1980及1990年代出現一系列與音樂家有關的研究，指出女性因工作而受傷的情況十分嚴重且不符比例，而鋼琴家正是「風險最大的族群」之一。數項研究也都揭露，女鋼琴家受傷、疼痛的風險，比男鋼琴家高約50%；而一項研究指出，78%的女鋼琴家有重複性勞損（repetitive strain injury），相比之下男性為47%。[5]

這很有可能與手的大小有關。1984年有份只以男鋼琴家為對象的研究，參與者中有26名「成功的演奏家」，他們是「知名的獨奏鋼琴家，贏得國際競賽的獎座」，還有10名「問題案例」，也就是那些「長期擺脫不了技術或傷害問題的鋼琴家」。[6]前一組受試者的平均手距約23.4公分，相比之下問題案例的平均手距約22公分——然而後者的手距依舊比女性平均手距大得多。

杜尼森坐在他的施坦威平台大鋼琴前，這「可能是他第一千次」彈奏蕭邦敘事曲G小調的結尾。此時他突然靈光一現，於是他開始為手比較小的人設計新的鋼琴鍵盤。也許不是他的手太小，而是標準鋼琴的琴距太大了？這樣的想法促使他設計了7/8比例的鋼琴琴鍵（又稱DS琴鍵），杜尼森指出新琴鍵改變了他彈奏的方式。「我終於能用正確的指法彈琴。不需要移動整隻手，只要維持同一個位置就能彈分解和弦。（……）浪漫時期樂曲常見寬廣流暢的左手琶音再也難不倒我，我終於能專心研究如何彈出正確的音質，而不是重複練習一樣的段落。」[7]許多研究都支持杜尼森的說法，發現7/8鋼琴消除了傳統琴鍵造成的職業與健康疑慮。[8]然而奇怪的是，鋼琴演奏界不願意接受7/8鋼琴；當然，要是你相信性別歧視從中作梗，就不會覺得奇怪了。

不願放棄只適合男性大手的設計，似乎成了某種特色。我還記得2000年代初期，當時的手機尺寸競賽由最迷你的手機型號奪得勝利。不過隨著iPhone問世，其他競爭者紛紛仿效，一切都改變了，突然間人們最關心的是你的螢幕大小，而且愈大愈好。現在智慧手機的平均尺寸是5.5英寸[9]，雖然我們都無法否認，寬大的螢幕尺寸令人嘆服，但要讓它適合全球一半人口的掌心，卻是另外一回事（更別說要把它們放在迷你到不行，有跟沒有一樣的口袋裡）。平均值內的大部分男性，都能十分舒適的以單手操作他的手機——然而女性的手，一般來說比手機本身大不了多少。

這顯然令人不快，令人懷疑蘋果這樣的大公司似乎太過愚鈍，畢竟從數據來看，iPhone的女性消費者多於男性。[10]但讀者別期待我們能用任何方法阻止他們的瘋狂行徑，因為要讓任何智慧型手機品牌反省他們對巨大螢幕的迷戀，都是難上加難的任務。我急於找到答案，只好轉向《衛報》的科技記者艾力克斯．何恩（Alex Hern）。但連他也幫不了我。「人們早就注意到這個問題，」他肯定我的困惑，但又接著說，「連我也沒有簡單明瞭的答案。」他私下和一些人談過，他說「大部分人的回答」都是手機不再是為了單手使用而設計。他們還告訴他，其實很多女性偏好大一點的手機，這樣的潮流「常是受到女性手提包的影響」。等等，手提包是很實用的物品，但女性一開始必須使用手提袋，就是因為女裝沒有縫製大小實用的口袋。基於此而設計一個適用於手提袋卻不適用於口袋的手機，根本是落井下石。下面我們會針對這點進一步說明。不管如何，宣稱手機就是為了讓女性可以放在手提袋裡而設計，實在是詭異莫名的邏輯，因為許許多多的被動追蹤程式，顯然預設你的手機不是在你手中，就是在你的口袋裡，隨時不離你身，而不是躺在你辦公桌上的手提袋裡。

接著，我又請教了得獎科技記者與作家詹姆斯・博爾（James Ball）。他對製造商迷戀大螢幕的現象另有一套理論。人們深信男人是提升高階智慧型手機銷量的主力，因此他們的計算方程式中根本沒有女性的存在。然而研究顯示，購買iPhone的消費者以女性較多，要是蘋果無意了解女性的需求，可真是太令人納悶了。然而，我對這樣的立論基礎還有另一個抱怨，因為這說法再次暗示麻煩的是女性，以男性為主的設計沒有錯。換句話說：要是女性沒有購買高階智慧型手機的動力，究竟是因為女性對智慧型手機毫無興趣，還是因為智慧型手機在設計時根本沒考慮到女性？然而從正面一點來想，博爾向我保證手機螢幕應該不會再變大了，因為它們已經「快要超過男性單手的大小」。

那麼，對男人來說這還真是個好消息。但對某些女性來說，這卻是個惱人難題。比如我的朋友麗茲，她有一支摩托羅拉Moto G的第三代手機。我成天抱怨手機尺寸，有回她聽到了就說，她也才剛「向一個男性友人抱怨，要拉近手機鏡頭還真難。他卻回道，他不這麼覺得，因為他用起來很方便。結果呢，我們手上拿的是同一型號的手機。不知道這是不是手的尺寸造就的差異」。

我們幾乎可以斷言，這就是手的大小所造成的問題。當北卡羅萊納大學的學者日娜・土費其（Zeynep Tufekci）試圖用谷歌的Nexus記錄2013年土耳其蓋其公園（Gezi Park）反政府運動期間催淚化斯的使用時，她的手機反而成了累贅。[11] 當時是6月9日晚間。蓋其公園裡人山人海。人們攜家帶眷，父母帶著小孩。接著有人投擲了催淚瓦斯罐。因為官方「經常宣稱，只會在出現蓄意破壞者和暴徒時才使用催淚瓦斯」，因此日娜想要記錄真實的現場狀況。她拿出手機。「落在我身邊的好幾個容器都開始散發催淚劑，我的肺、眼睛和鼻子都因疼痛而熱起來，熱得不得了，我不禁失聲咒罵」，因為她的手機太大了。她不能用單手來拍照，「但我看過無數男人都能用他們的大手，輕輕鬆鬆的以單手拍照」。那次事件中，日娜所有的照片都無法使用。她寫道：「這全是出於同一個原因：好的智慧型手機是專為男性的手而設計。」

就像標準琴鍵一樣，專為男性的手而設計的智慧型手機也可能危害女性的健康。這個領域還算相當新穎，但已經完成的研究指出，智慧型手機對婦女健康的影響絕非正面。[12] 雖然女性的手顯然比男性小，雖然出現肌肉骨骼症狀和疾病的多半是女性，[13] 雖然研究指出大型手機對手與手臂造成的傷害，但都未能阻止手機大就是好的潮流，然而這個潮流正是性別資料缺口的實例。我從各種研究中發現，很少人會以女性為實驗對象，女性是代表性嚴重低落的少數族群，[14] 而且大部分的研究都沒有按性別分析數據[15] ——包括那些找到足夠女性參與實驗的研究[16]。這實在太可惜了，因為那些真的做了性別分析的少數研究指出，手機尺寸對人體的影響有顯著的性別差異，女性的手與手臂受到的危害較為嚴重。[17]

+

既然智慧型手機對女性的手來說太大了些，那麼解決方式顯然就是設計小一點的手機。當然，市面上有比較小的手機，特別是蘋果的iPhone SE系列。然而，蘋果這兩年都沒有更新SE的規格，也就是說與一般的iPhone比較，SE系列是相對低階過時的產品，而較高階的功能乃是專屬於大型甚至巨型尺寸的手機。然而，現在連SE也停產了①。在中國，手掌較小的男性與女性可以選購Keecoo的K1手機，為了配合女性的手，它被設計為六角型，真是好極了。[18]然而，它配備較差的處理器，而且還內建美肌軟體：差勁，太差勁了。

為了解決智慧型手機引發的重複性勞損，有人建議使用語音辨識系統[19]，但對女性來說，這根本稱不上解決之道，因為大部分的語音辨識軟體都充滿男性偏誤，令人絕望。2016年，華盛頓大學語言學研究員瑞秋．泰特曼（Rachael Tatman）發現，谷歌的語音辨識軟體辨認男性話語的正確率，比辨認女聲時高了70%[20]——而且它可是目前市面上最厲害的語音辨識軟體呢。[21]

女性以同等價錢購入和男性一樣的產品，然而它們提供的服務卻出現性別差異，顯然非常不公平。除此之外，這還隱含健康方面的危害。比方說，汽車內的語音辨識軟體本意是減少駕駛員分神的機率，確保用路安全。然而要是它們不管用，就可能造成完全相反的後果——偏偏大多時候，它們都不管用，至少對女性而言。「汽車部落格」網站（Autoblog）的一篇文章引用了一名女性消費者的親身分享。她買了一輛2012年福特Focus車款，卻發現車上的語音系統只聽她丈夫的話，完全不理會她，儘管她丈夫並非坐在駕駛座，而是乘客席。[22]另一位女性發現她的Buick汽車的語音啟動通訊系統不聽她指令時向原廠抱怨，然而「對方直截了當的對我說，那個系統對我永遠也不會管用。他們告訴我，妳得找個男人來設定它。」就在我寫下這幾段文字後，我和我母親一同坐上她的Volvo越野休旅車，我看著她試圖透過語音辨識系統打電話給我的阿姨，但她試了好幾次都徒勞無功。她失敗5次後，我建議她說話時把音調壓低一點。結果還真的成功了。

隨著語音辨識軟體愈來愈精密，它的觸角也延伸到許多領域，包括醫界。然而，錯誤的辨識所造成的後果也可能變得更加嚴重。2016年的論文分析了急診室醫師對語音辨識系統口述的一百條備忘錄，並隨機分析樣本，發現多達15%的錯誤十分嚴重，「可能會造成誤解，以致影響病患的治療」。[23]可惜的是，這篇論文的作者群沒有以性別解析他們握有的資料。然而其他以性別分析的報告指出，女性口述時，軟體將語音轉換成文字時的失誤率遠高過男性。[24]醫生薩伊德·阿里（Syed Ali）是一項醫療口述研究的主要作者，他認為他的研究「最立即的效果」，就是指出女性「可能必須比男性更加努力，才能讓（語音）系統成功辨識她們的聲音」。[25]瑞秋也同意：「這些科技實際上根本是在幫助男性表現得比女性更好，同時也代表女性工作時會遇到更多困難。要是女性需要花1秒鐘去修正一個錯誤，那麼幾天、幾週累積起來，就浪費了許多時間，而妳的男同事卻不需要耗費那些時間處理科技問題。」

---

①蘋果在2020年推出了SE2。

世界各地憤憤難平的女性呀，謝天謝地，終於有人想辦法改善這個問題。提供汽車導航系統語音科技的ATX公司，其副總裁湯姆．樹爾克（Tom Schalk）提出了全新解決方案，修正「女聲中出現的許多問題」。[26]他說，女性所需的是「長時間的訓練」——只要女性「願意」接受的話。然而，樹爾克遺憾的表示，女性就是不願接受訓練。那些買車的女人就跟那些堅持買高污染爐灶的孟加拉婦女一樣不可理喻，居然希望語音辨識軟體的程式人員設計出適用女性的系統！需要解決的問題，顯然是女性本身。為什麼女人就是不能多像男人一些啊？

瑞秋對這些暗指問題出在女性的聲音，而不是軟體無法正確識別女性語音的說法嗤之以鼻：研究指出，女性的語言清晰度（也就是發音清楚、可讓聽者立刻理解的程度）遠高於男性[27]，這也許是因為女性發的母音比較長[28]，而且語速稍稍比男性慢了些[29]。相比之下，男性說話「不流暢的情況比較頻繁，發音時比較短，而且發音比較不精準」。[30]既然如此，語音辨識系統應該更容易辨認女性的話語，而不是男性的。瑞秋進一步寫道，她曾用「受過訓練的分類器分析女性的語音數據，而且運作良好，非常謝謝大家的指教」。

當然，女性的聲音不是問題所在。問題來自我們的老朋友：性別資料缺口。語言辨識科技藉由大量的錄音資料庫「語料庫」（corpora）來訓練系統的辨識能力。然而，語料庫中的錄音檔以男性聲音較多。這是我們就目前現有資料得到的答案，因為大部分的語料庫都不提供性別數據，而拒絕提供性別數據本身就是資料缺口的一環。[31]當瑞秋調查語料庫的性別比例，只有語言學數據聯盟（Linguistic Data Consortium）中最受歡迎的TIMIT語料庫提供了性別分析數據。結果其中69%的聲音都是男性。由此看來，女性的錄音資料似乎比男性少許多，但事實並非如此，要找到女性錄製的語音檔並非難事：英國國家語料庫（British National Corpus）[32]網站上的數據顯示，它們的語音檔男女數量相當。[33]

聲音語料庫並不是唯一有男性偏誤的資料庫，而我們卻用這些資料庫製造了藏有男性偏誤的演算法。文書語料庫由一系列來自小說、報章雜誌、法律教科書的文字組成，並用來訓練翻譯軟體、履歷審查軟體，還有網站搜尋的演算法。然而，它們也遍布性別資料缺口。我搜索英國國家語料庫[34]（從20世紀下半葉的各種文章中選錄了1億個詞）時，發現女性代名詞出現的頻率比男性代名詞少了一半。[35]而收錄5億2,000萬個詞彙的當代美語語料庫（Corpus of Contemporary American English），我發現當中男女代名詞的比例依舊為2:1，儘管美語語料庫包含的文章十分當代，甚至有2015年發表的文章。[36]這些充滿缺口的語料庫造就了現行的演算法，造就了世界由「男人」主宰的印象。

就連圖像資料庫也逃不過性別資料缺口的問題：一份2017年的研究分析了2個最常用的資料庫，它們包含了「超過10萬張從網路取得並有敘述標籤的圖像」，發現男性圖像遠多過女性圖像。[37]華盛頓大學的一項研究同樣也指出，以谷歌圖像搜尋45種職業，都出現女性代表性不足的問題，而首席執行長一職的搜尋結果更是與實際情況背道而馳：在美國，27%的首席執行長由女性擔任，但在谷歌圖像搜尋首席執行長時，出現的圖片中只有11%是女性。[38]要是搜尋「作家」，出現的結果也十分不均：女性圖像只占了搜尋結果的25%，但多達56%的美國作家是女性。這份研究也發現，這樣的差異至少會在短時間內影響人們對某個領域的性別比例看法。相比之下，這當然會對演算法產生長期影響。

就像實驗常有女性代表不足的問題，這些資料庫也都沒能正確反映女性的生活。2017年一份分析研究常用的文字語料庫，發現女性的名字和相關詞彙（「女人」、「女孩」……等）通常與家庭有關，比較少與工作事業相關；而男性卻正好相反。[39]而2016年另一份報告分析一個廣受歡迎的公開資料庫，其中內容都來自谷歌新聞，發現與女性有關的職業之首是「主婦」，而與男性相關的職業之首是「藝術大師」。[40]而性別刻板印象最鮮明的職業前10名，包括了哲學家、社交名流、機長／船長（Captain）、接待員、建築師、保母——至於哪些職業與男性或女性連結特別強烈，我就讓讀者們自行判斷吧。2017年另一份分析圖像資料庫的研究也指出，圖像呈現的活動和物品都有「顯著」的性別偏見。[41]其中一位研究者馬克．葉茲卡（Mark Yatskar）指出，根據這些資料庫訓練而成的機器人，在不知道一個家庭誰負責做廚房家務的前提下，會「直接拿瓶啤酒給男人，並幫忙女性洗碗盤」。[42]

已經廣泛應用的人工智慧科技中，都可發現文化的性別刻板印象。舉個例子，史丹佛大學教授朗妲．史賓格（Londa Schiebinger）透過翻譯軟體，把一篇訪問她的新聞文章從西班牙譯為英文，而谷歌翻譯和Systran翻譯系統都一再以「他」來指稱「她」，儘管文章中明確使用西班牙文profesora（女教授）一詞。[43]不只如此，一句使用中性代名詞的土耳其句子，谷歌卻以性別刻板印象的方式翻譯。O bir doktor指的是「她／他是名醫生」（S/he is a doctor），但譯成英文後卻變成「他是名醫生」；不過輸入O bir hem ire（她／他是名護理師），結果卻成了「她是名護理師」。研究者發現把英文透過軟體譯成芬蘭文、愛沙尼亞文、匈牙利文和波斯文時，譯文也出現同樣的性別刻板印象。

但還是有個好消息，至少我們現在有了這些資料。然而，編寫程式者會不會用這些資料修正那些藏有男性偏誤的演算法，我們就無法確定了，只能等著瞧。我們只能希望他們真會行動，因為機器不只反應了人的偏見，有時甚至會進一步加深偏見——而且程度相當嚴重。2017年的圖像研究指出，與烹調相關的圖片中，女性出現的機率比男性多33%，然而以同一個資料庫訓練的演算法，以廚房搜尋的圖片中，68%都出現女性。同一篇論文指出，資料庫原本的性別偏誤愈顯著，演算法造成的放大效果就愈強，這也許解釋了為什麼演算法會將一個站在爐灶前，身材魁梧的禿頭男子視為女性。廚房的性別印象，遠比男性常見的禿頭更嚴重。

史丹佛大學生物醫學助理教授詹姆斯．鄒（James Zou）解釋這項發現的重要性。他舉例，當一個資料庫認為「電腦程式設計師」與男性的關聯比女性更加密切，那麼當人們輸入這個詞，依此訓練的演算法就會認為男程式設計師的網站比女程式設計師更加重要[44]——「即使2個網站一模一樣，只是兩者使用了不同的姓別與代名詞」。因此有性別資料缺口的語料庫，訓練出來的演算法不但承襲了同樣的男性偏誤，甚至會讓女性找不到工作。

然而，搜尋網站只是演算法引響人類決策的諸多案例之一。根據《衛報》的報導，美國多達72%的履歷都不曾被真人瀏覽過，[45]不只如此，機器早就在面試中扮演重要角色；它們的演算法來自「頂尖員工」的資料庫，分析他們的姿勢、臉部表情和講話語調[46]。這聽來是不是很棒——直到你開始思考潛在的資料缺口：編寫程式的人是否有確保所謂的「頂尖員工」來自多元背景，不只包括男女兩性，也來自不同種族？要是沒有，那些演算法是否涵蓋了性別與種族文化差異？人們在訓練演算法的過程中，是否曾考量講話音調與臉部表情的社會性別差異？這些疑問，我們都沒有答案，因為發展這些產品的公司不會分享他們的演算法——但依照現有證據，讓我們打開天窗說亮話，他們恐怕根本沒有考量到這些差異。

醫界早已引進人工智慧系統幫助診斷病情——雖然這可能是醫界的一大福音，但目前看來這種想法實在太樂觀了。[47]醫界的資料完美的呈現了長期的性別資料缺口，然而引進人工智慧協助診斷的同時，這些問題卻幾乎無人過問。[48]這可能會造成大災難，事實上可能會致人於死地——特別是我們已經知道，機器學習（machine learning）會加深本已存在的偏誤。我們對人體的醫療知識過度偏重男性生理構造，而人工智慧的診斷不只可能醫不好女性病患，反而加劇她們的病況。

直至目前為止，幾乎沒人意識到有個嚴重的問題正蓄勢待發。2016年谷歌新聞研究的作者群指出，儘管以詞彙關聯性軟體的應用為主題的論文多達數百篇，卻都沒有人意識到這些資料庫的「性別歧視多麼鮮明」。圖像與標籤研究的作者群也注意到，他們是「最先展現結構化預測模型（structured prediction models）會強化偏誤，也是最先建議降低強化效果的團隊」。

我們現行的產品設計方式都對女性有害無利。這影響到女性的工作效率——甚至影響到女性找不找得到工作。它影響我們的健康，也影響我們的安全。最可怕的是，所有的證據都指出，那些依照演算法設計的產品，只是讓我們的世界更加不平等。但是，只要我們正視問題的確存在，那麼我們就能找到解決辦法。發現演算法把女性視同主婦的研究者開發新的演算法，減少2/3性別刻板印象（比如把「他」視作醫生，而「她」則是護理師），同時保留與性別相關的文字關聯（比如得了攝護腺癌的是「他」，得了卵巢癌的是「她」）。[49] 而2017年圖像詮釋論文的作者群也設計了新的演算法，成功降低47.5%的偏誤強化效果。

第九章

人山人海皆老兄

2013年，潔妮卡・艾薇瑞茲（Janica Alvarez）為她的科技新創公司納亞健康（Naya Health）募集資金時，投資者都不把她當一回事。某次會議中，「投資者用谷歌搜尋她的產品，結果連上了色情網站。他們全被色情網站吸引了，開始互相開玩笑」，讓潔妮卡感覺自己好像誤闖了「兄弟會的聚會」。[1]其他投資者「嫌棄她的產品，連碰也不想碰，不然就是辯解自己對此一無所知」，還有位男性投資人直白的說，「我才不碰那鬼東西，噁心透頂！」[2]那麼，潔妮卡試圖推廣的那個既噁心又可怕，讓人難以理解的產品究竟是什麼呢？讀者們，那是組擠乳器。

奇怪的是，擠乳器產業已經十分成熟，具備各式各樣的產品，至少矽谷認為是如此。美國的擠乳器產業規模特別龐大：由於沒有合宜的產假法規，媽媽們若想遵從醫生的建議，讓她們的孩子飲用母奶至少6個月，大多都必須使用擠乳器。事實上，美國兒科學會（American Academy of Pediatrics）建議女性讓嬰兒飲用母乳至少12個月。[3]

而有家公司幾乎壟斷了擠乳器市場，那就是美樂（Medela）。根據《紐約客》雜誌（*New Yorker*），「自從《平價醫療法案》①通過後，多達80%的美國和英國醫院皆販售美樂擠乳器，其銷售量在2年內增加了34%。《平價醫療法案》為哺乳器具提供補助，擠乳器也是其中之一。」只是，美樂擠乳器並不是非常好用。潔西卡．溫特（Jessica Winter）在為《紐約客》撰寫的報導中，[4]描述美樂擠乳器就像個「堅硬、不合身的胸部盔甲，頂端還吊著一只晃來晃去的奶瓶」，它從母親胸部吸取乳汁時，「會拉扯胸部，好似母親的胸部是用太妃糖製成，只是太妃糖可沒有末稍神經」。[5]雖然有些女性的確可以在不用雙手輔助的情況下成功使用擠乳器，但大部分的女性都辦不到，因為它不夠貼合身形。因此媽媽們只能坐著，用手將吸乳裝置扶在胸前，每次都要花上20分鐘，如此一天重複好幾回。

簡而言之：這是個被壟斷的市場（目前估計約7億美金，而且還有成長的空間）？[6]沒錯。市面上的產品無法滿足消費者的需求？的確如此。那為什麼投資者沒有飢渴的掏出錢來？

握有權力及影響力的女性太少、代表性不足，改正這樣的問題本身是件好事。當然，這的確是件好事。女性與和她們能力相當的男性本該握有同樣的成功機會，這才是公平正義。然而女性代表性不足的問題，不只和某一名女性能不能得到某個工作有關而已。女性代表性也與性別資料缺口有關。我們看到雪柔．桑德柏格的實例，看到孕婦停車位的故事，顯然有些女性需求超乎男性理解，因為女性需求來自專屬女性的經驗，而男性沒有機會有所體會。而且，說服別人某種需求的確存在並

①指2010年歐巴馬簽署的《患者保護與平價醫療法案》（Patient Protection and Affordable Care Act），又稱為歐巴馬健保。

非易事，特別是他們本身沒有類似的需求。

塔妮婭・博勒（Tania Boler）是女性保健科技公司奇雅羅（Chiaro）的創辦人，她認為投資人之所以不願支持一間由女性主導的公司，源自「喜歡偉大設計、偉大科技的都是男人，女性對那些事沒興趣的性別刻板印象」。但這樣的刻板印象符合現實嗎？還是問題不是女性不懂科技，而是那些科技公司不懂女人？他們由不懂女人的投資者提供資金，創造的科技就像他們本身一樣，也完全不懂女人？

新創科技公司大半的資金都來自創投公司，因為創投公司樂於承擔銀行無法承擔的風險。[7]問題是93%的創投公司都是由男性主導[8]，而「男人支持男人」，黛比・沃斯考（Debbie Woskow）解釋。黛比是全面閃耀（AllBright）組織創立者之一，這是個專為女性服務的俱樂部，也是所學院，同時還會為女性領導的企業提供資金。「我們得讓更多女性成為發放薪資的企業家。男性必須了解，支持女性創業是絕佳的投資。」黛比提及她和友人安娜・瓊斯（Anna Jones，也就是赫斯特集團〔Hearst〕前任首席執行長）一起創辦全面閃耀俱樂部時說：「老實說，那些看似聰明的男人常常跟我們說，『太好了，妳和安娜要成立慈善機構真是件好事。』」黛比立刻反擊：「我們可不是慈善機構。我們成立這個組織，是因為女性能帶來豐厚的經濟效益。」

資料證明她說得沒錯。2018年波士頓顧問集團（Boston Consulting Group）指出，平均而言女性企業主獲得的投資金額，比男性少了一半以上；儘管如此，她們創造的收益卻是男性的2倍。[9]由女性擔任企業主的新創事業能為每1美元的投資創造78分美元的收益，相比之下男性的新創事業只產生了31分美元的收益。長期下來，女性帶頭的企業表現也更好，「5年的累計收益比男性高10%」。

其中部分原因，可能是女性「比男性更適合擔任領導職」。[10]挪威BI商業學院進行的一項研究就提出這樣的結論。他們認為成功領導者具備5大特質，包括情緒穩定、外向、樂於接受新經驗、親和且盡責。而在此5大特質中，女性得分有4項超過男性。不過另外一個原因，可能是真能出人頭地的女性填補了一個性別資料缺口：數項研究都發現，一家公司的領導階層愈多元，創新能力就愈強。[11]也許女性的創新能力天生就比較卓越，但更可能的是，多元化的領導階層會帶來更寬闊的視野，同時讓企業更了解他們的顧客群。當然，創新與財務表現的關係密不可分。

至於女性的消費電子產品，塔妮婭表示此市場長久以來都欠缺創新動力。「為女性設計的消費電子產品毫無新穎之處，」她說道。「企業依舊停留在表面的美學階段：把東西變成粉紅色，不然就是把某個東西變成飾品。但他們沒有想到，科技其實可以解決女性遇到的根本問題。」這樣的結果來自長期欠缺資金挹注，於是「自1980年代以來，專供女性使用的醫療器具科技一直停滯不前，沒有獲得民眾重視」。

我在2018年初訪問塔妮婭時，她的擠乳器正準備上世，而她毫不留情的抨擊市面上現有的產品。「那些產品都可怕極了，」她直白的說，「用起來不但痛得要命，而且還很吵，難以使用。那些產品真是羞辱人。」她的話讓我想到有一回，我和弟妹待在家的情景。她赤裸著上半身坐在沙發上，胸部接上一個機器，我試著要跟她聊天，但那玩意兒的確很吵。「事實上，改造擠乳器並不是那麼困難，」塔妮婭又加上一句。她認為，擠乳器的「基本功能」之一，應該是「讓媽媽在擠乳時還能做其他的事，而不是每天得花幾個小時和一個吵得要命的機器困在一起」。但不知為何，擠乳器一直沒有任何創新。當我詢問她認為原因出在哪兒，她想了一會兒，回覆也許正因為她本身就是女人，因此她選擇改變。就這樣，「我踏入了這一行，想著：『身為一個女人，我想要的擠乳器是什麼樣子？』」

女性真實需求的資料缺口，其實只要問問婦女的心聲就能填補，然而另一個資料缺口卻是長期問題：也就是女性生理構造的資料。塔妮婭創造的第一個產品是「Elvie智慧型骨盆底訓練機」，而她推出訓練機的原因，是因為她發現很多女性的骨盆底都不健康，這是「隱而不顯的嚴重流行病」：37%的女性有骨盆底相關族病，10%的女性會因為器官脫垂（器官下垂到陰道）問題而需要開刀。而女性一過50歲，數值更驚人：有50%的婦女需要進行手術。

「這並不公平，」塔妮婭說道。「這對女性來說，是非常嚴重的問題；女性照顧自己的身體時，當然必須考慮這一點。然而你必須握有資訊和資料，才能起身實行。」然而當塔妮婭著手研究，卻找不到相關資料。「我們試圖設計一個適合陰道的產品，我們必須先了解一些簡單的事實，包括陰道尺寸，還有陰道如何隨年紀、種族、生產等因素而變化——這都不是什麼複雜的問題。然而卻**完全沒有**相關資料。（……）別忘了，地球一半的人口都有陰道，」她繼續說，「然而與它有關的期刊論文卻幾乎不存在。3年前，我找到4篇文章，但它們發表於數十年前。」其中有篇論文，「是一名男性用石膏為陰道鑄模，而他的結論是陰道有4種形狀：蘑菇型、圓錐型、心型……」她大笑不止。

塔妮婭告訴我，問題是大部分的骨盆底病症都能預防，而且證據指出，骨盆底訓練的成效「非常優異」。「骨盆底訓練是第一道防線，而且英國國立醫療技術評價機構（National Institute for Health and Care Excellence）的指導準則也建議女性做此種訓練。」但當她著手調查醫院技術，「卻發現沒有人投資相關產品。現有產品不是早就過時，就是效用不佳，甚至不合格。」目前器官脫垂的治療方法，是在陰道裝上一層網膜，而這樣的治療方式在英國一直是爭議不休的醜聞，因為它造成數百名女性術後劇痛，變得十分虛弱。這是種十分「野蠻」的治療方式。12 而有名女子剛在蘇格蘭因此過世。

伊妲・廷（Ida Tin）之所以創建月經週期追蹤應用軟體「線索」（Clue），是因為當她試圖尋找傳統避孕手段之外的方法時，也遇到同樣的問題。「月經是人體最重要的生命跡象之一，」她對我說，「就像人有沒有心跳、有沒有呼吸、體溫幾度一樣，都是生命跡象。它明確反映了妳的健康狀態。」然而，「月經也是個充滿太多禁忌和誤解的領域」。至於生育計畫，伊妲則指出：「自從避孕藥在1950年代問世後，再也沒有任何相關的革新。我得說，在科技界，這可是**一大段**的空窗期。」

伊妲發明「線索」軟體，因為她要「讓女性掌握她們自己的身體和人生」，不過她也有個人動機。她試過避孕藥，但她就像許多女性一樣出現了副作用。「而且我還沒生過小孩，因此不適合裝子宮內避孕器。因此過去15年來，我都使用保險套避孕。」無奈的伊妲翻查了專利資料庫，但「**所有方法**都是在體內注入荷爾蒙，」她告訴我。「我認為，這些都是沒有先做資料分析就推行的解決辦法。這讓我有點不滿，為什麼沒有人更認真的面對這個問題？為什麼沒有人仔細想一想？這對人類來說，可是十分基本的需求啊。」

她想到可以發明月經週期追蹤軟體時，市面上只有兩、三個選擇。「然而它們都是第一代產品——頂多只能算是月曆，唯一的功能就是幫妳計算28天。好像人的生理狀況真那麼簡單似的，」她笑道。伊妲說，雖然應用軟體科技已經發展了十多年，但科學依舊充滿缺口。「我們真的很欠缺資料，」她說。月經不只「被人忽略，幾乎可說被視而不見。我們和科學機構經常合作，因為在學術地圖上真的還有很多空白。比方說，成年女性的正常經血模式是什麼？這是我們正和史丹佛合作的其中一項研究。科學根本不知道什麼才是正常模式。」

創投界多半是男性的天下，因此以女性為對象的科技遇到的資料缺口最為嚴重。「要是沒有好資料，」伊妲進一步解釋，「更難讓人對某個問題敞開心房，特別是他們本身並不會遇到的問題。」塔妮婭同意她的說法。「我們的確遇到不少創投者不相信（智慧型骨盆底訓練機）是能夠獲利的投資機會，」她對我說。

女性難以爭取投資人青睞的另一個問題則是「模式識別」（pattern recognition）[②]。[13]模式識別源自「文化契合」（culture fit）理論，乍聽之下好像與資料有關，事實上只是表面複雜難懂的詞彙，重點就是「找一些過去成功過的類似產品」，而這兒的「產品」，可能指的是「從哈佛休學，穿著連帽衫的白人男性創辦人」。我不是在開玩笑，我曾與一個在新創公司工作的男人約會，他談起要讓投資人掏錢的原則之一，就是穿上「制服」——連帽衫。連帽衫的模式識別真實不虛。再加上人們常見的信念之一就是，要在科技界成功，生來就有的「天賦」（我們已經見識到，刻板印象認為天賦多半與男人有關[14]）遠比認真工作還重要（因此自哈佛休學者被視為偶像），這一切都強化了男性刻板印象。

由這看來，我們簡直進退唯谷，毫無出路。在這個女人**因為**是女人（她們無法滿足男性「模式」的刻板印象），而處於不利局面的領域，女性企業家要成功，資料對她們來說格外重要。然而女企業家手上的資料卻經常不足，因為她們比較會創造符合女性需求的產品，偏偏我們欠缺女性的資料。

儘管困難重重，還是有些人勉力成功。伊妲和塔妮婭都獲得資金挹注（塔妮婭的資金一部分來自黛比）。現在，某部分的資料缺口被填補了。塔妮婭告訴我，奇雅羅公司在推出產品前，讓超過150名女性試用骨盆底訓練機。「而現在，我們擁有超過100萬次訓練運動的資料，我們也有很多骨盆底健康狀態的測量結果，這都是以前沒有的資訊。」她說，這是「穿戴式科技最令人興奮的一點：提供人們更好的資訊，讓他們更了解自己的身體，並依此適宜的做決定。」

②模式識別是讓電腦透過數學技術，得到類似人腦對圖像的自動識別與判讀功能。

+

塔妮婭和伊妲的產品都讓女性更了解她們的身體。但與此同時還有許多新科技，不管可穿戴還是不可穿戴，對女性依舊一無所知。在科技界，「人類的預設值是男人」的思維依舊不言而喻，主宰整個產業。當蘋果在2014年鑼鼓喧天的推出自家的健康監控系統，它號稱是「全方位」的健康追蹤器。[15]它會追蹤血壓、走路步數、血液酒精濃度，甚至鉬（molybdenum，別問我，我也不懂）和銅的攝取量。但當時就有許多女性指出，蘋果忘了一個重要功能：經期追蹤。[16]

蘋果忘記了女性使用者，然而蘋果產品的消費者中，女性至少占了50%。而且這不是他們第一回犯下同樣的錯誤。當蘋果推出人工智能語音助手Siri，有趣的是這位（女）助手會為使用者找妓女和賣威而剛的店家，卻找不到施行人工流產的醫院。[17]要是你心臟病發，Siri能夠幫上忙，但要是你說你被強暴了，她的回覆是：「我不懂你說『我被強暴了』是什麼意思。」[18]要是發展團隊有足夠的女性成員，應該很容易發現這樣的失誤——重點就是，唯有沒有性別資料缺口的團隊才能發現這些缺失。

然而整個科技業都由男性主導，那些表面上自稱男女通用，事實上獨厚男性的產品多不勝數。比如對女性手腕來說太過寬大的智慧型手表[19]，地圖程式提供「最快速」的路線，卻沒有考量到女性對「最安全」路線的需求，還有「測量你的性能力有多強」的程式被命名為「愛抽插」（iThrust）[20]和「愛撞」（iBang）[21]——你猜得沒錯，它們對性能力強弱與否的評斷標準，就像名稱暗示的那樣。科技業裡忘記女性的例子實在不計其數。虛擬實境的頭戴式裝置都比一般女性頭部尺寸要大；男人穿起「觸覺外套」（haptic jacket，一件能模擬觸感的外套）十分合身，但一名女性試用者表示，「外套太寬鬆，裡面還可以再套一件冬季厚外套」；擴增實境眼鏡的鏡片分得太開，女生戴起來很難對焦，「不然就是一戴上就滑下我的臉」。我從上電視、公開演講的經驗得知，麥克風裝置往往太大，不是仰賴腰帶固定，就是需要一個大口袋裝。因此大半的洋裝都不能穿。

而在運動科技，把男性當作人類預設值的現象似乎特別廣泛。拿最基本的來說吧，跑步機上的熱量消耗計算幾乎不適用於任何人，但要是你是男性，上面的數據對你來說比較準確，因為它是以一般男性平均體重來計算：基本上，大部分運動器材上的熱量消耗數值，都是根據相當於70公斤的男性來估算。雖然你可以改變體重數值，但它的熱量消耗程式依舊是根據一般男性的身體構造計算。女性的體脂肪通常比男性高，肌肉組成較低，而且各種肌肉纖維的比例也與男性不同。也就是說，就算考量體重的差異，一對體重相同的男女，男性燃燒的熱量也會比女性多8%。然而，跑步機並沒有將這個差異納入公式中。

穿戴式科技問世了，但情況依舊沒有改善。一份研究分析市面上最常見的12個體能監控儀，發現它們都低估了做家務時的步數，最嚴重的低估了75%（這是歐姆龍〔Omron〕品牌產生的結果，不過在一般步行或跑步時，誤差值低於1%），而做家務時燃燒的熱量也被低估，最嚴重的低估了34%。[22] 謂為奇聞的是Fitbit軟體，當女性進行極為常見的日常活動——推娃娃車時，居然沒有計入活動量；當然，男人也會推娃娃車，但相比之下全球75%的無薪照護工作都由女性完成，因此女性推娃娃車的機率顯然遠高於男性。另一份研究十分少見的含括了一半的女性參與者，而研究人員發現所有的運動裝置顯然都高估了卡路里燃燒量。[23]可嘆的是，這份研究沒有按性別分析，因此我們無法得知其中是否有性別差異。

就算女性是主要的潛在顧客群，科技開發人士依舊忘記她們的存在。美國65歲以上的人口中，女性占了59%，而在獨居人口中，女性占了76%，代表女性對輔助技術（assistive technology）③的潛在需求較高，比如偵測跌倒的裝置。[24]而我們手上的資料也顯示，年老婦女不只跌倒的機率高於男性，女性因跌倒而受傷的機率也高於男性。[25]分析美國急診部門一個月的就醫紀錄顯示，22,560名因跌倒受傷的傷患中，71%是女性。女性骨折的機率是男性的2.2倍，女性必須住院治療的機率是男性的1.8倍。[26]

儘管由此看來，女性對防跌措施的需求顯然比較高，而且還有研究指出，女性容易跌到的處所、原因和方式都與男性不同，但相關科技在發展的過程中卻完全沒有進行性別分析。有份報告整合分析了多達53篇關於跌倒偵側裝置的研究，發現只有一半提到參與者的性別，但沒有人進行任何性別分析。[27]另一篇研究則注意到，「雖然有許多與長者跌倒相關的文獻，卻很少有與性別的風險因子相關的資料。」[28]

2016年國際智能數據工程和自動學習研討會（International Conference on Intelligent Data Engineering and Automated Learning）

指出，「老年人拒絕使用跌倒偵測裝置的主要原因之一，就在於裝置的尺寸」，並建議用行動電話作為解決方案。[29] 只是，對女性來說這並未解決不便的問題，因為連研究人士也注意到，女性通常會把手機放在手提袋中，「造成跌倒偵測演算法無法成功運作，因為它們的加速偵測器必須靠近人體軀幹才能成功預測」。

這份研究的作者群注意到這項性別差異，可謂不同凡響。哈佛大學伯克曼網路與社會研究中心（Berkman Center for Internet and Society）的研究者惠特妮・艾琳・博塞爾（Whitney Erin Boesel），是「量化生活」（quantified self）社群的成員之一，量化生活保證「讓人們透過數據了解自己」，而數據一般都是由手機的被動追蹤軟體來搜集，最常見的例子就是你一天走幾步路。但「量化生活」的保證有個和口袋一樣大的問題：「當然會議上會有個老兄，滔滔不絕的說你的手機總是與你形影不離，」惠特妮向《大西洋》雜誌形容。[30]「但每當我聽到有人這麼說，我就會站起來回應：『嘿，關於手機一直在你身上這回事。你瞧瞧，這是我的手機，而這是我的褲子。』」

人們設計被動追蹤程式時，預設女性也有夠大的口袋，能把手機放在裡面。這個持續多年的困擾其實有個很簡單的解決方法：女裝應該要有真正的口袋（她憤怒的打下這些話，因為她的手機剛剛掉出口袋，摔在地上——這已發生過上百次

---

③泛指能夠幫助身心障礙人士重建或替代某些能力或身體機能，改善生活品質的科技或裝置。

了）。然而，在女裝設計足以裝下手機的口袋之前，女性只能另求他法；要是科技設計者沒有意識到女性被迫尋求權宜之計，那麼他們開發的產品就可能無法受到消費者青睞。

一間總部設於開普敦的科技公司，在發展應用程式幫助社區醫護人員監控HIV陽性的病患時，就掉入了陷阱。這個程式「滿足所有實用需求；操作容易，能轉換成當地語言」，並解決一個特定的問題。不只如此，社區醫護人員「非常期待能使用它」。[31] 但程式推出後，反應卻大不如前。雖然該公司多次嘗試解決問題，卻無法對症下藥，直到新的設計團隊接手整個計畫才有所轉變。而新的團隊中，剛好有名女性成員。這名女子「只花了1天時間就找到問題根源」。原來女性醫護人員要到病患居住的城鎮工作，每天都得花上一段時間通勤；她們為了確保財物安全，會把值錢物品都藏進內衣裡。然而，手機可無法裝進胸罩內。

性別影響了我們提出的問題，谷歌的資深研究科學家瑪格麗特·米契爾（Margaret Mitchell）說道。她向彭博新聞（Bloomberg News）表示，要是人工智慧發展人員都來自同一性別，恐怕會讓公司「欠缺遠見」。[32] 而微軟使用者體驗部門的前任總監蓋娜·威廉斯（Gayna Williams）同意她的說法。[33] 蓋娜在一篇題為〈你確定你的軟體真無性別之分嗎？〉的部落格文章中，解釋所有產品一開始都得決定要解決哪個問題，這深受個人觀點的影響。那麼，當美國太空總署的科學家決定給薇卡莉（Valkyrie）機器人一對胸部，他們想解決的問題究竟是什麼？[34]

說到性感機器人話題，就算男人確實找出那個同時影響男女的問題，但要是沒有女性參與，他們恐怕找不到正確的解決辦法。艾歷克・米納西安（Alek Minassian）認為自己理應有做愛的權利，因此為了「報復」那些不願與他做愛的女人，他租了一輛貨車，在多倫多撞倒行人，造成10人喪命。與此同時，《紐約時報》刊登了一篇專欄文章，標題為〈性的重新分配〉（The Redistribution of Sex），宣稱那些沒有女人想跟他們做愛的男人，可藉由性愛機器人得到慰藉。然而女權人士可能會指出，解決方案其實是改變那些男人的想法，他們不該以為女人理所當然該跟自己做愛。

至於科技產品到底能不能裝進我們的口袋（我對此依舊滿懷希望），一切都得看誰才是決策者。就像創投界，男人也主宰了科技業。瑪格麗特把這稱為「人山人海皆老兄」（Sea of dudes）問題。[35] 過去5年間，她只與10名女性合作過，卻和「多達數百名男性」共事過。美國所有的「電腦專業人士」中，女性占26%，相比之下，整個美國勞動人口中，女性占了57%。[36] 而在英國的理工科產業中，女性只占了14%。[37]

性感的機器人突然如雨後春筍般冒出來，而「人山人海皆老兄」也創造了「巨型機器人原型PR2計畫」。電腦科學家劉泰莎（Tessa Lau）是一家機器人公司的創辦人之一，她在柳樹車庫（Willow Garage）機器人研究實驗室工作時，就遇到類似的困境。PR2機器人「重達數百磅——遠比平均個頭較小的女性大得多——而且還有雙巨大的手臂。它看起來很嚇人。要是沒人好好控制它，我根本不想讓那些機器人靠近我。」而我在幾年前訪問機器人專家安潔麗卡・利姆（Angelica Lim）時，她也跟我提到類似的故事。在斯洛維尼亞一場研討會上，她看到了一個機器人，只要你朝它揮手，它就會過來和你握手。當她向這座高約173公分（而一般美國女性的身高是162.6公分）的有輪機器人揮手時，機器人緩慢的轉向她，伸出它的手，接著「非常迅速的朝我奔來」，讓她忍不住驚叫一聲，往後一跳。

至於科技線記者愛蒂．羅伯森（Adi Robertson）在試用虛擬實境頭盔裝置時，情況則剛好相反。[38]頭盔本該追蹤她雙眼的移動方向，但一直行不通——直到一名職員詢問她是否刷了睫毛膏。「幾分鐘後，經過重新設定，頭盔校準完成。我驚訝極了——不是因為頭盔運作正常，而是居然有人發現化妝品會影響機器運作。順便提一句，」她寫道，「這是我訪問的虛擬實境新創公司中，唯一有女性創辦人的公司。」

然而，大部分虛擬實境公司的創辦人中都沒有女性，因此虛擬實境體驗隨處可見內建的獨厚男性偏誤。就像大部分的線上世界，虛擬實境遊戲顯然容易有性騷擾的問題——而那些大多是男性的虛擬實境設計者老是忘了有這個問題。[39]

當作家與電玩愛好者蕎丹．貝拉米爾（Jordan Belamire）以多名玩家模式試玩虛擬實境遊戲「QuiVr」，她被一個名為「大哥442」（BigBro442）的玩家性騷擾了。[40]「虛擬」一詞讓人感覺其中所發生的事情都不是真實的——但蕎丹的感受毫不虛假。這並不令人意外，虛擬實境本意就是要讓玩家體驗真實的感受，不是嗎？當人們用虛擬實境來治療創傷後壓力症候群、各種恐懼症，甚至幻肢症候群時，它可是能成功騙過人類頭腦呢。[41]

我們得公正的說，QuiVr的男性設計者對蕎丹的文章做了十分積極的回應，值得嘉許。[42]他們立刻重新設計「個人泡泡」（Personal Bubble）的設定：要是其他玩家的手靠近你的臉，他們的手就會消失；但他們現在把設定改為當其他玩家靠近，他們的整個身體都會消失，因此玩家無法偷摸其他人。不只如此，遊戲設計者還意識到，雖然他們的確想過「有些愚蠢的人可能會用手擋住玩家的視線，毀掉整個遊戲」，因此預先設定手部消失措施，但他們卻沒有想過把消失功能擴展到整個身體的可能性。他們問道：「我們怎會忽略如此明顯的問題？」

老實說，答案非常簡單。亨利・傑克遜（Henry Jackson）和強納森・辛克（Jonathan Schenker）都是心懷善意的男性，他們無意排擠女性玩家。顯然謝爾蓋・布林和孕婦停車位的故事重演了：就連最優秀的男人，也無法想像有人會把女人的身體視為全面開放、來者不拒的遊樂場，無法體會婦女在這世間的處境。傑克遜和辛克在日常生活中不會遭遇類似的困擾，因此他們「忽略如此明顯的問題」，其實並不令人意外。

但讓女性對虛擬實境躊躇不前的，絕不只是男性暴力而已。頭戴式裝置的尺寸太大了，而且研究顯示，虛擬實境讓女性發生動暈症（motion sickness）④的程度遠比男性嚴重，[43]再加上狹窄的電腦顯示器，讓男性在需要敏銳空間感的任務中如魚得水，[44]但對女性來說卻不是如此——這些都是讓虛擬實境女玩家較少的原因。

④因移動而產生暈眩、噁心的症狀，比如暈車、暈船等。

我們不太確定為什麼女性使用虛擬實境裝置時比較容易頭暈噁心，但微軟研究者達娜・博伊德（danah boyd）主持的研究向我們揭露可能的答案。[45]人眼透過2個基本線索決定空間深度：「移動視差」（motion parallax）及「陰影重建形狀」（shape-from-shading）。移動視差指的是，物體隨著你的距離而變大變小；而陰影重建形狀則是當你移動時，一個點的陰影也會隨之改變。雖然三度空間虛擬實境的移動視差表現非常優異，但在陰影重建形狀部分卻表現得「十分差勁」。

這樣的差異造成虛擬實境對男性和女性有不同效果，因為達娜發現，男性「明顯比較」依賴移動視差來判斷空間深度，然而女性比較依賴陰影重建形狀。因此，3D空間所傳遞的資訊信號，確實讓男性比女性更容易接收空間資訊。問題是：要是我們一開始測試3D虛擬實境時，找了同樣多的男性和女性受試者，那麼我們的陰影重建形狀技術還會如此落後嗎？

美國明尼蘇達大學人體運動學教授湯姆・史多福瑞根（Tom Stoffregen），則對女性比較容易出現動暈症提出完全不同的理論。他表示，傳統理論「幾乎都只著重於感官受到的刺激」。其主要論點是你內耳的感受並不符合雙眼看到的影像，所以你才會感到暈眩。史多福瑞根說：「這點是沒錯，但它並非唯一變因。傳統理論並未談到的一大問題，是你必須改變控制身體的方式。」

你的身體在日常生活中隨時都在微調，確保你的身體處於穩定狀態。你站起身、坐下來、踏步走，身體都在不斷微調、適應。但當你處在移動中的環境——比如在車上或船中——你的身體很不穩定，它必須改變方式才能保持平衡。史多福瑞根解釋，因此「你的身體必須改變移動方式，只是你還沒學會怎麼改變。」他說，虛擬實境就像車輛和船隻，讓身體處於不穩的狀態。因此就容易出現動暈症。

然而直到現在，虛擬實境產業依舊對史多福瑞根的研究不感興趣。「他們明白這是個大問題，」但他們尋求解決之道的方式卻錯了，他說。「設計虛擬實境的人以為，虛擬實境只是把一個東西放在玩家眼前，而他們無法理解這個東西除了與你的雙眼有關，同時也會影響到**其他的**身體部位。」不過，他說，虛擬實境設計者必須了解到他們不只是「把東西放在人們眼前而已。不管他們接不接受或**知不知道**都一樣。」

虛擬實境設計者也必須開始有系統的搜集數據，並且依照性別分析。「虛擬實境引發動暈症的例子，多半都只是沒有經過科學化整理的事例，」史多福瑞根解釋，「而且多半來自在這些設計公司工作的人。他們曾在自己使用時，或在電腦科技研討會上試用時發生動暈症，所以這些資料毫無系統可言——而且對象多半是男性使用者。」

史多福瑞根的說法中最具說服力的一點就是，我終於明白為什麼只要我一上車，除非坐在駕駛座，不然我一定會暈車：一切都與控制有關。你走路時，你控制了身體的移動。你知道下一步會走向何處。然而在船上、車上，控制權握在別人手上——除非你是駕駛人。「駕駛人知道車子下一個移動方向，能事先預期並調整自己的姿勢，」史多福瑞根解釋，「然而乘客無法得知車輛移動的數值細節。因此他們只能代償性的控制自己的姿勢。而預期控制遠比代償式控制管用得多。妳也明白，這稱不上多艱深的道理。」

然而為什麼會有性別差異呢？「所有研究動暈症的人都知道，女性遠比男性敏感得多，這可說亙古不變，」史多福瑞根說道。「基本上這是毫無疑義的事實。就是**這樣**。」但他說道，「很少人為此做研究，或者試圖了解為何男女有這樣的差異，」並坦承自己也是其中一人。日轉星移，總有些事不會改變。

然而，史多福瑞根在2010年發現了一件事。「那時我只是隨意翻閱文獻，卻偶然看到一些我原本不知道的研究結果。」文獻顯示人體的擺動方式其實有性別差異。「男女之間有不明顯但確實存在的細微差異。就算你盯著人們的身體瞧，你也看不出哪裡不同。但人體前後擺動的數值的確有細微差異，而且和性別有關係。我一看到這個，我是說我**馬上**就意識到，啊，現在我能夠解釋為什麼動暈症會有性別差異了。因為我的理論完全就是在說，動暈症與身體控制有關。」之後，史多福瑞根也發現了「女性擺動的姿勢會隨月經週期而改變」的證據。這些都是非常重要的資料，因為「在月經週期的不同階段中，女性對動暈症的敏感度會不斷改變。不管人們相不相信，這兩者其實大有關聯。」

+

然而，性別資料的缺口並未就此消失。我們還是不知道女性的身體擺動方式如何改變，又會在何時改變。但身為一名容易嚴重暈車的女性，史多福瑞根的發現令我大為振奮，同時也令我非常憤怒，因為我正在調查另一個領域的性別資料缺口，而它們大有關聯：汽車設計。

即便你坐下來，你的身體仍在擺動。「要是你坐在凳子上，那麼擺動的部位會在你的臀部區塊，」史多福瑞根解釋。「要是你坐的是有椅背的椅子，那麼你的頭會在脖子上擺動。要停止擺動的唯一辦法，就是坐在有頭靠的椅子上，把頭靠在上面，」他補充。而我眼前好像閃過那些代表靈光一現的卡通燈泡。要是座位頭靠的高度不對，角度不對，形狀不對，不適合你的身體呢？我問道，要是車子都依照男性身體設計，那麼是否會增加女性出現動暈症的機率呢？「當然，我認為這樣的可能性很高，」史多福瑞根回答。「要是穩定物的品質不佳，高度不對或有其他原因……的確有可能造成動暈症，妳點出我沒想過的事，但聽來很有道理。」

然而到了這裡，我又撞上那道性別缺口的牆：汽車座椅的頭靠是否依女性身體設計，顯然沒有任何正反方資料。不過，這樣的資料缺口並不令人意外：汽車設計忽略女性的可恥歷史存在已久。

男人比女人更容易發生車禍，也就是說車禍中受重傷的人多半以男性為主。但當女性發生車禍，受重傷的機率比男人高47%，受輕傷的機率則比男性高71%，[46]就算研究者控制其他影響因素，如身高、體重、安全帶使用狀況和撞擊強度，也不會改變這樣的結果[47]。女性的車禍死亡率也比男性高17%。[48]這些全都與汽車設計脫不了關係——它們為誰設計，決定了一切。

女性開車時通常會比男性坐得更前面。這是因為女性平均身高較矮。我們的雙腳必須往前移一些，才踩得到踏板；而且我們必須坐得更挺，才能將儀表板一覽無遺。[49]然而這並不符合「標準坐姿」。女性是「坐姿不正確」的駕駛人。[50]當我們刻意調整坐姿，不符合標準常規，也就代表發生正面碰撞時，我們體內受傷的風險比較高。[51]當我們伸長比較短的雙腿好踩上踏板，雙膝與臀部的位置也讓我們的雙腿更加脆弱。[52]我們的姿勢根本就是一團糟。

發生車尾撞擊時，女性的風險也比較大。女性脖子和上半身的肌肉都比男性少，使得女性對鞭索傷害（whiplash）⑤的承受力較低，男女差異高達3倍，[53]偏偏汽車的設計又讓女性更加脆弱。瑞典研究顯示，現代汽車的座椅太過堅實，難以避免女性發生鞭索式頸部創傷：座椅讓女性往前衝的速度比男性快，因為女性的身體比較輕，身體一碰到堅實的座椅就會反彈。[54]為什麼會發生這樣的情況呢？原因很簡單：汽車設計所根據的數據來自假人的測試結果，然而這些假人都是「一般」男性身材。

車禍測試用假人於1950年代問世，數十年來它們的身材都根據男性體格製造，儘管男性只代表了全球一半人口。最常見的假人身高177公分，體重76公斤，顯然比一般女性高且重。不只如此，假人的肌肉比例和脊椎也依男性生理結構設計。1980年代早期，研究人員建議應在強制性測試中加入女假人，畢竟女性也占了全球一半人口，但這樣的建議卻沒被採用。[55]直到2011年，美國才在車禍測試中開始使用女假人，[56]不過我們馬上就會發現，這些女假人「女性化」的程度令人懷疑。

2018年，瑞典國家道路與交通研究院（Swedish National Road and Transport Research Institute）的交通安全研究主任雅絲翠·林德（Astrid Linder），參加了在韓國舉辦的五大洲道路安全研究會，並發表了一篇關於歐盟汽車測試法規的論文。[57]在歐盟，一款汽車必須經過5項測試才能上市：1項安全帶測試，2項正面撞擊測試，2項橫向撞擊測試。而在這5項測試中，都沒有要求使用符合女性生理構造的碰撞測試用假人。包括安全帶測試，1項正面撞擊和2項側面撞擊測試，都明確要求車廠使用只占人口50%的男性假人。當雅絲翠檢視世界各地的法規，發現雖然「有些許地方差異」，但強制性測試的規範中，仍以只占人口一半的男假人「代表全部成年人口」。

只有1項歐盟強制性測試要求使用代表另一半人口的女假人，好像這樣就包含了全部女性。然而，只有5%的女性比這個女假人還矮，而且它身上有數個資料缺口。首先，女假人只被安置在前座乘客席上，因此我們根本沒有任何女駕駛人身體反應的資料——偏偏女性的「駕駛姿勢不夠正確」，顯然是個大問題。再者，這個女假人根本不是女的，它只是等比例縮小的男假人罷了。

消費者組織的測試有時會更嚴格一些。當我訪問歐盟新車安全評鑑協會（EuroNCAP，為消費者提供汽車安全性評比的組織），他們告訴我自2015年開始，他們就在正面撞擊測試中同時使用男女假人，而且他們的女假人的確按照女性生理數據製造，但我們必須注意的是，他們只在「能取得女性生理數據的部位」用上實際數據，因此這個女假人依舊無法全面反映真實女性的身體結構。雅斯翠表示，這是非常嚴重的問題：「就我

⑤鞭索傷害指的是在突然的減速或加速下，頸椎進行快速的彎曲或仰伸運動，以致頸椎各項組織受到創傷。

所知，車禍測試用假人很少真的使用女性身體數據，有的假人甚至完全不符合真實女性的生理構造。」不管如何，歐盟新車安全評鑑協會的確承認，「有時」他們會用等比例縮小的男假人代表女假人。然而，我們下一章會進一步解釋，女人絕不是男人的縮小版。男女的肌肉量分布情況大不相同。女性的骨質密度比男性低。脊椎間隔也有性別差異。正如史多福瑞根注意到的，就連男女身體的擺動方式也不一樣。然而說到車禍的傷亡率，這些不同正是關鍵之處。

而孕婦的處境更加凶險。雖然早在1996年，市面上就有供車禍測試用的假孕婦，但不管是美國或歐盟，都沒有強制規定用孕婦假人進行測試。[58]事實上，車禍是與妊娠期創傷有關的死胎案例的首要原因[59]，然而，我們還沒開始設計適合孕婦的安全帶。2004年的研究指出孕婦應該繫上標準安全帶，[60]但進入第三孕期⑥的孕婦中，多達62%根本繫不上標準安全帶[61]。要是孕肚比較低，三點式安全帶會往上縮；而1996年的研究早已發現，當安全帶往上縮，與安全帶位在子宮下方的情況相比，車禍時前者受到的腹部衝擊會是後者的3~4倍，「且死亡率也會隨之增加」。[62]然而，即使妳沒有懷孕，標準安全帶對妳也沒多安全：顯然由於胸部尺寸，女性之中有許多人在繫上安全帶時，又會出現「位置不正確」的問題，這會大幅增加女性受傷的風險，[63]而這也是我們不該用男性縮小版假人取代女假人的原因。而且女性懷孕時，身體上的改變可不只是肚子變大而已：胸部尺寸也會改變，再次影響安全帶的位置，削弱安全帶的功能。我們再次見證，空有女性資料卻沒有加以運用的實例。我們再次忽略男女差異。顯然我們需要同時運用男女雙方的資料，全面重新設計汽車結構。這應該稱不上多困難的任務，畢竟找一些女性設計車禍測試用的女假人並非難事。

雖說女假人的資料缺口如此之多，但美國於2011年在車禍測試中引進女假人時，汽車評鑑結果依舊直直落。《華盛頓郵報》（*Washington Post*）報導了貝絲・米勒托（Beth Milito）和她丈夫的親身經歷。他們在2011年買了一輛豐田的Sienna車款，因為它的安全評鑑高達4顆星。[64]但事實卻非如此。貝絲說，「一家人駕車出遊時」，她通常會坐在前座乘客席，然而此位置的安全評鑑只有2顆星。而同車款在前一年的評鑑中，以男假人測試前座乘客席，卻有高達5顆星的滿分評價。但一使用女假人，就會發現時速約56公里時，一旦發生正面撞擊，坐在前座乘客席的女性的重傷或死亡率高達20~40%。《華盛頓郵報》進一步指出，市面上同級車款的平均死亡率是15%。

美國公路安全保險協會（Insurance Institute for Highway Safety）2015年的報告中，令人振奮的以〈新的汽車設計降低了死亡率〉作為標題，聽來多美好呀！也許這是實施新法規的結果？並非如此。報告裡藏的一行文字說明了一切：「此數據只涵蓋駕駛人的死亡率，沒有乘客席資料，因為無法確定有沒有人坐在乘客席。」這是令人震驚的性別資料缺口。男女共乘一輛車時，由男性駕駛的機率遠高過女性。[65]因此排除前座乘客席的資料，多少排除了女性乘車時的車禍數據。

這一切多諷刺啊，諷刺得令人憤怒，因為隨處可見誰駕

---

⑥第一孕期為小於12周，第二孕期為13~24週，第三孕期指的是懷孕25週以上。

車、誰坐車的性別文化常規，就連做車禍測試時，唯一會用上女假人的情況，就是把她放在前座的乘客席；駕駛座的安全測試至今依舊使用男假人。因此只有駕駛人死亡率的報告，根本沒有告訴世人車禍測試開始使用女假人究竟有哪些改變。也就是說，這篇報告的標題應當改為：〈新的汽車設計降低了駕駛座的死亡率，而駕駛人為男性的機率較高；至於女性常坐的前座乘客席呢？誰知道新設計有什麼樣的影響？儘管人人都知道，車禍中女性的死亡率比男性高17%〉。當然，這樣的標題又太過冗長了。

安全之光基金會（SafetyLit）成立了安全文獻資料庫，由大衛·勞倫斯（David Lawrence）醫生擔任主任。勞倫斯告訴我：「美國大部分州的警方車禍報告品質都很惡劣，說好聽點是乏善可陳，完全無法用來做研究。」除了駕駛人資料外，幾乎沒有記錄乘客的任何資料。警方常把這些報告「交給外包公司建檔」，而這些公司大半都用監獄人力來建檔。「幾乎無人追蹤資料品質如何、完不完善，相關評估報告都會出現資料品質低劣的評語。比方說，1980年代路易斯安納州的大部分車禍中，車主都是出生於1950年1月1日的男性。發生車禍的車款幾乎都是1960年出廠的。」但事實當然不是如此。那只是建檔系統的預設值罷了。

勞倫斯告訴我，雖然「很多州也發生同樣的問題」，但如此殘缺不全的資料始終並未改善，「因為建檔系統與方式並沒有任何改變。聯邦政府要求各州都要向國家公路交通安全管理局（National Highway Traffic Safety Administration）提交警方的車禍報告，卻沒有訂立資料品質標準，以及提供垃圾資料的罰則。」

雅斯翠正努力設計車禍測試用假人，她說這會是世上第一個精準反映女性生理構造的假人。目前它仍處於樣品階段，但她已呼籲歐盟立法規定車禍測試應使用符合女性生理數據的假人。雅斯翠指出，事實上以技術面來說，使用女假人**才**符合法規，因為《歐洲聯盟運作條約》（Treaty of the Functioning of the European Union）第八條就是：「歐盟致力消除性別不平等，促進男女平等。」[66]車禍資料中，女性受重傷的機率比男性高47%，顯然這是嚴重的性別不平等，只是被人忽略。

就某些方面來說，多年來市面上沒有合宜的車禍測試用女假人，而且強制性測試並未要求使用女假人，實在匪夷所思。但就另一方面而言，考量各領域的設計與規畫一再忽略女性和她們的身體，這似乎也是毫不意外的結果。從促進發展計畫到手機設計，從醫療技術到爐灶，不管就實體或財務面來看，所有工具在發展之時都沒有考量女性的需求，因此這些工具用在女性身上時完全無法發揮真正的效用。這嚴重影響到女性的人生，讓她們變得更加貧窮，病得更重；那些車輛甚至成了殺死女性的凶手。設計者也許自以為在為全人類設計產品，事實上他們專為男人謀福利。改變的時候到了，我們應該在設計時把女性也納入考量。

第四部

●

就醫

第十章
無用的藥

米雪兒花了足足12年才得知診斷結果。「我從14歲那年開始出現症狀，」她告訴我。「但這實在太難堪了，我不敢去看醫生。」她的大腸常常無預警發生劇痛，有時甚至會出血，但2年間，她一直沒把這祕密告訴任何人。直到一天晚上，她痛得再也無法隱瞞。「我蹭縮在浴室地板上，動彈不得。我真怕我會死掉。」當時她只有16歲。

米雪兒的父母趕緊送她去急診。那兒的醫生當著她父母的面，問她是不是懷孕了。不，她不可能懷孕，米雪兒解釋，她還沒有性經驗，而且痛楚來自她的腸道。「他們把我推進一間檢查室，沒有對我做任何說明，就把我的腳放進腳蹬裡。接下來，我只知道一個巨大冰冷的金屬窺視鏡硬生生擠進我的陰道。我痛得要命，只能尖聲大叫的坐起來，護士不得不把我往後推，而醫生只是確定了一件事，我的確沒有懷孕。」醫生「只是給了我貴得要命的阿斯匹靈，建議我休息一天」，就讓她出院了。

接下來10年間，米雪兒又去看了2名醫生及2名胃腸科（男）醫生，但他們都告訴她，她的身體沒有任何異樣，問題出在她的大腦，她太緊張、壓力太大了，得想辦法減輕壓力。米雪兒26歲時在他人的推薦下見了一名女家庭醫生，而她安排米雪兒做結腸內視鏡檢查。結果她的結腸左半部都發生病變。醫生診斷她有大腸激躁症和潰瘍性結腸炎。「好笑的是，」米雪兒說道，「我的結腸可不在我的大腦裡。」花了太多年才獲得診斷和正確治療，讓米雪兒未來得到大腸癌的機率大幅增加。

看到這樣的故事，相信讀者都會氣那些醫生對前往求助的米雪兒做了誤錯診療。但事實上，他們並不是少見的庸醫，不是那些應該被挑掉的幾顆壞蘋果。他們是整個醫療系統的產物，而整個醫療系統從上到下都歧視女性，讓女性長期以來承受誤解、誤診、錯誤治療的後果。

一切始於醫生訓練過程。人們向來以為，男性與女性的身體構造除了體型和生育功能之外，沒什麼不同，因此多年的醫學教育全以男性為「基準」，落在此「基準範圍之外」的一切，全是「非典型」或甚至「異常」。[1]醫界的診療基準一直是「一名典型的70公斤男性」[2]，好像這個人足以同時代表男女兩性——事實上有位醫生向我指出，這個人根本也無法代表所有男性。要是提到女性，醫界總把她們看作標準人類的一種變型。醫學生修習生理學，接著修習女性生理學。解剖學，接著是女性解剖學。社會心理學家卡洛．塔芙瑞斯（Carol Tavris）在她1992年的著作《誤測女性》（*The Mismeasure of Woman*）中下了結論：「男性身體代表了整個解剖學。」[3]

這種「男人是人類預設值」的誤解，至少可追溯到古希臘時期，將女性身體當作「殘缺的男性身體」的潮流，正是始於古希臘人（亞里斯多德，多謝你啦）。女性只是把「男性外在器官變成內在器官」，卵巢就是女性的睪丸（直到17世紀，卵巢才有自己的名稱），而子宮就是女性的陰囊。至於為什麼它們在女性體內，而不像「一般人」在外面，是因為女性欠缺「生命熱」（Vital heat）。男性身體是理想人體，而女性則是失敗成品。

當然，現在的醫生已不再把女性視為男性的變型，但以男性代表「人」的生理觀念依舊存在。2008年一份報告分析了「歐洲、美國和加拿大最顯赫的20所大學」推薦的一系列教科書，發現在多達16,329張圖片中，「兩性皆有的身體部分和器官」，以男性為代表的數量比女性多3倍。[4]同年另一份研究分析數所荷蘭醫學院推薦的教科書後發現，即使是那些性別差異早已確立的主題，常常也沒有提供與性別相關的資訊，比如憂鬱症或酒精對人體的影響。而在講述臨床試驗時，就算研究中完全沒有半個女性參與，試驗結果卻被當作同時適用於兩性。[5]即使教科書偶爾提及性別差異，但從「書的編排或索引中都難以找到相關論述」，而且常常只是非常含糊的一行話，比如：「女性比較容易出現非典型的胸腔不適」。但我們下面會提到，女性心臟病發時，每8名病患中只有1名會出現「典型的男性症狀：胸痛」，因此這樣的描述不只含糊不清，而且根本不準確。[6]

2017年，我決定調查一下情況是否與過往不同。我去倫敦市中心的一間大型書店，那兒的醫學用書格外豐富齊全。然而，情況並沒有改變。題為《人類解剖學》的書本上，頁頁都畫著滿是肌肉的男性身體圖。那些兩性都具備的器官圖片中，總是有個毫不相干的陰莖。我發現題為「耳鼻喉」、「神經系統」、「肌肉系統」和「血管與內臟」的海報上，全都是放大比例的男性。不過內臟海報倒是在一角畫了個「女性骨盆腔」

的小圖，光是這樣小小的恩惠就足以讓我和我的女性骨盆感謝萬分。

典型醫學院課表也有和醫療教學書一樣的性別資料缺口。2005年荷蘭的一份研究指出，「編製課程表的過程中沒有系統性的提及」與生理性別和心理性別有關的議題。[7] 2006年一份報告分析美國醫學院課程的線上資料庫「CurrMIT」，發現95所學院中，只有9所提供可稱為「女性健康」的課程。[8]而其中只有2項課程是必修的：在第二或第三學年教授的產科和婦科。就算我們已知某些病症會造成女性極高的發病率和致死率，但相關課程依舊沒有加上與性別有關的資訊。過了10年後，另一份報告發現美國醫學院的課程中，還是「幾乎沒有」生理與心理性別的相關資訊，不然就是偶爾草草帶過，且治療方法以及用藥方面的資料缺口特別嚴重。[9]

這些缺口不容小覷，因為與人們對千禧年的預測剛好相反，性別會造成十分顯著的差異。研究者發現人體的每一個組織與器官系統都有性別差異[10]，而大部分常見的人類疾病的「盛行率、病程與嚴重程度」也都有性別差異[11]。男女的心臟基本力學運作方式也不一樣。[12]肺容量也隨性別不同[13]，就算所有數值都標準化，也不會抹消男女差異。男性和女性就算抽了同等數量的香菸，女性得到肺癌的機率依舊比男人高20~70%，[14]這可能是肺容量差異造成的影響。

全球有8%的人口得了自體免疫疾病[15]，但女性患病的機率是男性的3倍，因此總病患中有多達80%為女性[16]。我們不確定背後成因，但研究者認為，這也許跟女性的生育能力相關：理論上，女性「為了保護發展中的胎兒和新生兒，會發展出特別迅速而強烈的免疫反應」，[17]因此有時免疫系統會過度反應，反而傷害身體[18]。男女身體對疫苗的反應也不同，免疫系統也可能是背後的原因：女性會有比較明顯的抗體反應，通常會對疫苗產生副作用，且會比較嚴重。[19]有篇論文於2014年建議，醫學界應開發男性版和女性版的流感疫苗。[20]

連我們的細胞都有男女差異，從血清中自閉症的生物標記[21]、蛋白質[22]、承載痛覺信號的免疫細胞[23]，到中風後細胞死亡的方式[24]。近年研究也指出，「有個基因會影響人體對藥物的代謝力，而此基因的表現方式」也有明顯的性別差異。[25]帕金森氏症、中風和腦部缺血（流到腦部的血液量不足）的病症徵狀與後果，也都隨男女不同，這些都能追蹤到男女細胞的差異。[26]而且有愈來愈多證據顯示，隨著血管逐漸老化，性別差異會愈來愈明顯，「無可避免的影響到健康問題、檢測與治療方式」。[27]《自然》期刊（*Nature*）於2013年刊載了一篇論文，伊麗莎白・普利澤（Elizabeth Pollitzer）醫生指出，研究顯示公鼠與母鼠的細胞面對壓力時會出現不同反應，而且男女人類細胞的「許多代謝物濃度都有令人驚訝的嚴重差異」，且「愈來愈多證據」指出，「細胞隨性別而不同，而且這跟它們過去暴露於性激素的程度毫無關聯」。[28]

醫界的性別資料缺口依然又深又寬，等著我們去填補，但過去20年的資料已經證明，女人絕不只是小一號的男人：男性與女性的身體從細胞就有根本上的不同。那為什麼我們沒有把這些知識傳播出去？

要在教科書中加上性別特定的資訊，我們得先具備性別特定的資料才行。然而，由於醫療研究經常未讓女性參與，我們非常欠缺這樣的資料。就連性別決定系統也有資料缺口：自從1990年的指標性研究指出，Y染色體「是」性別決定區，女性性別就被視為預設值——多諷刺啊。然而，這並不代表我們特別關心女性的生理。事實上，學者反而特別關心睪丸發展，視此為「主動」過程（active process），把女性的性別發展視為被動過程——直到2010年，我們才著手研究卵巢的主動發展過程。[29]

早期大部分的心血管疾病研究都專以男性為研究對象，一直沒有充分研究女性病例；1987~2012年間31項指標性的充血性心臟衰竭實驗中，只有25%的受試者為女性。[30] 在開發中國家，感染人類免疫不全病毒（HIV陽性）的成年人中，女性占了55%，[31] 而在非洲和加勒比海地區，5~24歲女性HIV陽性的機率是同年齡層男性的6倍[32]。我們也知道女性的HIV臨床症狀和併發症與男性不同，然而2016年一份報告分析美國HIV研究中女性的比例，卻發現在抗逆轉濾病毒（ARV）研究中，女性參與者只占了19.2%，在疫苗研究中占了38.1%，而在尋找療法的研究中只占了11.1%。[33]

臨床實驗老是排除女性受試者，因此不管孕婦得了哪一種疾病，我們幾乎都沒有足夠資料證明哪種療法較適當。我們不知道疾病會如何發展，或不確定會造成什麼樣的後果，儘管世界衛生組織警告許多疾病可能「對孕婦造成特別嚴重的危害，甚至傷及胎兒」。[34] 有些流感病毒（包括2009年H1N1豬流感病毒）會引發孕婦「特別嚴重的症狀」。同時也有證據顯示，要是在懷孕期間感染嚴重急性呼吸道症候群（SARS），病況會特別嚴重。當然，我們理解一名婦女懷孕時恐怕不會想參加醫療研究，但這並不代表我們就只能舉起雙臂投降，放任自己對這些事一知半解：我們該做的是常態性且系統化的追蹤、記錄，並確認孕婦的健康狀況與結果。但我們並沒有這麼做——即使流行病蔓延期間，我們也沒這麼做。2002~2004年，中國爆發SARS大流行期間，無人系統化的追蹤孕婦的健康狀況。「因此，」世衛組織指出，「我們無法全面列出懷孕期間感染SARS的病程與結果」。[35] 這是另一個很容易就能避免的性別資料缺口，但我們卻沒去避免。當下一場流行病爆發，我們將欠缺重要的資料。

就像女性缺席的解剖學教科書，醫學試驗沒有納入女性也是經年累月造成的問題，根源一樣是把男性身體視為人體預設值的思維，不過這個傳統的偏見誤解因20世紀最嚴重的醫療醜聞而在1970年代變得更為嚴重，大大危害女性健康。[36]

1960年時，醫生開始開立沙利竇邁鎮靜劑（thalidomide）給嚴重害喜的孕婦服用。從1950年代晚期開始，許多國家都把這種藥訂為非處方藥，人們視它為溫和的鎮定劑。醫療人士之所以認為這種藥很安全，是因為發明者「發現用再多都殺不死老鼠」。[37] 它雖然殺不死老鼠，卻會影響胎兒發展，而事實上藥廠早在1959年就知道這回事。[38] 雖然這種藥在1962年就消失於市面，但在此之前，世界各地有超過1萬名新生兒因為沙利竇邁而生來就有殘疾。[39] 醜聞爆發之後，美國食品藥物管理局（Food and Drug Administration）在1977年開始禁止有懷孕可能的女性參加藥物實驗。這項法案沒有受到任何質疑就通過了。[40] 這下子，人人都接受了以男性為基準的原則。

直到今天，許多人依舊對男性基準毫不質疑，即使看到了這麼多證據，有些學者仍然堅持生理性別並不重要。一位公共衛生研究者表示，她申請2項不同的補助經費計畫時得到下列回應：「我希望妳會停止討論這些性別問題，回到科學上。」還有人說：「我在這個領域已經20年了，而這（生理差異）一點也不重要」。[41]但如此堅持的還不只是匿名評論。2014年，有篇刊登於美國科普期刊《科學人》（*Scientific American*）社論對頁版的文章抱怨，要求實驗同時包括男女受試者只是浪費資源。[42]2015年美國國家科學院的正式期刊中，一篇同樣刊在社論對頁版的評論堅持「關注臨床前的性別差異，並不會真的解決男女的健康差異」。[43]

除了堅持性別差異不重要外，有些學者則高聲反對在實驗中加入女性受試者，雖然他們承認生理性別有其重要性，但基於長期資料缺口，以致沒有可作為比較基準的資料，因此不建議現在就讓女性參與實驗（這根本是落井下石的說法）。[44]學者宣稱，不管是婦女還是雌性動物的身體，都太複雜、變化太多了，[45]用來測試都會大幅增加成本。人們認為在研究中納入生理性別與心理性別是一種「麻煩」。[46]他們認為「性別太複雜」[47]，因此基於「簡單化」原則，排除性別是合理的[48]——值得注意的是，近來許多以老鼠為對象的研究皆發現，即使性別相同，公鼠間許多指標的差異度比母鼠更為顯著。[49]這麼看來，太複雜的究竟是誰？

學者除了抱怨女性的身體，還有她們「非典型」、波動幅度過大的荷爾蒙變化，讓她們不適於擔任研究對象，學者還捍衛他們沒在試驗中納入女性受試者的理由，是因為太難招募到女性。當然，照護責任讓女性的休閒時數遠少於男性，遇到的難題也比男性多，比如在孩子上學期間，她們很難配合臨床實驗的時間安排。然而，這代表的是實驗必須配合女性的時程表，而不是完全被她們排除在外。不管如何，只要你真心想找女性參與，你絕對不會找不到人。美國食品藥物管理局委託的醫療用品試驗中，發現血管阻塞用具（要是胎兒血管沒有自行閉鎖，就需要用上這種器具）[50]實驗中，只有18%的參與者為女性，而在冠狀動脈支架實驗則為32%。[51]有趣的是，女性安裝冠狀動脈支架後的效果遠比男性差；相比之下，在消除臉部皺紋和牙醫用具的實驗中，女性參與者比例分別高達90%及92%。

面對醫療研究中女性代表不足的問題，還有一種新的應付方式，就是直截了當的宣稱女性根本沒有代表性不足的問題，非常感謝您的意見。2018年2月，《英國藥理學期刊》（*British Journal of Pharmacology*）刊登了一篇文章，標題就是「臨床註冊實驗的性別差異：真有問題嗎？」。[52]以「橫斷研究（cross-sectional research）①和結構化研究，分析在食品藥物管理局公開檔案中臨床經常使用的合格藥物」後，清一色男性的作者群斷言，不，所謂的性別差異根本不存在，這個問題不是問題。

我們暫且別以哲學角度討論「不是問題的問題」是什麼意思，光是作者群的結論就夠令人困惑了。首先，論文只提出28%的藥物實驗資料，因此我們無法得知他們的樣本代表性為何。而在研究者能夠取得的資料中，超過1/4試驗的女性參與人數並不符合美國女性得到此病的比例，但這些藥物卻被用來治療女性。不只如此，研究完全沒提到學名藥（generic drugs）②試驗，然而美國多達80%的處方箋開的是學名藥。[53] 美國食品藥物管理局對學名藥的說明是「和已上市的原廠藥相同的藥物」，等到原廠藥的專利權過期，其他藥廠就能生產一樣的藥物。學名藥試驗的嚴格度比不上原廠藥，只需證明與原廠藥有同樣的生物有效性即可，而且學名藥「幾乎全以」年輕男性為試驗對象。[54] 然而，即使藥物具備相同的活性成分，但不同的非活性成分和不同的製藥技術也會影響藥物的效果。[55] 果然，2002年食品藥物管理局的藥物評估與研究中心（Center for Drug Evaluation and Research）就揭露，「實驗結果顯示，在男性與女性的生體相等性（Bioequivalence）③上，學名藥與原廠藥有極大的差異」。[56]

儘管如此，作者群依舊宣稱沒有任何證據顯示，臨床試驗存在任何系統化女性代表不足的問題，因為在第二、三試驗階段，女性受試者分別為48%及49%。但作者群本身也承認，第一階段試驗時，女性受試者只占了22%。不管作者群在結論中如何否認，事實上第一階段沒有納入足夠女性，的確是個嚴重問題。根據食品藥物管理局的資料，女性最常遇到的藥物不良反應中，名列第二的就是藥物沒有發揮任何效用，然而它們顯然

---

①橫斷研究指的是在研究進行時，暴露和疾病同時間存在。一般而言，橫斷研究法較為經濟、省時、省力。但此方法只可用於研究長期不變（如：教育程度、婚姻狀況）或者終身不變（如：性別、血型、膚色）等因素對疾病的影響。例如：研究血型與疾病的關係。通常這種研究方法只能得到疾病的盛行率，而不是發生率。

②學名藥係指與國內已核准之藥品具同成分、同劑型、同劑量、同療效之製劑。

③指2個藥劑相等品或藥劑替代品於適當研究設計下，以相同條件、相同莫耳劑量（molar dose）給與人體時，具有相同之生體可用率。

對男人管用。記好這個顯著的性別差異，再細想一下：有多少藥物可能對女性有效，但我們在第一階段就淘汰它們，單單只因為它們對男性無效？

要是進一步挖掘數據，就會發現另一個作者群完全沒有提及的議題：人們是否曾測試藥物在女性月經週期不同階段的效用。答案很可能是否定的，因為大部分的藥物都不會如此測試。要是實驗真號召了女性受試者，她們接受試驗時通常處在月經週期的濾泡期前段，此時荷爾蒙水平最低——也就是說，此時是她們看似最接近男性的時候。研究人員之所以這麼做，是為了「減少雌二醇（oestradiol）和助孕酮（progesterone）可能對研究結果造成的影響」。[57]然而真實人生與實驗室不同，在現實生活中，這些惹人厭的荷爾蒙可能會影響藥物效用。截至目前，已有研究指出抗精神病藥物、抗組織胺、抗生素療法和心臟病藥物都會受月經週期影響。[58]除此之外，研究也發現有些抗憂鬱藥物會在月經週期的不同階段產生不同效果，也就是說，在某些時候可能劑量過高，某些時候又可能過低。[59]而且女性也比男人容易因藥物出現心律反常的症狀[60]，而月經週期前半段是風險最高的時刻[61]。當然，這樣的情形足以致命。

最後一點，作者群完全沒有考慮有多少藥物可能對女性有益，但它們在細胞或動物試驗階段就已遭到淘汰，根本不可能進入人體試驗。這些一開始就被淘汰的藥物數量可能十分驚人。儘管將近50年來，許多研究都指出動物存在雌雄差異，但2007年的論文發現，90%的藥理學文章提到的研究都只在實驗時使用雄性動物。[62]2014年的另一篇論文揭露22%的動物試驗沒有包括性別資料，至於那些有列出性別資料的，80%都只以雄性為實驗對象。[63]

以性別資料缺口的角度來看，最令人難堪的恐怕是即使女性經常罹患的疾病，相關研究的動物實驗也常沒有使用雌性動物。比方說，女性得憂鬱症的機率比男性高70%，但腦部異常的動物研究中，以雄性動物做實驗的機率是雌性的5倍。[64] 2014年的論文發現，女性好發疾病的相關研究中，只有44%會透露實驗動物的性別，而且其中只有12%會用雌性動物做實驗。[65]然而，即使實驗中同時包含雄性與雌性動物，也無法保證研究者會依性別分析結果。[66]這是不是嚴重的缺失？嗯，2007年一份報告分析各種動物研究，發現很少實驗同時使用公與母的大鼠或小鼠，然而其中卻有54%的研究顯示藥物效果會隨性別不同。[67]

不同的藥物效果可能引發極端的後果。醫師泰咪．馬丁諾（Tami Martino）研究晝夜節律（circadian rhythms）對心臟疾病的影響，而她於2016年在生理協會（Physiology Society）演講時，提到一個令人震驚的新發現。在她的主持下，她的團隊做了一項研究，發現病人在一天的哪個時段心臟病發會影響其生存率。要是心臟病在白天發作，除了其他病徵外，還會引發比較強烈的免疫反應，嗜中性白血球（neutrophil）的反應會特別激烈（人體受傷時，嗜中性白血球通常是最先到事發現場的白血球），這有助於增加了病人的存活率。泰咪解釋，這項發現分別在數年於不同動物實驗中得到相同的驗證，並且成為「文獻中的生存金律」。

因此，當2016年另一群學者發表了一篇論文，同時也發現日間的心臟病發的確會引起嗜中性白血球比較強烈的反應，但反而讓病人的生存率**降低**時，想當然爾泰咪和她的團隊大為意外。他們搔頭抓耳了好一陣子，才發現這項新研究與過去的許多研究建立於不同基礎：過去的研究全都以小公鼠為實驗對象，而新研究則使用小母鼠。性別不同足以造就截然相反的結果。

至於細胞研究，一份2011年的文章分析了10本心血管相關期刊，發現有明示性別的細胞研究中，69%只用雄性細胞做實驗。[68]然而千萬別小看「有明示性別」的前提，2007年一份報告分析了645篇心血管臨床實驗，它們全都發表於聲譽卓越的期刊，其中只有24%的結果按性別分列。[69]另一份2014年的報告審視了5本位居領導地位的外科期刊，發現76%的細胞研究沒有公布細胞的性別，而有公布的論文中，71%只使用雄性細胞，而且只有7%回報了不同性別的試驗結果。[70]再一次的，即使研究主題是好發於女性的疾病，學者仍「只」研究雄性細胞。[71]

不管是動物或人類的細胞研究，只要曾依性別分析，都會發現極為顯著的差異。移植肌源性幹細胞（muscle-derived stem cells）的結果難以預測，多年來令學者痛頭不已；有時它們會讓病變肌肉再生，有時則不會造成任何影響。直到研究者意識到，並不是細胞難以預測，而是雌性細胞會促進再生，雄性細胞則不會。也許對婦女健康來說，更迫切的問題是，醫界在2016年發現雄性與雌性細胞對雌激素的反應有性別差異。當研究者[72]將雄、雌細胞暴露於雌激素中，接著讓它們感染病毒，只有雌性細胞回應雌激素，擊退病毒。這樣的結果令人意外之餘，無可避免的提醒我們另一個問題：女性錯失了多少可能對她們有用的療法？只因那些療法與藥物對雄性細胞毫無功用，偏偏實驗只使用雄性細胞？

面對這些證據，我們難以理解學者怎能心安理得，一再堅持性別並不重要。麥吉爾大學神經科學家傑佛瑞・莫吉爾（Jeffrey Mogil）告訴性別差異研究組織（Organisation for the Study of Sex Differences），沒有「一開始」就在實驗中包含雌雄兩性，「不但欠缺科學觀、浪費經費，同時也違背倫理」，[73]而他的話句句屬實。儘管如此，醫療研究照舊沒有招募足夠的女性受試者，就連性別特定的試驗，你也無法期待它們能夠充分代表女性的情況。在2015年熱鬧上市的「女用威而鋼」[74]，後來卻被發現可能會與酒精產生負面效果（想必大部分讀者都知道，男女對酒精的吸收力大不相同[75]），其藥廠發芽製藥（Sprout Pharmaceuticals）決定安排一項試驗，這是正確的決定。然而，他們卻為此試驗招募了23名男性和2名女性。[76]想當然爾，他們沒有按性別分析實驗結果。

並未依性別分析資料的絕不只有發芽製藥。數份報告分析了過去10年間發表於重要期刊的大量論文，而所有報告都指出這是常見的失誤，論文不是沒將實驗結果依性別分列，就是沒有解釋為何忽略性別的影響力。[77]美國政府責任署（Government Accounting Office）2011年稽查食品藥物管理局的紀錄時，發現近1/3的文件都沒有依性別分析研究結果，40%沒有提及受試者性別。稽查人員的結論是，食品藥物管理局「沒有在藥物開發過程中，有效監管性別差異的相關分析與呈現方式」，[78]而這樣的結果和2007年一篇報告相同。那篇報告分析了提交食品藥物管理局的新藥申請書，發現沒有任何關於新藥申請書的資料分析標準。[79]2015年責任署批評國立衛生研究院

（US National Institutes of Health）沒有定期追蹤研究學者是否真有評估性別差異。[80] 在非政府出資的醫療試驗中，情況更加惡劣——然而絕大部分的研究都是民間出資。2014年的一份性別分析調查以心血管試驗為對象，發現在61項國立衛生研究院贊助的試驗中，有31項依性別分析結果，相比之下，在567項非國立衛生研究院贊助的試驗中，只有125項做了性別分析。[81]

性別分析的資料不足，讓我們無法為女性提供完整而有效的醫療建議。世界癌症研究基金會（World Cancer Research Fund）在2011年抱怨，以飲食對癌症影響為主題且同時包含男女受試者的研究中，只有50%依性別分析資料，因此難以定出同時適用兩性的癌症預防飲食建議。[82] 舉例來說，女性在老化過程中可能需要攝取比男性更多的蛋白質（因為老化會喪失肌肉量），但「尚未確定年老婦女每餐應攝取多少蛋白質，才能促進肌肉蛋白質生成」。[83]

明明已經同時招募男女受試者，卻不願進一步依性別解析實驗結果，實在令人困惑。更別提另一個問題：正如史丹佛大學教授朗坦所說，「既浪費錢也浪費研究資源，無助於未來進行綜合分析」。[84] 當女性在試驗中的代表性如此之低，能夠進行綜合分析與否足以造成生死攸關的差異。

2014年一份評論分析了食品藥物管理局的資料庫中，心臟再同步化節律器暨整流去顫器（簡稱CRT-D，基本上是一種複雜的心律調節器，D指的是去顫器）的實驗，只有20%的女性受試者。[85] 由於各項獨立研究的女性受試者過少，以致即使依性別分列數據，也看不出任何顯著的統計差異。但當此篇評論的作者整合所有試驗結果，再依性別分析所有數據，他們卻發現一項警訊。

心臟節律器暨去顫器用來調整心臟電波週期。心臟衰竭後，醫生會把它植入病患體內。大部分的人多半曾在以醫院為背景的影集中見過大型去顫器的樣貌。而這個可以植入人體的去顫器會在心臟上進行強力的重新設定，並予以重擊，讓它擺脫不整心律，重新以正確心律運作。我訪問的一名醫生形容，心臟節律器暨去顫器有點像「症狀控制器」。它們不會讓人痊癒，但能預防病患過早死亡，要是你的心臟的一個完整電波週期要花150毫秒以上，那麼就該把它植入你體內。要是你的心臟電波週期不需要花那麼多時間，那麼它對你就沒什麼用處。

然而，綜合分析卻發現，要是你剛好是女性，情況可大不相同。150毫秒的門檻對男性來說很管用，對女性來說卻太長了，長了20毫秒。也許這聽來差異不大，但綜合分析發現，電波週期在130~149毫秒間的女性，要是植入這種先進的心臟節律器，能讓心臟衰竭及相關死亡率降低76%，也能減少76%的死亡率。但若依照原有的治療方針，這些女性將不會被裝上節律器暨去顫器。因為試驗對象的預設值是男性，女性只是餘興演出，數百名女性因此無法受惠，沒能來得及阻止心臟衰竭和死亡。

節律器暨去顫器並非女性唯一未能從中受益的醫療器材。2014年的分析指出，已核准的醫療產品研究中，只有14%把性別列為關鍵測量基準之一，且只有4%的研究為女性受試者進行次群體分析[86]——由此看來，許多器材都對女性無用，其實一點也不令人意外。2010年一篇論文發現，「首次植入心臟節律器時，女性出現嚴重併發症的風險較高，且與植入時的年紀或節律器款式無關」。[87] 2013年，一顆人造心臟問世，然而這項被視為革命性的發明，其尺寸對女性來說卻太大了。[88] 它的設計者正在研發小一點的版本，這的確是個大好消息，但令人無法忽略的是，它就像其他人造心臟一樣，[89] 先行上市的總是以男性為預設值的版本，要等好幾年後才會出現為女性打造的產品。

就連最基本的保健建議，比如怎樣運動才能減少患病機率等，都是根據充滿男性偏誤的研究。要是你尋找阻力訓練④會不會降低罹患心臟病機率的相關資料，你會發現一系列的論文全都警告，要是你的血壓偏高，就該避免做阻力訓練。[90] 其中大部分的原因在於阻力訓練不像有氧訓練，無法幫助降血壓，而且還會加速動脈硬化。

這些都是真的。但它們只適用於男性。相關研究的受試者絕大多數都是男性，且向來都是如此。然而，以女性為對象的研究指出，這種說法並非兩性通用。比如說，一份2008年的論文指出阻力訓練不只讓女性的血壓顯著下降，女性也不會像男性產生動脈硬化的現象。[91] 這樣的發現當然很重要，因為隨著女性年紀愈大，她們的血壓都比同齡男性高，而偏高的血壓會直接影響女性心血管死亡率，對男性心血管死亡率的影響則沒那麼顯著。事實上，血壓超過正常值後，每增加20毫米汞柱，女性因冠狀動脈疾病而死亡的風險比男性高2倍。再加上研究者已發現，常用的降血壓藥對女性的功效不如男性。[92]

簡而言之：對女性來說，依男性為實驗對象所開發的降血壓藥並不管用，但阻力訓練卻可能達到效果。然而知道這樣的事實的人並不多，因為所有的研究都是以男性為對象。而且我們還沒說到阻力訓練能改善婦女骨量減少與骨質疏鬆的困擾，過了更年期的女性都是出現這兩項症狀的高風險群。

其他的醫療建議也都隱含男性偏誤，比如建議糖尿病人從事高強度間歇訓練，但這對女糖尿病患[93]毫無益處；我們尚不確定原因何在，但可能是女性在運動過程會燃燒的脂肪比醣分多[94]。我們對女性如何因應腦震盪所知甚少，[95]「然而女性發生腦震盪的機率高於男性，而且在進行相同運動的前提下，女性需要花更長的時間才能康復」[96]。等長收縮肌肉動作訓練（Isometric exercises）⑤比較不會讓女性過度疲勞（而這與受傷後復健關係密切），因為男女肌肉纖維的種類比例不同，然而我們對「其中差異所知甚少」，因為「已發表的研究不足」。[97]

就連看似極為單純的冰袋，在使用上都有性別的差異。顯然所有與運動相關的醫療研究，都得在實驗前招募與男性人數相同的女性受試者。[98]但沒人這麼做。[99]學者仍舊以男性為研究對象，卻表現得好像他們的發現完全適用於女性。2017年，英國所有的新聞媒體齊聲讚揚羅福堡大學（Loughborough University）的一份研究[100]，證明了泡熱水澡的功效類似運動，能夠消炎，產生類似運動時的血糖反應。[101]這篇論文發表於《溫度》期刊（*Temperature*），副標寫著「代謝病的可能療法？」，然而研究中沒有半個受試者是女性。

我們都知道男女的新陳代謝系統並不相同。此項研究中特

④以肌肉對抗外在阻力的方式達成鍛鍊肌肉的效果，而方法之一就是重訓。
⑤指肌肉在沒有位移的情況下收縮的動作，比如平板支撐動作（plank）。

別提及糖尿病，學者宣稱此發現有助糖尿病治療，但我們也知道糖尿病對男女病患的影響不同[102]，而且女性因糖尿病得到心血管疾病的機率大於男性[103]。儘管如此，這篇論文的作者群堅持不在研究中考量任何性別差異。他們引用的動物研究都只用雄性動物做實驗；恐怕更令人震驚的是，在「本研究不足之處」的章節，他們竟然完全沒提到實驗對象都是男性的潛在缺陷，只提到他們的「樣本數偏小」。

政府的確嘗試過強制學者在從事醫療研究時必須囊括足夠的女性。自1993年開始，美國通過《國立衛生研究院修正法案》（National Institute of Health Revitalization Act），明定所有聯邦贊助的臨床試驗都必須包括女性受試者，不然就屬違法。澳洲主要的贊助機構也對旗下出資的研究計畫立下類似規範，[104]歐盟甚至更進一步要求臨床前的動物實驗必須同時使用雄性與雌性動物。美國到2016年1月才開始推動這樣的法規，[105]同時國立衛生研究院也通過另一個新規定，要求所有接受補助的試驗都必須依性別分列資料並加以分析（除非基於某種不可抗力因素而無法實行）。[106]

其他令人振奮的發展，比如德國流行病協會（German Society of Epidemiology）早在十多年前就要求學者在所有會影響兩性的研究中，若受試對象皆為同一性別，就必須提出原因加以說明；[107]加拿大衛生研究院（Canadian Institutes of Health）也在2012年訂立類似規定，同時要求設計研究時必須解釋性別方面的考量。現在有些學術期刊也堅持所有提交的論文都必須在臨床實驗中提供受試者的性別數據。[108]

然而英國遠遠落後世界各國，主要的贊助機構「沒有特別提及研究設計與分析中必須考量性別，或者沒有立下相關規範」。[109] 儘管女性冠狀動脈疾病的發病率與死亡率都比較高，[110] 但英國提供給以男性為對象的冠狀動脈研究的補助經費，遠超過以女性為對象的研究。無庸置疑，英國極為缺乏以性別為基礎的臨床研究，甚至連倫敦帝國學院榮譽教授阿妮塔・荷德克夫特（Anita Holdcroft）都曾表示，心血管的治療「必須採用北美與歐洲的研究，因為他們曾深入調查這方面的問題」。[111]

儘管英國的情況頗為危急，但其他國家的問題也不容小覷。首先，依照我們在各種試驗中看到的女性人數，就能知道這些政策並沒有強力推行，而美國國立衛生研究院的分析也證明了這種看法。國立衛生研究院宣布所有醫療試驗都必須囊括女性受試者後4年，美國政府責任署公布了一項報告，批評衛生研究院並未「公開其人口統計數據的研究資料」，因此無法確認研究院是否真有落實他們自己的建議。[112] 直到2015年，責任署的報告依舊批評衛生研究院「頗為無能，沒有落實臨床實驗中必須包含兩性的規定」[113]。

由於這些規範僅限於衛生研究院出資的試驗，因此美國藥廠要是不想增加成本和麻煩，拒絕在他們純淨的試驗中加入既不合群、荷爾蒙變化又十分複雜的女性受試者，而且他們仍有許多漏洞可鑽。獨立藥廠依舊隨心所欲，且證據顯示他們的確毫無顧忌：2016年的論文在一項產業調查中，發現「多達1/4的藥廠並未確實招募足夠的女性受試者參與藥物試驗，因此女性代表性太低」[114]。至於學名藥，正如我們所見，食品藥物管理局只提出「方針」，沒有明定強制規範，因此根本沒人會乖乖執行。衛生研究院雖然要求臨床試驗必須包含女性受試者，然而在細胞研究上卻沒有相關要求。

當然，接下來還有舊藥物的問題。每年有多達200萬名女性服用煩寧（Valium）改善焦慮症到癲癇等繁多症狀，且數十年來它一直針對女性強力推銷。[115]然而，2003年卻有一篇論文指出[116]，這個號稱「媽媽的小幫手」的藥物，其隨機臨床試驗中從未有女性受試者。1992年，美國政府責任署前身，當時的審計總署（國會監管機構）的調查發現，公開的處方藥中只有不到一半做過性別差異分析。[117]荷蘭2015年的一篇論文大膽宣稱：「現行藥物中，有非常多的藥物對女性的影響仍不為人知」[118]。

顯然我們還有很長一段路要走，而且必須把填補資料缺口視為當務之急。資料缺口不消失，就有女性因此死去——別忘了在美國，80%的藥物都由女性服下。[119]病患心臟病發後會用藥物來溶解血塊，但有些藥物會「在女病患身上引發嚴重失血」[120]。其他用來治療高血壓的藥物，能降低男性的心臟病死亡率，卻會增加女性的心臟病死亡率。[121]史塔汀類藥物（statins）是世界各地廣泛使用用來預防心臟病的處方藥，但臨床試驗卻只以男性為對象，而澳洲近期的一項研究指出，女性若服用高劑量的史塔汀類藥物，可能會增加糖尿病的風險。[122]而糖尿病讓女性得到心血管疾病的機率本來就比男性高，因此進一步增高女性的風險。[123]食品藥物管理局在2000年強制禁止藥廠在任何產品中使用苯丙醇胺（phenylpropanolamine），這是非處方藥中常見的成分，因為研究發現它會增加女性腦內或周圍組織出血的風險，但男性則不會出現這種副作用。[124]藥物性的急性肝衰竭發生在女性的機率也比較高[125]，而且某些HIV用藥對女性造成藥物不良反應的機率是男性的6~8倍[126]。

美國食品藥物管理局在2014年發表2004~2013年藥物不良反應資料庫的報告，揭露女性出現藥物不良反應的機率遠高於男性：資料庫中有超過200萬名女病患，相比之下男病患不到130萬名。[127]雖然因藥物不良反應致死的男女人數相當，但在女性常見的藥物不良反應中，死亡占第九位，而男性則是第一位。女性最常見的藥物不良反應是噁心嘔吐，第二是藥物沒有發揮任何效用。然而，並沒有因藥物沒有發揮功效而致死的數據。不過我們知道，女性出現藥物反應後必須住院治療的比例高過男性[128]；此外，女性出現1種以上不良反應的機率也比較高[129]。美國2001年一項研究發現，近期被下架的藥物中，有80%比較容易造成女性不良反應。[130]而2017年的分析則指出，食品藥物管理局禁止販售的藥物和醫療產品中，有「相當多」對女性的危險性都高於男性。[131]

想必這些都不會讓讀者太吃驚，畢竟除了明顯的性別差異外，絕大多數的藥物，包括麻醉劑和化學療法[132]，依舊對男女定下相同的劑量[133]，讓女性用藥過量的風險大幅增加[134]。就拿最基礎的差異來說，女性的身體脂肪比例通常比男性高，而女性脂肪組織內的血液量也比較高（男性骨骼肌的血液量較高），這都會影響女性對某些藥物的代謝。[135]打個比方，許多止痛藥都有的成分乙醯胺酚（acetaminophen），女性身體代謝的速度只有男性的60%。[136]藥物代謝的性別差異一部分源自女性的下半身瘦體質量較低，因此基礎代謝率較低，[137]但其他可能的原因包括：腎臟酶[138]、膽酸成分（女性較少）[139]、和腸道酶活動[140]的性別差異。此外，男性腸道的消化時間是女性的一半，也就是說要是藥物必須在空腹時才能吸收，女性用餐後得等待更長的時間才能服用。[141] 男性腎臟過濾的速度也比女性快，也就是說有些腎排泄藥物（比如心臟用藥毛地黃〔digoxin〕）「可能必須依性別調整劑量」。[142]

過去一千年來，醫學始終奠基於男性身體構造足以代表全人類的錯誤假設。正因如此，面對女性的身體，我們眼前有道經年累月的資料鴻溝。要是研究人員繼續忽略把雌細胞、雌性動物和女性受試者納入實驗的倫理需求，這個資料缺口就會繼續擴大。直到21世紀，醫學仍持續排擠女性，實為難以接受的醜聞。這應該登上全球各地的新聞頭條。女性正在死去，而醫界正是幫凶。醫界該醒過來了。

第十一章
楊朵症候群

芭芭拉·史翠珊（Barbra Streisand）在1983年的電影《楊朵》（*Yentl*）中扮演一名波蘭猶太女子，她為了就學不得不假扮成男人。事實上，影片中男人才能就學的設定也在醫界上演，形成了「楊朵症候群」：當女性出現不同於男病患的症狀，就很容易被誤診、無法獲得治療。有時，楊朵症候群足以造成病患喪命。

如果我請讀者想像一個因心臟病發而痛苦不堪的人，你腦中第一個浮現的影像恐怕是一個即將告別中年的男子，可能有體重過胖的問題，正一臉痛苦的抓著胸口。至少，這是谷歌圖片搜尋提供的畫面。會想到一名婦女的人恐怕不多，一般刻板印象認為心臟病好發於男性。但這全是場誤會。近期一份報告分析了北美、歐洲、亞洲、澳大拉西亞（Australasia）① 2,200萬人的資料，發現社經地位較低的女性得到心臟病的機率，比同樣收入等級的男性高25%。[1]

自1989年起，心血管疾病就成了美國女性的首要死因，而且心臟病發後，女性的死亡率高於男性。[2]心臟病死亡率的男

①一般包含澳洲、紐西蘭和鄰近的一些太平洋島嶼。

女差異自1984年起就沒變過，而且年輕女性的風險似乎最高：根據2016年《英國醫學期刊》（*British Medical Journal British Medical Journal*）的報導，年輕女性送醫後在院內過世的比例比男性高2倍。[3]其中部分原因可能是醫生並未察覺哪些婦女是高風險族群。美國心臟學會（American Heart Association）在2016年也表達同樣的憂慮，指出數項「常用在」急性冠狀動脈症候群病患身上的風險預測模型可能不夠準確，因為這些模型建立時所依據的資料，至少有2/3是男性病患。[4]簡單來說，女病患的心臟病風險預測模型並未能確實建立。

常用的預防方法也不一定對女性有效。醫界發現乙醯柳酸（也就是阿斯匹靈）能有效預防男性首次心臟病發，但2005年一份論文指出，它對45~65歲的女性「沒有顯著功效」。[5]而且，作者群在此次研究前就注意到「類似的女性資料十分稀少」。另一份比較近代的研究則發表於2011年，指出阿斯匹靈不只對女病患無效，甚至「可能對大部分的病患有害」。[6]同樣的，2015年另一項研究指出，每隔2天服用低劑量的阿斯匹靈「對大部分女性來說，無法預防癌症或心臟病，甚至對她們有害」。[7]

然而，之所以有那麼多女性在心臟病發後回天乏術，也許最大的原因是醫生根本沒發現她們有心臟病。英國研究發現，女性心臟病發後被誤診的機率比男性高50%，而在某些類型的心臟病，此機率甚至逼近60%[8]。部分原因是女性常常沒有出現醫療圈所謂的「好萊塢式心臟病」，也就是胸痛與左手臂疼痛。[9]女性（特別是年輕女性）事實上可能不會出現任何胸痛徵狀，反而出現肚子痛、呼吸急促、噁心和疲勞。[10]這些症狀常被歸類為「非典型」，而2016年《英國醫學期刊》獨排眾議，反對這樣的歸類原則，表示「非典型」一詞「可能造成人們低估這類症狀的風險」。[11]而2005年美國有篇研究發現，「來自各項醫療專科的醫生，每5名才會有1名醫生知道每年死於心血管疾病的婦女人數都超過男性，而且大部分的醫生都不認為自己在治療性別相關的心血管疾病時，能做出有效的診療」。[12]看來《英國醫學期刊》提到的症狀被低估，正好解釋了這種現象。

不管症狀到底是典型還是非典型，事實就是沒有胸痛症狀的婦女（再次強調，特別是年輕女性），其死亡風險特別高[13]。目前英國國民保健署（NHS）的指導原則明定，病患必須出現「可能是心臟造成的急性胸痛」，醫生才能將病患轉診至國內的24小時心臟病中心，進行「首次經皮冠狀動脈介入治療」（primary percutaneous coronary interventions，簡稱PPCI）。[14]然而女病患不常出現胸痛症狀，顯然國民保健署的指導方針令人擔憂。PPCI是種急救措施，有助病患在心臟病發時恢復血液流動，根據一名接受我訪問的醫師表示，PPCI能「大幅提高病患存活率，改善結果」。然而，只有24小時的心臟病中心會施行PPCI，也就是說，接受PPCI治療的病患，75%都是男性。[15]

醫生用來找出病痛來源的測試方法，可能也會提高婦女在心臟病發後的死亡率。研究人員發現，常用的心電圖或心臟壓力測試等標準檢測，在婦女身上的準確度並不高。[16]肌鈣蛋白（troponin）是心臟受損時會出現在血液中的一種蛋白質，而《英國醫學期刊》在2016年引用愛丁堡的一份報告，指出一般的肌鈣蛋白「正常」診斷門檻，對女性來說可能太高了。[17]由此可見，所謂「標準」生物指標並不符合女性生理構造，且更重要的是，我們必須建立屬於女性的新生物指標。[18] 生物指標指的是一種生物特徵（比如肌鈣蛋白），而我們可以把它們當作某種疾病的診斷標準，而2014年一份性別差異研究的文獻回顧指出，生物指標可能是值得我們深入鑽研的領域。[19] 可嘆的是，目前已完成的研究都太過局限，難以斷定我們是否找得出屬於女性的生物指標。

女性的心臟病可能不只症狀與男性相異，也許就連發病機制亦有所不同，因此現今我們用來測試心臟病的科技，可能都不適用於女性。[20] 比方說，血管造影技術是診斷心臟病的傳統方法之一，能藉此找出阻塞的動脈。[21] 但女性病患常常沒有動脈阻塞的症狀，也就是說圖像上看不出任何異常，[22] 因此當女性因心絞痛前往醫院，醫生的診斷可能是「沒有特定原因的胸痛」，告知她們沒有得病，就讓她們離開。[23] 然而她們真的生病了：那些血管造影一切正常的女性，出院後不久就心臟病發或中風。[24]

假設一名女性運氣奇佳，醫生正確診斷出她有心臟病，她仍必須在充滿偏誤的崎嶇治療路上跌跌撞撞：大部分「公認的醫療知識」或甚至臨床診治守則，都沒有考量過性別差異。[25] 舉例來說，假設一名男性和一名女性都被診斷出主動脈腫脹的症狀（主動脈從心臟通往胸腔和腹部）。雖然出現同樣程度的腫脹，但男女的風險並不相同：女性主動脈破裂的機率較高，破裂後的死亡率高達65%。[26] 然而，拿荷蘭的臨床守則來說，建議進行手術的門檻並沒有性別差異。[27]

除了心臟病科，只依男性身體結構發展的診斷測試，也在其他醫學部門造成誤診的風險，甚至連那些好發於女性的病症也是如此。女性得右側大腸癌的機率比男人高，而右側大腸癌的惡化速度特別快[28]，然而廣泛用來測試大腸癌的糞便潛血檢驗，用在男性病患的準確度較高[29]。與此同時，女性的大腸通常比男性長也比男性窄，因此女病患的大腸鏡檢查過程可能不夠全面。[30]除此之外，還有世衛組織口中的「常見錯誤」，亦即要是症狀只出現在某一性別，其重要性往往被低估，比如登革熱造成的女性陰道出血症狀。[31]當症狀的重要性排序是依照出現頻率高低判定，沒有依性別分列症狀，女性特有的症狀就常會被視為次要。這實在不符合現實。

這樣的資料缺口會如滾雪球般造成愈漸嚴重的影響。舉肺結核為例，要是不去考量女性的社會角色，資料又沒有按性別分析，可能會讓女肺結核病患面臨更高的風險，甚至因此喪命。[32]男性比較容易得到潛伏性肺結核，但女性比較容易得到開放性肺結核。[33]數項研究也指出，開發中國家的婦女常在通風不佳的空間中使用生物燃料烹調食物（我們前面已經提過，世上有數百萬的女性都這麼下廚），免疫系統長期受到傷害，讓她們比較難戰勝細菌的侵襲。[34]結果就是以全球而言，因肺結核死亡的女性人數超過其他任何單一傳染病。每年死於肺結核的女性超過所有因妊娠而死亡的人數總和。[35]然而，肺結核卻常被視為「男性疾病」，因此醫護人員比較少檢測女性是否得了肺結核。

就算女病患接受篩檢，但她們被正確診斷為肺結核的機率也比較低。[36]女性對肺結核的免疫反應不一定與男性相同，可能會出現不同症狀。[37]一份研究探討女性經常被誤診的原因時，就發現女性的肺結核病灶有時不如男性嚴重。[38]就連常用的篩檢法，也有證據顯示其敏感度有性別差異。[39]在資源有限的情況下，測試有無肺結核的標準方法是讓病患咳出痰，再放到顯微鏡下檢視。[40]但得到肺結核的女性比較不容易出現有痰咳嗽，就算她們真的有痰，檢驗為陽性的機率也比較低。[41]社會背景也會影響咳痰測試，巴基斯坦的研究指出，當醫護人員要病患咳出痰液以便檢驗，婦女常會感到不知所措，而醫護人員也不會向她們解釋為何必須咳痰。因此她們乾脆拒絕。[42]

沒有考量女性所受的社會化影響，也是疾病預防此醫療實務的常見困擾之一。一般避免感染HIV病毒的方法是進行性行為時使用保險套，但許多女性沒有足夠的社會權力，無法堅持對象使用保險套，因此這不是很實用的辦法。預防伊波拉病毒也遇到同樣的困擾，因為它會存在精液中長達6個月。雖然研究者開發了一種凝膠來解決這個問題[43]，但在撒哈拉以南的某些非洲地區仍盛行「乾陰道性交」（dry sex）②，因此人們使用凝膠的意願有限。[44]凝膠除了能預防伊波拉病毒，也有潤滑的功能，但某些地區的婦女會用草藥消除陰道的潤滑黏液，好證明自己的貞潔。

不去思考女性的社會化過程，也會讓女性出現行為異常障礙長達數十年，卻沒有受到正確診斷。多年來，我們一直以為男孩出現自閉症的機率是女孩的4倍，而且女孩一旦有自閉症，症狀通常遠比男孩嚴重。[45]然而新研究指出，事實上女性的社會化過程讓女孩比男孩更容易掩飾症狀，有自閉症的女童遠比我們過去以為的還多。[46]這項長期誤解部分源自於用來診斷自閉症的基準，全都奠基於「幾乎完全」以男孩為研究對象所得到的資料。[47]比如2016年一項馬爾他研究的結論是「診斷方法與臨床上的症狀假設，都存在常見的男性偏誤」，這就是自閉症女孩被誤診的重要原因。[48]除此之外，還有其他證據指出部分有厭食症的女孩事實上也有自閉症，但由於不符合典型的男性症狀，從沒獲得正確診斷。[49]林比斯菲爾德農莊學院（Limpsfield Grange School）是英國唯一有國家補助的特殊需求女子住宿學校，校長莎拉．王爾德（Sarah Wild）告訴《衛報》：「診斷檢查項目和測試都根據男孩與成年男性設計，然而女孩及成年女性的症狀卻完全不同。」[50]與此同時，國民保健署近期發表了新版自閉症治療方針，其中完全沒提到女性與男性不同的需求。[51]

注意力不足過動症和亞斯伯格症候群的診斷也有同樣的問題。英國國家自閉症協會（National Autistic Society）2012年的調查發現，有亞斯伯格症的女童中，未滿6歲就得到正確診斷的比例只有8%，相比之下男童的比例為25%；而11歲前的診斷比例，女童是21%，男童則為52%。[52]據估計，得過動症的女孩中，高達3/4沒有獲得診斷——《了解過動症女孩》（*Understanding Girls with ADHD*）一書作者艾倫．利特曼（Ellen Littman）醫生認為，這是由於早期的過動症臨床研究都以「非常過動的年幼白人男童」為對象。女孩通常不會像男孩那麼好動，而是缺乏條理、性格散漫內向。[53]

研究者認為若以大環境來看，由於社會化過程要求女

②某些地區的文化認為，女性陰道乾燥的情況下進行性交能取悅男性，因此婦女用各種偏方保持陰道乾燥。

生「在談話時輪流發言，貶低自己的身分地位，行為舉止必須展現親切友好的特質」，因此傳統的醫療會談模型恐怕難以從女性身上獲得資訊，以致無法做出有效診斷。[54]然而有時——甚至常常——不是女性沒有提供資訊，而是人們不相信她們。

美國新聞網站《進步思考》（*ThinkProgress*）報導了凱西的故事。她經期所流失的血量大到足以讓她暈眩，難以站穩。[55]但去看醫生時，凱西面臨了前一章的米雪兒所遇到的困擾。4位醫療專家都認為問題出在她的大腦，「她只是深受焦慮症折磨，可能有嚴重的心理障礙」。她的家庭醫師甚至不只一次告訴她：「妳的症狀全來自妳的想像。」

但一切並非出自她的想像。事實上，凱西有「足以致命的子宮纖維瘤，需要開刀治療」。多虧她堅持要做超音波檢查，才終於獲得正確診斷。她有貧血，但她沒有焦慮症——設想一下，多名醫生在9個月的時間一直宣稱她瘋了，要是她真得了焦慮症，又怎能怪得了她？

醫生也告訴瑞秋一切都是她的想像。10年來，她承受嚴重經痛和大量出血的困擾，但一直靠止痛藥解決問題。直到她在一場演唱會中暈倒。她被送到醫院，而醫生認為她壓力過大，開給她止痛藥後就要她回家。當她再次暈厥，醫院把她送到胃腸科病房。「我在那兒躺了6個晚上，一直打點滴。我對面的病床上躺著一名得到大腸癌、大限已近的婦女。那一切真是太可怕了。」醫生懷疑她有腎結石，多次檢查她的泌尿系統，但結果都是陰性。因此他們進行抽血檢查。檢查結果呈陰性的次數愈多，瑞秋就愈能感受到醫護人員的態度轉變。「我開始覺得他們不相信我。他們覺得一切都是我的想像。」最後，當瑞秋告訴一名醫生她多麼痛苦，對方說：「我們必須送妳回家。妳根本沒有病。」

但她確實生病了。最後，醫生診斷瑞秋有子宮內膜異位症，也就是子宮內膜長在體內其他地方，這不但會造成劇痛，甚至可能導致無法生育。在英國，子宮內膜異位症平均需要8年才會得到正確診斷[56]，美國則需要10年[57]，而且目前沒有解藥。據估計，每10名婦女中就有1人得了子宮內膜異位症，全球約有1億7,600萬女性受累，[58]但直到2017年，英國國立醫療技術評價機構才向醫生發表了第一份子宮內膜異位診療指南。他們最主要的建議為何？「傾聽女性的心聲。」[59]

然而說來容易，做來難。女性訴說她們的痛苦，卻被世人置若罔聞。這可是根深柢固的問題，而且她們一出生就遇到同樣的困境。索塞克斯大學2016年做了一項實驗，研究人員向父母播放一系列3個月大嬰孩的啼哭聲，受試者中有25名父親和27名母親。研究人員發現，雖然嬰孩的哭聲不會因性別有所不同（兩性到青春期才會出現聲調差異），但父母會把低沉的哭聲視為男嬰，高昂的則被視為女嬰。不只如此，研究者還發現當他們告知父親低沉哭聲的確來自一名男嬰時，父親會從哭聲判斷男嬰比較不舒服，標上較高的痛苦值，並判斷那些被視為女嬰的哭聲沒那麼不舒服。

當女性表示自己感到疼痛，我們不但不相信她們，還會覺得她們瘋了。但誰怪得了我們？就像柏拉圖的名言之一，母狗都是瘋子③。女人就是歇斯底里——畢竟希臘文hystera（歇斯底里）指的就是子宮。女人很瘋狂——每次我在推特發文，只要隱約和女性主義沾上邊，就會有男人質疑我的心理有問題；

要是每次出現這種留言，我就能獲得1英鎊的話，我早就可以退休啦。女人就是不理性，太過感情用事——「瘋狂前女友」的比喻常見的程度，連歌手泰勒絲（Taylor Swift）都在暢銷歌曲〈空格〉（Blank Space）中出聲諷刺，而美國演員瑞秋・布魯（Rachel Bloom）則在網飛（Netflix）影視演了一整季的《瘋狂前女友》（*Crazy Ex-Girlfriend*）。享譽全球的物理學家史蒂芬・霍金（Stephen Hawking）說女人如「謎」。[60] 佛洛伊德因診斷婦女歇斯底里之因而成名，並賺進大把鈔票，他在1933年的一場演講中解釋，「漫長歷史中，人們為了解開女性之謎而想破了腦袋」。[61]

女性之謎諱莫難解，多少女性因此受到折磨。只要女性的行為超出性別界線，表達個人意見，比如承認擁有性欲，就會被關進精神病院好幾年。她們被迫切除子宮，割除陰蒂。就連得到輕微的產後憂鬱也會被關起來——我朋友的祖母有回把廚房的鋼絲棉刷丟向婆婆，就被迫在精神病院度過餘生。過去的美國精神病學教科書建議，替那些躲不開虐待關係的婦女切除子宮，而且至少有1本直到1970年代仍被廣泛使用。[62]

當然，我們已不再以如此殘暴的手段對待女性。我們不再把女人關起來，也不會切除她們一部分的大腦。現在我們為她們提供藥物：女性服用抗憂鬱藥物的機率是男性的2.5倍。[63] 這並不是說抗憂鬱藥物不好，對受到心理疾病折磨的病患來說，它們足以改變人生。然而，我們仍該詢問**為什麼**女性服用此類藥物的比例那麼高，這絕不是因為女性比較樂於向醫生求助。事實上，瑞典一份2017年的研究指出，男性會為憂鬱症求醫的機率高於女性。[64] 既然如此，為什麼比較多的女性會被醫生開下抗憂鬱藥物的處方箋呢？難道女人真是「精神比較脆弱」嗎？處於一個不適女性生存的世界，是否影響了我們的心理健康？還是抗憂鬱藥物已成了新一代且更受歡迎的「子宮切除術」，用來治療那些有創傷的婦女？

佛洛伊德曾經認為性虐待的經驗可能會引發歇斯底里。後來他收回這樣的說法，因為這暗示了太多男人加害婦女，會讓大眾不願支持他的理論。但近年的研究指出，某些女性感受到的痛楚可能的確源於受虐經驗[65]——從「＃我也是」反性騷擾運動興起的狀況看來，也許佛洛伊德的理論的確有幾分根據。

本書無法一一解答這些疑問。但女性比男性更常服用抗憂鬱藥物的一項解答可能是，那些被開藥的女性根本沒有憂鬱症。女性生理上的痛楚常被視為是「情緒引發」或「身心症所造成」。發現男人更容易因憂鬱症求醫的瑞典研究也指出，自認沒有憂鬱症的女性，被醫生開抗憂鬱處方的比例是男性的2倍。同樣的，1980和1990年代的數項研究都指出，因病痛求醫的男性通常會得到止痛藥，但女性拿到鎮靜劑或抗憂鬱藥物的機率更高。[66]2014年的一項研究設計了一名出現下背痛症狀的病患，要求醫護人員診斷治療，而實驗結果也發現，受試的醫護人員向女病患開抗憂鬱處方的比例高於男病患。[67]

看起來，這可能正是楊朵症候群搞的鬼。令人震驚的是，那麼多女性的生理痛楚沒有獲得正確診斷和治療，原來是因為她們

③柏拉圖將女性的歇斯底里症怪罪於子宮。他斷定子宮——特別是無法生育的子宮——可能會受到擾動，而在女性體內四處遊走，因而「阻塞呼吸道，造成古怪的行為」。

得的是女性特有的疾病，或比較好發於女性的疾病。女性得腸躁症的機率是男性的2倍[68]，得偏頭痛的機率是男性的3倍[69]。直到現今，我們依舊不甚了解偏頭痛，只知道它會長期反覆發生。多達3,700百萬名美國人深受偏頭痛困擾[70]，而在英國，每8人就有1人會有偏頭痛[71]。事實上，許多臨床痛楚症狀出現在女病患身上的機率遠高於男性[72]，且過去數十年間的許多研究證明，女性的痛覺敏銳度高於男性。由此看來，女性拿到止痛藥的機率低於男性這件事，更顯得殘酷至極。

愈來愈多證據指出，男人與女人對疼痛的感受大不相同。女性對痛楚的敏感度隨月經週期爬升再減弱，「女性的荷爾蒙波動對皮膚、皮下組織和肌肉都會產生不同影響」。[73]一項動物研究也發現，雄性與雌性動物使用不同免疫細胞傳遞痛覺，這可能提供了一個起點，解釋為何男女體會到的疼痛不同[74]——然而這只是起點而已，人們依舊沒有深入探索痛覺的男女差異，就連我們已知的事實也沒有獲得廣泛宣傳。貝薇莉．克雷特（Beverly Collett）醫生在2015年退休前，一直是萊徹斯特醫院疼痛管理服務顧問，也是慢性疼痛政策聯盟（Chronic Pain Policy Coalition）主席。她告訴《獨立報》（*Independent*），絕大多數的基層家庭醫師「都不知道『對乙醯胺酚』（paracetamol，俗稱普拿疼）和嗎啡之類的藥物，在男女身上的運作方式不同」。[75]

就算真有人對女性痛楚對症下藥，大部分女病患也必須等待比男病患更久的時間才能獲得治療。美國一份報告分析了1997~2004年間，多達92,000件急診室病例，發現女性的等待時間超過男性。[76]另一份研究分析了2004年4月到2005年1月間前往美國都會急診室求助的成年人病例，發現醫生開止痛處方給女病患的比例遠低於男病患，而真的獲得止痛處方的女性也必須等待比男性更長的時間才能取得藥物。[77]美國國家醫學院（Institute of Medicine）2011年發表的長期痛症報告指出，這種現象一直沒有多大改善，承受痛楚的女性「耗費過長時間才能獲得正確診斷，而且常沒有受到正確治療，或者治療的方式未經證實有效」，除此之外，還常遭遇醫療系統的「忽視、敷衍和歧視」。[78]在瑞典，一名心臟病發的女病患在出現疼痛症狀後，必須得比男病患多等1小時才會被送到醫院，而救護車救援的優先名單上，女性也排在男性之後；到了醫院，她們還得比男病患多等20分鐘才有醫生看診。[79]

女性身體沒有受到與男性身體同等的醫療服務。儘管如此，許多人會自以為聰明的反駁道，女性平均壽命明明超過男性。雖然此話不假（由於女性的生活模式已與過去大不相同，而男性為主的工作領域中，職安規定也更加嚴格，因此男女的壽命差異已漸漸縮小），但目前已有證據顯示，女性的壽命優勢已漸漸消失。

2013年一份報告檢視了1992~2006年間美國3,140郡的死亡率，發現雖然大部分郡的死亡率都在下降中，但女性死亡率卻增加了42.8%。[80]當男性隨著壽命增加，身體健康的年限也愈來愈長，女性的壽命和健康年數的增加速度卻遠低於男性：美國長達30年的健康資料顯示，雖然女性平均比男性多活5年（在歐洲則為3.5年[81]），但這5年卻是在病痛及失能殘疾中度過[82]。

因此，儘管女性比較長壽，但美國女性健康、樂活的年數並沒有比男性長[83]，雖然65歲以上的美國公民中，57%為女性，但每天都需要醫療協助的人口中，女性也占了68%[84]。在1982年，85歲的男性與女性都能健康快樂的再多活2.5年；如今，女性的這項數值沒有改變，但85歲的男性能健康快樂的活到89歲才會受病痛之苦。比利時[85]與日本[86]也一樣，男性壽命增加、健康年限也跟著延長。世衛組織2013年發表一篇研究歐洲女性健康的論文，指出「就連歐盟中平均壽命最長的國家，婦女一生中病痛纏身的時間也幾乎長達12年」。[87]要是有性別分析數據能解釋為什麼會有這種現象，那就太棒了。

楊朵症候群特別令人憂心的一項副作用就是，當一個醫療問題影響的人多半是婦女，或只影響女性，我們甚至不用花心力反省相關實驗中為什麼沒有足夠的女性參與者，因為根本沒有相關研究。

拿經前症候群來說，它有一系列的症狀，單舉幾項就好：情緒波動、焦慮、乳房脹痛、脹氣、長痘痘、腹痛和睡眠困擾。多達90%的女性有經前症候群，但長年來都沒有人研究，一篇論文甚至發現，勃起障礙的研究是經前症候群的5倍[88]。市面上有很多治療勃起障礙的藥物[89]，然而治療婦女性經前症候群的藥物卻很少，而且有經前症候群的女性中，超過40%對現行治療方式無感。有些承受經前症候群的女性仍舊被施予子宮切除術；而當她們苦不堪言，甚至有人試圖自殺。[90]然而，想研究的學者卻無法取得經費，被贊助者以「經前症候群實際上不存在」為由拒絕。[91]

至於經痛，也有多達90%女性為此受苦，[92]根據美國家庭醫師學會（American Academy of Family Physicians），每5名婦女就有1名的日常生活受經痛影響。[93]這種女生每個月都要經歷的過程，被形容為「簡直和心臟病發一樣痛苦」。[94]痛經如此常見，但不管妳多痛，醫生所能做的或願意做的處置可說少之又少。2007年有份研究，少見的以原發性經痛為主題，研究人員申請經費時表示，原發性經痛的原因「甚少為人所知」，而且治療方式「非常少」。[95]現有藥方都可能產生嚴重副作用，而且並非對所有女性都有效。

我常在半夜因經痛驚醒，一整天都只能以胎兒姿勢倒在床上呻吟。當我為此去見我的醫生（一名男性），他嘲笑了我一番，我多多少少是被他趕出門的。從此之後，我再也不曾為此向醫生求助。想當然爾，當我在2013年讀到一篇研究，看似已找到解決經痛之鑰時，你們能想像得到我有多興奮。女士們，請坐正聆聽這個大好消息：一項雙盲、隨機、有對照組的試驗指出，西地那非（sildenafil citrate）「能連續4小時減輕疼痛」，而且「沒有明顯的副作用」。[96]想像一下我的興奮！

西地那非誕生於1989年，俗稱威而鋼。1990年代早期，它是以是否能用以治療心臟病的前提進行試驗。[97]結果它治療心臟病的成效不佳，但有趣的是，受試者指出陽具勃起的次數增加了——你猜得沒錯，此實驗中所有的受試者都是男性。根據年紀差異，約莫5~15%的男性有勃起障礙，[98]而且40%的男性多少曾經歷過類似問題——想當然爾，研究者急切的想探索這項藥物的新功用。到了1996年，西地那非在美國取得專利，並在1998年3月取得食品藥物管理局上市許可。[99]這對男人來說，可謂皆大歡喜的結局。

要是我們在試驗中加入女性受試者的話呢？從2013年的研究即可看出端倪。然而，這場試驗由於經費用罄不得不中斷，也就是說研究者的樣本數不夠大，無法斷言這項假設的真實性。他們號召「規模更大、時間更長的試驗，最好採取多中心收案的研究」，進一步確認他們的發現。

然而，這樣的實驗遲遲沒有發生。理查・勒格羅（Richard Legro）醫生是上述研究的主持人，他告訴我他向美國國立衛生研究院申請經費2次，「以求推動實驗時間更長、規模更大的研究，同時比較使用西地那非和非類固醇消炎藥物的標準照護處置」。然而，2次都遭到衛生研究院拒絕。而且他2次的申請都「被排在所有申請計畫的後半段」。他的計畫甚至沒有受到檢視。勒格羅告訴我，他收到的評論「指出審查者並不認為痛經是優先的公眾健康議題」。他們也沒有「完全理解痛經試驗的臨床實驗設計」。我問他，他相不相信總有一天會取得經費，而他的答案是：「不會。男人並不在乎經痛，不然就是不理解。我需要的是一個只有女性成員的審查小組！」

為什麼製藥公司沒有插手呢？這顯然能為製藥公司帶來滾滾財源。真令人困惑。事實上，這極有可能是又一個資料缺口造成的結果。勒格羅在一封電郵中告訴我，由於成本問題，製藥業「通常不會投資由研究人士發起的計畫」，特別當市面上已經有容易取得的學名藥。這就是資料缺口作梗的結果：研究痛經的研究本來就很少[100]，因此製藥公司不確定這樣的藥物會帶來多少收益，以致他們難以下決心出資支持相關試驗。決策人士不是女性時，更容易出現這樣的狀況。勒格羅也暗示，也許製藥公司不希望承受以女性為實驗對象的風險，萬一結果無效的話，恐怕也會影響男性使用西地那非的意願。簡而言之，看來製藥業並不認為這是能賺進大錢的商機。於是，女人只能繼續每個月飽受經痛折磨。

男性為主的經費審核小組可能也解釋了為什麼治療子宮失能的藥物少得可憐。每一天，世界各地都有830名婦女因妊娠和生產引發的併發症而死亡。101 某些非洲國家，婦女因生產而死亡的數字，比伊波拉病毒大爆發的死亡人數還高。102 這些死亡案例中超過一半都是子宮收縮問題，通常是因為收縮太弱，導致產婦無法順利生產。對宮縮不夠強、生產困難的產婦來說，唯一的醫學治療方式就是注入催產素，但這麼做只有50%的成功率。若催產素發揮效用，產婦就能繼續進行陰道分娩，然而當催產素失效，產婦就得進行緊急剖腹手術。英國每年有100,000次緊急剖腹產，絕大多數都是因為宮縮不足。

目前，我們並不知道催產素對哪些女性無效，這顯然不該發生。所有產婦都必須先試過催產素，即使催產素毫無效用，產婦們也只能心驚膽顫的等待。我的朋友就在2017年經歷了這樣的事。她在醫院足足承受了2天痛徹心扉的劇痛，而且大半時間只能獨自面對，因為醫院要她的伴侶回家等待，然而她的子宮頸只開了4公分。最終醫護人員進行了剖腹產，她順利產下嬰兒。然而整個過程令她深受創傷。生產後過了幾週，她仍會突然回憶起當時的情況，彷彿再次重回惡夢。她說起那些體內檢查和手續，形容它們像是暴力攻擊。她說，那實在殘忍透頂。然而，說不定這一切都可以避免？要是醫護人員一開始就知道她終將進行剖腹手術，情況會不會大不相同？

2016年，利物浦大學細胞與分子生物學教授蘇珊・瑞伊（Susan Wray）在英國生理協會（Physiological Society）發表演說。103 蘇珊也是利物浦婦女醫院順產中心（Centre of Better

Birth）的主任。她解釋，近年的研究揭露，宮縮太過微弱、難以順產的產婦，子宮肌的血液偏酸（子宮肌是產生收縮的部位）。血液愈酸，產婦必須剖腹產的機率愈高，因為催產素對血液酸度偏高的女性無效。

但蘇珊不只想明白如何預測產婦需要剖腹產的機率。她希望進一步避免剖腹產。在她的主持下，加上同事伊娃・韋柏格—伊澤（Eva Wiberg-Itzel）的協助，展開一項以宮縮乏力的女性為對象的隨機對照實驗。一半產婦使用了常見的催產素；另一半產婦使用碳酸氫鈉（又稱小蘇打），1小時後再使用催產素。結果十分顯著：只用了催產素的孕婦中，67%以陰道分娩，但在1小時前先服用碳酸氫納的孕婦，多達84%得以進行陰道分娩。瑞伊指出，碳酸氫鈉的分量並沒有依體重和血液酸度調整，而受試者也只使用1次。因此，說不定有人體內的碳酸氫鈉還沒有完全發揮功效，有可能達成更好的效果。

每年都有上萬名婦女進行剖腹產，這項研究的發現足以讓她們避免事實上毫無必要的手術，更別提能為英國國民保健署省下大筆經費。在那些剖腹產手術風險很高或者難以施行的國家，這項研究有助於挽救難以計數的生命。千萬別以為只有在低收入國家，剖腹產才是高風險的手術：在美國，要是妳是黑人孕婦，妳的風險就夠高了。104

已開發國家中，美國產婦的死亡率最高，但非裔婦女面臨的風險最大。世界衛生組織估計，美國黑人孕婦及產婦的死亡率，和墨西哥或烏茲別克等低收入國家的孕產婦死亡率不相上下。整體而言，美國黑人婦女的健康狀況遠比白人婦女差，但在孕期與兒童照護的差異更令人怵目驚心：美國黑人婦女因妊娠及生產相關病症死亡的機率，比白人婦女高243%。其中原因絕不只是因為非裔美國人通常比較貧窮。一份研究分析了紐約市2016年的生產病例，發現「有大學學位的黑人孕婦在地區醫院生產時，出現嚴重懷孕或生產併發症的機率，遠高於高中學歷的白人孕婦」。就連享譽全球的網球巨星小威廉絲（Serena Williams）也無法倖免：2018年2月，她表示自己差點死於緊急剖腹產手術。[105]美國黑人婦女剖腹產的機率比較高，而康乃狄克大學2015年的一項研究指出，就算控制社經地位，黑人產婦在術後1個月內重回醫院的機率，也比白人產婦高2倍。[106]蘇珊的研究很可能是這些婦女的福音。

不幸的是，我們恐怕無法在近期見證她的研究成果。當蘇珊發現英國醫學研究委員會（British Medical Research Council）提供經費給那些會幫助中低收入國家的研究計畫時，她決定申請。然而，儘管她提供充分資料，指出子宮收縮乏力的危險，她的計畫申請仍舊被拒絕了。他們說，她的研究「優先性不足」。因此，目前對宮縮乏力的產婦，我們仍只有一種解決辦法，而且它發揮效用的機率只有一半。蘇珊說，相比之下，市面上有多達50種治療心臟衰竭的藥物。

醫療體系讓女性失望的種種證據，實在令人嘆為觀止。儘管女性占世上一半人口，但人們不重視她們的生理結構、症狀與疾病，總是敷衍了事。沒有人相信她們的痛苦，甚至完全忽視。這是資料缺口造成的結果，同時也是大部分人心中依舊堅持的信念導致；即使我們已有了那麼充足的證據，他們仍相信人類的預設值是男人。這絕非事實。也許這聽來有點多餘，但男人就只是男人。所有從男性身上搜集的資料，並不代表也不適用於女性，也不該被套到女性身上。我們必須在學術研究與醫療實務上掀起一場革命，而且老早就該開始了。我們得訓練醫生傾聽女性，他們必須承認自己未能正確診斷女性的症狀，並非是因為她們說謊或天生歇斯底里；真正的原因可能存在於他們知識中的性別資料缺口。是時候了，別再敷衍女性，讓我們開始拯救她們的生命。

第五部

●

公眾生活

第十二章

待利用的免費資源

任何人提出新政策時，第一個必須回答的問題就是：「這要花多少錢？」接著馬上就要面臨下一個問題：「我們負擔得起嗎？」第一個問題通常不難回答，還算直截了當；但第二個問題就比較棘手了，這會根據各國經濟現況而改變，而且實際數字可能遠比大多數人以為的還要主觀。

衡量一國經濟的標準方式為國內生產毛額；要是經濟界有神明的話，必然就是它了。它由一系列經調查所搜集到的數據，代表了一國生產的所有產品（比如製造了多少鞋子）和服務（餐廳裡供應多少人次的餐點）的總額。它也包含了我們得到的薪資和我們（包括政府和企業）的所有花費。這聽來都很合理，是吧？但事實上，國內生產毛額有個女性問題。

曼徹斯特大學經濟學教授黛安．科伊爾（Diane Coyle）解釋，一國官方國內生產毛額的算法其實十分主觀。「許多人都以為它是個真實存在的東西。事實上它是種人為產物，而且它的定義隱含了許多價值批判。而且有很多的不確定性。」她說，計算國內生產毛額「並不像測量山有多高」。黛安警告，當你看到新聞頭條宣稱「本季國內生產毛額增加了0.3%」，其實0.3%這個數據和其間隱藏的各種不確定性相比，根本是小巫見大巫。

造成不確定性的是，用來計算國內生產毛額的資料滿是醒目的缺口。許多產品與服務都沒被包含在算式裡。決定哪些產品與服務該被納入計算的標準頗為武斷。1930年代以前，我們都沒有認真計算一國的經濟；直到發生經濟大蕭條①後，才大幅扭轉了情況。為了解決經濟崩潰，政府必須更精準的了解經濟狀況，而一位名叫賽門・庫茲涅茨（Simon Kuznets）的統計學家在1934年發明了美國第一個國民經濟核算制度（National account）②。[1] 國內生產毛額就此誕生。

接著爆發第二次世界大戰。黛安解釋，我們現今使用的計算架構就建立於二戰期間。但她說這算式是為了戰時經濟而設計。「當時的主要目標在了解一國能製造多少產品，哪些消費可被犧牲，好確保國家經濟能夠支持戰事。」為了達成這個目的，他們計算了所有政府和企業的產出，因此「政府和企業的產出就成了一國經濟的定義」。但一國生產中有個重要的層面卻被忽略，後來成為「人們理解和計算經濟的國際常規」中也沒有提到它，那就是無薪的家務產出，包括煮飯、清潔和孩童照護。「每個人都承認，這些工作有其經濟價值，但它們就是不被包含於『一國經濟』中，」黛安說道。

這並非無心的疏忽，而是刻意的決定，其間經過了一場頗為激烈的爭執。經濟學家保羅・史圖登斯基（Paul Studenski）1958年的經典著作《國家所得》（*The Income of Nations*）中寫道：「排除家庭主婦提供的無薪服務，扭曲了國家所得的全

---

①發生於1929-1933年間，全球性的經濟衰退。
②指使用完整、一致的財會核算辦法量化一國或一地區的所有經濟活動。

貌。」他的結論是，按原則來說，「國內生產毛額應該計入家庭的無薪工作」。但所謂的原則是由人訂立的，因此「經過一番來回拉扯」，以及如何估計無薪家庭服務的價值的一連串辯論後，黛安說，「他們就決定，搜集這些資料實在是太過龐大的任務。」

就像都市建設與醫療研究，許多決定都為了「簡單化」而排除女性；唯有在一個把男性視為人類預設值、女性只是小眾變異的文化，才會做出如此的決定。除非你把女性視為非必要，你才會在估算數值時排除女性，即使會造成數值扭曲也在所不惜。唯有在你把女性視為多餘的附加物，一個讓事情複雜化的因子，你才會排除女性還自以為理所當然。要是你明白女性代表全球一半人口，你就不該這麼做。要是你在乎資料的準確度，你也不會這麼做。

排除女性造成了數值偏頗。黛安特別強調戰後到1970年代中期這段時間。她說：「現在看起來，那時似乎是生產力大幅增長的黃金時代。」但這多少只是不符現實的幻想。造成這美好數字的大部分原因是女人走出家庭，開始在社會上工作，而那些過去女性在家裡提供的服務（不曾被計算的付出）現在被市場上的產品和服務取代。「比方說，人們會去超市買現成的食品，不會像以前自行在家裡從頭開始製作。人們不再做衣服，而出門購買衣服。」並不是生產力突然激升，它只是從不被看見的女性私人領域，進入被計入經濟活動的領域，也就是男人主宰的公眾領域。

沒有計入無薪家務服務，可說是世上最嚴重的性別資料缺口。根據估計，高收入國家的無薪照護工作可能占了國內生產毛額的一半，而在低收入國家此數值可高達80%。[2]要是我們計算無薪照護工作，英國2016年的國內生產毛額會高達3.5兆美金[3]，相比之下世界銀行的官方資料則為2.6兆美金[4]；印度2016年的國內生產毛額會是3.7兆美金[5]，而世界銀行的官方數據是2.3兆美金。

聯合國估計，2012年美國無薪孩童照護總值為3.2兆美金，約莫占了國內生產毛額的20%（當年的毛額為16.2兆美元）。[6]在2014年，家有阿茲海默症患者的家庭成員，每年共付出180億小時的無薪照護，而在美國，65歲以上的人口中每9人就有1人得了阿茲海默症。這些照護工作的價值約莫為2,180億美元[7]，若用《大西洋》期刊的說法，這「幾乎是沃爾瑪超市（Walmart）2013年銷售額的一半」。[8]

在墨西哥，2015年的無薪照護與家務勞動，估計占了國內生產毛額的21%——「超過製造業、商業、房地產、礦業、營建業和交通與倉儲業」。[9]澳洲一份研究揭露，事實上無薪孩童照護才是全國規模最大的產業，在2011年創造了3,450億美元，是「金融與保險服務業的3倍，然而後者是正規經濟（formal economy）中最大的產業」。[10]此分析報告中，金融與保險服務業掉到第三名，勇奪第二的是「其他無薪家務服務」。

當然讀者會注意到，這些全都是估計值。至今沒有任何國家有系統的搜集這些資料，因此我們只有估計值。然而，政府並不是沒有管道搜集資料。最常用來計算女性無薪勞動的辦法，就是時間利用調查（time-use surveys）。調查人員要求受試者記錄每一天從早到晚的時間分配——幾點到幾點，他們人在哪裡，在做什麼，和誰一起做。數次獲獎的經濟學家南西．佛布爾（Nancy Folbre）寫道，現在我們已經知道「幾乎每個國家的女性都承擔不成比例的非市場勞務，而且她們的勞動時數通常超過男性」，而日誌式的資料會揭開這個真相。

標準的時間利用調查一開始是為了計算明確活動而設計，如準備餐點、清潔打掃、餵食幼兒等工作所花的時間。[11]因此它們未能呈現待命任務。比如婦女必須隨時注意沉睡中的嬰兒，或照顧身患重病的成人，因而在進行其他事務之餘必須保持時間彈性——又一個資料缺口。專為估算待命任務而設計的時間利用調查，向世人揭露即使以非常低的替代薪資計算，「待命照護」的市場價值仍舊十分龐大。[12]然而這些數據就像通勤資料一樣，常被歸入「私人與休閒」項目，未被獨立計算。[13]南西指出，數項研究調查了南非波札那共和國（Botswana）的HIV愛滋病患居家照護，「估計每名照護人員1年就提供了5,000美元的服務，要是醫療支出總額包含這項數據，必會大幅增加。」[14]

好消息是，許多國家已開始增加這類調查。「21世紀最初的10年間，世界各地進行了超過87項類似調查，遠比整個20世紀所做過的還要多，」南西寫道。但全球依舊有許多國家欠缺可信的時間利用資料。[15]許多國家仍把計算女性無薪勞動，當作可有可無的額外工作[16]：澳洲2013年原要進行時間利用調查，後來卻取消了，因此澳洲最新的資料依舊停留在2006年。[17]

黛安告訴我，她「不得不懷疑，一開始不願把家務勞動計入國內生產毛額的決定，可能源自1940與1950年代的性別刻板印象」。她的懷疑其來有自。不只是因為排除女性勞動的理由太過薄弱，隨著現今數位公共財如雨後春筍般蓬勃發展，比如維基百科和開放原始碼軟體，取代了過去必須付費的百科全書和昂貴的專用軟體，人們逐漸正視無薪工作是經濟力量的一部分，也就是說它們應該被計算，並納入官方數據。再者，在家裡煮飯，和在家中製作軟體有什麼不同？重點就是，前者多半由女性完成，而後者多半由男性完成。

＋

經濟學教授蘇．希墨威特（Sue Himmelweit）寫道：沒有納入這些數據的結果，造成女性的無薪工作常被視為「可利用的免費資源」[18]。當一國試圖減少支出，最後付出代價的通常是女人。

2008年金融崩盤後，英國就大幅削減了公共服務。2011~2014年間，育幼中心的預算被刪減了8,200萬英鎊，而2010~2014年間，多達285間育兒中心不是被合併就是關門大吉。[19] 2010~2015年間，地方政府的社會照護預算少了50億英鎊，[20] 儘管通貨膨脹，但社會保險預算絲毫沒有增加，而且訂下家庭最高限額。此外一名照護人員的補助，必須依家庭所得門檻來給付，然而隨著全國最低薪資上漲，家庭所得門檻並沒有隨之調整。[21] 多美好的省錢妙方呀！

問題是，這些節省支出的方法並沒有真的省到錢，只是把成本從公部門轉嫁到婦女身上，畢竟這些工作總得有人去做。到了2017年，英國女性預算團體（Women's Budget Group）估計，英格蘭超過50歲的人口中，每10人就有1人（共計186萬人）由於政府刪減支出，而無法滿足其照護需求。[22] 整體而言，滿足這些照護需求都變成了女性的責任。

政府刪減支出的同時，也造成婦女失業率上升。經過2年的撙節政策，到了2012年3月，女性失業率增加了20%，多了113萬名失業人口，是25年來最高。[23]與此同時，男性失業率卻和2009年經濟衰退尾聲時的數據差不多。到了2014年，英國公共服務業工會發現女性失業率增加了74%。[24]

英國下議院圖書館在2017年發表了一篇報告，分析2010-2020年間政府「財政重整」造成的累積性衝擊。他們指出，86%的刪減都由女性承擔。[25]女性預算團體的分析[26]也揭露，從2010年起，稅務與福利的種種改變對女性收入的衝擊大於男性，而到了2020年，這些措施對女性收入的衝擊會是男性的2倍。[27]雪上加霜的是，最新的政策改變不只讓貧窮婦女付出不成比例的犧牲，其中又以單親母親與亞洲女性受到的影響最為嚴重[28]，而已經收入頗豐的男性反而能因此獲利。根據女性預算團體分析，2015年7月的稅務與福利改革中，最大的贏家是50%最富有家庭中的男性。[29]

那麼，英國政府為何通過這些顯然不合理的政策？答案很簡單：他們根本沒去看資料。英國政府不只沒有把婦女無薪勞動數值化，並納入國內生產毛額，他們還像世界各地大多數的政府一樣，沒有把預算進行性別分析。

英國政府一再拒絕全面調查國家預算對兩性平等所造成的影響，最近一次發生在2017年12月。2010年的《性別平等法》中包括了《公部門平等法案》，要求「執政者在執行公務時必須確保消除歧視，促進機會平等」。[30]然而英國政府從未遵行此項法令。女性預算團體總監伊娃・奈澤特（Eva Neitzert）接受《衛報》訪問時表示，財政部要是不完成正式的評估，她看不出來他們怎能落實法律明定的平權責任。[31]她不禁尋思，財政首長是否「刻意掩飾政府政策對女性造成的衝擊？畢竟真相對他們來說頗為棘手」。

要是這真是他們打的如意算盤，只能說政府實在太過愚昧。刪減公部門支出不只違背平等原則，還會有反效果。增加婦女無薪勞動的工作量，就會降低她們有薪勞動的參與度，這會強烈影響國內生產總額。

1970~2009年間，投入美國勞動力的女性增加了將近3,800萬人，女性勞動參與率從37%躍升為48%。麥肯錫公司估計，要是女性參與度沒有增加，美國的國內生產毛額會減少25%，「相當於伊利諾州、加州和紐約的生產毛額總和」。[32]世界經濟論壇也發現，女性勞動參與度增加，是「過去10年間歐洲經濟成長的一大動力」。相比之下，「亞洲和太平洋地區由於女性的就業機會偏低，每年損失高達420~470億美元」。[33]

愈多婦女投入有薪勞動，國家還能得到更多好處。就歐盟各國而言，男性與婦女就業情況仍有12%的落差，其中差異最小的是拉脫維亞的1.6%，差異最大的是馬爾他的27.7%。[34]美國的男女差異為13%[35]，而全球差異為27%[36]。世界經濟論壇評估，要是能消弭這些性別就業差距，「會為已開發國家的經濟帶來巨幅成長，足以讓美國國內生產毛額增加9%，歐元區則會增加13%」。[37]麥肯錫公司在2015年估計，要是女性在有薪勞動市場的參與度與男性不相上下，全球生產毛額會增加12兆美金。[38]可惜的是，事實並非如此，因為她們沒時間從事有薪工作。經合組織[39]和麥肯錫公司[40]都揭露，女性花在無薪照護工作的時間和有薪勞動參與度之間，「形成強烈反比」。歐盟有多達25%的女性表示，照護責任是讓她們無法參與有薪勞動的原因。[41] 相比之下，只有3%的男性因照護工作而無法就業。

家有幼兒的英國女性，工作時間比沒有孩子的婦女短，然而換成男性，情況卻剛好相反。[42] 墨西哥的調查結果也一樣：2010年，46%家有幼兒的母親擁有有薪工作，相比之下沒有孩子的婦女則有55%從事有薪工作。然而，男性的數據分別是99%和96%。美國年輕女性受雇的比例其實相當高，但只要一生育，她們的有薪勞動參與度就會大幅下降，「職業生涯嚴重停擺」。[43]

欠缺女性無薪工作量的資料，同樣也會妨礙社會發展。聯合國基金會的高級研究員梅拉・布文尼克（Mayra Buvinic）指出，低收入國家推動無數訓練課程卻屢次失敗，原因在於「它們一開始的預設立場就是錯的，主事者誤以為女性有很多閒暇時間，這是因為沒有足夠的資料指出女性的工作行程其實相當緊湊」。[44] 女性可能會報名訓練課程，但要是課程沒有考量她們必須照顧小孩，最終這些婦女都無法上完全部課程。換句話說，這些資金都被浪費了——而女性的潛在經濟力依舊沒受到開發。事實上，只要世上所有國家都推動全民幼兒照護制度，就會是最棒的創造就業計畫。

當然，影響女性就業的不只有幼兒照護責任。女性也花許多時間與心力照顧老年人，而且這項需求還會持續增加。[45] 根據預測，全球60歲以上的人口會在2013~2050年間增加2倍[46]，且60歲以上的人數會在2020年首次超越不滿5歲的幼童人口[47]。隨著人口老化，各地的病患人數也會增長。全球疾病負擔（disease burden）有1/4都是來自超過60歲的人口——而且大部分都是慢性病。[48]根據估計，英國老年人口到了2030年會有多達600萬人受長期病痛之苦，占全國人口近9%。[49]歐盟已經越過這個里程碑：估計有超過10%的人口至少有2種以上的慢性病[50]，相當於5,000萬公民[51]，且其中大多數人的年紀都在60歲以上[52]。而在美國，65歲以上的人口中高達80%至少有一種慢性病，50%有2種以上的慢性病困擾。[53]

這些照護需求全都影響女性能否就業，光是美國就有多達4,000萬人無薪照顧生病的家屬和年老親屬。[54]女性因照護責任而由全職轉為兼職的比例是男性的7倍。[55]平均而言，55~67歲的美國女性為了照顧父母，把有薪工作時數減少了41%。[56]而照顧失智患者的美國女性中，有10%失去工作，連帶失去相關福利。[57]在英國，18%照護失智患者的女性必須暫停工作，將近19%不得不離職，不是轉行成為照護人員，就是以無薪照護責任為優先。另有20%的女性照護者必須放棄全職工作，轉為兼職人員；要是照護者為男性，此數據驟降為3%。[58]

＋

要是政府真想提升女性就業率，增加國內生產毛額，顯然就得想辦法降低女性的無薪工作量。麥肯錫公司指出，要是英國女性花在無薪勞動上的時數由5小時降為3小時，就能讓她們的有薪就業參與度增加10%。[59]我們已經了解，讓父母在休產假和親職假時領取合理薪資，就能大幅增加婦女有薪就業率，同時還能縮小性別薪資差異，[60]這也有助於增加國內生產毛額。美國婦女政策研究機構（Institute for Women's Policy Research）發現，要是女性在2016年就與男性同薪同酬，美國國民收入會增加5,126億，這占了同年國內生產毛額的2.8%，而且相當於「聯邦與州政府在2015財政年度用於『貧困家庭短暫救助計畫』（Temporary Assistance to Needy Families）支出的16倍」。[61]

政府除了推動父母的有薪假政策，亦可投入更大規模的社會基礎建設投資計畫。所謂的基礎建設一般是指支撐現代社會功能的實體建設，比如道路、鐵路、水管、電力供應等，通常不會包括公共服務，比如孩童和老人照護設施，但它們一樣能支撐現代社會的運作。

英國女性預算團體主張，基礎建設應該涵蓋這些公共服務。[62]正如實體的基礎建設，女性預算團體認為這些社會基礎設施「都會在未來為經濟和社會帶來顯著效益，讓一國人口擁有更高的教育水準、更佳的健康狀況，獲得更棒的照護」。就此而言，在常見的「基礎建設」概念中排除照護服務，恐怕只是我們建構經濟定義時，另一個未曾細想的男性偏誤。

拿幼兒教育和高品質正式兒童照護服務來說，只要政府願意投資，並提供給每一個嬰幼兒，就能減少綜合教育支出，因為這會大幅減少矯正教育所需的資金。[63]同時，這也會改善孩童的認知發展、教育成就及健康狀況[64]，而且家庭社經地位低下的孩童會是最大的受益者[65]。長期下來，這些都有助於增加一國的生產力。[66]

一份報告分析2項幼兒教育的先導研究後表示，美國人到了40歲時，兒時受過幼兒教育的人，受雇機率是76%，比沒有受過幼兒教育者要高（62%），而且前者的年薪中位數為20,800美元，高於後者的15,300美元。[67]前者持有不動產的比例為37%，高於後者的28%；前者擁有汽車的比例為82%，高於後者的60%；前者有存款帳戶的比例為76%，高於後者的50%。不只如此，研究者也發現幼兒教育能間接降低犯罪率，連帶減低執法成本。這篇報告的結論是，投資幼兒教育有助於促進一國長期經濟成長，遠超過補助企業的效益，到了2080年，足以讓國內生產毛額增加3.5%。

儘管公共服務能帶來那麼多的好處，卻很少人注意這多半是無薪勞動的資料缺口所造成。南西解析，這樣的性別資料缺口會造成公共服務減去成本後所帶來的效益被「低估」。[68]事實上，這些效益可能十分驚人，光是在英國就能提供多達150萬個工作機會，相比之下要是把經費花在實體建築，只能帶來75萬個工作機會。而在美國，只要將2%的國內生產毛額投資在照護業，「就能增加1,300萬個新工作；要是在建築業投入同樣比例的資金，只能創造750萬個工作」。[69]由於照護業目前都以女性勞工為主，因此新增加的工作機會也會流向女性——別忘了，增加女性就業率就會促進國內生產毛額進一步成長。

女性預算團體也指出，在英國、美國、德國和澳洲，只要將2%的國內生產毛額投入公共照護服務，「也會為男性增加相當於投資建築業所產生的工作機會，（……）而且會為女性增加4倍的工作機會」。[70]美國新增的照護職缺多達2/3雇用女性，相比之下建築業的新增職缺只有1/3雇用女性。[71]因此投資公共照護服務，會讓女性就業率增加8%，減少一半的性別就業人口落差。[72]而在英國，這能減少1/4性別就業差異；回想一下，英國的撙節政策對女性就業的衝擊最為嚴重，因此這會大大改善情況。[73]

投資公共服務不只能創造就業機會，讓更多女性投入有薪勞動市場，連帶增加國內生產毛額，同時還會減少女性負擔的無薪工作量，讓她們能花更多時間與心力從事有薪工作。小孩3-5歲大的英國母親，其就業率比經合組織的平均值低了6%。2014年，孩子年齡未滿4歲的母親，只有41%從事全職工作，相比之下沒有孩子的婦女，多達82%有全職工作，反觀有同齡小孩的父親，從事全職工作的比例高達84%。[74]這樣的性別差異部分歸諸於社會對性別的期待不同，大部分的人都認為孩童的主要照護者應為母親，而且不平等的產假與父職假法規更深化這樣的社會期待。除此之外，性別薪資差距也是造成此現象的推手：在大部分的異性戀關係中，女性減少工時比較符合財務考量，因為女性通常是薪資較低的一方。

除此之外，我們還得考慮兒童托育的成本。英國教育部近期的研究指出，54%沒有出外工作的母親表示，「只要有方便、值得信賴且負擔得起的托育機構」，她們很願意出外工作。[75]然而為了家庭整體著想，她們無法這麼做。過去10-15年間，英國托育成本增長的速度遠遠超過通貨膨脹，[76]英國父母平均花費33%的家庭所得在兒童照護，遠超過經合組織的平均值：13%[77]。因此，英國不同社經地位的家庭使用兒童照護服務的比例最不平衡，遠比其他經合組織國家嚴重得多。[78]這也會打擊女性就業率：29%的英國婦女告訴麥肯錫公司，「生孩子後重回職場，並不符合經濟效益」，而中低收入的母親因相同考量而無法重回職場的比例將近一半。相比之下，會因此中斷職涯的父親不到14%。[79]

紐約的情況也大同小異。2012年，皮尤民調中心發現，全美國就屬紐約的孩童照護費用最昂貴。[80] 美國發展研究中心（The Center for American Progress）也發現，在紐約市長推動全民幼兒園（preschool）政策之前，「參與兒童照護援助計畫的等待名單中，有多達1/3的家庭失去工作或無法就業」。而在洛杉磯，隨著政府大刀闊斧的砍除幼兒園的預算，估計會有6,000名母親失去多達150萬小時的工作時數，1年就會損失共計2,490萬美元的薪資。

然而，要解決這個問題並不困難。一份研究發現，只要有穩定的孩童照護服務，媽媽保住工作的機率就會增加2倍。另一份研究指出，「政府出資的幼兒園計畫，能讓母親的就業率增加10%」。[81] 1997年，加拿大魁北克政府進行了一項實驗，為孩童照護服務提供補貼。一推動此計畫後，孩童照護費用立刻降低。到了2002年，家中至少有1名1~5歲幼兒的母親，就業率提升了8%，而且她們的平均工時1年增加了231個小時。[82] 後來也有數項研究發現，政府增加兒童照護服務的經費，與女性就業率提升有「強烈關聯」。[83]

把主要由女性承擔的無薪孩童照護責任，從看不見的勞動市場轉移到正式的有薪勞動市場，會促進良性循環：在英國，要是孩子不到5歲的婦女中，新增30萬人從事全職有薪工作，就能增加約15億英鎊的稅收。[84] 女性預算團體估計，增加的稅收（再加上社會保險福利的支出減少）就足以填補每年89~95%的兒童照護投資額。[85]

這樣的數字顯然只是保守估計，因為它根據的是現今的薪資水平；然而由全民出資的孩童照護服務，就像有合理給薪的產假與親職假一樣，有助於降低性別薪資差異。在丹麥，所有

26週-6歲大的孩童都能得到全天候的照護；2012年丹麥男女薪資差異為7%，自從推行全民孩童照護服務後，此數值連續數年不斷下降。在美國大部分的地區，孩童5歲後才能獲得政府提供的照護服務，而美國2012年的男女薪資差異是丹麥的2倍，且至今一直未能改善。[86]

我們常以為女性只是為了自己好才選擇照顧家人，從事無薪勞動。而因此獲益的也僅限於單一家庭。但事實並非如此。整個社會都仰賴婦女的無薪勞動，整個社會都因為她們的付出而獲益。當政府刪減那些用我們付的稅金建立的公共服務，這些需求並不會突然消失。那些工作只是轉嫁到女性身上，對女性的有薪勞動參與度產生負面影響，連帶降低了國內生產毛額。女性並不是單單出於「個人選擇」而從事無薪工作，是我們創造的社會架構迫使她們如此。當然，我們也能改變架構，讓這種情況消失。我們所需做的只是開始搜集資料，不再以男性偏誤，而是依照真實情況，重新設計我們的經濟結構。

第十三章

從女用皮包到男用皮夾

時間是英國2017年大選當日晚上11點。投票處已在1小時前關閉，而社群媒體開始盛傳一則謠言。年輕選民投票率增加了。大幅增加。這則消息讓人們非常興奮。「青年投票去」運動（The Youth Vote）的發起人與執行長艾歷克斯・凱恩斯（Alex Cairns）在推特發文：「消息人士告訴我，18~24歲的投票率約為72~73%！年輕人終於站出來啦！#2017大選」。[1]「青年投票去」是為了鼓勵年輕人參與英國政治而發起的社會運動。約莫2小時後，當時擔任全國學生聯盟（National Union of Students）主席的瑪莉雅・布提亞（Malia Bouattia）也在推特上提到同樣的數據，她的發文被回推了7,000次以上。[2]隔天上午，倫敦托登漢區的工黨議員大衛・拉米（David Lammy）也在推特表示恭賀之意：「18~25歲的投票率高達72%。你們太棒了，#2017大選。」[3]這篇推文被回推29,000次，多達49,000人按讚。

眾人連聲慶賀，但有一個問題：似乎沒有人拿得出任何相關根據。雖然如此，新聞媒體依舊轉述了這個說法，全都引用沒有根據的推特發文，不然就是援引其他新聞媒體。[4]到了聖誕節，牛津英文辭典決定選「青年震盪」（youthquake）一詞為年度詞彙，描述當時「年輕選民幾乎讓工黨奪得不可能的勝利」。[5]我們見證了一個喪屍數據（zombie stat）的誕生。

喪屍數據指的是死不了的假數據。它們之所以難以消失，一方面是乍聽之下，它們似乎合情合理。以英國2017年大選來說，結果幾乎與所有的選前預測相左，工黨席次大幅增加，因此人們需要一個答案。前所未有的年輕人投票率恰好滿足這個疑惑，於是一個故事誕生了，工黨討好年輕人，因此他們差點贏了。然而2018年1月，英國選情調查（British Electoral Survey）公布了新數據。[6]雖然數據的真確性引起一番爭議，[7]但調查顯示，所謂的「青年震盪」頂多只能算是「青年晃晃」。到了3月，要是談起「青年投票率大增」，重視信譽的人絕對會嚴正指示此說法有待求證，而那風光一時的數字「72%」已奄奄一息。[8]

英國的「青年震盪」可說是十分短命的喪屍數據。為什麼它沒能活得更久？部分原因在於，雖然在不記名的選票制度下，民意資料的準確度不可能百分之百，但我們依舊會搜集相關民意資料，而且是大量資料：選舉絕非乏人問津的研究主題。然而，要是喪屍數據出現在資料不足的領域，要戳破它可就沒那麼容易。

舉例來說：「窮人中有70%是女性。」沒人知道這個數據的出處，大部分都是回溯到一份1995年聯合國的人類發展報告，然而文中並未解釋引用來源。[9]但這句話被廣為傳播，從報紙文章、慈善團體和人權活動的網站及新聞稿，到國際勞工組織（ILO）和經合組織等正式機構的正式聲明和報告，都出現它的蹤跡。[10]

有人試圖戳破這個數據。《從貧窮走向權力》（*From Poverty to Power*）一書作者鄧肯・葛林（Duncan Green）就說這個數據「很詭異」。[11]「政治事實」（Politifact）求證網站專職作者強．葛林柏格（Jon Greenberg）則引用世界銀行的資料[12]，指出「貧窮的男女人口相當」，而且事實上，男人還稍微更窮一些。世界銀行的全球性別現況研究中心（Gender Global Practice）資深主任卡倫．葛洛恩（Caren Grown）則直白的抨擊此數據「無中生有」，解釋我們根本沒有依性別分析的資料，更別提「貧窮」一詞也沒有舉世公認的定義，因此絕無法斷言貧窮人口中究竟是男人多還是女人多。[13]

這就是揭穿謊言時，人們所面臨的最大問題。數據可能是假的，也可能是真的。但我們現在根本沒辦法確認。葛林柏格引用的資料的確提到貧窮非關性別，但那份調查報告雖然有令人驚豔的樣本數（「匯集來自73國的600項調查」），但絕對無法依此斷定女性貧窮的現象嚴不嚴重。建立精準的計算標準非常重要，因為數據資料會決定資源分配。劣等資料會讓資源分配不均。而我們現有的資料的確非常差勁。

目前性別貧窮的狀況是以家庭為單位來估算相對貧窮的程度，[14]兩方分別是由男性掌控資源的家庭（男性為一家之主），以及由女性掌控資源的家庭（女性為一家之主）。[15]然而，這樣的評估方式隱含2種假設前提，第一是一個家庭所擁有的資源會平均分配給所有家庭成員，每個家庭成員都享受同樣的生活水準。第二個假設是，不管一家之主是男還是女，每個家庭在資源分配上都沒有性別上的差異。然而，這2個假設實在不可靠。

我們先來聊聊，一個家庭裡的所有成員都享有同等生活品質這個假設。以家庭為單位估算貧窮程度，讓我們無法取得個體的貧窮資料，但在1970年代末期，英國政府在無意間建立了一個頗為方便的實驗，讓研究人員得以使用間接測定法（proxy measure）測試此項推論。[16] 1977年以前，英國兒童福利主要是透過減少父親薪資繳納稅額發放。1977年後，這項減稅措施調整為由母親領取現金，也就是說原本由男人取得的福利，重新分配後交到婦女手中。要是一個家庭的財富都平均分配，那麼「從男用皮夾轉入女用皮包」的福利轉變，應該不會影響金錢花用的方式。但實情卻非如此。以間接測定計算英國人花在服飾上的費用時，研究者發現這項福利政策連帶改變了國民消費，「和男用衣物相比，女用和兒童衣物的消費大幅增加」。

當然，1977年已經是很久以前的事，要是你期待這些年來事情已大有轉變，的確無可厚非。不幸的是，在英國，這是最近期的性別分析資料，因此我們無法得知目前情況如何。但我們的確找到其他國家近年的資料，包括愛爾蘭、巴西、美國、法國、孟加拉和菲律賓，然而它們看來並不樂觀。伴侶之間並未平均共享財富，當女性握有支配權，她們依舊比男人更願意把錢花在孩童身上（孩童一詞本身無性別之分，但藏有許多不平等現象[17]）。[18] 由此看來，除非英國是某個祕密的女性天堂，不然情況絕對跟1977年差不了多少；而我可以保證，英國絕不是什麼女性天堂。

更可嘆的是，英國政府決定推動一個名為「統一福利」（universal credit）的新制度。統一福利涵蓋數種福利和稅額減免（包括兒童稅務減免），而且不同於舊制，它會直接將津貼轉入每個家庭收入較高的人。[19] 然而在異性戀伴侶中，性別薪資差異使得收入較高者幾乎都是男性，因此收到津貼的人大多是男性。但我們無法確認明確數據，因為英國勞動與年金部（Department for Work and Pensions）根本沒有搜集性別資料，無人確知福利金究竟流向何處。基於此，至少在英國，性別貧窮的資料缺口只會愈來愈大。

現在知道男性與女性的消費優先順序並不相同後，我們對第二個推論的反應當然是一個大問號，也就是家庭成員的生活水平不會受一家之主是男是女所影響。現有資料都否定了此一推論。盧安達和馬拉威的調查都指出，女性為首的家庭與男性為首的家庭相比，前者的孩童比較健康——就算後者的收入比前者高，仍然如此。[20]

印度卡納塔卡邦2010年的家庭資產調查分析結果更令人震撼。[21]要是單單比較男女各為一家之主的情況，家庭的貧窮程度沒有明顯的性別差異。然而評估個人貧窮狀況時，卻出現駭人的性別差異。聽好了：生活貧困的人多達71%為女性。而在窮人之中，女性所受的剝削程度最為嚴重。更令人驚訝的是，那些窮困女性所處的家庭事實上並非「貧窮家庭」，這顯然證明我們萬萬不該以家庭資產評斷性別貧窮情形。

時候到了，我們該消滅那些喪屍推論。我們不該以為能以家庭為單位計算貧民人口，或者以為「女性擔任一家之主」對男性貧窮情形的影響，和「男性擔任一家之主」對女性貧窮情形的影響完全一致。這些推論都來自錯誤資料，以及未依性別分析的報告。不只如此，它們甚至讓性別資料缺口更加嚴重，影響了某些決策訂定的過程，對女性造成災難性的影響。

＋

在美國，幾乎所有已婚伴侶都會合併報稅。但這並非強制性的：他們可以選擇單獨或合併報稅。然而，稅制透過低稅率和特定稅項減免，強烈鼓勵伴侶合併報稅，因此多達96%的已婚伴侶會採取合併報稅。[22]實務上的結果就是，美國幾乎所有已婚女性都因此多繳了所得稅。

美國採用累進稅制，也就是說有好幾個級距。你賺進的第一個1萬美元所要繳的稅率較低，而第二個1萬美元的稅率會稍高一些，以此類推。舉個例子，你賺了2萬美元，而你的朋友賺6萬美元。你朋友賺的第一個2萬美元，付的稅率和你相同，你們都要付一樣的所得稅。但她一旦賺超過2萬美元，多出來的部分就必須繳更高的稅率。不過，要是你們剛好是已婚伴侶，並一同報稅的話，情況就大不相同了。一旦合併，你和你的伴侶就被視為單一經濟單位，擁有8萬美元的收入，而計算所得稅的方式也隨之改變。

已婚伴侶合併報稅時，必須「疊加」雙方薪資。收入較高者被視為「主要經濟支柱」，他們的收入以較低稅率計算，由於兩性薪資差異，主要經濟支柱通常是男人。收入較低者（通常是女性）被歸為「次要經濟支柱」，以較高稅率計算。回到上面的例子，一對分別賺6萬和2萬美元的伴侶，當中的2萬美元被當作家庭總所得8萬美元的最上層，因此要付的稅率是8萬美元中的最高稅率，而不是單付2萬美元的稅率。也就是說，賺2萬美元的人若與賺6萬美元的伴侶聯合申報，那麼他或她繳的稅，比單身時繳的稅率還高。

支持已婚伴侶合併報稅的人會反駁，這對伴侶一起付的稅金，比他們各自獨立申報所需付的稅金要少。的確如此。但我們已經發現，所謂「所有成員公平享有家庭資源」的假設根本不符實情，儘管已婚伴侶合併申報時付的稅較少，並不代表多出來的錢會流進收入較低者的口袋。然而要是她單獨申報，就不用付那麼多稅。而且我們還沒提到合併申報可能讓婦女面對更嚴重的財務剝屑和其他問題。簡而言之，現行美國對已婚伴侶的課稅方式，其實讓職業婦女陷於十分不利的處境。事實上，數份研究都指出，合併申報讓已婚婦女失去就業動機，[23] 而我們已經知道，這會減低國內生產毛額。

美國的稅制因為沒有考量性別差異，結果造成歧視婦女的窘境。但美國絕不是唯一的例子。近年有份論文指出，「許多經合組織國家」試圖立法降低兩性薪資差異，然而事實上這些國家的家庭稅務計算與減免補助制度反而進一步加深兩性差異，這實在令人困惑。[24] 英國和澳洲就是其中的2個實例，即使已婚伴侶分開申報所得稅，大部分的福利與稅收減免算法依舊違反了獨立報稅原則。

一家之中，要是收入較低者的收入低於11,500鎊，英國的婚姻津貼（Marriage Allowance）就會減免主要經濟支柱（多為男性）的所得稅。[25] 此種作法從兩方面加深兩性薪資差異：補貼男性收入，同時倒行逆施，鼓勵女性減少有薪工作時數。日本的已婚夫妻所得稅減免方案也有一樣的男性偏誤。自1961年起，「只要另一半的收入低於日幣103萬（約莫29萬台幣）」，一家之主（多半是男性）就能「獲得38萬日幣（相當於10.6萬台幣）的減免額」。日本勞動部2011年的調查指出，「刻意減少工作時數的已婚兼職女性中，超過1/3表示她們之所以這麼做，是為了保有所得稅減免資格」。[26]

阿根廷的稅收制度則藏著另一種性別偏誤。在阿根廷，受雇者所能獲得的稅額減免幾乎是自雇人士的4倍。這和性別有何關係？大部分男性通常受雇於正式經濟體，而女性在非正式經濟擔任自雇者的機率比較高。[27]因此，稅制實質上提供給男性的減免額比女性多。

為什麼如此多的稅收制度歧視女性？原因很簡單，因為我們並沒有系統化搜集稅收制度如何影響女性的資料。換句話說，背後推手就是性別資料缺口。根據歐盟議會2017年的報告，稅制對女性的影響「一直是未受研究的領域」，他們號召人們進行相關研究，按性別解析資料。[28]就連西班牙、芬蘭和愛爾蘭等國家，雖然以性別觀點分析國家預算，但他們的調查多半以國家支出為主，沒有重視稅制。奧地利是歐盟中「少數為稅制明定目標的政府之一，比如推動兩性應平均分配有薪與無薪勞動，鼓勵女性參與有薪勞動，降低性別薪資差異」。與此同時，一份2016年的調查發現，歐盟成員國中只有芬蘭和瑞典設有嚴格的個人所得稅制度。[29]

稅制的婦女問題絕不只是一家資源兩性均分的喪屍推論，還延伸到稅制理論本身——至少目前的稅制仍有很大的問題。自1980年代以來，世界各地的政府就不再那麼把稅制當作資源重新分配的手段，轉而把稅收視為抑制經濟成長的潛在原因，必須謹慎限制。結果就是，資本、企業和高收入者要付的稅比較少，而且有愈來愈多的漏洞鼓勵跨國企業和超級富豪靠鑽漏洞逃漏稅。這是基於不要「扭曲有效市場制度」的概念。[30]

這個架構只有在當稅制降低了婦女加入就業市場的動機，而可能對經濟成長造成影響時，才會意識到性別問題。沒有人在乎一個偏狹、只關心「經濟成長」的稅制如何犧牲女性，卻讓男性坐享其成。由於兩性的薪資差異，降低高收入者的所得稅時，獲益者多半是男性。同樣的，世上絕大部分女性的社經地位，都不足以讓她們用高薪聘用會計師，幫助她們逃漏稅。降低或沒有推行富人稅和資產稅，主要的獲利者也多半是男性，因為握有大量財富與資產的人士多為男性。[31]

但問題的核心不只是男性獲得的利益遠多於女性。這些有男性偏誤的福利制度所造成的代價多半由女性承擔，因為我們已經看到，要是出現某項服務缺口，通常是由女性以無薪勞動來填補。女性預算團體在2017年指出，當英國政府的撙節政策嚴重衝擊女性，「稅制減免讓男性獲得不合比例的利益，到了2020年，這會讓財政部每年損失440億英鎊」。[32]這包括了燃料稅與酒品稅減少90億英鎊，公司稅減少130億英鎊，而增加所得稅和提高國家保險門檻則進一步讓政府損失220億英鎊。這些稅務減免累積起來，遠超過社會保險支出一年的刪減額——由此看來，政府並沒有資源不足的問題，而是優先支出順序的（性別）差異。

低收入國家有稅收過低的問題，而跨國逃漏稅技巧讓這個問題更加嚴重：跨國公司常常「和開發中國家協商免稅期或各種補助措施，當作讓企業前往當地投資的條件」，據估計，每年開發中國家為此付出1,380億美元的成本。當然，支持者會宣稱唯有免稅和剝削便宜勞工才能吸引大型企業前去投資，不然還能怎麼辦呢？事實並非如此。經合組織發現，「企業投資開發中國家時，政府的獎勵措施鮮少是他們的首要考量」。[33]相反的，便宜的女工對企業主來說倒頗具吸引力。儘管如此，有時「國際金融組織會強迫開發中國家提供優惠稅制作為交換條件」。[34]

英國的稅制減免額遠超過政府支出的刪減額，同樣的，國際貨幣基金會估計發展中國家每年因逃漏稅而損失的稅收，高達2,120億美元，完全超過他們所收到的援助金。[35] 全球未記錄的離岸金融財富（offshore financial wealth）中，估計超過1/3集中於瑞士，為此聯合國近期質疑「瑞士的稅制與金融保密制度，對全球女權產生負面效應」。[36] 經濟與社會權利研究中心（Center for Economic and Social Rights）2016年的分析報告指出，多國銅業公司藉由逃漏稅所省下的錢，比如總部設在瑞士的嘉能可公司（Glencore）在尚比亞避的稅，足以支付尚比亞60%的全國健康衛生預算。經濟與社會權利研究中心也估計，「瑞士光一間銀行分行的存款所創造的12億美元直接稅收，就相當於印度政府女權支出費用的44%，也相當於印度2016年全國社會支出的6%。」[37]

政府需要錢，他們只能想辦法彌補這些損失。許多政府都轉而提高消費稅，因為徵收消費稅不是難事，也不容易發生逃漏稅的情形。低收入國家「藉由加值型營業稅（又稱增值稅）之類的間接稅，可增加2/3的稅收，跟所得稅相比，前者占後者的1/4再多一點」。[38] 國際勞工組織近年一份分析發現，世界各地多達138個政府（93個開發中國家和45個已開發國家）不是計劃提高就是打算擴展消費稅，甚至雙管齊下，而加值型營業稅都是他們的主要手段。[39]

提高消費稅嚴重損害女性的權益。不只是因為女性貧窮（一個人愈窮，花在消費的薪資比例就愈高）的比例較高，而且購買食物和家用品的任務多半落在女性肩上。再加上女性的有薪工作機會通常工時比較有彈性（性別薪資缺口是一大原因），因此提高加值型營業稅會迫使女性花更多時間從事無薪勞動，以自家生產取代出門購買。

雪上加霜的是，政府決定課徵哪些產品的加值型營業稅時並未考量到性別差異，這是因為我們欠缺與消費稅率和減免所造成的影響相關的性別分析資料與研究。[40] 被視為「民生必需」的產品通常不會被課徵加值型營業稅，因此在英國，被視為必需品的食物沒有加值型營業稅；iPhone手機不是必需品，因此有加值型營業稅。然而，男人眼中的奢侈品可能是女性的必備品，世界各地的女性一直發起各種運動，要求以男性為主的立法人員把個人衛生用品視為必需品，而不是得課徵增值稅的奢侈品。然而在某些國家，她們尚未成功。

世界各地把稅制視為促進市場發展的客觀涓滴（trickle-down）① 力量，但稅制對兩性分別造成截然不同的重大影響。政府根據未做性別分析的資料，和男性是人類預設值的思考模式，訂下稅制。再加上我們沒有考量女性對國內生產毛額的貢獻，也沒有在安排國家支出時考量女性的需求，因此全球稅制不但沒有減輕性別貧困的問題，反而讓這個問題進一步惡化。要是世界決心消滅不平等，我們就該落實以實證為基礎的經濟分析，把這視為當務之急。

①指的是為富人及企業減稅，以圖朝下惠及所有人的經濟概念。

第十四章

女權正是人權

我們在前兩章揭露了政府的思考模式隱藏了多麼嚴重的性別資料缺口，結果就是政府訂立了充滿男性偏見、對女性有害無益的政策。造成資料缺口的其中一個原因是沒人搜集資料；但另一個原因則是，世界各地的政府官員多半以男性為主。我們可能沒想到，被男性掌控的政府也是性別資料缺口困境的一環，但事實證明，政府的確該廣納女性觀點。

美國從1980年代到2000年代的數份研究都揭露，婦女比較會把女性議題列為優先，也比較願意贊助女性法案所需的經費。[1]英國最近有份研究分析自1945年以來，女議員在國會的影響力，指出女議員更願意為婦女議題發聲，推動家庭、教育和照護相關的政策。[2]另一份報告[3]則分析1960~2005年間，經合組織19個國家[4]的女性代表影響力，也發現女政治家比較重視與婦女有關的議題。

同一份研究還發現，女性政治人物不只會為婦女發聲，也會化言語為行動。隨著希臘、葡萄牙和瑞士出現愈來愈多的女性民意代表，這些國家的教育投資也隨之增加。相反的，愛爾蘭、義大利和挪威在1990年代後期的女民意代表比例下降，這些國家隨之出現「教育經費占國內生產毛額的比例遞減」的現象。即使女議員人數只增加1%，一國的教育經費占比也會跟著上升。同樣的，印度2004年的研究分析西孟加拉邦和拉加斯坦邦的地方議會，發現當議會保留1/3的席次給女議員，政府就會多投資與女性需求相關的基礎建設。[5]另一份2007年的研究則審視1967~2001年間的印度女性民意代表人數，發現只要增加10%，「都會地區民眾得以接受初等教育的機率」就增加了6%。[6]

簡而言之，長達數十年的證據都指出同一件事：從政的婦女愈多，愈能影響哪些法令付諸實行。因此，也許，只是也許，當伯尼・桑德斯表示：「有人說『我是女人！投給我！』，但這樣的說詞不夠有力哪。」也許是他錯了。問題重點不是某人認為身為女人就夠了，問題在於沒人發現，單單身為女人還真能帶來改變。相反的是，似乎有不少人認為，只要一名候選者是女性，這就是**阻止他們**投票給她的好理由。2016年美國總統選舉後不久，《大西洋》期刊發表了中間選民焦點團體的訪談結果。[7]而其中最大的重點就是，人們認為希拉蕊的野心實在太大了。

這並不是什麼石破天驚的意見。許多人都如此批評她。記者安・艾普鮑姆（Anne Applebaum）說：「希拉蕊的野心太大、太驚人，而且荒謬。」[8]好萊塢的商業鉅頭大衛・葛芬（David Geffen）是民主黨的重要金主，甚至「曾是柯林頓的盟友」[9]，而他說：「老天有眼，世上有誰的野心比希拉蕊更大？」[10]前國務卿柯林・鮑威爾（Colin Powell）則說她懷抱「肆無忌憚的野心」。[11]桑德斯的競選團隊總幹事則表示：「不要只為了滿足國務卿的野心，而毀了民主黨。」[12]當然還有好棒棒的朱利安・阿桑奇（Julian Assange），說她「活生生被自己的野心吞噬」。[13]在這個意見分歧的時代，看來人人都同意希拉蕊的野心太超過。這樣的說法實在太受歡迎，甚至躍登《洋蔥報》（*Onion*）頭條：〈希拉蕊亟欲成為美國第一名女總統〉。[14]

想以女性之姿登上世上最高的權力寶座，開創前無來者的先例，一名女性的確必須具備強大的野心才行。然而，一名失敗的商人兼毫無政治經驗的電視明星宣布競選角逐全球第一的總統大位，你也能說他野心太大了，不是嗎？然而對川普來說，野心太大絕不是種批評。

為什麼我們會認為希拉蕊的野心「太超過」呢？加州大學伯克萊分校的心理學教授魯道夫·門多薩—丹頓（Rodolfo Mendoza-Denton）對此提出認知心理學上的解釋。[15]她「奮勇向前的領域，人們向來深根柢固地認為那是男人的領域」。門多薩—丹頓解釋，因此選民覺得她宣布競選總統是件違反常態的事。他寫道，違反常態「本身就是會讓人反感，常會引起強烈的負面情緒」。

為什麼人們認為強勢的女性違反常態？原因十分簡單：性別資料缺口。以我個人為例，在我成長的過程中，我深受一個迷思影響。我相信女人就是……不太中用。是的，我真的這麼相信。有一部分是因為媒體詮釋女性的方式（熱愛消費、只在乎小事、不理性），另一部分則是因為女性不受重視，沒有足夠的代表性人物。我們的學校課程、新聞媒體和大眾文化中，幾乎沒有女性存在，而我和許多女孩在這樣的環境中長大，深信榮耀並不屬於我。沒有人告訴我，有哪些女性值得我崇拜仿效，不管是過去或當代人物。沒有人期待我成為女政治家、女權運動家、女作家、藝術家、律師，或首席執行長。人們要我崇拜的對象都是男人，是故在我腦中，權力、影響力和野心之類的詞彙，都與男子氣概畫上等號。說實話，我相信自己也曾對那些違反常態者感到厭惡。我樂於接受掌權的女人野心太強的概念——而我們都知道，野心太強的女人就是「婊子」。

一個女性妄想成為總統是一件不淑女的事，這就是令人厭惡的真相。2010年一份研究發現，男性與女性政治人物都被視為追求權力的人，但只有女性會因為追求權力而遭受批評。[16]同樣的，門多薩—丹頓主持的一項研究發現，人們會依語境評判男性與女性的「強勢」程度。[17]要是提到刻板印象為「男性」的話題，比如汽車維修、華爾街、美國總統，即使男女都說出同樣的話，人們也會認為女性太過強勢。相比之下，在「女性」的語境中，比如選擇窗簾、策劃孩子的生日派對等話題，男性就算表現強勢，大眾也會樂於接受，只會覺得這很少見；然而不管在任何情境下，女性只要表現強勢就會引人反感。強勢的女人就是霸道專橫。

兩位心理學教授蘇珊·費斯克（Susan Fiske）和米娜·希卡拉（Mina Cikara）寫道，社會之所以貶抑追求職場權力的女性，原因之一是社會認為女性的長處是溫暖親切、擅於照顧人，這是她們的社會權力，「也是讓女性放棄與男性競爭的安慰獎」。[18]女性象徵的社會權力因此在本質上與職場權力有所矛盾：要是女性希望被社會視為能幹的人，人們就不可能把她看作溫暖親切的人。

那又如何？人們討厭妳，認為妳冷如冰霜。那又怎樣？吞下去。怕熱就別進廚房，是吧？

大錯特錯。除非男人也會被人批評冷漠，這樣的說法才能成立。然而，人們不會因為男人冷漠而批評他們。前述的2010年研究不只發現人們認為女性政治人物比較冷漠，也發現男女受試者會因此燃起自以為正義的怒火，對這樣的女性表示輕蔑，感到惱怒，甚至唾棄她們。但一換成男性政治人物，結果便大不相同。牛津大學實驗心理學副教授莫莉・克羅基特（Molly Crockett）解釋為何有這樣的差異：漠不關心的女性被視為違反常規，但漠不關心的男人並非如此。她告訴我：「人們對性別的期待不同，平均而言，人們認為女性就是該比男性更有親和力，更符合社會期望。」因此，要是女性沒有符合人們所謂的「道德」標準，會帶給我們更強烈的震撼；就算完全不合邏輯，也無法改變這樣的觀點。

這些議題的性別差異如此強烈，也許你期盼早有研究者投身此領域，戳破性別資料缺口。事實不然。當我找到一篇2017年1月發表的論文，標題為〈面對排擠：人們對面容親切度與能幹度的看法，影響了社會排擠（social exclusion）的道德判斷〉時，[19]想像一下我有多興奮啊！既然蘇珊和米娜的研究已經指出，人們對女性的親切／能幹的二元看法，這篇論文想必十分有用。作者群解釋：「跨團體研究已指出，社會排擠的道德判斷，會隨人的長相而改變。」也就是說，當社會放逐或排擠某人時，該人的長相會影響人們對該人的處境是否公平的判斷。

多麼有趣的研究。不幸的是，作者群「基於測試效率，在實驗中只使用男性臉孔為例」。明明女性受社會觀點的影響最大，但這個實驗卻對她們毫無幫助。蘇珊和米娜解釋，性別是「顯著的社會類別，甚至沒有其他的因素比性別的影響更大」，因為性別的刻板印象是無意識的，而且是瞬間浮現：「一看到女性，人們就會依據脈絡聯想到一連串特定的特徵和特質」。雖說如此，至少那群作者的測試很有效率。

「倫理學文獻中幾乎無人重視性別差異，這實在太令人吃驚了，」莫莉表示。換個角度來看，也許這完全不令人意外。莫莉告訴我，道德倫理領域的研究「真心想要揭開全人類的真相」。她一提到「全人類」，我腦中立刻響起「男人是人類預設值」的警鈴。許多道德倫理界的學者都對「什麼是對的事，抱持非常平權、實用、公正的觀點」，莫莉繼續說道，而他們或許也把這些常規強行套用在「我們進行的研究上」。我腦中的警鈴響個不停，都掉到地上了。

不過她接下來說的話，多少解釋了為什麼女性明明占了這個世界一半人口，「男人才是預設值」的思考模式卻如此根深柢固。「這是人類心理的特色，」她解釋。人們傾向把個人經驗鏡射為大部分人的經驗。在社會心理學中，這種想法有時被稱為「素樸實在論」（naive realism），有時則被稱為「投射偏誤」（projection bias）。簡而言之，人們習於把自己的思考模式和行為視為通則，視為正常。以白人男性來說，這樣的偏誤因文化投射更加深植人心，更容易把自己的行為視為典型。你也可以說，確認偏誤進一步加強了投射偏誤。這也能進一步解釋，為什麼男性偏誤常穿上性別中立的外衣。要是掌握權力的人多半是男人——事實也的確如此——那些握有權力的人當然看不出來自己受到偏誤影響。對他們來說，充滿男性偏誤的想法只是常識罷了。然而所謂的「常識」，其實是性別資料缺口的產物。

以為男性偏誤就是公正、適用於全人類的常識，代表了當人們（男人）遇到有人試圖推動真正公平的遊戲規則時，他們就會把焦點全投注在那個人身上（也許這是因為他們把那個人視為偏差值）。2017年的一篇論文發現，白人男性領導者推動多元政策時會受到世人讚許，但要是推動多元政策的領導者是女性或少數民族，反而會蒙受批評。[20] 其中部分原因來自提倡多元價值、鼓勵增加婦女和少數民族參與，正好提醒了白人男性這些女性／少數民族領導者的女性／少數民族身分。一連串的刻板印象再次浮現他們心中，覺得這些人是多麼霸道、強勢、冷漠……。相反的，當少數民族和女性領導者「沒有特別強調多元價值，就能避免誘發負面的刻板印象」。最後，實證指出即使大部分女性不願承認，但她們心底其實知道一個真相：順從父權會為女性帶來短期的個人利益。只是這有一個小問題：她們能以此為自己爭取到多少時間？

上述研究指出，女領導者「強調多元價值」時會提醒人們她的性別，進而喚起內心對女性的刻板印象。這也許解釋了為什麼希拉蕊說了那麼多話，桑德斯卻認為她在說的全是：「我是女人，投票給我。」事實上根據資料，真相剛好相反。線上新聞媒體《沃克斯》（*Vox*）的記者大衛・羅伯茲（David Roberts）分析希拉蕊言談中的字彙頻率，發現她「最常提到的字眼是勞工、工作、教育和經濟，正是那些人們指責她忽略的領域。她提到工作的次數多達600次，相比之下，她提到種族歧視、女權和墮胎的頻率，各只有數十次。」然而，美國作家蕾貝卡・索尼特（Rebecca Solnit）在《倫敦書評》（*London Review of Books*）中評論美國總統選舉時，表示「人們總認為希拉蕊一直在討論她的性別，事實上，明明是其他人不肯停止討論她的性別」。[21]

＋

從大面向來說，這一切都指出民主並非公平的競技場：它歧視女性，阻礙女性當選。這是個嚴重問題，因為男性與女性民意代表絕對會為政治帶來不同的觀點。生理與心理的性別差異，都讓女性的人生體驗與男性大不相同。社會對待她們的方式與男人不同。她們的生活經驗也與男人不同，這都導向與男人相異的需求和優先考量。一個以男性為主的議會，就像一個以男性為主的產品設計團隊一樣，會因為性別資料缺口而做出不公平的決策，讓國家無法公平的對待婦女。而世上大多數的政府，大多數的成員都是男性。

2017年12月，世界各地國會的女議員人數平均約占議員總人數的23.5%，然而這數字並未揭露嚴重的地區差異：北歐國家的占比平均為41.4%，然而阿拉伯國家的國會中，女性只占了18.3%。[22]女議員人數低於10%的國家多達31國，其中有4國甚至沒有女議員。而大多數國家都無意改善男女議員不均的問題。

英國政府女性與平等委員會（Women and Equalities Committee）2017年的報告中，向政府提出了6個增加國會女議員人數的建議。[23]然而它們全遭到拒絕。[24]其中一項建議是，政府在地方與全國選舉中推動全女性候選人名單，同時將相關法令的實施期限從目前的2030年進一步延長。英國的政治制度中，每個政黨都會為每個選區舉行內部推選，依此決定大選時各選區的候選人。要是政黨希望推出一名女性候選人，在政黨內部競選時，就會推出全女性候選人名單。

英國1997年的選舉首次出現全女性候選人名單。1997年1月公布的世界各地女議員人數排名，英國、拉丁美洲的聖文森和格瑞那丁（St Vincent & the Grenadines）、安哥拉三國並列第15名；當時英國下議院的女議員只占了全體的9.5%。[25]然而，英國在同年12月登上第12名，因為5月辦了選舉。那一年，英國主要反對黨工黨首次使用全女性候選人名單。效果驚人的好。工黨的女性議員人數從37名一口氣增為101人，而全體議員的女性人數從60人增為120人。

2017年的英國大選，工黨在50%有望拿下的選區使用了全女性候選人名單；工黨最後提出的候選人名單中，多達41%為婦女。保守黨和自由民主黨都沒有使用全女性候選人名單，最後提出的名單中，婦女占比各為29%。2018年英國下議院女議員人數占了32%，在全球排名第39名，遠低於1997年。其中原因之一是其他國家已迎頭趕上，另一部分則是因為取得大多數席次的保守黨依舊沒有推行全女性候選人名單。工黨議員中女性占了43%，而保守黨議員中只有21%為女性。

顯然工黨推行全女性候選人名單，大幅增加了英國國會中的女議員比例。然而，政府拒絕將全女性候選人名單的合法期限延到2030年之後，等於英國民主政治根本打算繼續延續男性偏誤。也許他們還不明白女性政治人物參與立法會造成多大的影響。或者他們根本心知肚明。

更令人困惑的是，英國政府拒絕將全女性候選人名單制度延伸至地方選舉，因為地方政府的女性民意代表人數更是少得可憐。英國政府不斷權力下放，旨在讓權力回歸各地社群，也就是當地政府。英國每年撥給地方政府多達940億英鎊的經費，因此地方政府扮演重要角色，有權提供婦女特別需要的各種服務。然而，福西特協會於2017年委託調查的報告卻揭露，政府權力下放的結果，就是權力重回男性手中。[26]

福西特協會的報告揭露，英格蘭和威爾斯地區共有9處的地方政府官員清一色全是男性，且只有33%的地方行政首長為女性。英格蘭的地方議會中，每3名議員只有1人為女性，20年間只增加了5%。6個大型城市不久前舉行市長選舉，所有的當選人都是男性；其中利物浦的市長選舉中，所有的主要政黨都提出男性候選人。而在權力下放的地區，只有12%的政府官員為女性。

可惜的是，我們只有福西特協會的數據，沒有其他證據，因為政府並沒有搜集相關資料。要是連福西特協會也不再進行調查，那麼我們根本無法監督。然而，政府之所以拒絕將女性候選人名單制度延伸至地方議會或市長選舉，竟然正是因為該制度的成效「尚未完全建立證據基礎」。[27]事實上，就連女性與平等委員會提出的建議中最基本的一點，也就是強制政黨搜集候選人多元性程度的資料並公布於世，也遭到政府拒絕，而政府的理由是「這會增加規範章程的負擔」。看到這種情況，任何希望英國民主掙脫男性偏見的人恐怕只能失望了。

女性與平等委員會在報告中提出的6項建議，有3項都是實施配額制，它們會遭到拒絕其實一點也不令人意外：英國政府傳統向來反對配額制，認為這種制度反民主。然而世界各地的證據都顯示，實施性別配額制其實不會讓政壇被一大群無能婦女占據，不會引發可怕的後果。[28] 事實上，就像倫敦政經學院對工作配額制的研究一樣，探討政治配額制的許多研究都發現，性別配額制只會「在整體上提高政治人物的資格標準」。既然如此，性別配額制只是矯正了隱藏的男性偏誤，真正反民主的其實是現行制度。

配額制的形式，隨一國的選舉制度而變。英國共有650個選區，每區可推出1名議員。這名議員的人選由「簡單多數制」（first past the post）決定，也就是說得票最多的人就能進入國會。每個政黨在單一選區都只提出1名候選人，因此在簡單多數制下，確實能矯正男性偏誤的唯一辦法就是提出全女性候選人名單。

瑞典則使用政黨名單比例代表制（proportional representation）。在此架構下，每個選區都有一組議員，當選者由比例代表制決定。選舉前每個政黨在每個選區都提供一組候選人名單，依照優先順序排列。投票後一黨獲得的票數愈高，名單中就有愈多候選人當選，得以代表此選區。排在名單愈後面的候選人，贏得席次的機率愈低。

1971年時，瑞典國會中只有14%的議員是女性。[29] 社會民主黨（Social Democratic Party，簡稱社民黨）決定降低如此顯著的性別差異，首先於1972年建議候選人名單應包括「更多女性」。[30] 到了1978年，社民黨進一步建議，候選人名單應該反映女性黨員的比例，而在1987年甚至訂下女性候選人數不該低於40%的目標。然而，這些方法都無法顯著增加女性議員當選的比例：就算政黨的候選人名單中女性多達一半，但要是都被排在名單後半部，那麼她們贏得席次的機率當然很低。

於是，社民黨在1993年首次推行所謂的「拉鍊式」（zipper）配額制。政黨必須提出2份名單，分別是男女候選人名單。接著「拉鍊」式的結合這2份名單，形成男女交替排列的最終名單。隔年選舉的結果是，女性人數躍升8%[31]，從此之後，瑞典女議員比例從未低於40%。[32]不幸的是，由於近年不願實施性別配額制的右派勢力增強，因此瑞典國會的女性比例如今呈下降趨勢。

以此和南韓相比就能證明有時看似性別中立的制度（比如選舉系統），其實深刻影響了女性代表度的高低。南韓使用混合式選舉制度（mixed electoral system），國會中約莫有18%的席次由比例代表制決定[33]，其餘則和英國議會一樣，各選區經由簡單多數制選出1名代表，也就是單一選區制。這2種制度都有女性配額。

2004年的選舉中，比例代表制的女性配額由30%增加為50%，南韓國會的女性民意代表人數一口氣加倍。這聽來是驚人的成果，但在此之前南韓女議員人數很少。因為在比例代表制的席次上，各政黨的配額比例雖然多半符合標準，但單一選區制的狀況大不相同。儘管照理來說，30%的候選人應為女性，但在近年的選舉中，新世界黨的單一選區代表名單中，女性候選人只占了7%，民主統合黨的名單中，女性只占了10%。要是民主統合黨和新世界黨都能落實比例代表制和單一選區制的配額要求，那麼南韓國會的女議員人數本該占33.6%。然而，目前女議員的比例為15.7%。

為什麼兩種制度都實施配額制，卻會造成如此懸殊的結果？因為簡單多數制和單一選區制都是零和賽局（zero-sum

game）。[34]贏家得到一切。雖然從大處來看，在這種體制下推動全女性候選人名單是改善不公平制度的合理辦法，但從小處而言，當然會有人感到不公平——特別是當某名男士因此失去競選權利之時。

英國工黨黨員彼得·傑普森（Peter Jepson）和羅傑·迪亞斯—艾略特（Roger Dyas-Elliott）就是被剔除的人。這兩人在1996年控訴工黨，宣稱全女性候選人名單違反了1975年的《性別歧視法案》。我們已經知道看不見的正面歧視（positive discrimination）對男性有利，可以想見他們的抗議並不符合《性別歧視法案》的初衷。然而，傑普森和迪亞斯—艾略特卻打贏了這場官司。全女性候選人名單被視為違反法令好一陣子，直到工黨執政後，在2002年的法案中准許實行全女性候選人名單，將合法效期訂為2015年。在2008年，工黨當時的副黨魁荷莉葉·哈曼（Harriet Harman）宣布將此法案效期延至2030年。[35]與此同時，最近一則關於迪亞斯—艾略特的消息是，由於他寄了一隻死鳥屍體給對手議員的妻子，被法院判了禁制令。[36]

放眼世界各地，女性政治人物能見度較高的國家通常都使用比例代表制。[37]知道了這一點，再加上南韓和瑞典的前例，也許英國的女性與平等委員會不該一開始就建議推行配額制。要是他們真心期待國會有多一點的女議員，也許他們該要求的是全面改革選舉制度。然而，增加女議員人數只是這場抗爭的前半段而已；要是女性當選後卻無法在國會有效發揮影響力，那麼我們就只成功了一半。事實是，她們的確在國會遇到種種困難。

研究弱勢國家（fragile states）領域的專家克萊兒・卡斯第葉荷（Clare Castillejo）寫道，由於女性遭到由男性主宰的人脈網絡排擠，女性政治人物對政府的影響力受到限制。[38] 女性也許能參加正式座談會，但要是男人退到密室裡，私下建立利益交換網絡——克萊兒指出，發生爭執後，最容易發生這種情況[39]——在「女性無法涉足的非正式場合」進行真正的討論時，女性就無法發揮影響力。[40]

男人將女性排除在決策過程之外的情況實在屢見不鮮。充滿男性偏見的體制排擠帶有女性生活經驗與觀點的性別資料時，這也是十分有效的手段，不過最有效的當然是直接在選舉時就淘汰女性。2011年有份以美國議員為對象的調查，發現多達40%的女性不同意下列說法：「我所屬議會的議長在做出重大決定時，向女性徵詢意見的機率和男性相同。」有趣的是，不同意的男性只有17%。[41] 同樣的，英國2017年一份地方政府報告指出，「地方政府中非正式的人脈網絡才是真正的權力中心」，而且女性「難以加入」。[42]

然而事實上，男性政治人物就算不躲到只有男人的安全空間，還是能用其他辦法排擠女性。即使男女齊聚一堂，男人也能透過各種手段打壓女同事，而且他們也確實這麼做了。其一是打斷發言：一份2015年的研究指出，男性打斷女性說話的次數，比女性打斷男性的次數多2倍，結論就是，「女性發言被打斷的機率遠比男人高」。[43] 美國2016年總統大選前夕，一場90分鐘的電視辯論會上，川普打斷希拉蕊51次，而希拉蕊只打斷川普17次。[44] 不過，熱愛打斷女性發言的可不只有川普。記者邁特・勞爾（Matt Lauer）打斷希拉蕊的次數，高過他打斷川普的次數。附帶一提，後來勞爾因為數項性侵指控而丟了工作。[45] 雖然研究發現這場選舉中，希拉蕊是最誠實的競選人[46]，但勞爾「質疑希拉蕊的次數較為頻繁」[47]。

男性排擠女性的另一個手段，是擺出高人一等的架勢。其中一個惡名昭彰的例子，就是英國首相大衛・卡麥隆（David Cameron）在2011年對工黨議員安潔拉・伊格爾（Angela Eagle）說的名句：「親愛的，冷靜點。」[48] 議會聯盟（Inter-Parliamentary Union）在2016年調查全球議會的性別歧視及女性遇到的暴力與騷擾，歐盟議會的一名議員表示：「要是議會中有女性發言太大聲，就會有人『噓』她，把手指放在唇間，就像大人對小孩做的那樣。但要是男性講話太大聲，絕沒有人會這麼做。」[49] 一名女性則表示：「老是有人問我我想說的事真的那麼重要嗎，質疑我是否真有必要發言，就連和我同黨的男同事也這麼問。」還有些人會使出更無恥的手段。阿富汗議員法齊婭・古菲（Fawzia Koofi）告訴《衛報》，男議員會以威脅迫使女議員噤聲，要是不管用的話，「主席就乾脆關掉我們的麥克風」。[50]

這讓我們注意到，當國會由某人決定發言時間長短，而且那人通常是男性時，情況對女性有多麼不利。一名來自撒哈拉以南非洲國家的議員（此報告為了確保發言者匿名，並未明列國家名稱）告訴議會聯盟，議會主席向一名女同事施壓，要和她發生性關係。女同事拒絕後，主席「再也不給她機會在國會發言」。然而，就算沒有求愛遭拒，主席還是會阻止女議員發聲。一名來自亞洲的女議員表示：「我剛加入國會時，議事規範總是提及男性的發言，而且平時男議員總是優先獲得發言權。」

議會聯盟報告做出結論，性別歧視與針對女性政治家的騷擾與暴力，是一種「跨越國界的現象，存在於每個國家，只是程度有別」。報告發現，多達66%的女議員經常遇到男同事向她們發表厭女言論，從貶抑（「妳比較適合去演情色片」）到威脅（「她得被強暴過，才會知道外國人都在做什麼」）都有。

政治辱罵（Political abuse）是明顯針對性別的現象。[51] 美國2016年民主黨初選期間，希拉蕊在推特上收到的侮辱性發文，幾乎是桑德斯的2倍。最常用來稱呼她的字眼是「婊子」。婊子也是推特發文中最常用來批評澳洲前總理朱莉亞・吉拉德（Julia Gillard）的字眼。她在2010-2014年間收到的侮辱訊息，是政治對手凱文・陸德（Kevin Rudd）的2倍。一名歐盟議員告訴議會聯盟，她曾於4天內在推特上收到超過500則強暴威脅。[52] 另一名女性則收到威脅她兒子人身安全的訊息，對方傳給她「他的年紀、上的學校、班級……等等資訊，威脅要綁架他」。

然而，有時這可不只是威脅。接受議會聯盟訪談的女議員中，每5人就有1名表示「曾經遭遇1次以上的性暴力行為」，且有多達1/3表示她們見過女同事遭受性暴力。阿富汗2010年選舉期間，幾乎所有的女性候選人都接過威脅電話，[53] 有些女議員必須仰賴全天候的保護。[54] 阿富汗女議員法齊婭在2014年告訴《衛報》：「我幾乎每天都擔心自己的人身安全。」[55] 1年後，她有名女同事死於汽車炸彈事件——這是3個月內阿富汗第二起女性政治人物被攻擊的案例。[56]

隨著女性政治人物增加，反女性的暴力事件也更加頻繁發生。世界各地（包括神聖的斯堪地那維亞）的研究都指出，當女性民意代表人數增加，人們對女性政治人物的敵意也更加強烈。[57]而且敵意常來自她們的男同事。美國與紐西蘭的數份研究[58]都發現，「一旦女性民意代表人數大幅增加，在委員會聽證會及議員辯論時，男議員就會發表更具攻擊性與控制欲的言論」。另一份研究則發現，美國國會的女議員比例增加時（別忘了，美國國會只有19.4%的女議員[59]），女性在黨內爭取領導地位的難度就更高。[60]美國及阿根廷則有研究[61]進一步揭露，女議員人數增加，「可能造成女性推動法案的成功率下降，同時她們也更難加入『男性化』且『位高權重』的委員會」。[62]同樣的，美國的分析報告也注意到，要是人權議題被包裝為女權議題，男性政治人物支持法案的機率就會降低；要是一項權利法案的主要倡議者是女性，就容易被敷衍對待，各州政府也比較不願意投入資源。[63]看來所謂的民主早已支離破碎，至少女性被排除在外。

女議員隨時處於激烈的心理戰爭中，工作表現自然也會受到影響。許多女性都告訴議會聯盟，她們的行動受到限制，必須在天黑前回家，或者必須有人同行才能獲准出差。[64]其他女性則會自我審查，刻意迴避女性議題[65]（此舉容易激起最猛烈的敵意）。[66]有些女性甚至完全放棄在社群媒體發聲，然而這讓她們「喪失傳達理想、辯論意見的舞台」。

還有人乾脆舉手投降。亞洲和拉丁美洲施加於女性政治人物的暴力，降低了婦女再次競選的意願；她們的任期比男性政治人物短，通常幾個會期後就離開。[67]「我不知道下次選舉時，我會不會參選，」一名亞洲議員向議會聯盟表示，「我必須為家人著想，減少他們受到的傷害。」68 與此同時，瑞典地方政府中1/3的女性政治人物表示，「因為遭受威脅，而考慮放棄職位」。69

女性政治人物所面對的種種欺凌，讓愈來愈多的女性一開始就不願從政。一項培養未來女性領導人的英國計畫中，多達75%的女性表示，網路上對女性政治人物的性別歧視，「是讓她們猶豫要不要從政的考量之一」。70 在澳洲，18~21歲之間的年輕女性有多達60%表示，媒體對待女性政治人物的方式讓她們不想參與競選，且多達80%的31歲以上女性都這麼說。71 奈及利亞2011~2015年間當選國會議員的女性政治人物「明顯減少」，而美國民間組織國家民主研究機構（National Democratic Institute）發現，這可能是「女性官員遭遇的暴力與侵犯」所造成。72 我們已經知道，女性代表一旦減少，性別資料缺口就會隨之擴大，而滿足女性需求的法案也比較難以通過。

證據夠清楚了：現今的政治運作方式對女性並不友善。也就是說就**技術**而言，這是一個男女共享的競技場，但事實上女性處於弱勢，在比較不利的情況下與男性競爭。這就是建立政治架構時沒有考量性別差異的結果。

雪柔．桑德柏格在著作《挺身而進》中略述自己如何在充滿敵意的工作環境中生存，而她的建議是女人應該鼓起勇氣，奮勇直前。當然這是種解決辦法。雖然我並非女政治家，但身為一名女性公眾人物，我也受過各種威脅，也必須面對他人的侮辱。雖然我要說的話可能不太中聽，但我還是得說，我們這些不畏風雨打擊的婦女必須擔起重責大任。我們收到的那些威脅，全出自恐懼的心理。事實上，這是一種性別資料缺口引起的恐懼：有些男人在充滿男性聲音與男性臉孔的文化中長大，害怕女性會奪走本該屬於他們的權力與公共空間。我們必須填補文化的性別資料缺口，讓男性在成長過程中再也不把公共領域視為男人專屬，不然就無法消除這樣的恐懼。因此，我們這一代的女性必須奮力撐過這些嚴酷考驗，好讓下一代的女性不用再面對這些不平等待遇。

不過，這並不是說沒有結構性的解決辦法。舉例來說，女性在發言時常被打斷。一篇報告分析了最高法院長達15年的答辯紀錄，發現「男性打斷他人發言的次數多於女性，而且男性打斷女性發言的次數，超過打斷其他男性發言的次數」。[73]儘管法官發言時，律師都該保持沉默，但不管是男律師還是男法官都經常打斷女性發言，相比之下女律師很少會打斷他人。而在政治領域，隨著愈來愈多女性加入國會，打斷女性發言的情況也更加嚴重。

個人主義式的解決辦法，也許是叫女性以其人之道還治其人之身，[74]要她們訓練自己的「禮貌式插嘴」[75]技巧。但這看似兩性通用的處理方式有個問題，那就是它造成的結果並非完全相同，沒有性別差異：人們面對女性插嘴或男性插嘴的反應大不相同。2017年6月，美國參議員賀錦麗（Kamala Harris）質詢講話模稜兩可的司法部長杰夫・塞申斯（Jeff Sessions）一些嚴肅議題。當他多次試圖搪塞過去，她打斷了他，迫使他正面回應。接著在另一次會議中，她被資深參議員約翰・麥凱恩（John McCain）打斷，而且他指責她的質詢方式不當。[76]相比之下，她的同事榮．懷登（Ron Wyden）的質詢方式是出了名的死纏爛打，然而麥凱恩卻從未因此告誡懷登。賀錦麗被貼上「歇斯底里」的標籤，其他人卻安然無事。[77]

問題不是女性太有禮貌。問題的核心是，她們知道（不管有意識還是無意識）所謂的「禮貌式插嘴」根本不適用於女性。因此，告訴女人應該效法男人的方式——好像男性舉止是性別中立的人類預設值——於事無補，事實上還會為她們造成阻礙。我們該做的是，要求政治與工作環境面對現實，承認男人就是比女人更常在別人發言時插嘴，然而要是女人以相同方式回擊，她們就會因此備受批評。

揮別不平等的過時習慣，成了現代職場的新趨勢：向古板的階級制度說再見，擁抱扁平化組織結構。然而消除正式階級制度的同時，並不代表體制內的階級真的就此消失。不平等的階級只是變得不能言明，隱而不顯。最上層依舊被白人男性占據，我們其他人只能在剩下的狹窄空間裡你爭我奪，為了小小的生存空間較勁。女性領導力訓練師蓋娜．威廉斯（Gayna Williams）解釋，「人人都知道」腦力激盪之類的團體討論一向「容不下多元意見」，因為握有主導權的那些聲音仍舊主導一切。[78]

然而只要推動一些簡單的調整措施，比如監督插嘴狀況[79]，正式分配每個人的發言時間，都已有證據指出能削弱辯論方向被男性操控的狀況。事實上，FX電視劇《光頭神探》（*The Shield*）製片葛蘭．馬札拉（Glen Mazarra）注意到在編劇室裡女編劇鮮少發言，或者一發言就被其他人打斷，甚至被他人搶走點子。此時，他就用以下方式改善。他明立規則，不管編劇是男是女，當他們在發表自己的想法時，任何人都不准打斷。這個辦法奏效了——而且他說，「這讓整個團隊運作起來更有效率」。[80]

要是我們野心更大，那麼就試著改變整個管理架構吧：告別多數最大，迎向全體同意的決策方式。這已經證明能讓女性更常發言，改善她們的弱勢地位。[81]美國2012年的一篇研究發現，女性只有在成為「團體中的明顯多數」時，發言度才會與男性不相上下，[82]要是她們是一個團體的少數時，發言度會降低。有趣的是，不管男性在團體中占多數還是屈居少數，都不會影響他們的發言率。

有些國家試圖立法禁止以更加極端的手段阻止女性發聲與掌握權力。玻利維亞自2012年起，就將阻止女性當選或擔任公務官員的政治暴力列為刑事犯罪；在2016年更通過法案，禁止曾有暴力傷害女性紀錄者參與政治選舉或擔任官員。

儘管如此，大多數的國家依舊假裝女性政治人物並非處於結構性的不利地位，不願做出任何改變。雖然大多數國家議會都有行為規範準則，但通常只在乎維持性別中立的「禮節」。大部分國家都沒有處理性騷擾的正式程序，一旦發生騷擾情事，通常由當權者（多半是男性）決定性別歧視是否真的不符禮節，違反了明定的規則。然而，他們常常不這麼認為。一名女議員向議會聯盟表示，當一名男同事對她說出性別歧視的侮辱言詞，她提出秩序問題①，卻遭到主席駁回。主席告訴她：「我無法控制另一名議員怎麼看待妳。」

過去英國地方政府有針對性別的行為規範，且由完全獨立的組織監督，他們有權要求違紀議員停權。然而，2010年聯合政府的「繁文縟節挑戰計畫」（Red Tape Challenge）取消了這項措施，現在各地政府自行決定行為規範的內容和懲罰辦法。英國政府對議會行為規範只有一個非常含糊的建議，那就是推崇「行為的高標準」，但完全沒有提到消除歧視。[83]要是地方議員行為不檢但不構成刑事案件，地方政府也沒有任何加以停權的機制。[84]

福西特協會在2017年發表地方政府的報告時指出，「部分地方政府充斥有害的性別歧視文化，簡直讓我們以為重回1970年代；當時人人都容忍性別歧視存在，甚至視其為政治生活的一環」，每10名女議員中，就有4名表示其他議員曾對她們說出性別歧視的言論。[85]老實說，這樣的結論一點也不令人意外。有名女議員形容，「這是一種貶抑年輕女性、刻意忽視女性付出的文化」，還有男議員把一個婦女團體稱作「老婆俱樂部」；甚至就連與資深議長會面的晚宴，也「被說成讓『老婆們』打扮得漂漂亮亮的好機會」。然而，當女議員和其他女同事出言駁斥這些言論，卻被批評「太過凶悍」，還「幫她們取各種充滿貶低意味、性別歧視的暱稱」。她發電郵、問問題時，沒人理會；要開會時，沒人通知她；當她在會議中發言，「沒人歡迎她說話，只是勉強忍耐」。在社群媒體上，和她同黨的同事居然要她「跑遠一點，小姑娘，別打擾我們大人工作」。

在這裡，我們要特別注意2個要點。第一是，當你排擠占

①若是議事程序出錯，或有人發言離題，與會人士可向主席提出秩序問題，主席必須當下立刻裁決是否受理。

世界一半的人口，不讓她們加入政府體系，你就在創造一個性別資料缺口，而且是位在頂端的缺口。我們必須了解，以政府來說，「最佳人選」並不等同於「那些有錢有閒的人，他們只是因為上了好學校和好大學就自信滿滿，但那並不是憑實力賺得的自信」。對政府來說，最佳人選是能對所有人做出貢獻的人，能團隊合作的人。在此脈絡下，「最佳人選」的定義就是多元化。目前為止，本書所說的一切都在告訴我們，女性的觀點非常重要。從女性的一生所累積而成的資料彌足珍貴，而政府核心都需要這份資料。

這引導我們走向第二個重點：我們目前握有的資料明確指出，政治絕非一個兩性平等的競技場。政治架構本身的偏頗讓男性當選的機會大增，也就是說，政治架構進一步讓世界各地領導人的性別資料缺口更加嚴重，讓占世界一半人口的女性處於更加不利的地位，承擔更可怕的後果。我們必須睜開眼精，正視讓男人得勢的正向偏見。我們得停止假裝理論上、法律上的機會平等，真的能讓每個人都獲得平等的機會。而且，我們必須推動以實證為基礎的選舉制度，確保國會議員來自多元化的背景，他們才有資格決定那些治理我們所有人的法律。

第六部

●

當大事不妙

第十五章

誰來重建？

1995年，聯合國在北京舉辦第四屆世界婦女大會，希拉蕊上台演講時，連她的幕僚都不表贊同。[1]「人們說：『對美國政府而言，這稱不上重要議題。提倡婦女權利是件好事，我很高興妳在乎，但身為美國總統夫人，要是妳真的去了，而且還公開談論婦女權利，妳會讓這問題的層級提高到和其他世界大事相同等級——比如蘇聯解體、前蘇聯國家的過渡情況、華沙公約組織、盧安達還有波士尼亞……世上還有那麼多重要大事，也許妳不應該跑大老遠去討論它。』」後來我們才知道美國政府當時早已知道的事，發生在盧安達和波士尼亞的「事件」，是大量女性被有系統的強暴。

當大事不妙——比如發生戰爭、自然災害、傳染病大流行——我們已知的所有日常生活資料缺口，從都市規劃到醫療保健，都會變得更加嚴重，而且增加更多缺口。但這絕不單只是忘了把女性納入考量，其中還隱藏了更險惡的意圖。要是在太平盛世，我們都不願意了解女性觀點，思考她們的需求，那麼在戰爭、混亂、社會崩潰時，古老的偏見反而會變得更理直氣壯。而且我們總是不愁為自己找解套的藉口，比如我們得把重心放在重建經濟——然而我們已經看到，經濟的定義本身就漏洞百出。我們得把重心放在救人——我們**將會**看到，這也是漏洞百出的說法。事實上，這些藉口根本站不住腳。我們之所以排擠女性，是因為我們把一半人口的權利，視為只與少數族群有關的利益。

當我們不讓女性參與災後重建工作，結果就是鬧劇一場。「他們建了房子，但裡面沒有廚房，」研究災難重建的莫琳．福德曼（Maureen Fordham）教授對我說。當時是2001年，位於西印度的古加拉特邦剛發生一場地震。上千人因此死亡，將近40萬棟住宅倒塌。人民亟需新住所，但古加拉特邦的重建計畫出現巨大的資料缺口：研擬計畫的過程中沒有女性成員參與，也沒人徵詢婦女的意見，因此新建的房子都沒有廚房。我困惑的問莫琳，這樣人們要如何煮飯呢？「就是呀，他們根本沒想到這回事。」接著她進一步解釋，那兒一般的房屋會有個與主屋分離的空間供飼養牲口之用，「但新建的房子都沒有這個空間」，因為照顧牲口並不是男人的責任。「那是女人的工作。」

這聽來像是罕見的誇張案例，但這絕不是空前絕後的特例。4年後，斯里蘭卡發生了一模一樣的事。[2] 海嘯在2004年節禮日（聖誕節隔天）襲擊了印度洋周圍14國的海岸線，多達25萬人因此喪命。斯里蘭卡就像印度古加拉特邦一樣，沒有在重建計畫中納入女性成員，因此建了一批沒有廚房的屋子。災民營中也出現類似狀況，人道救援組織在分送食物時，沒有意識到那些食物需要烹煮，忘了提供烹煮用的燃料。[3]

美國長久以來也常在災後重建時忘了女性的存在。莫琳告訴我，1992年安德魯颶風襲擊邁阿密後，政府所擬定的重建計畫。「計畫名稱是『我們會重建』（We Will Rebuild）」，她說。問題是這兒指的「我們」，也就是那些擬定重建計畫的人，幾乎全是男人：決策委員會的成員據說「全都是對邁阿密瞭若指掌的人士，而且篩選方式十分嚴格」，[4]然而在56名成員中，只有11名女性。

當時，這個男性為主的「我們」被抨擊為「一個試圖解決鬧區問題的住宅區團體」。一位婦女則直白指出：「傳統的好男孩人脈網再次掌握大權，他們負責處理，但他們完全不懂真正的問題，特別是女性的難處。一切都像往日一樣。」而傳統的好男孩人脈網想要興建的是商業中心、摩天大樓、商會設施，然而當時「有數千人的基本需求仍沒有解決，而且還需要社區服務」。莫琳說，這些好男孩完全沒想到「幼兒園或醫療中心之類的建設」，也沒有考慮到該成立小規模的非正式工作場所——我們前面已經解釋過，這些都是婦女的重要需求。不滿的邁阿密女權主義者成立了「女人會重建」（Women Will Rebuild）組織，填補官方計畫中的性別缺口。

「我們會重建」已是多年前的往事，但13年後，當卡崔娜颶風重創紐奧良，顯然政府並沒有學到教訓。2005年8月的風災，讓超過3萬人無家可歸，美國當時登上「國內發生嚴重人口無家可歸問題的國家」前10名。[5]而在這些無家可歸的人口中，最多的就是非裔婦女。儘管她們是受影響最大的族群，但不管是颶風來襲前或離開後，所有的重建計畫人士都沒有傾聽她們的聲音。[6]排除非裔婦女，造成了嚴重的性別資料缺口，連帶影響到物資分配，資源沒能及時送到那些情況最危急、最脆弱的人那兒。女性政策研究院（Institute of Women's Policy Research）2015年的報告指出，只要政府好好研究，本能避免這樣的情況發生。然而，當計畫者沒能了解女性的需求，就會造成女性政策研究院所稱的，在颶風來襲和緊接的水災後造成「第三重災難」，而計畫者該為此負責。而第三種災難，「就像堤防坍塌一樣，是人造成的」。

紐奧良公共住宅的原住戶大多都希望在清掃家園後回到原本的住所，而且他們也以為本該會如此。畢竟紐奧良市內的4座大型住宅計畫「大磚屋」（the Bricks）並沒有倒塌。不只如此，根據美國住房及城市發展部（Department of Housing and Urban Development）調查，它們的結構穩固，只要好好清理一番就能住人。但結果卻不是如此。在「紐奧良亟需結構穩固且可負擔的住宅」的前提下，政府撥了經費，宣布拆除這些住宅。取代原本4,534間社會住宅的，會是706戶的混合收入住宅（mixed-income housing）。

就像邁阿密早先的「我們會重建」計畫，紐奧良的計畫者最重視的似乎是商業利益，而不是「無家可歸的數千人。他們都是低收入戶，而且大部分都是黑人婦女。如今他們將永遠失去原本的住處」。面對2007年的訴訟，紐奧良房屋局宣稱他們曾調查過前住戶的意願，而當中大多都表示不想回到紐奧良。然而，這可不是女性政策研究院調查到的結果，讓人不禁懷疑「拆毀建築的決定也許根本和修復災難所造成的損害無關，也不是為了照顧那些失去財產與親友的受創人民，而是基於城市重建帶來的投機利益」。

原住戶之所以想回到大磚屋，是因為紐奧良的公共住宅就像巴西的棚屋區，提供的絕不只是一個擋風躲雨的住所：這兒也提供社會服務，填補了漠不關心的政府所忽視的各種需求。「公共住宅也許並不是最舒適的地方，但在那兒，每個人都是某人的母親，」一名婦女對女性政策研究院形容。然而這些婦女無家可歸，散居各地，原本的家園隨即遭到政府拆除，她們失去了大磚屋社區提供的一切支持。可嘆的是，我們並沒有估算女性無薪勞動的價值，因此任何重建計畫中都沒有考量到住戶需要維持彼此互助的非正式聯繫。公共住宅提供的社會網絡也讓婦女感到更安全，連帶增加她們的行動力。「市區沒那麼危險，」一名婦女解釋，「因為這兒每個人都彼此認識，你一走上奧爾良街和卡萊伯恩街，你就安全了，因為你認識那兒的每個人。」

不只如此，定時的公車網再加上各種商店都在步行可達的範圍內，都讓女性行動更方便。然而，就像巴西的例子，這一切都被迫改變。許多失去家園的婦女現在居住的地方，數英里內沒有半間店鋪，她們不可能步行出門。公車路線也改變了，住在大磚屋時，每15分鐘有一班公車，現在常常得等超過1小時。有名婦女因此丟了工作。就像巴西「我的房子，我的生活」計畫背後的主事者一樣，低收入婦女如何前往工作地點的交通問題，根本不曾列入紐奧良重建計畫者的優先考量。

目前沒有任何國際法律規定，災後重建計畫必須考量女性的需求——然而從現有的證據看來，也許我們真該訂立這樣的規範。不過要是發生戰爭，戰後重建的確必須遵守聯合國安全理事會第1325號決議。

第1325號決議「敦促所有有關行動者都必須提升婦女參與度，且在聯合國所有的和平與安全行動中，都必須同時包括兩性觀點」。經過女權運動人士「數十年的游說」，[7]這項指標性的決議終於在2000年通過。但18年過去了，我們幾乎看不出實質上的進步。首先，我們握有的資料少之又少，[8]從這就能看出各國政府並沒有認真看待這個決議。而從有限的資料看來，情況一點也不樂觀。只有2名婦女擔任過主要談判官，而且只有1名女談判官簽下最後的和平協議。[9]戰爭過後要推行有關婦女權利的政策時，依舊「欠缺經費」，[10]就連最基本的要求，比如所有代表團都必須包含女性成員，也並沒有真的落實[11]。即使加入女性成員，她們仍是被排擠於重要地位之外的少數族群。而且在某些方面，我們甚至做得比過去還差勁：2016年所簽的和平協議中，只有一半提到與性別有關的條款，相比之下2015年的比例為70%。2017年6月阿富汗的和平談話中，談判官中只有6%是女性，協調者全是男性，最後簽約的人也清一色都是男性。

2016~2017年間的情況比過去更惡劣，雖然目前沒有相關的因果資料，但我們有個線索。2014年，紐約的國際和平研究院（International Peace Institute）舉辦了一場沒有公開紀錄的女性、和平與安全圓桌會議，其中一名參與者給了我們一些提示。「許多人要求不要讓女人參加會議，而聯合國和政治掮客屈服了，」參與者說道。「當地方政府說『我們不希望女性在場』，國際社會就妥協了，答應了。」[12]戰後重建的背景中，排除女性的原因可能很多（比如文化敏感考量；女性參與拖延協商進程；反正等到達成協議後，再加入女性也不遲……等等），但簡而言之，它們都是數世紀人們用來搪塞女性的理由：改革過後，我們再來處理妳們的事。

這種邏輯顯然出自性別歧視，一種遍布世界的病症，深信女人的生命沒有「人類的生命」那麼重要，而這兒的「人類」指的其實是男人。然而，國際組織如此輕而易舉的把第1325號決議丟出窗外，並不只是出於性別歧視，而是全然的愚昧。其實女性加入談判桌不只能增加達成協議的可能性，[13]還會提高維持和平的機率。一篇研究分析了1989-2011年簽署的182份和平協議，發現當女性參與談判過程，協議維持2年以上的機率增加20%，維持15年以上的可能性增加了35%。[14]

這不一定是因為女性的談判技巧比較好，但至少她們比較清楚談判的**目標**為何。專門研究弱勢國家的治理與人權問題的學者克萊兒．卡斯蒂葉荷指出，「在建立和平的議程中，女性經常提出被男性菁英忽略的重要議題」，比如地方與非正式領域的重要性，建立機構與程序的包容性和可及性。[15]換句話說，一如前面所強調，女性的存在填補了資料缺口，而且是十分重要的缺口。近年的量化資料分析得到「令人震驚的證據」，指出女性無法出任重要職務、被視為次等公民的國家，戰亂頻仍的機率較高。[16]換句話說，消除性別資料缺口，受益的是所有人。

第十六章
殺死你的不是天災

當大事不妙，人們照舊不讓女性發聲，然而最諷刺的是，那些老舊過時的偏見在此時顯得更**不**應該，因為發生戰亂、流行病、自然災害時，女性受到的影響最嚴重。我們十分缺少戰亂對女性所造成影響的實際數字，比如死亡率、患病率、被迫流離失所，而且依性別分析的數據更是少見。但現有的資料顯示，發生武裝衝突時，女性所受到的影響不成比例的嚴重。[1]現代戰爭中，平民的死亡率遠超過參戰士兵。[2]雖然男性和女性都受創傷折磨，被迫離開家園，受傷甚至死亡，但除此之外，婦女還得面對只會發生在女性身上的不公不義。

外界衝突爆發時，針對女性的家庭暴力也隨之增加。事實上，家庭暴力比戰亂造成的性暴力更為普遍。[3]那麼後者有多嚴重呢？波士尼亞戰亂期間，據估計3個月內就有6萬名女性慘遭強暴；而在盧安達種族大屠殺①期間，100天內就有25萬名女性被強暴。聯合國組織評估，西非獅子山在1991~2002年內戰期間，遭強暴的婦女超過6萬名；至於2次賴比瑞亞內戰期間（1989~2003年），此數據超過4萬名婦女；而自1998年起，剛

①東非盧安達在1994年4月6日至7月中旬，發生了胡圖族對圖西族的種族大屠殺。

果民主共和國至少有20萬名婦女被強暴。[4]由於婦女經常沒有可求助、舉發的對象，再加上其他原因，造成了嚴重的資料缺口，因此戰亂中的真實數據可能遠高於上述估計值。

戰爭之後，社會秩序也瓦解了，此時女性受到的衝擊也比男性大。在所謂的戰後情境中，強暴與家暴事件仍極為頻繁，「遣返回鄉的戰士面臨性別角色不同於前線的衝擊，或因失業而感到挫敗，習於使用武力的他們於是透過暴力發洩」。[5]在1994年盧安達種族大屠殺之前，當地女性結婚的平均年齡是20~25歲；但在大屠殺期間和之後的難民營中，女性結婚的平均年齡降為15歲。[6]

因戰爭引發的間接效應而死亡的女性也比男人多。世界各地因分娩而死亡的產婦中，超過一半都來自受戰亂摧殘或體制脆弱的國家，而產婦死亡率最高的前10個國家不是處於戰亂之中，就是處於戰後時期。這些國家的產婦死亡率比平均值高了2.5倍，其中一部分的原因是，戰後與災後重建計畫中，常常忽略了專屬於婦女的保健需求。

20年多年來，跨機構聯合工作團體（Inter-agency Working Group on Reproductive Health in Crises）始終不停呼籲各界為戰爭或災難地區提供生產用具組、避孕方法、產科照護與診治。然而《紐約時報》的報導指出，「過去20年間，很少有人提供這些物資，頂多寥寥數次」。[7]一份報告發現，在沒有婦產科醫師的照護下，「孕婦流產的機率很高，而她們有很高的機率不得不在糟糕的衛生條件下生產」。

災後地區也有同樣的難題。2013年時，菲律賓遭颱風肆虐，造成多達400萬人無家可歸，估計當時每天都有1,000名產婦生產，其中將近150人面臨足以致命的危險。[8]颱風摧毀了生產機構和儀器，許多女性命在旦夕。[9]然而，當聯合國人口基金會（United Nations Population Fund）請求捐助國提供經費，以購買衛生用具、為臨時產房增設人員、向強暴受害者提供諮商服務時，各國的反應卻「頗為冷淡」，最後募得的款項只達原目標的10%。[10]

流行病也特別容易重創戰後與災後地區，而且傳染病一旦爆發，女性死亡的人數往往超過男性。[11]以獅子山來說，2014年伊波拉病毒爆發時，獅子山正處於爆發中心，當地的產婦死亡率躍居全球第一：每10萬名活胎中，多達1,360名產婦死亡；相比之下，經合組織各國的平均值則是每10萬名活胎中，只會有14名產婦死亡。[12]不只如此，每17名產婦就有1人會因生產而有生命危險。[13]政府不久前公布的資料指出，在獅子山，每個月都至少有240名孕婦死亡。[14]

再加上伊波拉病毒肆虐，婦女除了得擔心生產的風險，還得擔心自己死於伊波拉病毒。然而情況其實更嚴重，由於孕婦前往醫療院所的次數比較頻繁，與醫護人員接觸的機會也更高，因此孕婦感染伊波拉病毒的機率也更高[15]：《華盛頓郵報》報導，在3次最嚴重的伊波拉大爆發中，2次「都發生病毒在產科傳播的情況」。[16]許多醫護人員感染伊波拉病毒（而醫護人員又以女性為多數），更讓婦女的處境格外危險：《柳葉刀》期刊（*Lancet*）估計，爆發伊波拉病毒流行疫情的3個國家中，每年因醫護人員不足而死亡的婦女人數為4,022人。[17]

重建過程不願意考量性別差異，部分是因為人們普遍深信流行傳染病會同時影響男女，我們認為首要任務應該是控制疫情與治療，「至於其他可能存在的社會問題，比如性別不平等，就等到流行病結束後再交由他人處理」。[18]就連學界也犯了同樣的錯誤：近期一份研究分析了茲卡病毒和伊波拉病毒大流行期間，發表於15,000份同儕審查期刊中的2,900萬篇論文，發現只有不到1%探討了這兩場流行病對特定性別造成的影響。[19]然而，一份世衛組織報告解釋，這種覺得性別不重要的想法十分危險，甚至有礙預防及圍堵疫情，同時也會讓人忽略重要資訊，比如疾病如何在不知不覺中到處散播。[20]

2009年H1N1豬流感爆發期間，沒有考量性別讓「政府官員傾向只與男性交換意見，因為一般都認為他們是畜牧場、農場主人；事實上在農場後院，大部分與牲畜有關的工作都由女性完成」。[21]獅子山共和國2014年伊波拉病毒流行期間，「一開始執行隔離措施時，女性雖能取得食物補給，但沒人想到她們還需要水或燃料」。在獅子山及其他發展中國家，搜集燃料和水都是女人的工作，而這兩樣都是生存必需品，因此在調整措施前，「婦女照舊出門採集生火用的木柴，增加了散播病毒的風險」。[22]

女性的照護責任也讓她們在傳染病大流行時面臨更高的死亡風險。大部分需要在家療養的病患都由女性照顧。而「傳統生育陪伴者、護理師、醫院的清潔人員及洗衣工，也都以女性為主，因此許多婦女暴露於危險之中」，再加上這些女工「沒有與醫生同等的支援和防護配備，而醫生多半以男性為主」。[23]女性也是在葬禮前清潔屍體的人，而許多人都在傳統葬禮中受到感染。[24]在2014年伊波拉病毒大流行期間，死於該病的賴比瑞亞病患中，高達75%為女性；[25]而處於爆發「震央」的獅子山，聯合國兒童基金會估計，不治病患中多達60%為女性[26]。

2016年一份論文[27]也發現，近年針對伊波拉和茲卡病毒所做的國際衛生建議中，並未「考量女性沒有足夠能力保護自己不受感染」。[28]這兩場流行病所有的公開建議措施，都奠基於女性握有經濟能力、社會權力或控制權的前提，「能實行國際建議提到的自主性」，然而這樣的前提完全錯誤。結果就是，國際衛生建議反而「進一步深化」長久存在的性別不平等。

+

我們必須盡快解決災後重建行動的性別資料缺口，因為氣候變遷無庸置疑的讓我們的世界比以往更加危險。根據世界氣象組織（World Meteorological Organisation），現今的地球比40年前危險，而且危險性增加了5倍。2000~2010年間，共發生了3,496件水災、暴風雨、乾旱及熱浪等自然災害；相比之下，1970年代只有743場天災。[29]許多分析都暗示，氣候變遷可能助長衝突[30]與流行病[31]的爆發，但氣候變遷本身就會造成許多人死亡。《柳葉刀全球健康》期刊（*Lancet Planetary Health*）2017年的報告預測與天氣有關的災難，將會在2071~2100年間在歐洲造成每年152,000人死亡。[32]相比之下，1981~2010年間，歐洲每年死於天然災害的人數為3,000人。[33]而且我們還會看到，死於天災的人中，女性也占了大多數。

直到2007年，學界才出現第一篇有系統的量化分析，解析了男女的天災死亡率；[34]在此之前，我們沒有任何可靠的性別分析。1981~2002年間，來自141國的資料揭露了發生天災時，女性的死亡機率高於男性；而且在人口相當的情況下，一國死亡人數愈高，其兩性的平均壽命差異愈大。最令人印象深刻的是，一國中女性的社經地位愈高，死亡率的性別差異愈低。

莫琳解釋，殺死女性的並不是天災。殺死婦女的真正凶手，是性別與沒有考量性別差異的社會。當地震在晚上突然發生，印度男性的生存率比較高，「因為天氣溫暖的晚上，男人會睡在室外和屋頂上，而大部分的印度婦女都不可能這麼做」。[35]在斯里蘭卡，「幾乎只有」男人和男孩能學游泳和爬樹，因此2004年12月海嘯來襲時（女性在這場災難中的死亡率是男性的4倍[36]），男人在大水災中倖存的比例較高[37]。孟加拉的社會偏見也限縮女性學游泳的機會，讓她們在水災中生存的機率「急劇降低」，[38]再加上當地女性必須要有男性親屬陪同才能外出的社會規範所造成的限制，讓女性更加脆弱。[39]因此，當氣旋來襲，女性必須等待男性親屬前來救援才能逃往安全地區，損失了寶貴的逃命時間。

不只如此，她們也必須等待男人前來通知才會知道氣旋來襲，因此一開始就浪費了許多時間。莫琳解釋，市場、清真寺等公共空間會向民眾發布氣旋警報，但女性不會去這些場所。「她們都待在家裡。因此她們完全仰賴男性的資訊，必須等男人回來通知，她們才知道必須疏散。」而許多婦女都沒能等到男人回來通知她們。

帶著男性偏誤的警告系統，並不是孟加拉唯一忽略女性需求的氣旋相關基礎建設。莫琳說，氣旋避難所「由男人建造，也專為男人設計」，因此它們對女性來說絕非安全的處所。雖然情況正逐漸改善中，但舊式氣旋避難所「數量龐大」，基本上它們只是「一個**非常大**的水泥箱」。傳統上，避難所是一個不分性別的大空間。公共廁所通常也沒有區分性別：「這些避難所可以容納1,000人，然而所謂的廁所只是角落的一個水桶。」

1,000人共用一只水桶，想當然爾會造成嚴重問題。不只如此，欠缺性別專屬的空間，基本上讓女性難以踏入這些避難所。「女人不該靠近家人以外的男人和男孩，這是深植於孟加拉文化的一個概念，」莫琳解釋，要是她們靠近家人以外的男性會讓家族蒙羞。人們把她們「視為可正當攻擊的對象，她們會遇到各種性騷擾，甚至更可怕的事件。因此婦女不會去這些場所避難。」沒有按性別分設避難空間，造成女性死亡率遠高於男性。1991年的氣旋與緊接而來的水災造成多人死亡，但女性的死亡率是男性的5倍。[40]

提到災後重建中女性遭遇的暴力，我們都知道在「天災後引發的混亂與社會失序」期間，針對女性的暴力行為大幅增長——而混亂與社會失序，正是我們無法取得明確資料的原因之一。卡崔娜颶風期間，當地的強暴危機中心不得不關閉，也就是說接下來好幾天都沒有人計算或確認被強暴的女性人數。[41]家暴保護中心也必須關閉，造就同樣的結果。與此同時，颶風避難所就像孟加拉一樣沒有按性別切割空間，因此許多女性都逃不開性暴力。數千名紐奧良居民來不及在卡崔娜颶風來襲前撤離，只能暫時棲身於路易斯安納的超級巨蛋。過不了多久，暴力、強暴、痛毆等各種駭人聽聞的故事到處流竄。婦女挨另一半揍的事件層出不窮。[42]

「你聽到人們尖叫，向別人求救，『求求你別這樣，拜託來人救救我』」，一名婦女接受女性政策研究院訪談時，回憶當時的情景。[43]「他們說超級巨蛋沒有發生任何問題。但我說的都是真的，那些事真的發生了。很多人被強暴。你可以聽見人們——女人高聲尖叫的聲音。因為那裡沒有燈，到處漆黑一片，你懂吧。」她又補充一句：「我猜他們到處抓人，肆意做他們想做的事。」然而沒有人調查卡崔娜颶風期間，究竟有哪些人受到了哪些傷害，因此我們無法取得明確資料。

女性試圖逃離戰火與災難，性別中立的惡夢卻糾纏她們不放，在世界各地的難民營等著她們。「我們從過去眾多的錯誤中學到教訓，要是女性沒有獨立的沖澡設備，她們面臨性侵和性暴力的機率會大大增加，」國際特赦組織歐洲與中亞地區副主任高瑞．馮．古立克（Gauri van Gulik）表示。[44]事實上，國際指導守則明確指示，難民營的廁所必須依性別分開設置，並且有明確的性別標示，必須讓使用者可以上鎖。[45]然而這些要求經常遭到忽略，沒有強制實施。

穆斯林婦女慈善組織「全球合一」（ Global One）2017年的研究發現，在黎巴嫩，98%的難民婦女沒有獨立的女廁可用。[46]婦女難民委員會（Women's Refugee Commission）的調查指出，德國與瑞典的難民接待中心由於沒有提供獨立女廁、女性沐浴設施，也沒有性別分隔的睡眠休息區，婦女很容易面臨強暴、侵犯和其他暴力行為。不分性別的生活與睡眠空間，代表女性長達數週都必須隨時披著伊斯蘭頭巾，連皮膚也起了疹子。

難民婦女時常[47]抱怨廁所的位置遙遠偏僻[48]，再加上廁所本身和通道的照明設備都不足，以致如廁十分危險。希臘惡名昭彰的伊多梅尼（Idomeni）難民營中的廣大區域，在夜裡可說是「伸手不見五指」。有2個研究都發現，安裝太陽能燈具，或分發個人攜帶式太陽能燈具，會大大增加女性的安全感，但這項解決方案尚未推廣到世界各地。[49]

因此，大部分的女性只能自己想辦法解決。印度經歷2004年大海嘯1年後，收容營中的婦女與少女要去公廁和淋浴設施時依舊兩兩結伴同行，以避免遭男性侵犯。[50]一群淪為伊斯蘭國性奴隸的耶吉第（Yezidi）婦女，在逃離並輾轉來到希臘北部尼亞卡瓦拉（Nea Kavala）難民營時，自行成立保護團體，要去廁所時都會結伴同行。至於其他人，包括那些常常要上廁所的孕婦，乾脆不在晚上去廁所；而根據2016年一份調查指出，這些沒有團體保護、只能自力自強的婦女占了69%。[51]德國難民接待中心的某些婦女，甚至以不吃不喝來避免上廁所。伊多梅尼是希臘當時規模最大的非正式難民營，裡面的婦女也採取同樣的作法。[52]根據2018年《衛報》報導，有些婦女甚至穿成人尿布來解決如廁問題。[53]

歐洲難民營未能保護女性遠離男性暴力，其中一項原因是各國政府在短期內爆發難民潮，必須快速反應，比如德國和瑞典就是如此。而且我們必須公正的說，德國和瑞典收留了最多的難民。[54]但這絕非唯一的原因，畢竟世界各地拘留營的女囚，在面對男守衛時都遇過類似的困擾。2005年，美國移民拘留設施的婦女舉發，裡面的守衛會趁她們睡覺、踏出淋浴間或浴室時，用手機的鏡頭拍她們。[55]2008年，一名17歲的索馬利難民少女被拘留在肯亞警察局，她在離開牢房如廁時遭2名警察強暴。[56]英國的雅爾斯伍德拘留中心（Yarl's Wood Detention）多年來發生數起性虐待與性侵案件，惡名遠播。[57]

從世界各地一直出現男性向女性施暴的報告看來，也許我們該承認，以為男員工在女性設施中工作就會像在男性設施中一樣安分，是另一個表面的性別中立演變成性別歧視的實例。也許我們不該只在衛生設施落實性別分離制，也不該讓任何男性員工握有任何超越弱勢女性的權力。然而，若要推動這些措施，政府必須先承認當男性員工本該幫助、協助、護衛婦女，或處理女性問題時，卻時常藉職權之便剝削她們。然而直到目前為止，政府都不願正視這個漏洞。

德國柏林地方難民事務局發言人在電郵中向人道新聞組織《艾琳新聞網》（IRIN，現已更名為《新人道主義者》〔*The New Humanitarian*〕）指出，「我們時常與難民收容處的主任聯繫，因此我可以向你們保證，緊急或社區收容中心並未通報任何不尋常的性暴力案件。」[58]儘管有數起性騷擾與性虐待案件，但事務局仍「很有信心的保證並沒有發生任何嚴重問題」。同樣的，新聞網站*BuzzFeed*報導，歐洲的邊界男守衛會要求難民婦女以性服務換取進入國界，但這也遭到否認了。[59]然而，2017年《衛報》一篇報導揭露：「在各地的叉路與檢查哨都經常發生性暴力與性虐待。受訪的婦女與孩童中，1/3表示攻擊他們的人不是身穿制服，就是看起來像軍方相關人員。」[60]

柏林地方難民事務局指出「很少人報警」，以此當作「沒有嚴重問題」的證據。柏林警察局2016一整年的紀錄中，難民收留處的婦女舉報的「違反性自主的犯罪」只有10件。[61]然而，警局的紀錄到底是值得信賴的評估工具，或只是另一個性別資料缺口呢？難民逃亡主要路線上的歐洲國家包括希臘、馬其頓、塞爾維亞、克羅埃西亞和匈牙利，當*BuzzFeed*的記者聯絡這些國家的警政署，詢問他們是否備有任何以性別為基礎的暴力資料時，大多數都沒有回應，即使記者「一再請求對方提供資訊」。匈牙利國家警察局雖然回應了，但只說他們「沒有搜集尋求庇護人士的資料，不管是強暴或強暴未遂」。克羅埃西亞警方則表示，「他們無法根據受害類別來分析犯罪報告」，但不管如何他們「都沒有收到尋求庇護人士遭受性別相關暴力案件的通報」。也許他們並沒有說謊，但這絕不是所有的真相。數個援助難民的女性組織都指出，雖然他們協助的許多婦女都在避難所遭亂摸、性侵，但文化與語言上的隔閡讓「非常、非常多的性暴力攻擊事件，都沒有被舉發」。62

掌握權力的男人在危機情境中濫用職權強迫女性與他們性交，不然她們就無法取得食物配給，這些模糊了援助與性侵界線的事例，讓性暴力的資料缺口更加嚴重。63 雖然這些資料缺口發生在特定地區，但我們握有的證據指出，這在災後的環境是十分常見的情節，64 而且最近一連串類似事件登上世界各地的新聞頭條：許多人控訴自己被國際慈善組織樂施會（Oxfam）的員工性虐待，緊接著好幾間國際援助組織也都遭到控告，然而很快就發生一連串的滅火行動。65

整個難民收容體系都忽略婦女可能遭遇的男性暴力，然而諷刺的是，男性暴力常是這些婦女淪為難民的始因。66 我們很容易以為人們是因為戰爭與災難才流離四散，但這通常是男性逃難的原因，而不是女性。這又是一個把男人當作人類預設值的實例：雖然女性的確會因戰火與災難尋求庇護，但她們之所以逃離家園，一開始多半是為了逃離男性加諸於她們身上的暴力。女性逃離的是「矯正式」強暴（男人輪姦同性戀婦女「好讓她變回異性戀」）、制度化強暴（發生於波士尼亞的實例）、強迫婚姻、童婚和家暴。在低收入國家，男性暴力是許多女性逃家的主要原因；事實上，這也是身處富裕西方世界的女性逃家的原因。

長期以來，人們多半以為無家可歸的人多為男性，但我們有理由懷疑官方數據不可信。約克大學住宅政策中心研究員喬安・布列瑟頓（Joanne Bretherton）解釋，事實上「女性無家可歸的機率遠高過男性」。[67] 在澳洲，現今的「典型遊民是年紀介於25~34歲的年輕婦女，她們常常帶著1個小孩，而且愈來愈多的女性為了逃離暴力而流落街頭」。[68] 但這個「嚴重的社會問題」[69] 可說完全不受重視，且研究者定義與評量遊民的方式也是性別資料缺口的產物。[70] 根據加拿大替代政策研究中心（Canadian Centre for Policy Alternatives）的說法，「大部分與遊民相關的研究（……）都欠缺以性別為基礎的全面分析」。[71]

我們通常會以使用相關服務的人來推估遊民的數量。然而，除非男性和女性使用相關服務的機率相等，不然這絕不是準確的估計方式。然而，男性與女性會尋求的社會服務並不相同。為了逃離家暴而淪落街頭的女性通常會向家暴服務中心求助，不會前往遊民服務中心。而在英國，這些婦女不會被計入遊民人口。[72] 除此之外，她們也可能會暫住他人家中，「沒有自己的出入口，也沒有隱私或自己的生活空間；儘管她們原本的住所登記在她們名下，但她們無法回去，也無法另謀住處。」[73] 近來英國各地興起「以性換宿」潮流，顯然有些無家可歸的婦女像難民營的女性一樣面臨性剝削的處境。[74]

根據加拿大的研究，女性之所以臨時暫住他人家中，是因為她們認為官方的緊急收容所不安全，特別是收容所是兩性共用時。[75]安全隱憂並非女性的幻想：替代政策研究中心表示，女性在收容所遇到的暴力「令人震撼」。研究中心的結論是，看似「兼容兩性」、「男性與女性都能使用」的服務，「其實讓女性暴露的風險大幅增加」。

因此，暴力是讓婦女無家可歸的主因，而無家可歸則是婦女遭受暴力的首要指標。[76]美國女性認為收容所很危險，寧願活得拮据困苦也不願棲身於收容所。[77]為受迫害女性成立的慈善組織「日程」（Agenda）總監凱薩琳．薩克斯—瓊斯（Katharine Sacks-Jones）解釋，英國的遊民服務「在建立時通常只想到男人，對曾經遭受虐待與暴力的弱勢女性來說，那些地方令人恐懼」。[78]

不過，提供性別特定的服務不只是基於安全考量，也是基於衛生的顧慮。在英國，遊民收容所可以（也確實）向國民保健署要求提供免費保險套，[79]然而他們卻無法取得免費的經期衛生用品。因此，除非收容所正好有這筆經費（非常少見），或是收到善心機構樂捐，不然無法提供婦女免費的生理用品。2015年，一個提出「流浪月經計畫」（Homeless Period Project）的社運團體向英國政府請願，要求政府在提供免費保險套的同時，也該提供免費的經期衛生用品。[80]國會的確曾提出此議案，但政府卻不願撥出經費，儘管在2017年3月，流浪月經計畫宣布與衛生品牌Bodyform合作，後者表示會在2020年前捐贈20萬包衛生用品。[81]美國的社會運動比英國成功些，紐約市在

2016年成為全美第一個在公立學校、遊民收容所和矯正機關中，免費提供棉條與衛生棉的城市。[82]

忽略女性月經可說是全球化的長期運動，而難民婦女也難逃此劫。援助組織常欠缺經費，無法提供這項民生必需品，[83]結果就是許多婦女與少女在數年間未能取得任何衛生用品。[84]即使有人發送衛生用具組，也都是「依照家庭單位分發，沒有考量一個家庭裡有多少女性處於生育年齡、需要多少衛生用品，並依此調整」。[85]而且分送時也經常沒有顧及月經在某些文化中是禁忌話題，認為女性應該直接向男性工作人員，或當著男性家人的面要求提供衛生用品；[86]既沒有考量使用上的文化差異問題，也沒有提供使用後的處理方法。[87]

充滿漏洞的措施都會影響女性的健康與自由。一份研究發現，當女性不得不尋求不衛生的替代用品（「破舊的碎布、乾草、床墊碎片」[88]），超過50%的女性會感染「泌尿道疾病，而且經常沒有獲得治療」。[89]而且，「由於經期被視為一種恥辱，再加上擔憂外漏」，女性的行動受到限制，無法「取得食物、獲得幫助、得知資訊，甚至無法與其他人互動」。

消除性別資料缺口並不會神奇的解決所有女性面臨的難題，不管她們是否被迫離開家園。要解決女性的困境，就得全面重新建構社會，同時終止男性暴力。但我們最重要的第一步，就是先面對現實，承認以往所謂的「無性別之分」、「中性」、「適用兩性」，並不是真正的性別平等。當我們握有依性別搜集並加以分析的資料，將所有證據呈現在世人眼前，人們就無法面不改色的堅稱為了追求更重要、更高尚的目標，我們可以義正辭嚴的暫時忽略女性需求。

後記

每一頁說的都是主教與國王的爭執，以及戰爭與鼠疫；男人一無長處，但女人幾乎不存在——這實在令人疲憊。

——珍・奧斯汀

戴娜・泰米納（Daina Taimina）只花了2個小時，就找出歷代數學家耗費100年仍未能發現的解決方法。那是1997年，來自拉脫維亞的戴娜參加了美國康乃爾大學的幾何工作坊。主持工作坊的是大衛・韓德森（David Henderson）教授，他把幾張輕薄的紙條夾成環狀，當作雙曲平面（hyperbolic plane）的模型。「那東西好醜，」戴娜在一場訪談中笑著形容。[1]

韓德森接受藝文雜誌《展示間》（*Cabinet*）訪問時解釋，球體的「幾何對立物」就是雙曲平面。[2]「球體上的表面朝自己彎曲，並連在一起。雙曲平面是平面中的空間在每一點都朝外彎曲。」雙曲平面在自然界隨處可見，比如皺摺的萵苣葉、珊瑚葉（coral leaf）、海參，以及癌症細胞。當統計學家處理多維資料，皮克斯（Pixar）動畫家模擬真實布料，汽車產業工程師以空氣力學設計車輛，聲學工程師設計演奏廳時，都會用到雙曲幾何。它是相對論的基礎，「因此它最接近我們對宇宙形狀的理解」。[3] 總而言之，雙曲空間很重要。

然而有數千年時間，雙曲空間並不存在。至少，對數學家來說，它並不存在。數學家認為只有2種空間：第一是歐氏空間（Euclidean），也就是平面空間，比如桌面；第二是球面空間，像球一樣。到了19世紀，人們發現了雙曲空間——但這只是種理論。儘管數學家花了超過1世紀的時間想要實際表現出這種空間，卻沒人能辦到——直到戴娜參加了康乃爾大學的工作坊。戴娜是數學教授，平常也喜歡做鉤針編織。

戴納在學生時期學會鉤針編織。她在拉脫維亞長大，這兒曾是蘇聯的一部分，「你得修理自己的車、自家的水龍頭——所有東西都得靠自己，」她解釋。[4]「在我的成長過程中，要是你懂編織或是會做某種手工藝，你就能做件與眾不同的洋裝或毛衣。」雖然她在各種編織物中不斷看到許多圖案與算式，但戴娜從未把這個傳統、居家、女性化的技藝，與數學專業結合在一塊。直到1977年的工作坊上，當她看到韓德森用扭曲的紙試圖解釋雙曲平面，她才靈光一現：我可以用織品做出雙曲平面。

她真的這麼做了。她整個夏天都坐在游泳池畔，「織一整組雙曲平面的教具」。「人們經過我身邊問我：『妳在織什麼？』我回答：『喔，我在織雙曲平面。』」[5] 現在她已創造出數百個模型。她解釋，在針織的過程中，「你會非常清楚的了解什麼是隨指數延展的空間。織第一排花不上多少時間，但接下來的好幾列足足要花上數小時，必須用上好幾種針法。你會深刻體會到『雙曲』究竟是什麼意思。」[6] 不過，光看她創造的模型，人們也明白她的意思。戴娜接受《紐約時報》的訪問時，回憶起一位教了雙曲空間數年的教授看到她所做的模型時說道：「喔！原來它們長這樣啊。」，如今，她的作品成了解釋雙曲空間的標準模型。

戴娜對雙曲平面研究做出重大貢獻，但這當然不足以消除所有與女性相關的資料缺口。然而，這個故事告訴我們，消除性別資料缺口絕不只是為了讓婦女獲得應有的權利。我們已經看到女性對政治、和平談判、設計與都市規劃的正面影響，證明消除資料缺口對所有人都有益處。就連數學家也能有所受益。

當我們在知識產出的過程中排除世上一半的人口，就會同時失去許多重要的洞見，然而這些洞見可能會改變世界。男數學家會想到像戴娜這種既高雅又簡單的說明方式嗎？不太可能，畢竟熱愛針織的男性少得可憐。然而，戴娜把傳統視為女性專屬的針織技藝，與男性化的數學世界結合在一起。許多數學家放棄思索的問題，就因這樣的結合，找出了解決辦法。戴娜提供了男數學家從沒想過的連結。

然而，很多時候我們卻禁止女性提供連結。我們繼續把世上的許多問題視為無解。我們就像佛洛伊德，面對那些像謎一樣的事物，我們繼續「用力撞牆」，卻找不到出路。然而，那些難題說不定就像雙曲平面並非無解？說不定它們就像科學競賽的難題，所欠缺的只是女性的觀點？我們握有的資料顯示事實的確如此。我們在建造、規劃、發展我們的世界時，必須開始融入女性的生活。最重要的是，我們必須考量婦女與世界的關係中最重要的3個主題。

第一個就是女性的身體——精準來說，應該是女性身體的「消失」。不管是醫界、科技界或建築界，各種設計都忽略了女性的身體構造，讓這世界對女性來說不但不宜居住，也十分危險。當工作環境和汽車設計並未配合女性的身體設計，女性受傷的機率便大幅增加。當藥物在女性身上沒有發揮作用，女性因此死亡。這一切都形成一個女性難以**適應**的世界。

諷刺的是，搜集資料時人們總是忽略女性的身體構造，好像它們不存在；但提到定義女性日常生活的第二個主題，卻正好與女性身體的能見度有關。那就是男性對女性的性暴力。要是我們不去定義、計算這些暴力，不依此設計我們的世界，阻止它不斷發生，等同於放任它限制女性的自由。女性的生理並非女性被強暴的原因，不是她們在公共空間感到恐懼不安的原因，也不是她們被侵犯的原因。這一切並不是生理性別，而是心理性別所造成：是我們加諸於男性與女性身體的社會意義。心理性別的運作方式，就是不同性別的身體明顯會激起特定的反應與對待方式。心理性別對人們的影響顯著：我們已經見識到，觀看者「光是看到女人」，就會「立刻聯想到一連串與女性相關的特質和特徵」。[8] 觀看者立刻把她歸類為可以出言無禮的對象，可以對她吹口哨、以輕浮言詞騷擾她。可以尾隨她。可以強暴她。

或者只是把她視為會為你倒杯茶的人。這就是社會對待女性的第三個傾向：無薪照護工作。它恐怕為世界各地的女性帶來最深遠的影響。絕大部分的無薪照護工作都由女性承擔，婦女所做的遠遠超過她們應該負擔的；而且這份工作對社會不可或缺，要是沒有人擔下無薪的照護責任，我們的世界會就此瓦解。就像男人對女性的性暴力，女性之所以成為「擦屁股」的人，可不是因為她們的生理構造。真正的原因是，女生從小時候開始就被教育灌輸這是她們的責任，這是社會對她們的期待，而她們只能接受。社會對婦女的身分詮釋，讓她們成為在工作場所替每個人清理善後的合適人選。讓她們成為寫聖誕卡和生日卡給夫家親戚的人——當夫家親屬生病了，她們也是理所當然應該照顧病患的人。讓她們成為薪資較低的一群人。讓她們在有了孩子之後放棄正職，轉為兼職工作者。

不搜集女性和女性生活的相關資料，就是把生理性別與心理性別的歧視看作理所當然，同時假裝沒看到任何歧視。或者實際的真相是，我們看不到歧視正是**因為**我們把這一切視為理所當然，它如此明顯，隨處可見，合情合理，不需要任何解釋。這就是身為女人的諷刺之處：當她們被視為附屬的性標的時，她們醒目得要命；但一提到重要的事，她們卻變得透明，沒人看得見她們的存在，沒人搜集與她們相關的數據資料。

我執筆寫這本書時，還經常面對另一種情形：藉口。最常見的藉口就是女性難以測量。每個人都這麼說，從交通規劃人士、醫療研究人員到科技開發者：他們全都像佛洛伊德一樣為了女人傷透腦筋，不得其門而入，困惑的敗下陣來。女性的身體實在太不協調，太容易受荷爾蒙影響，又有麻煩的月經。女性每天的通勤模式太混亂，她們工作的時間安排太怪異，她們的聲音太高亢了。20世紀之初，瑞士建築師柯比意（Le Corbusier）在設計建築用的標準人體模型時，不但「很晚才想到女性身體，而且因女性身體不符合協調比例而拒絕使用」，[9]堅持183公分高的男人才足以代表全人類，他舉起一隻手就能搆得著頂端的廚櫃，但我永遠也碰不著。

社會的共識夠清楚了：女性不正常、非典型，總之她們就是一團亂。女人為什麼不能多像男人一點？嗯，讓我代表女性為她們謎一般的特質道歉——才不呢，我們不會道歉，我們不是解不開的謎團，我們就是不能多像男人一些。這是科學家、政治人物、科技業的兄弟們必須面對的現實。是的，把事情簡單化並不難，簡單化也代表比較經濟，但現實從來都不簡單。

回到2008年，科技雜誌《連線》的主編克里斯．安德森（Chris Anderson）寫了篇文章，題為〈理論的終結：數據洪流讓科學模型變得過時〉（The End of Theory: The Data Deluge Makes the Scientific Model Obsolete）。[10]安德森宣稱，「我們不用再尋找科學模型了」，現在我們有更好的方法。千兆位元組（Petabytes）讓我們可以說：「找出相關性就夠了。」不用再建立任何假設，我們只要吞下大量數字——或者更精準來說，「讓統計演算法」吞下大量數字。在這個川普抬頭、英國脫歐和劍橋分析公司（Cambridge Analytica）[①]蓬勃發展的時代，我們至少看得出來，這樣的說法太過樂觀。即使在一連串的資料醜聞爆發之前，人們也該看得出來他的說法太過傲慢，因為2008年時，我們握有的女性資料遠比現在更少。然而，當你餵養你的統計化演算法時，忘了全世界一半的人口，你創造出來的當然只有一團亂。

安德森把谷歌視為「千兆位元組時代」的典範，歌頌他們的「創立哲學」：「我們不知道為什麼這個網頁比另一個更好：但只要傳進來的統計數據說它比較好，那就夠了。不需要語義分析或因果分析。這就是為什麼谷歌不需要會所有的語言，卻能翻譯它們（只要有相等的語料庫資料，谷歌能把克林貢語②譯為波斯語，就像把法文譯成德文一樣簡單）。」然而我們卻發現，過了10年，谷歌的翻譯能力依舊不怎麼高明。當然，要是你根本不在乎它的譯文抹除了女性，也許你會認為谷歌譯得不錯。

所以，現實從不簡單。

但安德森倒是說對了一件事。的確有更好的方法，而且它並不複雜：我們必須在生活的各種層面都增加婦女代表。只要愈來愈多的女性站上掌握權力或影響力的位置，就會形成另一個鮮明的模式：女性不像男性，女性不會隨便忘記女性的存在。

在電影業工作的女性雇用其他女性的機率比較高。[11] 女記者比較會重視女性觀點，引用婦女說法的機率也比較高。[12] 女作家也是如此：在2015年，有69%的美國傳記女作家書寫有關女性的議題，相比之下，只有6%的男傳記作家會這麼做。[13] 女性比較會傾聽女性的聲音，接受女性的觀點，而在學術界也是如此：1980~2007年間，美國歷史系所的女教師人數從15%增加為35%，[14] 幾乎與此同時（1975~2015年間），美國專門鑽研女性歷史的歷史教師從1%增為10%[15]——足足增加了10倍。女學者要求學生閱讀女性著作的機率，也比男學者高。[16]

---

①進行資料探勘和數據分析的公司，從分析使用者的資料來操控其投票行為，干擾了世界各地多達200場選舉活動。

②電影《星艦奇航記》中外星族群克林貢人的語言。

女性對歷史的詮釋也可能與男人大不相同。喜劇演員珊蒂・托克斯維格（Sandi Toksvig）於2004年在《衛報》發表了一篇文章，描述她在大學修習人類學時，有名女教授舉起一張鹿角骨的照片，上面有28個記號。「這個，」她說道，「聽說是人類首次嘗試製作日曆的證明。」我們全都一臉驚嘆的望著那個鹿角骨。「告訴我，」她繼續說道，「男人何需知道28天過了沒？我說，這是女性首次嘗試製作日曆的成果。」[17]

當英國政府在2017年宣布《脫歐法案》（EU Withdrawal Bill）時，刻意不修改《人權法案》——不過貝辛斯托克市的保守黨議員瑪麗亞・米勒（Maria Miller）發聲了。她憑一己之力，迫使政府同意發表一項聲明，要求《脫歐法案》必須符合《平等法》。[18]要是沒有這項法令，英國脫歐後，婦女可能會失去一連串的權利，也不能尋求法律救濟。而在工作場合，解決結構性男性偏誤的通常也是女性。比如發展生物學家克莉斯汀・紐斯蘭—沃荷德建立基金會，幫助那些有孩子的女博士生。至於男性領導者，數十年來都放任男性偏誤，對它們視而不見。

女性也帶頭消除性別資料缺口。近年一份報告分析了2008-2015年間多達150萬份論文，發現「作者群中女性比例愈高」，其研究愈有可能進行性別分析。[19]要是女性擔任主要作者，進行性別分析的可能性更高。政治界也是如此，婦女才會關心女性健康：杜斯貝里市（Dewsbury）的工黨議員寶拉・雪瑞芙（Paula Sherriff）在2016年建立英國第一個跨黨派的女性健康議會團體。當川普試圖撤銷歐巴馬健保，是2名女共和黨員獨排眾議，3回都投下反對票，阻止了他；要是歐巴馬健保取消，最大的輸家將是婦女，她們面臨的損失最大。[20]

不只如此，女性在政治的各個面向發揮影響力，推動改變。2名女性身先士卒率領數據組織「兩性資料庫」，其目標正是消除全球的性別資料缺口，也獲得了聯合國的支持。這2名女性就是梅琳達・蓋茲（Melinda Gates）與希拉蕊。堅持在1995年前往北京演說的，也是一名女性：希拉蕊，她講出了那句如今傳遍大街小巷的名言：「人權就是女權，女權就是人權。」

當最可怕的厄運降臨世間，女性也在那兒，試圖消除充滿男性偏誤的災後援助工作所留下的缺口。研究人員指出，「卡崔娜颶風後，媒體上不斷傳播男性援助工作者陽剛的形象」，抹殺了那些「無休無止工作且勇氣十足」的幕後女性。[21]波多黎各也發生同樣的事，2017年瑪麗亞颶風重創此地，美國政府卻毫無作為。「事實就是，當你實際前往每個社區，擔下社群規劃者工作的多半都是女性，她們成為當地的領導人物，」艾蒂・馬汀尼茲－羅曼（Adi Martínez-Román）對記者潔絲汀・卡瑪（Justine Calma）說道。[22]艾蒂是一個非盈利組織的執行董事，為低收入家庭提供法律援助。這些女性「深入水災區」，仔細考察被政府遺棄的社群，搜集相關資料。[23]而且她們以實證為基礎來擬訂解決方案，向大眾提供物資。她們設立濃湯廚房，募集捐款，重建道路。她們分發「太陽能燈具、發電機、瓦斯、衣物、鞋子、衛生棉條、電池、藥物、床墊和水」。她們成立「免費的法律援助協會，幫助家庭進行令人困惑、設計拙劣的申請程序，好取得聯邦緊急事務管理局的補助」。她們甚至提供了公用的太陽能洗衣機。

解決性別資料缺口的方法很明顯：我們必須先消除女性代表缺口。當更多的女性參與決策過程、學術研究、知識產業，女性就不會被人遺忘，女性的生活與觀點不再隱匿於陰影中。從中獲益的絕不只有世界各地的婦女，就像愛好針織的數學教授戴娜的故事，全人類都能受益無窮。再回到佛洛伊德的「女人如謎」說，事實上，答案一直都在我們面前，只是我們視而不見。「人們」所該做的只是張開口問問女人。

謝辭

寫書可說是件耗費心力又十分孤獨的事，大部分時候也的確是如此。不過從各方面說來，一本書也是一整個團隊共同的心血結晶。首先我必須感謝瑞秋・休威特（Rachel Hewitt），她介紹我認識她能幹的經紀人，懷利經紀公司的崔西・伯漢（Tracy Bohan），如今崔西也是我的經紀人，沒有她，這本書就不可能問世。和崔西合作就像美夢一般美好。我很感謝她願意與我合作，幫助我擬定本書提案，讓我賣出第一個版權。更別提她永遠在我左右，以加拿大人既有禮又冷靜的方式處理我丟給她的每個問題（包括我自己搞出的難題）。我也很感謝她能幹的助理珍妮佛・伯恩斯坦（Jennifer Bernstein）一直非常支持我。

接下來我要感謝我兩位優秀的編輯，帕琵・漢普森（Poppy Hampson）及傑米森・史托茲（Jamison Stoltz），從未有人像他們一樣，立刻明白我的想法。他們工作嚴謹、有條不紊，小心翼翼的帶著我審視一篇又一篇的草稿，向我提出各種問題，讓我的論點更加犀利，更清楚的捍衛我的理論。他們成就了這本書的樣貌，我很感謝他們一再挑戰我，讓這本書變得更好。我要特別感謝帕琵，在我惶恐自己永遠寫不完這本書時，她至少陪我喝了2次危機咖啡。同時我也十分感謝切托與溫德斯出版社

（Chatto & Windus），以及亞伯拉姆斯書屋（Abrams Books）的每個人，感謝他們出版本書，從一開始就全心付出，和我一起為它努力。

我要感謝的人實在太多，他們大方付出時間，與我分享他們的專業。妮莎・斯第姬（Nishat Siddiqi）幫我上了速成課，助我瞭解心臟的運作方式，不厭其煩的回答我那些想必可笑得很的心血管問題。作家詹姆斯・博爾也像妮莎一樣解答我所有的統計疑問，同時他也是一位忠實的好友，幾乎每天都要聽到我哀嚎、怕自己永遠也寫不完。我還要感謝我的好友艾力克斯・基立（Alex Kealy），我遇到統計問題時另一個請教的人就是他，而他也必須忍受我時不時發作的哀嘆。我還要特別提一下艾力克斯・史考特（Alex Scott），感謝他非常好心的讀了所有與醫療相關的章節，確保我沒犯下可笑的錯誤；同時也要感謝葛瑞格・卡勒斯（Greg Callus），他替我做了法律方面的事實查核。

我要特別感謝海倫・路易斯（Helen Lewis）提出「嘔吐草稿」（vomit draft）的點子，我時時將這個實用的點子謹記在心，激勵自己不管如何先寫下幾個字再說。我非常感謝她以及莎拉・迪頓（Sarah Ditum）、愛麗絲・福德（Alice Ford）、尼琦・吳爾芙（Nicky Woolf）、路克・麥克基（Luke McGee），他們勇敢讀了我最初寫下的一些段落，還要特別感謝海倫以她專業的眼光，指導我撰寫那些特別棘手的章節。我希望這一切沒對你們造成太嚴重的心理創傷。

感謝我所有的好友，這幾個月來，你們支持我，忍受我銷聲匿跡，不斷的取消訂好的計畫。感謝你們的耐心、支持與傾聽。我不可能擁有比你們更棒的一夥朋友，我很感謝生命中有你們的陪伴，特別是我親愛的「鷹身女妖隊」和「🦆幫」，我寫這本書時，你們每天都得受我折磨。你們自己知道我說的是誰。

我最最感謝的是我無敵的「官方最佳好友」和啦啦隊長崔西・金（Tracy King），她不只參與我那些荒唐的女性主義倡議活動，也讀了本書最初始的嘔吐草稿，但她總是為我打氣，相信我一定會寫完這本書。沒有她我絕對辦不到，也不可能至今還沒有發瘋（至少沒那麼瘋）。

好了，我最後要感謝的是我親愛的狗兒波比。她藉由坐在我的大腿上，並在我打字打太久時，跑來轉移我的注意力，而幫我實現了目標。我打下這句話的時候，她正好舔了舔我的手臂。她最棒了，沒有她我什麼也辦不到。

注釋

作者序

1 Beauvoir, Simone de (1949), *The Second Sex*, Parshley, H.M. trans. (1953), London.

前言：以男性為本的世界

1 http://science.sciencemag.org/content/164/3883/1045.1
2 Slocum, Sally (1975), 'Woman the gatherer: male bias in anthropology', in Reiter, Rayna R. ed. (1975), *Toward an Anthropology of Women*. Monthly Review Press
3 http://www.independent.co.uk/news/science/human-evolution-violence-in-stinct-to-kill-murder-each-other-a7335491.html
4 https://www.nature.com/nature/journal/v538/n7624/full/nature19758.html
5 https://www.eurekalert.org/pub_releases/2016–06/uog-mdb061716.php
6 http://www.smh.com.au/lifestyle/news-and-views/social/no-women-arent-as-likely-to-commit-violence-as-men-20141118-3km9x.html
7 https://www.ons.gov.uk/peoplepopulationandcommunity/crimeandjustice/compendium/focusonviolentcrimeandsexualoffences/yearendingmarch2015/chapter2homicide#focus-on-domestic-homicides
8 https://www.bjs.gov/content/pub/pdf/htus8008.pdf
9 http://www.unodc.org/documents/gsh/pdfs/2014_GLOBAL_HOMICIDE_BOOK_web.pdf
10 https://news.nationalgeographic.com/news/2013/10/131008-women-handprints-oldest-neolithic-cave-art/
11 https://www.theguardian.com/science/2017/sep/15/how-the-female-viking-warrior-was-written-out-of-history
12 https://news.nationalgeographic.com/2017/09/viking-warrior-woman-archaeology-spd/
13 https://news.nationalgeographic.com/2017/09/viking-warrior-woman-archaeology-spd/
14 https://www.nytimes.com/2017/09/14/world/europe/sweden-viking- women-warriors-dna.html
15 https://www.nytimes.com/2017/09/14/world/europe/sweden-viking- women-warriors-dna.html
16 Walker, Phillip (1995), 'Problems of Preservation and Sexism in Sexing: Some Lessons from Historical Collections for Palaeodemographers', in Saunders, S. R. and Herring A. (eds.), *Grave Reflections, Portraying the Past through Cemetery Studies* (Canadian Scholars' Press, Toronto); https://namuhyou.wordpress.com/2016/06/18/

sexism-when-sexing-your-skull-cultural-bias-when- sexing-the-skull/

17 https://www.nytimes.com/2017/09/14/world/europe/sweden-viking-women-warriors-dna.html

18 https://www.theguardian.com/commentisfree/2017/sep/18/battle-prejudice-warrior-women-ancient-amazons

19 https://www.foreignaffairs.com/articles/2015–05-06/warrior-women

20 Hegarty, Peter and Buechel, Carmen (2006), 'Androcentric Reporting of Gender Differences', *APA Journals: 1965–2004 Review of General Psychology*, 10:4, 377–89;

Vainapel, Sigal, Shamir, Opher Y., Tenenbaum, Yulie and Gilam, Gadi (2015), 'The Dark Side of Gendered Language: The Masculine-Generic Form as a Cause for Self-Report Bias', *Psychological Assessment Issue*, 27:4, 1513–19; Sczesny, Sabine, Formanowicz, Magda, and Moser, Franziska (2016), 'Can Gender-Fair Language Reduce Gender Stereotyping and Discrimination?', *Frontiers in Psychology*, 7, 1–11; Horvath, Lisa Kristina and Sczesny, Sabine (2016), 'Reducing women's lack of fit with leadership positions? Effects of the wording of job advertisements', *European Journal of Work and Organizational Psychology*, 25:2, 316–28;

Stout, Jane G. and Dasgupta, Nilanjana (2011), 'When He Doesn't Mean You: Gender-Exclusive Language as Ostracism', *Personality and Social Psychology Bulletin*, 36:6, 757–69;

Vervecken, Dries, Hannover, Bettina and Wolter, Ilka (2013), 'Changing (S) expectations: How gender fair job descriptions impact children's perceptions and interest regarding traditionally male occupations', *Journal of Vocational Behavior*, 82:3, 208–20;

Prewitt-Freilino, J. L., Caswell, T. A. and Laakso, E. K. (2012), 'The Gendering of Language: A Comparison of Gender Equality in Countries with Gendered, Natural Gender, and Genderless Languages', *Sex Roles*, 66: 3–4, 268–81;

Gygax, Pascal, Gabriel, Ute, Sarrasin, Oriane, Oakhill, Jane and Garnham, Alan (2008), 'Generically intended, but specifically interpreted: When beauticians, musicians, and mechanics are all men', *Language and Cognitive Processes*, 23:3, 464–85;

Stahlberg, D., Sczesny, S. and Braun, F. (2001), 'Name your favorite musician: effects of masculine generics and of their alternatives in German', *Journal of Language and Social Psychology*, 20, 464–69

21 Stahlberg, Sczesny and Braun (2001)

22 Sczesny, Formanowicz and Moser (2016); Vervecken, Hannover and Wolter (2013)

23 Stahlberg, D. and Sczesny, S. (2001), 'Effekte des generischen Maskulinums und alternativer Sprachformen auf den gedanklichen Einbezug von Frauen' [The impact of masculine generics on the cognitive inclusion of women], *Psychol. Rundsch*., 52, 131–40; Horvath and Sczesny (2016); Sczesny, Formano- wicz and Moser (2016)

24 Stout and Dasgupta (2011); Sczesny, Formanowicz and Moser (2016)

25 Gygax, Gabriel, Sarrasin, Oakhill and Garnham (2008)

26 Vainapel, Shamir, Tenenbaum and Gilam (2015)

27 Ignacio Bosque, 'Sexismo lingüístico y visibilidad de la mujer', http://www.rae.es/sites/default/files/Sexismo_linguistico_y_visibilidad_de_la_mujer_0.pdf

28 Vainapel, Shamir, Tenenbaum and Gilam (2015)

29 https://www.theguardian.com/uk-news/2018/feb/01/dany-cotton-london-fire-chief-sexist-abuse-over-firefighter-sam-campaign

30 Horvath and Sczesny (2016)

31 Ibid.

32 Ibid.

33 Prewitt-Freilino, Caswell and Laakso (2012)
34 https://www.emogi.com/insights/view/report/1145/2016-emoji-report
35 http://www.adweek.com/digital/report-92-of-online-consumers-use-emoji-infographic/
36 https://unicode.org/L2/L2016/16160-emoji-professions.pdf
37 http://www.adweek.com/digital/report-92-of-online-consumers-use-emoji-infographic/
38 http://www.unicode.org/L2/L2016/16181-gender-zwj-sequences.pdf
39 Bradley, Adam, MacArthur, Cayley, Carpendale, Sheelagh and Hancock, Mark, 'Gendered or Neutral? Considering the Language of HCI', Graphics Interface Conference 2015, 3–5 June, Halifax, Nova Scotia, Canada, http://graphicsinterface.org/wp-content/uploads/gi2015-21.pdf
40 https://genderedinnovations.stanford.edu/institutions/bias.html
41 Naureen Durrani (2008), 'Schooling the 'other': the representation of gender and national identities in Pakistani curriculum texts', *Compare: A Journal of Comparative and International Education*, 38:5, 595–610
42 Lambdin, Jennifer R., Greer, Kristen M., Jibotian, Kari Selby, Wood, Kelly Rice and Hamilton, Mykol C. (2003), 'The Animal = Male Hypothesis: Children's and Adults' Beliefs About the Sex of Non-Sex-Specific Stuffed Animals', *Sex Roles*, 48:11–12, 471–482
43 http://www.br-online.de/jugend/izi/deutsch/forschung/gender/IZI_ Guidelines_WEB.pdf
44 http://seejane.org/wp-content/uploads/key-findings-gender-roles-2013.pdf
45 http://wmc.3cdn.net/dcdb0bcb4b0283f501_mlbres23x.pdf
46 http://www.news.com.au/finance/money/australia-a-world-leader-in-female-representation-on-banknotes/news-story/3cf7c3b5ed3838075d571a64c7fcdff6
47 http://cdn.agilitycms.com/who-makes-the-news/Imported/reports_2015/highlights/highlights_en.pdf
48 Silvina Bongiovanni (2014), ' 'No se preocupe la señora marquesa': A study of gender bias in example sentences in the RAE grammar textbook', *IULC Working Papers*, 14:1 https://www.indiana.edu/~iulcwp/wp/article/view File/14–05/146
49 Clark, Roger, Allard, Jeffrey and Mahoney, Timothy (2004) 'How Much of the Sky? Women in American High School History Textbooks from the 1960s, 1980s and 1990s', *Social Education*, 68:1, 57–62
50 Amy L. Atchison (2017), 'Where Are the Women? An Analysis of Gender Mainstreaming in Introductory Political Science Textbooks', *Journal of Political Science Education*, 13:2, 185–199
51 Iveta Silova (2016), 'Gender Analysis of Armenian School Curriculum and Textbooks PolicyBrief',PhD(June2016),Arizona State University, https://openknowledge.world-bank.org/bitstream/handle/10986/24948/Gender0analysi0ooks000policy0brief.pdf?sequence=1&isAllowed=y; Chiponda, Annie F and Wassermann, Johann (2016), 'The depiction of women in the verbal text of a junior secondary Malawian history textbook – an analysis', *Yesterday & Today*, 16, 40–59; https://ei-ie.org/en/woe_home- page/woe_detail/15405/curriculum-textbooks-and-gender-stereotypes-the-case-of-pakistan; Durrani (2008); Ullah, Hazir and Skelton, Christine (2013), 'Gender representation in the public sector schools textbooks of Pakistan', *Educational Studies* 39:2; 2006, 2007, 2009 and 2010 studies cit. Chiponda, Annie F and Wassermann, Johann (2016)
52 http://www.siliconera.com/2016/12/02/metroid-developers-discuss-decid-ed-make-samus-aran-woman-new-interview/
53 http://www.pewinternet.org/2015/12/15/gaming-and-gamers/

54 http://wmc.3cdn.net/dcdb0bcb4b0283f501_mlbres23x.pdf
55 https://feministfrequency.com/2015/06/22/gender-breakdown-of-games-showcased-at-e3-2015/
56 http://www.kotaku.co.uk/2015/07/15/fifas-struggle-to-include-women-reveals-a-lot-about-gamings-problems-with-diversity
57 https://feministfrequency.com/2016/06/17/gender-breakdown-of-games-showcased-at-e3-2016/
58 http://www.nytimes.com/1991/03/03/nyregion/campus-life-georgetown-white-male-writers-is-the-title-of-english-112.html
59 https://www.theguardian.com/film/2015/sep/05/suffragette-review-historical-drama-tub-thumps-hard-despite-having-your-vote
60 https://ai2-s2-pdfs.s3.amazonaws.com/05e1/0638aab94ca0d46ddde8083f-f69859a0401e.pdf
61 https://www.theguardian.com/lifeandstyle/womens-blog/2016/aug/17/normal-society-means-male-andy-murray-venus-serena-williams?CMP=fb_gu
62 https://www.ussoccer.com/stories/2016/08/05/19/54/160805-wnt-a-history-of-the-usa-at-the-olympic-games
63 http://www.independent.co.uk/arts-entertainment/books/news/thor-as-woman-marvel-reveals-new-incarnation-of-superhero-in-comic-series-9608661.html
64 https://www.wired.com/2015/10/hugo-awards-controversy/
65 http://www.mamamia.com.au/star-wars-movie-features-a-female-lead.,; http://screencrush.com/rogue-one-female-lead-angry-fans/
66 http://www.telegraph.co.uk/news/2017/07/21/former-doctor-peter-davison-says-female-choice-role-means-loss/
67 http://uk.businessinsider.com/doctor-who-first-woman-jodie-whittaker-sex-ist-reactions-2017–7
68 https://www.theguardian.com/books/2014/nov/25/readers-prefer-authors-own-sex-goodreads-survey
69 https://kotaku.com/ubisoft-cut-plans-for-female-assassins-in-unity-1589278349
70 http://www.kotaku.co.uk/2014/06/16/whole-assassins-creed-thing
71 欲知更多相關內容，參見Anna Beer (2016): *Sounds and Sweet Airs: The Forgotten Women of Classical Music*, London
72 http://www.bbc.co.uk/news/entertainment-arts-39191514
73 https://www.theguardian.com/commentisfree/2017/sep/18/battle-prejudice-warrior-women-ancient-amazons
74 https://www.theguardian.com/world/2017/feb/01/caroline-louisa-daly-art-men-attribution
75 https://news.nationalgeographic.com/news/2013/13/130519-women-scientists-overlooked-dna-history-science/
76 http://www.newn.cam.ac.uk/about/history/biographies/
77 Beer (2016).
78 芬妮．亨塞爾自幼就展現音樂神童的天賦，但她父親告訴她：「音樂也許會成為他（指她弟弟費利克斯．孟德爾頌）的事業，但音樂只能當妳的裝飾，而且非如此不可。」
79 http://www.telegraph.co.uk/women/womens-life/9790633/Will-Goves-posh-white-blokes-history-curriculum-ignore-women.html
80 www.telegraph.co.uk/education/educationopinion/9973999/Sorry-NUT-Goves-history-reforms-are-no-pub-quiz.html
81 http://www.telegraph.co.uk/culture/tvandradio/5077505/History-has-been-feminised-says-David-Starkey-as-he-launches-Henry-VIII-series.html
82 https://teachingwomenshistory.com/teaching-resources/medieval-women/

83 https://www.nytimes.com/2016/11/20/opinion/sunday/the-end-of-identity-liberalism.html?_r=0
84 http://www.wbur.org/politicker/2016/11/21/bernie-sanders-berklee
85 http://thehill.com/homenews/campaign/307014-sanders-dems-must-move-beyond-identity-politics
86 http://www.theaustralian.com.au/opinion/columnists/paul-kelly/donald-trumps-election-a-rejection-of-identity-politics/news-story/147b11c08b64702d3f9be18214 16cb72
87 https://twitter.com/RichardBurgon/status/822417591713075201
88 https://www.theguardian.com/commentisfree/2016/dec/01/blame-trump-brexit-identity-liberalism
89 https://www.bls.gov/oes/current/naics4_212100.htm#00–0000
90 https://www.bls.gov/oes/current/oes372012.htm
91 Bourdieu, Pierre (1972) *Outline of a Theory of Practice*, Nice, Richard trans. (1977), Cambridge
92 http://theconversation.com/donald-trump-and-the-rise-of-white-identity-in-politics-67037
93 http://www.vox.com/2016/11/1/13480416/trump-supporters-sexism

第一章　鏟雪也有性別歧視？

1 https://openknowledge.worldbank.org/bitstream/handle/10986/ 28542/120500.pdf?sequence=6
2 http://planphilly.com/articles/2015/01/26/septa-has-largest-percentage- of-female-riders-64-among-large-transit-agencies?utm_content=buffer97258&utm_medium=social&utm_source=twitter.com&utm_ campaign=buffer
3 Ceccato, Vania (2017), 'Women's victimisation and safety in transit environments', *Crime Prevention and Community Safety*, 19:3–4, 163–7
4 http://ec.europa.eu/commfrontoffice/publicopinion/archives/ebs/ebs_422a_ en.pdf; World Bank (2007), *Gender and Urban Transport: Fashionable and Affordable Module 7a Sustainable Transport: A Sourcebook for Policy-makers in Developing Cities*
5 http://www.wnyc.org/story/283137-census-data-show-public-transit-gender-gap/
6 Ceccato (2017)
7 http://content.tfl.gov.uk/travel-in-london-understanding-our-diverse-communities.pdf 2015
8 http://content.tfl.gov.uk/gender-equality-scheme-2007–2010.pdf
9 Sánchez de Madariaga, Inés, 'Mobility of Care: Introducing New Concepts in Urban Transport', in Roberts, Marion and Sánchez de Madariaga, Inés (eds.) (2013), *Fair Shared Cities: The Impact of Gender Planning in Europe*, Farnham
10 http://media.leidenuniv.nl/legacy/leru-paper-gendered-research-and-innovation.pdf
11 http://ssmon.chb.kth.se/volumes/vol16/5_Rolfsman_Bylund.pdf 2012
12 https://lucris.lub.lu.se/ws/files/6151586/2295991.pdf
13 http://media.leidenuniv.nl/legacy/leru-paper-gendered-research-and-innovation.pdf
14 www.chicksontheright.com/feminist-snow-plowing-disrupts-traffic-and-normal-life-for-people-in-sweden/; https://heatst.com/world/feminist-snow-plowing-system-brings-stockholm-to-a-standstill/
15 https://heatst.com/world/feminist-snow-plowing-system-brings-stockholm- to-a-standstill/
16 http://www.dn.se/arkiv/stockholm/jamstalld-snorojning-blev-ett-fiasko-i-ovadret/

17 http://thecityfix.com/blog/brasilia-brazil-women-bus-stop-night-safety- sexual-assault-luisa-zottis/
18 http://ec.europa.eu/commfrontoffice/publicopinion/index.cfm/ResultDoc/download/DocumentKy/61244
19 Sánchez de Madariaga (2013)
20 https://www.newstatesman.com/politics/uk/2017/07/unless-living-standards-improve-theresa-mays-cameron-tribute-act-will-continue
21 https://www.unison.org.uk/content/uploads/2014/06/On-line-Catalogue224222.pdf
22 https://www.itdp.org/wp-content/uploads/2014/07/7aGenderUTSept300.pdf; World Bank (2007)
23 Review of World Bank infrastructure projects 1995–2009 http://siteresources.worldbank.org/EXTSOCIALDEVELOPMENT/Resources/244362–1265299949041/6766328–1270752196897/Gender_Infrastructure2.pdf
24 Sánchez de Madariaga (2013); Tran, Hoai Anh and Schlyter, Ann (2010), 'Gender and class in urban transport: the cases of Xian and Hanoi', *Environment and Urbanization*, 22:1, 139–55
25 http://wricitieshub.org/sites/default/files/Final_Report_24082015_0.pdf; http://content.tfl.gov.uk/travel-in-london-understanding-our-diverse-communities.pdf
26 http://content.tfl.gov.uk/travel-in-london-understanding-our-diverse-communities.pdf
27 http://genderedinnovations.stanford.edu/case-studies/urban.html
28 https://tfl.gov.uk/campaign/hopper-fare
29 http://humantransit.org/2010/02/the-power-and-pleasure-of-grids.html
30 http://humantransit.org/2014/08/charging-for-connections-is-insane.html
31 https://las.depaul.edu/centers-and-institutes/chaddick-institute-for-metropolitan-development/research-and-publications/Documents/Have%20App%20Will%20Travel%20Uber%20-%20CTA.pdf
32 Ibid.
33 http://webfoundation.org/docs/2015/10/womens-rights-online_Report.pdf
34 http://www3.weforum.org/docs/GGGR16/WEF_Global_Gender_Gap_Report_2016.pdf
35 http://conversableeconomist.blogspot.co.uk/2015/10/unpaid-care-work-women-and-gdp.html
36 World Bank (2007)
37 https://www.gov.uk/government/uploads/system/uploads/attachment_data/file/576095/tsgb-2016-report-summaries.pdf
38 http://wricitieshub.org/sites/default/files/Final_Report_24082015_0.pdf 2015 Bhopal
39 http://civitas.eu/sites/default/files/civ_pol-an2_m_web.pdf
40 https://www.rita.dot.gov/bts/sites/rita.dot.gov.bts/files/TSAR_2016r.pdf
41 Sánchez de Madariaga (2013)
42 http://hdr.undp.org/sites/default/files/chapter4.pdf
43 http://www.imf.org/external/pubs/ft/sdn/2013/sdn1310.pdf (duffle 2012)
44 http://siteresources.worldbank.org/INTAFRREGTOPGENDER/Resources/gender_econ_growth_ug.pdf
45 https://www.habitatforhumanity.org.uk/what-we-do/where-we-work/latin-america-and-caribbean/brazil
46 http://abeiradourbanismo.blogspot.co.uk/2012/02/habitacao-emprego-e-mobilidade.html

47 https://lsecities.net/media/objects/articles/relocating-homes-and-lives-in-rios-olympic-city/en-gb/
48 https://www.boell.de/en/2014/06/11/we-were-not-invited-party-women-and-world-cup
49 http://www.rioonwatch.org/?p=6527
50 https://www.lincolninst.edu/sites/default/files/pubfiles/koch_wp13jk1.pdf
51 https://www.boell.de/en/2014/06/11/we-were-not-invited-party-women-and-world-cup
52 https://lsecities.net/media/objects/articles/relocating-homes-and-lives-in-rios-olympic-city/en-gb/
53 http://www.rioonwatch.org/?p=6527
54 http://www.rioonwatch.org/?p=25015
55 https://www.boell.de/en/2014/06/11/we-were-not-invited-party-women-and-world-cup
56 http://www.citylab.com/commute/2013/09/how-design-city-women/6739/
57 Ibid.
58 http://www3.weforum.org/docs/GGGR16/WEF_Global_Gender_Gap_Report_2016.pdf
59 Alexis Grenell (2015), 'Sex & the Stadt: Reimagining Gender in the Built Environment', http://www.academia.edu/10324825/Sex_and_the_Stadt_Reimagining_Gender_in_the_Built_Environment
60 Architekturzentrum Wien (2008), *Housing in Vienna: Innovative, Social, Ecological*, Vienna
61 http://usatoday30.usatoday.com/news/nation/2007–12-25-Designingwom-en_N.htm

第二章 小便池的性別友善

1 https://twitter.com/SamiraAhmedUK/status/849338626202886144
2 https://www.barbican.org.uk/about-barbican/people
3 Banks, Taunya Lovell (1991), 'Toilets as a Feminist Issue: A True Story', *Berkeley Women's Law Journal*, 6:2 263–289
4 Greed, Clara (2014), 'Global gendered toilet provision', in 'More Public than Private: Toilet Adoption and Menstrual Hygiene Management II', AAG Annual Conference, Tampa, Florida, USA, 8–12 April 2014
5 https://www.ncbi.nlm.nih.gov/pmc/articles/PMC3749018/
6 Greed (2014)
7 http://www.unric.org/en/latest-un-buzz/29530-one-out-of-three-women-without-a-toilet
8 http://womendeliver.org/2016/yale-study-examines-link-sexual-violence-access-sanitation/
9 http://indianexpress.com/article/india/india-news-india/india-has-60-4-per-cent-people-without-access-to-toilet-study/
10 Greed (2014)
11 Ibid.
12 http://www.huffingtonpost.com/rose-george/open-defecation-india_b_7898834.html https://www.theguardian.com/global-development/2014/aug/28/toilets-india-health-rural-women-safety
13 https://www.hrw.org/sites/default/files/report_pdf/wrdsanitation0417_web_0.pdf 2017
14 Sommer, Marni, Chandraratna, Sahani, Cavill, Sue, Mahon, Therese, and Phillips-

Howard, Penelope (2016), 'Managing menstruation in the workplace: an overlooked issue in low- and middle-income countries', *Int. J. Equity Health*, 15:86

15 https://www.hrw.org/sites/default/files/report_pdf/wrdsanitation0417_ web_0.pdf 2017

16 http://ohrh.law.ox.ac.uk/bombay-high-court-makes-right-to-clean-toilets-a-fundamental-right-for-women-in-india/

17 https://www.pri.org/stories/2014-11-25/women-india-agitate-their-right-pee

18 Ibid.

19 http://indianexpress.com/article/cities/mumbai/women-in-slums-forced-to-defecate-in-open-say-community-toilets-are-unsafe-at-night/

20 https://www.theguardian.com/global-development/2014/aug/28/toilets-india-health-rural-women-safety; https://womennewsnetwork. net/2012/12/19/india-women-new-delhi-slum-toilets/

21 https://www.newsdeeply.com/womenandgirls/articles/2017/02/03/without-access-clean-safe-toilets-women-face-assault-illness

22 Jadhav, A., Weitzman, A. and Smith-Greenaway, E. (2016), 'Household sanitation facilities and women's risk of non-partner sexual violence in India', *BMC Public Health*, 16:1139

23 https://www.npr.org/sections/parallels/2014/06/02/318259419/double-rape-lynching-in-india-exposes-caste-fault-lines

24 http://www.dnaindia.com/mumbai/report-right-to-pee-bombay-high-court-gives-municipal-corporations-deadline-in-pil-on-toilets-for- women-2045476

25 https://broadly.vice.com/en_us/article/the-women-in-india-fighting-for-the-right-to-pee

26 http://mumbaimirror.indiatimes.com/mumbai/civic/BMCs-promise-for-womens-toilets-goes-down-the-drain/articleshow/50801316.cms

27 http://journals.plos.org/plosone/article?id=10.1371/journal.pone.0122244

28 https://www.pri.org/stories/2014-11-25/women-india-agitate-their-right-pee

29 https://www.newsdeeply.com/womenandgirls/articles/2017/02/03/without-access-clean-safe-toilets-women-face-assault-illness

30 Greed (2014)

31 http://www.phlush.org/wp-content/uploads/2009/02/americanrestroom-calltoactionpaper.pdf

32 https://blogs.ucl.ac.uk/ucloo-festival-2013/2013/09/17/toilets-gender-and-urbanism/

33 http://transweb.sjsu.edu/sites/default/files/2611-women-transportation.pdf 2009

34 http://transweb.sjsu.edu/sites/default/files/2611-women-transportation.pdf

35 Gardner, Natalie, Cui, Jianqiang and Coiacetto, Eddo (2017), 'Harassment on public transport and its impacts on women's travel behaviour', *Australian Planner*, 54:1, 8–15

36 Ibid.

37 Ibid.

38 http://transweb.sjsu.edu/sites/default/files/2611-women-transportation.pdf

39 Gardner, Cui and Coiacetto (2017)

40 Ceccato, Vania and Paz, Yuri (2017), 'Crime in São Paulo's metro system: sexual crimes against women', *Crime Prevention and Community Safety*, 19:3–4, 211–26

41 http://www.cbgaindia.org/wp-content/uploads/2017/01/Women-safety-in-delhi.pdf

42 http://www.hindustantimes.com/delhi-news/need-to-make-public-trans-port-in-delhi-women-friendly-study/story-Eq8h997zRiq8XTdIr7dQ0H.html

43 Ceccato and Paz (2017)

44 Gardner, Cui and Coiacetto (2017)

45 https://www.bbc.co.uk/news/uk-england-nottinghamshire-44740362
46 Ceccato and Paz (2017)
47 Gardner, Cui and Coiacetto (2017)
48 http://www.huffingtonpost.com/soraya-chemaly/for-women-rape-isnt-a-mom_b_9997350.html
49 http://www.bbc.co.uk/news/uk-england-london-29818435
50 https://www.itdp.org/wp-content/uploads/2017/01/8.-Beyond-the-Women-Only-Train-Car-Gender-and-Sustainable-Transport.pdf
51 Ceccato and Paz (2017)
52 http://www.nytimes.com/2013/05/25/world/americas/rapes-in-brazil-spur-class-and-gender-debate.html?pagewanted=all&_r=0 ; http://thecityfix.com/blog/women-public-safety-demands-yasmin-khan/
53 http://www.unwomen.org/en/news/stories/2016/11/improving-womens-safety-in-mexico-city
54 http://thecityfix.com/blog/women-public-safety-demands-yasmin-khan/
55 https://www.thelocal.fr/20160615/half-of-french-woman-alter-clothes-to-avoid-harassment
56 https://www.thelocal.fr/20160615/half-of-french-woman-alter-clothes-to-avoid-harassment
57 http://www.thehoya.com/metro-surveys-sexual-harassment-cases/
58 http://www.huffingtonpost.com/soraya-chemaly/for-women-rape-isnt-a-mom_b_9997350.html
59 http://www.nbcwashington.com/news/local/Man-Accused-of-Metro-Assault-Was-Indecent-Exposure-Suspect-380782091.html
60 https://www.washingtonpost.com/news/dr-gridlock/wp/2017/10/20/why-the-metoo-movement-is-a-public-transportation-issue/?utm_term=.09b8335a38b6
61 Ceccato, Vania (2017), 'Women's transit safety: making connections and defining future directions in research and practice', *Crime Prevention and Community Safety*, 19:3–4 (September 2017), 276–87
62 Gardner, Cui and Coiacetto (2017)
63 http://wricitieshub.org/sites/default/files/Final_Report_24082015_0.pdf
64 Ceccato (2017)
65 https://twitter.com/awlilnatty/status/860142443550957568
66 http://www.hindustantimes.com/delhi-news/why-delhi-s-public-transport-is-still-a-war-zone-for-women/story-0bzla56HO3BIgI9LQqSSJI.html
67 Ceccato and Paz (2017)
68 http://www.slate.com/articles/double_x/doublex/2016/08/what_happens_when_sexual_assault_happens_on_a_long_haul_flight.html
69 http://www.independent.co.uk/travel/news-and-advice/woman-masturbating-passenger-cabin-crew-american-airlines-paris-a7839186.html?cmpid=facebook-post
70 Ceccato (2017)
71 http://transweb.sjsu.edu/sites/default/files/2611-women-transportation.pdf
72 Gardner, Cui and Coiacetto (2017)
73 https://matadornetwork.com/life/make-public-transportation-safer-women/
74 https://matadornetwork.com/life/make-public-transportation-safer-women/
75 http://wricitieshub.org/sites/default/files/Final_Report_24082015_0.pdfT
76 https://link.springer.com/article/10.1057/sj.2014.9; http://wricitieshub.org/sites/default/files/Final_Report_24082015_0.pdf
77 http://content.tfl.gov.uk/travel-in-london-understanding-our-diverse-com-munities.pdf
78 https://matadornetwork.com/life/make-public-transportation-safer-women/

79 http://news.trust.org//spotlight/most-dangerous-transport-systems-for-women/
80 http://indiatoday.intoday.in/story/delhi-gangrape-victims-friend-relives-the-horrifying-84-minutes-of-december-16-night/1/309573.html
81 https://www.nytimes.com/2017/05/05/world/asia/death-sentence-delhi-gang-rape.html
82 http://www.reuters.com/article/us-india-rape-attack-idUSBRE8BU02E20121231
83 Goodney, Suzanne, D'Silva, Lea Elsa and Asok, Abhijith (2017), 'Women's strategies addressing sexual harassment and assault on public buses: an analysis of crowdsourced data', *Crime Prevention and Community Safety*, 19: 3–4, 227–39
84 https://www.theguardian.com/global-development-professionals-network/2016/oct/13/why-arent-we-designing-cities-that-work-for-women-not-just-men
85 https://www.theguardian.com/cities/2014/dec/05/if-women-built-cities-what-would-our-urban-landscape-look-like
86 http://www.dailytitan.com/2013/11/workout-culture-subconsciously-reinforces-sexist-norms/ http://www.telegraph.co.uk/women/womens-life/11587175/Womens-fitness-What-men-really-think-about-women-in-the-gym.html
87 Irschik, Elisabeth and Kail, Eva, 'Vienna: Progress Towards a Fair Shared City', in Roberts, Marion and Sánchez de Madariaga, Inés (eds.) (2013)
88 http://www.wpsprague.com/research-1/2017/1/6/more-girls-to-parks-case-study-of-einsiedler-park-viennamilota-sidorova
89 http://civitas.eu/sites/default/files/civ_pol-an2_m_web.pdf
90 https://malmo.se/download/18.1388f79a149845ce3b9ff3/1491301765672/F%C3%B6rstudie+j%C3%A4mstalld+stadsplanering+Add+Gender+2013.pdf
91 https://malmo.se/download/18.1388f79a149845ce3b9102b/1491300931437/Presentation+20120913.pdf
92 http://webbutik.skl.se/bilder/artiklar/pdf/7164–987-4.pdf?issuusl=ignore

第三章　漫長的星期五

1 https://www.theguardian.com/world/2005/oct/18/gender.uk
2 http://www.bbc.co.uk/news/magazine-34602822
3 https://eng.fjarmalaraduneyti.is/media/Gender_Equality_in_Iceland_012012.pdf
4 http://www.smh.com.au/lifestyle/health-and-wellbeing/wellbeing/what-is-life-really-like-for-women-in-iceland-the-worlds-most-womanfriendly-country-20161031-gsez8j.html
5 http://www3.weforum.org/docs/WEF_GGGR_2017.pdf
6 https://www.economist.com/blogs/graphicdetail/2016/03/daily-chart-0
7 McKinsey Global Institute (2015), *The Power of Parity: how advancing women's equality can add $12 trillion to global growth*
8 https://ourworldindata.org/women-in-the-labor-force-determinants
9 Veerle, Miranda (2011), 'Cooking, Caring and Volunteering: Unpaid Work Around the World', *OECD Social, employment and migration working papers no.116*, OECD
10 http://www.pwc.com.au/australia-in-transition/publications/understanding-the-unpaid-economy-mar17.pdf
11 Chopra, D. and Zambelli, E. (2017), 'No Time to Rest: Women's Lived Experiences of Balancing Paid Work and Unpaid Care Work', *Institute of Development Studies*
12 Veerle (2011)
13 Dinh, Huong, Strazdins, Lyndall and Welsh, Jennifer (2017), 'Hour-glass ceilings: Work-hour thresholds, gendered health inequities', *Social Science & Medicine* 176,

42–51

14 http://www.oecd.org/dev/development-gender/Unpaid_care_work.pdf

15 https://www.alzheimersresearchuk.org/wp-content/uploads/2015/03/Women-and-Dementia-A-Marginalised-Majority1.pdf

16 Ibid.

17 Ibid.

18 Ibid.

19 https://www.bls.gov/opub/ted/2015/time-spent-in-leisure-activities-in- 2014-by-gender-age-and-educational-attainment.htm

20 https://www.ons.gov.uk/peoplepopulationandcommunity/wellbeing/articles/menenjoyfivehoursmoreleisuretimeperweekthanwomen/2018–01-09

21 Dinh, Strazdins and Welsh (2017)

22 http://www3.weforum.org/docs/GGGR16/WEF_Global_Gender_Gap_Report_2016.pdf

23 http://siteresources.worldbank.org/EXTSOCIALDEVELOPMENT/Resources/244362–1265299949041/6766328–1270752196897/Gender_Infra-structure2.pdf

24 L. Schiebinger and S. K. Gilmartin (2010), 'Housework is an academic issue', Academe, 96:39–44

25 https://www.newscientist.com/article/2085396-childcare-and-housework-are-what-give-women-more-heart-problems/

26 Kilpi, F., Konttinen, H., Silventoinen, K., Martikainen, P. (2015) 'Living arrangements as determinants of myocardial infarction incidence and survival: A prospective register study of over 300,000 Finnish men and women', *Social Science & Medicine*, 133, 93–100

27 http://www.independent.co.uk/life-style/husbands-create-extra-seven-hours-of-housework-a-week-a6885951.html

28 https://theconversation.com/census-2016-women-are-still-disadvantaged-by-the-amount-of-unpaid-housework-they-do-76008

29 https://www.inc.com/tom-popomaronis/science-says-you-shouldnt-work-more-than-this-number-of-hours-a-day.html?cid=cp01002wired

30 https://www.theguardian.com/lifeandstyle/2018/jan/15/is-28-hours- ideal-working-week-for-healthy-life

31 http://www.hse.gov.uk/statistics/causdis/stress/stress.pdf?pdf=stress

32 http://www.ilo.org/dyn/normlex/en/f?p=NORMLEXPUB:12100:0::NO::P12100_ILO_CODE:C030

33 Virtanen, M., Ferrie, J. E., Singh-Manoux, A. et al. (2011), 'Long working hours and symptoms of anxiety and depression: a 5-year follow-up of the Whitehall II study', *Psychological Medicine*, 41:12, 2485–94

34 Shields, M. (1999) 'Long working hours and health', *Health Reports*, 11:2, 33–48

35 Dinh, Strazdins and Welsh (2017)

36 Dembe, Allard E. and Yao, Xiaoxi (2016), 'Chronic Disease Risks From Exposure to Long-Hour Work Schedules Over a 32-Year Period', *MPH Jour nal of Occupational & Environmental Medicine*, 58:9, 861–7

37 Ibid.

38 https://www.usatoday.com/story/life/entertainthis/2017/01/08/ryan-gosling-golden-globes-acceptance-speech-eva-mendes/96330942/

39 https://www.theguardian.com/lifeandstyle/2018/mar/03/spot-working-mother-happy-busy-caretaker

40 http://www.fawcettsociety.org.uk/wp-content/uploads/2016/04/Closing-the-Pensions-Gap-Web.pdf

41 Fawcett Society (2018), *Sex Discrimination Law Review*
42 http://www.fawcettsociety.org.uk/wp-content/uploads/2016/04/Closing-the-Pensions-Gap-Web.pdf
43 https://www.closethegap.org.uk/content/gap-statistics/
44 https://www.ons.gov.uk/employmentandlabourmarket/peopleinwork/earningsandworkinghours/bulletins/annualsurveyofhoursandearnings/2017provisionaland2016revisedresults
45 https://www.statista.com/statistics/280691/median-hourly-earnings-for-part-time-employees-in-the-uk-since-2006/
46 Levanon, Asaf, England, Paula and Allison, Paul (2009) 'OccupationalFeminization and Pay: Assessing Causal Dynamics Using 1950–2000 U.S. Census Data', *Social Forces*, 88:2, 865–891
47 Pan, Jessica (2015), 'Gender Segregation in Occupations: The Role of Tipping and Social Interactions', *Journal of Labor Economics*, 33:2, 365–408
48 https://www.oecd.org/dev/development-gender/Unpaid_care_work.pdf
49 Fawcett Society (2018), Sex Discrimination Law Review
50 Ibid.
51 http://newlaborforum.cuny.edu/2017/03/03/recognize-reduce-redistribute-unpaid-care-work-how-to-close-the-gender-gap/
52 http://progress.unwomen.org/en/2015/pdf/UNW_progressreport.pdf
53 Ibid.
54 Ibid.
55 https://www.unisa.edu.au/Global/EASS/HRI/Austen,%20Sharp%20and%20Hodgson%202015.pdf
56 http://www.fawcettsociety.org.uk/wp-content/uploads/2016/04/Closing-the-Pensions-Gap-Web.pdf
57 http://www.bbc.co.uk/news/business-39040132
58 http://www.fawcettsociety.org.uk/wp-content/uploads/2016/04/Closing-the-Pensions-Gap-Web.pdf
59 http://progress.unwomen.org/en/2015/pdf/UNW_progressreport.pdf
60 http://newlaborforum.cuny.edu/2017/03/03/recognize-reduce-redistribute-unpaid-care-work-how-to-close-the-gender-gap/
61 http://progress.unwomen.org/en/2015/pdf/UNW_progressreport.pdf
62 Kalb, Guyonne (2018), 'Paid Parental Leave and Female Labour Supply: A Review', *Economic Record*, 94:304, 80–100; Strang, Lucy and Broeks, Miriam (2016), 'Maternity leave policies: Trade-offs between labour market demands and health benefits for children', European Union; https://www.dol.gov/wb/resources/paid_parental_leave_in_the_united_states.pdf (2014)
63 Rossin-Slater, Maya, Ruhm, Christopher J. and Waldfogel, Jane (2011), 'The Effects of California's Paid Family Leave Program on Mothers' Leave-Taking and Subsequent Labor Market Outcomes', *NBER Working Paper* No. 17715; Kalb (2018)
64 Kalb (2018)
65 Strang and Broeks (2016)
66 https://www.nytimes.com/2012/08/23/technology/in-googles-inner-circle-a-falling-number-of-women.html
67 https://www.oecd.org/els/soc/PF2_1_Parental_leave_systems.pdf
68 Kalb (2018)
69 https://www.maternityaction.org.uk/2017/03/the-truth-is-that-uk-maternity-pay-is-amongst-the-lowest-in-europe/
70 https://www.oecd.org/els/soc/PF2_1_Parental_leave_systems.pdf
71 https://www.chathamhouse.org/publications/twt/brexit-isn-t-just-blokes

72 http://www.europarl.europa.eu/RegData/etudes/ATAG/2016/593543/ EPRS_ATA(2016)593543_EN.pdf
73 https://politicalscrapbook.net/2017/10/mays-new-brexit-minister-wants-to-ditch-eu-laws-protecting-pregnant-women-and-vulnerable-workers/#more-67848
74 https://www.fawcettsociety.org.uk/Handlers/Download.ashx?IDMF=0de4f7f0-d1a0-4e63-94c7-5e69081caa5f
75 https://www.standard.co.uk/news/politics/councillor-dumped-from-authority-over-time-off-after-giving-birth-prematurely-10122410.html
76 https://www.weforum.org/agenda/2016/08/these-10-countries-have-the-best-parental-leave-policies-in-the-world
77 http://uk.businessinsider.com/maternity-leave-worldwide-2017–8/#us-the-family-and-medical-leave-act-provides-up-to-12-weeks-unpaid-leave-but-it-doesnt-apply-to-everyone-5
78 https://www.brookings.edu/wp-content/uploads/2017/06/es_20170606_paidfamilyleave.pdf
79 https://www.bloomberg.com/news/articles/2017–11-09/malaysia-s-giving-working-moms-a-better-maternity-deal-than-u-s
80 http://prospect.org/article/beware-paid-family-leave-fig-leaf-gop-tax-plan
81 https://www.bls.gov/ncs/ebs/benefits/2017/ebbl0061.pdf
82 https://www.independent.co.uk/news/world/americas/paid-maternity-leave-us-worst-countres-world-donald-trump-family-leave-plan-women-republi-can-social-a7606036.html
83 Blau, Francine D. and Kahn, Lawrence M. (2013), 'Female Labor Supply: Why is the US Falling Behind?', *The American Economic Review*, 103:3, 251–256
84 https://www.nytimes.com/2018/02/20/upshot/why-a-republican-plan-for-paid-leave-has-stirred-concern-about-social-security.html
85 http://crr.bc.edu/working-papers/how-much-does-motherhood-cost-women-in-social-security-benefits/
86 詳見第十章。
87 http://www.slate.com/blogs/xx_factor/2017/05/17/cdc_data_says_women_in_their_thirties_are_having_more_babies_than_women.html
88 https://www.theatlantic.com/sexes/archive/2013/07/for-female-scientists-theres-no-good-time-to-have-children/278165/
89 http://www.slate.com/articles/double_x/doublex/2013/06/female_academics_pay_a_heavy_baby_penalty.html
90 http://www.slate.com/articles/double_x/doublex/2013/06/female_academics_pay_a_heavy_baby_penalty.html
91 https://www.nytimes.com/2016/06/26/business/tenure-extension-policies-that-put-women-at-a-disadvantage.html
92 https://www.nytimes.com/2016/06/26/business/tenure-extension-policies-that-put-women-at-a-disadvantage.html
93 https://hardsci.wordpress.com/2016/06/28/dont-change-your-family-friendly-tenure-extension-policy-just-yet/
94 http://ec.europa.eu/eurostat/statistics-explained/images/3/39/Employment_rate_by_sex%2C_age_group_20–64%2C_1993–2016_%28%25%29.png
95 https://qz.com/266841/economic-case-for-paternity-leave/
96 https://www.oecd.org/policy-briefs/parental-leave-where-are-the-fathers.pdf
97 https://www.theguardian.com/world/2015/may/28/swedish-fathers-paid-paternity-parental-leave
98 https://www.oecd.org/policy-briefs/parental-leave-where-are-the-fathers.pdf
99 https://www.theguardian.com/money/2017/mar/22/force-men-to-take-fater-only-

parental-leave-experts-urge-mps
100 https://qz.com/266841/economic-case-for-paternity-leave/
101 https://www.ft.com/content/f3154b96-e0c5-11e5-8d9b-e88a2a889797
102 https://www.nytimes.com/2014/11/09/upshot/paternity-leave-the-rewards-and-the-remaining-stigma.html
103 http://www.nytimes.com/2010/06/10/world/europe/10iht-sweden.html
104 http://fortune.com/2014/10/25/7-companies-with-the-best-perks-for-parents/
105 https://www.nytimes.com/2012/08/23/technology/in-googles-inner-circle-a-falling-number-of-women.html
106 http://www.businessinsider.com/evernote-pays-for-its-employees-to-have-their-houses-cleaned-2012–10?IR=T
107 https://www.elle.com/culture/career-politics/g28143/the-best-lactation-rooms-across-america/
108 http://time.com/money/4972232/12-companies-with-the-most-luxurious-employee-perks/
109 http://www.slate.com/blogs/xx_factor/2017/05/16/apple_s_new_head-quarters_apple_park_has_no_child_care_center_despite_costing.html
110 http://www.kff.org/other/poll-finding/kaiser-family-foundationnew-york-timescbs-news-non-employed-poll/
111 https://www.flexjobs.com/blog/post/stats-about-remote-and-flexible-work-2017-predictions/
112 https://www.nbcnews.com/business/business-news/why-are-big-companies-calling-their-remote-workers-back-office-n787101
113 https://timewise.co.uk/wp-content/uploads/2017/06/Timewise-Flexible-Jobs-Index-2017.pdf
114 Goldin, Claudia (2014), 'A Grand Gender Convergence: Its Last Chapter,' *American Economic Review*, American Economic Association, 104:4, 1091–119
115 https://fivethirtyeight.com/features/why-women-are-no-longer-catching-up-to-men-on-pay/
116 European Parliament (2017), *Gender Equality and Taxation in the European Union*
117 http://www.undp.org/content/dam/undp/library/gender/Gender%20and%20Poverty%20Reduction/Taxation%20English.pdf
118 Schiebinger and Gilmartin (2010)
119 https://www.ft.com/content/60729d68-20bb-11e5-aa5a-398b2169cf79
120 http://www.economist.com/news/briefing/21599763-womens-lowly-status-japanese-workplace-has-barely-improved-decades-and-country
121 http://stats.oecd.org/index.aspx?queryid=54757
122 http://money.cnn.com/2016/10/16/news/economy/japan-companies-women-careers-nissan/index.html
123 http://www.economist.com/news/briefing/21599763-womens-lowly-status-japanese-workplace-has-barely-improved-decades-and-country
124 https://www.oecd.org/japan/japan-improving-the-labour-market-outcomes-of-women.pdf
125 https://ec.europa.eu/research/science-society/document_library/pdf_06/structural-changes-final-report_en.pdf
126 https://www.theatlantic.com/sexes/archive/2013/07/for-female-scientists-theres-no-good-time-to-have-children/278165/
127 https://work.qz.com/1156034/nobel-prize-winner-christiane-nusslein-volhard-is-helping-women-scientists-pay-to-outsource-household-chores/
128 http://genderpolicyreport.umn.edu/tax-proposals-a-missed-opportunity- for-addressing-implicit-gender-bias/; European Parliament (2017), *Gender Equality and*

Taxation in the European Union

129 https://www.irs.gov/businesses/small-businesses-self-employed/deducting-business-expenses
130 http://fortune.com/2016/07/23/expense-policies-hurt-women/
131 https://www.gingerbread.org.uk/policy-campaigns/publications-index/statistics/
132 https://singlemotherguide.com/single-mother-statistics/
133 Fawcett Society (2017), *Does Local Government Work for Women?*

第四章　用人唯才的神話

1 Goldin, Claudia and Rouse, Cecilia (2000), 'Orchestrating Impartiality: The Impact of 'Blind' Auditions on Female Musicians', *American Economic Review*, 90:4, 715–41
2 http://www.stltoday.com/entertainment/arts-and-theatre/in-orchestras- a-sea-change-in-gender-proportions/article_25cd8c54-5ca4-529f-bb98- 8c5b08c64434.html
3 https://nyphil.org/about-us/meet/musicians-of-the-orchestra
4 Kunovich, Sheri and Slomczynski, Kazimierz M. (2007), 'Systems of Distribution and a Sense of Equity: A Multilevel Analysis of Meritocratic Attitudes in Post-industrial Societies', *European Sociological Review*, 23:5, 649–63; Castilla., Emilio J. and Benard, Stephen (2010), 'The Paradox of Meritocracy in Organizations', *Administrative Science Quarterly*, 55:4, 543–676
5 Reynolds, Jeremy and Xian, He (2014), 'Perceptions of meritocracy in the land of opportunity', *Research in Social Stratification and Mobility*, 36, 121–37
6 Castilla and Benard (2010)
7 http://fortune.com/2014/08/26/performance-review-gender-bias/
8 Castilla and Benard (2010)
9 http://stateofstartups.firstround.com/2016/#highlights-diversity-prediction
10 Uhlmann, Eric Luis and Cohen, Geoffrey L. (2007), ' ' 'I think it, therefore it's true": Effects of self-perceived objectivity on hiring discrimination', *Organizational Behavior and Human Decision Processes*, 104:2, 207–23; Castilla and Benard (2010)
11 https://www.newyorker.com/magazine/2017/11/20/the-tech-industrys-gender-discrimination-problem
12 https://www.newyorker.com/magazine/2017/11/20/the-tech-industrys-gender-discrimination-problem
13 https://hbr.org/2014/10/hacking-techs-diversity-problem
14 https://www.theatlantic.com/magazine/archive/2017/04/why-is-silicon-valley-so-awful-to-women/517788/
15 http://www.latimes.com/business/la-fi-women-tech-20150222-story.html #page=1
16 Reynolds and Xian (2014)
17 Handley, Ian M., Brown, Elizabeth R., Moss-Racusin, Corinne A. and Smith, Jessi L. (2015), 'Quality of evidence revealing subtle gender biases in science is in the eye of the beholder', *Proceedings of the National Academy of Sciences of the United States of America*, 112:43, 13201–13206
18 https://erc.europa.eu/sites/default/files/document/file/Gender_statis- tics_April_2014.pdf; Wenneras, C. and Wold, A. (1997), 'Nepotism and sexism in peer-review', *Nature*, 387:341; Milkman, Katherine L., Akinola, Modupe and Chugh, Dolly (2015), 'What Happens Before? A Field Experiment Exploring How Pay and Representation Differentially Shape Bias on the Pathway Into Organizations', *Journal of Applied Psychology*, 100:6, 1678– 712; Knobloch-Westerwick, Silvia, Glynn, Carroll J. and Huge, Michael (2013), 'The Matilda Effect in Science

Communication', *Science Communication*, 35:5, 603–25; Kaatz, Anna, Gutierrez, Belinda and Carnes, Molly (2014), 'Threats to objectivity in peer review: the case of gender', *Trends Pharmacol Sci.*, 35:8, 371–3; Women and Science Unit (2011), *White Paper on the Position of Women in Science in Spain*, UMYC

19 Women and Science Unit (2011); https://foreignpolicy.com/2016/04/19/how-to-get-tenure-if-youre-a-woman-academia-stephen-walt/

20 Roberts, Sean G. and Verhoef, Tessa (2016), 'Double-blind reviewing at EvoLang 11 reveals gender bias', *Journal of Language Evolution*, 1:2, 163–67

21 Budden, Amber E., Tregenza, Tom, Aarssen, Lonnie W., Koricheva, Julia, Leimu, Roosa and Lortie, Christopher J. (2008), 'Double-blind review favours increased representation of female authors', *Trends in Ecology & Evolution*, 23:1, 4–6

22 Knobloch-Westerwick, Glynn and Huge (2013); Maliniak, Daniel, Powers, Ryan and Walter, Barbara F. (2013), 'The Gender Citation Gap in International Relations', International Organization; Mitchell, Sara McLaughlin, Lange, Samantha and Brus, Holly (2013), 'Gendered Citation Patterns in Inter- national Relations', *Journal of International Studies Perspectives*, 14:4, 485–92

23 King, Molly M., Bergstrom, Carl T., Correll, Shelley J., Jacquet, Jennifer, and West, Jevin D. (2017), 'Men Set Their Own Cites High: Gender and Self-citation across Fields and over Time' *Socius: Sociological Research for a Dynamic World*, 3: 1–22

24 Bagilhole, Barbara and Goode, Jackie (2001), 'The Contradiction of the Myth of Individual Merit, and the Reality of a Patriarchal Support System in Academic Careers: A Feminist Investigation', *European Journal of Women's Studies*, 8:2, 161–80

25 Krawczyk, Micha (2017), Are all researchers male? Gender misattributions in citations, *Scientometrics*, 110:3, 1397–1402

26 https://www.nytimes.com/2015/11/12/upshot/even-famous-female- economists-get-no-respect.html

27 https://www.nytimes.com/2016/01/10/upshot/when-teamwork-doesnt- work-for-women.html?mcubz=1

28 Knobloch-Westerwick, Glynn and Huge (2013)

29 https://foreignpolicy.com/2016/04/19/how-to-get-tenure-if-youre-a-woman-academia-stephen-walt/

30 https://www.chronicle.com/article/Thanks-for-Listening/233825

31 http://www.cbc.ca/news/canada/british-columbia/female-profs-more-work-1.4473910

32 Mitchell, Sara McLaughlin and Hesli, Vicki L., 'Women Don't Ask? Women Don't Say No? Bargaining and Service in the Political Science Profession', *PS: Political Science & Politics*, 46:2, 355–369; Guarino, Cassandra M. and Borden, Victor M. H. (2017), 'Faculty Service Loads and Gender: Are Women Taking Care of the Academic Family?', *Research in Higher Education*, 58:6 672–694

33 https://hbr.org/2018/03/for-women-and-minorities-to-get-ahead-managers- must-assign-work-fairly; Laperrière, Ève, Messing, Karen and Bourbonnais, Renée (2017), 'Work activity in food service: The significance of customer relations, tipping practices and gender for preventing musculoskeletal disorders', *Applied Ergonomics*, 58, 89–101

34 Guarino and Borden (2017); Baker, Maureen (2012), *Academic Careers and the Gender Gap*, Canada; Gibney, Elizabeth (2017), 'Teaching load could put female scientists at career disadvantage', *Nature*, https://www.nature.com/news/teaching-load-could-put-female-scientists-at-career-disadvantage-1.21839; Women and Science Unit (2011), *White Paper on the Position of Women in Science in Spain*, UMYC

35 Amy Bug (2010), 'Swimming against the unseen tide', *Phys. World*, 23:08; Boring, Anne, Ottoboni, Kellie and Stark, Philip B. (2016), 'Student evaluations of teaching (mostly) do not measure teaching effectiveness' *ScienceOpen Research*

36 Boring, Anne, Ottoboni, Kellie and Stark, Philip B. (2016)

37 http://activehistory.ca/2017/03/shes-hot-female-sessional-instructors-gender-bias-andf-student-evaluations/

38 MacNell, Lillian, Driscoll, Adam and Hunt, Andrea N. (2015), 'What's in a Name: Exposing Gender Bias in Student Ratings of Teaching', *Innovative Higher Education*, 40:4, 291–303

39 https://www.theguardian.com/lifeandstyle/womens-blog/2015/feb/13/female-academics-huge-sexist-bias-students

40 http://activehistory.ca/2017/03/shes-hot-female-sessional-instructors-gender-bias-and-student-evaluations/

41 Storage, Daniel, Home, Zachary, Cimpian, Andrei and Leslie, Sarah-Jane (2016), 'The Frequency of ' 'Brilliant" and ' 'Genius" in Teaching Evaluations Predicts the Representation of Women and African Americans across Fields', *PLoS ONE* 11:3; Leslie, Sarah-Jane, Cimpian, Andrei, Meyer, Meredith and Freeland, Edward (2015), 'Expectations of brilliance underlie gender distributions across academic disciplines', *Science*, 347:6219, 262–5; Meyer, Meredith, Cimpian, Andrei and Leslie, Sarah-Jane (2015), 'Women are underrepresented in fields where success is believed to require brilliance', *Frontiers in Psychology*, 6:235

42 Banchefsky, Sarah, Westfall, Jacob, Park, Bernadette and Judd, Charles M. (2016), 'But You Don't Look Like A Scientist!: Women Scientists with Feminine Appearance are Deemed Less Likely to be Scientists', *Sex Roles*, 75:3–4, 95–109

43 Bian, Lin, Leslie, Sarah-Jane and Cimpian, Andrei (2017), 'Gender stereo- types about intellectual ability emerge early and influence children's interests', *Science*, 355: 6323, 389–391

44 https://genderedinnovations.stanford.edu/institutions/bias.html

45 https://www.theguardian.com/commentisfree/2016/may/31/women-science-industry-structure-sexist-courses-careers

46 Grunspan, Daniel Z., Eddy, Sarah L., Brownell, Sara E., Wiggins, Benjamin L., Crowe, Alison J., Goodreau, Steven M. (2016), 'Males Under-Estimate Academic Performance of Their Female Peers in Undergraduate Biology Classrooms', *PLoS ONE*, 11:2

47 Schmader, Toni, Whitehead, Jessica and Wysocki, Vicki H. (2007), 'A Linguistic Comparison of Letters of Recommendation for Male and Female Chemistry and Biochemistry Job Applicants', *Sex Roles*, 57:7–8, 509–14; Madera, Juan M., Hebl, Michelle R. and Martin, Randi C. (2009), 'Gender and letters of recommendation for academia: Agentic and communal differences', *Journal of Applied Psychology*, 94:6, 1591–9; Dutt, Kuheli, Pfaff, Danielle L., Bernstein, Ariel F., Dillard, Joseph S . and Block, Caryn J. (2016), 'Gender differences in recommendation letters for postdoctoral fellowships in geoscience', *Nature Geoscience*, 9, 805–8

48 Madera et al. (2009)

49 https://www.nature.com/news/women-postdocs-less-likely-than-men-to-get-a-glowing-reference-1.20715

50 Trix, Frances and Psenka, Carolyn (2003), 'Exploring the Color of Glass: Letters of Recommendation for Female and Male Medical Faculty', *Discourse & Society*, 14:2, 191–220

51 Ibid.

52 Madera at al. (2009)

53 Nielsen, Mathias Wullum, Andersen, Jens Peter, Schiebinger, Londa and Schneider,

Jesper W. (2017), 'One and a half million medical papers reveal a link between author gender and attention to gender and sex analysis', *Nature Human Behaviour*, 1, 791–6
54 http://gap.hks.harvard.edu/effects-gender-stereotypic-and-counter-stereo- typic-textbook-images-science-performance
55 https://www.cs.cmu.edu/afs/cs/project/gendergap/www/papers/anatomy-WSQ99.html
56 Light, Jennifer S. (1999), 'When Computers Were Women', *Technology and Culture*, 40:3, 455–483
57 Ensmenger, Nathan L. (2010), *The Computer Boys Take Over: Computers, Programmers, and the Politics of Technical Expertise*, Cambridge MA
58 https://www.theatlantic.com/business/archive/2016/09/what-programmings-past-reveals-about-todays-gender-pay-gap/498797/
59 http://thecomputerboys.com/wp-content/uploads/2011/06/cosmopolitan-april-1967–1-large.jpg
60 https://www.theatlantic.com/business/archive/2016/09/what-programmings-past-reveals-about-todays-gender-pay-gap/498797/
61 Ensmenger, Nathan L. (2010)
62 Ibid.
63 https://www.hfobserver.com/exclusive-content/q4-top-recruiting-department-hires-and-an-acquisition/
64 https://www.theguardian.com/science/2016/sep/01/how-algorithms- rule-our-working-lives
65 https://www.theatlantic.com/technology/archive/2013/11/your-job-their- data-the-most-important-untold-story-about-the-future/281733/
66 https://onlinelibrary.wiley.com/doi/abs/10.1111/j.1471–6402.2008.00454.x; Hannah Riley Bowles, Linda Babcock and Lei Lai (2007), 'Social incentives for gender differences in the propensity to initiate negotiations: Sometimes it does hurt to ask', *Organizational Behavior and Human Decision Processes*, 103, 84–103.
67 https://www.nytimes.com/2012/08/23/technology/in-googles-inner-circle-a-falling-number-of-women.html
68 https://www.physiology.org/doi/10.1152/advan.00085.2017
69 https://www.newyorker.com/magazine/2017/11/20/the-tech-industrys-gender-discrimination-problem
70 https://medium.com/@triketora/where-are-the-numbers-cb997a57252
71 http://www.independent.co.uk/news/business/news/workplace-gender-quotas-incompetence-efficiency-business-organisations-london-school-economics-lse-a7797061.html
72 http://web.mit.edu/fnl/volume/184/hopkins.html
73 http://www.cwf.ch/uploads/press/ABusinessCaseForWomen.pdf
74 https://madebymany.com/stories/can-a-few-well-chosen-words-improve-in-clusivity
75 Gaucher, D., Friesen, J. and Kay, A. C. (2011), 'Evidence that gendered wording in job advertisements exists and sustains gender inequality', *Journal of Personality and Social Psychology*, 101:1, 109–28
76 https://www.theatlantic.com/business/archive/2015/12/meritocracy/418074/
77 Castilla, Emilio J. (2015), 'Accounting for the Gap: A Firm Study Manipulating Organizational Accountability and Transparency in Pay Decisions', *Organization Science*, 26:2, 311–33

第五章　亨利・希金斯效應

1 Kingma, Boris and Marken Lichtenbelt, Wouter van (2015), 'Energy consumption in buildings and female thermal demand,' *Nature Climate Change*, 5, 1054–6
2 https://www.nytimes.com/2015/08/04/science/chilly-at-work-a-decades-old-formula-may-be-to-blame.html?_r=0
3 http://www.hse.gov.uk/statistics/history/historical-picture.pdf
4 http://www.hse.gov.uk/statistics/pdf/fatalinjuries.pdf
5 https://www.cdc.gov/mmwr/preview/mmwrhtml/mm4822a1.htm
6 https://www.bls.gov/news.release/cfoi.nr0.htm
7 https://www.equaltimes.org/the-invisible-risks-facing-working?lang=en#.W0oUw9gzrOT
8 Ibid
9 http://www.hazards.org/vulnerableworkers/ituc28april.htm
10 https://www.equaltimes.org/the-invisible-risks-facing-working?lang=en#.WsyCV9MbPOS
11 Messing, K. (in press), 'Fighting invisibility in the workplace: the struggle to protect health and support equality in the workplace' In Greaves, Lorraine (ed.) *A History of Women's Health in Canada*, Second Story Press.
12 Côté, Julie (2012), 'A critical review on physical factors and functional characteristics that may explain a sex/gender difference in work-related neck/shoulder disorders', *Ergonomics*, 55:2, 173–82
13 http://www.hse.gov.uk/statistics/causdis/cancer/cancer.pdf?pdf=cancer
14 Rochon Ford, Anne (2014), ' 'Overexposed, Underinformed": Nail Salon Workers and Hazards to Their Health / A Review of the Literature National Network on Environments and Women's Health', RPSFM (Réseau pancana- dien sur la santé des femmes et le milieu)
15 http://www.hazards.org/vulnerableworkers/ituc28april.htm
16 'Breast Cancer and Occupation: The Need for Action: APHA Policy Statement Number 20146, Issued November 18, 2014', *NEW SOLUTIONS: A Journal of Environmental and Occupational Health Policy*; Rochon Ford (2014)
17 'Breast Cancer and Occupation: The Need for Action: APHA Policy Statement Number 20146, Issued November 18, 2014'; Brophy, James T., Keith, Margaret M. et al. (2012), 'Breast cancer risk in relation to occupations with exposure to carcinogens and endocrine disruptors: a Canadian case-control study', *Environmental Health*, 11:87
18 Rochon Ford (2014)
19 http://www.passblue.com/2017/07/05/females-exposed-to-nuclear-radiation-are-far-likelier-than-males-to-suffer-harm/
20 Phillips, Ann M. (2014), 'Wonderings on Pollution and Women's Health', in Scott, Dayna Nadine (ed.), *Our Chemical Selves: Gender, Toxics, and Environmental Health*, Vancouver
21 Scott, Dayna Nadine and Lewis, Sarah (2014), 'Sex and Gender in Canada's Chemicals Management Plan', in Scott, Dayna Nadine (ed.), *Our Chemical Selves: Gender, Toxics, and Environmental Health*, Vancouver
22 Rochon Ford (2014)
23 Scott and Lewis (2014)
24 Rochon Ford (2014)
25 Scott and Lewis (2014)
26 Ibid.
27 Rochon Ford (2014)
28 Scott and Lewis (2014)

29 'Breast Cancer and Occupation: The Need for Action: APHA Policy Statement Number 20146, Issued November 18, 2014', *NEW SOLUTIONS: A Journal of Environmental and Occupational Health Policy*
30 Rochon Ford (2014)
31 Brophy et al. (2012)
32 'Breast Cancer and Occupation: The Need for Action: APHA Policy Statement Number 20146, Issued November 18, 2014', *NEW SOLUTIONS: A Journal of Environmental and Occupational Health Policy*
33 https://www.theguardian.com/lifeandstyle/2015/may/05/osha-health- women-breast-cancer-chemicals-work-safety
34 https://www.theguardian.com/lifeandstyle/2015/apr/30/fda-cosmetics-health-nih-epa-environmental-working-group
35 Rochon Ford (2014); Brophy et al. (2012); Scott and Lewis (2014)
36 Scott and Lewis (2014)
37 Brophy et al. (2012)
38 Scott and Lewis (2014)
39 http://www.hazards.org/compensation/meantest.htm
40 'Designing Tools and Agricultural Equipment for Women', Aaron M. Yoder, Ann M. Adams 及Elizabeth A. Brensinger為2014年全國農業婦女教師研討會設計的海報。
41 http://nycosh.org/wp-content/uploads/2014/09/Women-in-Construction-final-11–8-13–2.pdf
42 Myles, Kimberly and Binseel, Mary S. (2007), 'The Tactile Modality: A Review of Tactile Sensitivity and Human Tactile Interfaces', Army Research Laboratory
43 http://www.afpc.af.mil/About/Air-Force-Demographics/
44 https://www.gov.uk/government/uploads/system/uploads/attachment_data/file/389575/20141218_WGCC_Findings_Paper_Final.pdf
45 https://www.theguardian.com/uk-news/2013/nov/24/female-raf-recruits-compensation-marching-injuries
46 Laperrière, Ève, Messing, Karen and Bourbonnais, Renée (2017), 'Work activity in food service: The significance of customer relations, tipping practices and gender for preventing musculoskeletal disorders', *Applied Ergonomics*, 58, 89–101
47 Friedl, Karl E. (2012), 'Military Quantitative Physiology: Problems and Concepts in Military Operational Medicine', Office of the Surgeon General, Department of the Army, United States of America; Knapik, Joseph and Reynolds, Katy (2012), 'Load Carriage in Military Operations A Review of Historical, Physiological, Biomechanical, and Medical Aspects', Walter Reed Army Medical Center, US Army Medical Department Center & School
48 https://assets.publishing.service.gov.uk/government/uploads/system/ uploads/attachment_data/file/389575/20141218_WGCC_Findings_Paper_ Final.pdf
49 Ibid.
50 ibid.
51 http://www.independent.co.uk/news/world/americas/dressed-to-kill-us-army-finally-designs-a-female-uniform-that-fits-2274446.html
52 https://www.washingtontimes.com/news/2015/may/14/military-pressed-to-design-line-of-women-friendly-/
53 https://www.tuc.org.uk/sites/default/files/PPEandwomenguidance.pdf
54 https://blogs.scientificamerican.com/voices/one-more-barrier-faced-by-women-in-science/
55 https://www.tuc.org.uk/sites/default/files/PPEandwomenguidance.pdf
56 https://www.wes.org.uk/sites/default/files/WES%20safety%20survey%20results%20

March%202010.pdf
57 www.prospect.org.uk/news/id/2016/June/21/Women-workers-highlight-problems-with-ill-fitting-protective-equipment
58 https://www.tuc.org.uk/sites/default/files/2016–01299-Leaflet-booklet-Women%27s-PPE–One-Size-Does-Not-Fit-All-Version-26–09-2016%20%282%29.pdf
59 http://nycosh.org/wp-content/uploads/2014/09/Women-in-Construction-final-11–8-13–2.pdf
60 http:www.prospect.org.uk/news/id/2016/June/21/Women-workers-highlight-problems-with-ill-fitting-protective-equipment
61 https://www.tuc.org.uk/sites/default/files/PPEandwomenguidance.pdf
62 theguardian.com/world/2016/sep/25/spain-guardia-civil-sexism-women-bulletproof-jackets?client=safari
63 theguardian.com/world/2016/sep/25/spain-guardia-civil-sexism-women-bulletproof-jackets?client=safari
64 https://www.tuc.org.uk/sites/default/files/PPEandwomenguidance.pdf

第六章　比不上一隻鞋

1 Vogel, Sarah A. (2009), The Politics of Plastics: The Making and Unmaking of Bisphenol A 'Safety', *American Journal of Public Health*. 99:3, 559–566
2 http://www.washingtonpost.com/wp-dyn/content/article/2008/04/15/AR2008041501753.html
3 Vogel, Sarah A. (2009)
4 Ibid.
5 Ibid.
6 https://www.nytimes.com/2015/05/11/nyregion/nail-salon-workers-in-nyc-face-hazardous-chemicals.html; 'Breast Cancer and Occupation: The Need for Action: APHA Policy Statement Number 20146, Issued November 18, 2014', NEW SOLUTIONS: A Journal of Environmental and Occupational Health Policy
7 Vogel, Sarah A. (2009)
8 https://www.nytimes.com/2015/05/10/nyregion/at-nail-salons-in-nyc-manicurists-are-underpaid-and-unprotected.html
9 https://www.nytimes.com/2015/05/10/nyregion/at-nail-salons-in-nyc-manicurists-are-underpaid-and-unprotected.html
10 https://www.theguardian.com/world/2017/sep/11/slavery-report-sounds-alarm-over-vietnamese-nail-bar-workers
11 https://www.theguardian.com/commentisfree/2018/jan/05/nail-bars-modern-slavery-discount-salons-booming-exploitation
12 https://www.theguardian.com/world/2017/sep/11/slavery-report-sounds-alarm-over-vietnamese-nail-bar-workers
13 https://www.tuc.org.uk/sites/default/files/the-gig-is-up.pdf
14 https://www.tuc.org.uk/sites/default/files/Women_and_casualisation_0.pdf
15 https://www.ituc-csi.org/IMG/pdf/Women_8_march_EN.pdf
16 https://www.unison.org.uk/content/uploads/2014/06/On-line-Catalogue224222.pdf
17 https://www.unison.org.uk/content/uploads/2014/06/On-line-Cata-logue224222.pdf
18 http://survation.com/women-on-low-paid-zero-hours-contracts-survation-for-fawcett-society/

19 https://www.tuc.org.uk/sites/default/files/the-gig-is-up.pdf
20 http://www.ucu.org.uk/media/6882/Zero-hours-contracts-a-UCU-briefing-Mar-14/pdf/ucu_zerohoursbriefing_mar14.pdf
21 https://www.hesa.ac.uk/files/pre-release/staff_1516_table_B.xlsx
22 Best, Kathinka, Sinell, Anna, Heidingsfelder, Marie Lena and Schraudner, Martina (2016), 'The gender dimension in knowledge and technology transfer–the German case', *European Journal of Innovation Management*, 19:1, 2–25
23 A. Hellum and H. Aasen (eds.) (2013), *Women's Human Rights: CEDAW in International, Regional and National Law (Studies on Human Rights Conventions)* (Cambridge University Press, Cambridge)
24 https://www.oecd.org/japan/japan-improving-the-labour-market-outcomes-of-women.pdf
25 https://krueger.princeton.edu/sites/default/files/akrueger/files/katz_ krueger_cws_-_march_29_20165.pdf
26 TUC (2017), 'The gig is up', https://www.tuc.org.uk/sites/default/files/the-gig-is-up.pdf
27 Rubery, Jill, Grimshaw, Damian and Figueiredo, Hugo (2005), 'How to close the gender pay gap in Europe: towards the gender mainstreaming of pay pol- icy', *Industrial Relations Journal*, 36:3, 184–213
28 https://www.tuc.org.uk/sites/default/files/Women_and_casualisation.pdf
29 Ibid.
30 Ibid.
31 Ibid.
32 https://www.nytimes.com/interactive/2014/08/13/us/starbucks-workers-scheduling-hours.html
33 Ibid.
34 https://www.brookings.edu/wp-content/uploads/2017/10/es_121917_the51percent_ebook.pdf
35 https://www.ituc-csi.org/IMG/pdf/women.pdf; https://publications.parliament.uk/pa/cm201719/cmselect/cmwomeq/725/72504.htm
36 https://www.tuc.org.uk/sites/default/files/Women_and_casualisation.pdf
37 http://endviolence.un.org/pdf/pressmaterials/unite_the_situation_en.pdf
38 http://www.scmp.com/news/china/society/article/2054525/young-chinese-women-dare-say-no-workplace-sexual-harassment-says
39 https://www.ncbi.nlm.nih.gov/pubmed/19862867
40 https://www.tuc.org.uk/sites/default/files/SexualHarassmentreport2016.pdf
41 https://www.elephantinthevalley.com/
42 Brophy, James T., Keith, Margaret M. and Hurley, Michael (2018), 'Assaulted and Unheard: Violence Against Healthcare Staff', *NEW SOLUTIONS: A Journal of Environmental and Occupational Health Policy*, 27:4, 581–606
43 Ibid.
44 https://www.tuc.org.uk/sites/default/files/SexualHarassmentreport2016.pdf; https://qz.com/931653/indias-long-history-with-sexual-harassment-at-work-places/; http://economictimes.indiatimes.com/magazines/panache/predators-at-the-workplace-india-inc-yet-to-commit-to-law-against-sexual-harassment/articleshow/57830600.cms; http://indianexpress.com/article/india/38-per-cent-women-say-they-faced-sexual-harassment-at-workplace-survey-4459402/; https://today.yougov.com/news/2017/04/25/nearly-third-women-have-been-sexually-harassed-work/; https://www.theguardian.com/money/2016/jul/22/sexual-harassment-at-work-roger-ailes-fox-news; https://www.elephantinthevalley.com/; https://interagencystandingcommittee.org/system/files/hwn_full_ survey_results_

may_2016.pdf

45 https://www.theguardian.com/money/2016/jul/22/sexual-harassment-at-work-roger-ailes-fox-news; https://www.elephantinthevalley.com/; https://interagencystandingcommittee.org/system/files/hwn_full_survey_results_may_2016.pdf;

46 https://www.tuc.org.uk/sites/default/files/SexualHarassmentreport2016. pdf

47 https://hbr.org/2014/10/hacking-techs-diversity-problem; https://hbr.org/2008/06/stopping-the-exodus-of-women-in-science

第七章　犁耕假設

1 https://blog.oup.com/2013/06/agriculture-gender-roles-norms-society/

2 Ibid.

3 Sa iro lu, sa, Kurt, Cem, Ömürlü, mran Kurt and Çatikka , Fatih (2017), 'Does Hand Grip Strength Change With Gender? The Traditional Method vs. the Allometric Normalisation Method', *European Journal of Physical Education and Sports Science*, 2:6, 84–93

4 Leyk, D., Gorges, W., Ridder, D., Wunderlich, M., Ruther, T., Sievert, A. and Essfeld, D. (2007), 'Hand-grip strength of young men, women and highly trained female athletes', *European Journal of Applied Physiology*, 99, 415–21

5 Lewis, D. A., Kamon, E. and Hodgson, J. L. (1986), 'Physiological Dif- ferences Between Genders Implications for Sports Conditioning', *Sports Medicine*, 3, 357–69; Rice, Valerie J. B., Sharp, Marilyn A., Tharion, William J. and Williamson, Tania L. (1996), 'The effects of gender, team size, and a shoulder harness on a stretcher-carry task and post-carry performance. Part II. A mass-casualty simulation', *International Journal of Industrial Ergonomics*, 18, 41–9; Miller, A. E., MacDougall, J. D., Tarnopolsky, M. A. and Sale, D. G. (1993), 'Gender differences in strength and muscle fiber characteristic', *European Journal of Applied Physiology*, 66:3, 254–62

6 Lewis et al. (1986)

7 Zellers, Kerith K. and Hallbeck, M. Susan (1995), 'The Effects of Gender, Wrist and Forearm Position on Maximum Isometric Power Grasp Force, Wrist Force, and their Interactions', *Proceedings of the Human Factors and Ergonomics Society Annual Meeting*, 39:10, 543–7; Bishu, Ram R., Bronkema, Lisa A, Garcia, Dishayne, Klute, Glenn and Rajulu, Sudhakar (1994), 'Tactility as a function of Grasp force: effects of glove, orientation, pressure, load and handle', *NASA technical paper 3474* May 1994; Puh, Urška (2010), 'Age-related and sex-related differences in hand and pinch grip strength in adults', *International Journal of Rehabilitation Research*, 33:1

8 https://www.ft.com/content/1d73695a-266b-11e6-8b18-91555f2f4fde

9 Leyk et al. (2007)

10 Alesina, Alberto F., Giuliano, Paola and Nunn, Nathan (2011), 'On the Origins of Gender Roles: Women and the Plough', *Working Paper 17098*, National Bureau of Economic Research (May 2011)

11 Ibid.

12 Gella, A. A., Tadele, Getnet (2014), 'Gender and farming in Ethiopia: an exploration of discourses and implications for policy and research', *FAC Working Paper, Future Agricultures*, 84:15

13 http://www.fao.org/3/a-am309e.pdf; http://www.greenpeace.org/international/en/news/Blogs/makingwaves/international-womens-day-2017-change/blog/58902/; https://www.theguardian.com/global-development/2014/oct/16/world-food-day-10-

myths-hunger; http://cmsdata.iucn.org/downloads/climate_ change_gender.pdf
14 Doss, Cheryl (2011), 'If women hold up half the sky, how much of the world's food do they produce?', *ESA Working Paper No. 11*, Agricultural Development Economics Division, FAO
15 World Bank (2014), 'Levelling the Field: Improving Opportunities for Women Farmers in Africa'
16 https://openknowledge.worldbank.org/bitstream/handle/10986/15577/wps6436.pdf?sequence=1&isAllowed=y
17 Ibid.
18 https://www.theguardian.com/global-development/2016/apr/07/leaving-women-girls-out-of-development-statistics-doesnt-add-up
19 Doss (2011)
20 Petrics, H. et al. (2015), 'Enhancing the potential of family farming for poverty reduction and food security through gender-sensitive rural advisory services', UN/FAO
21 Ibid.
22 Ibid.
23 Ibid.
24 請見：https://www.gatesfoundation.org/What-We-Do/Global-Development/Agricultural-Development/Creating-Gender-Responsive-Agricultural-Development-Programs，其中提到：「我們所收到的一些經費申請提案書沒有考量性別差異，也沒有提到農業的改變計畫會如何造福或困擾婦女和男性。」
25 http://data2x.org/wp-content/uploads/2014/08/What-Is-Wrong-with-Data-on-Women-and-Girls_November-2015_WEB_1.pdf
26 Petrics et al. (2015)
27 http://people.brandeis.edu/~nmenon/Draft04_Womens_Empowerment_and_Economic_Development.pdf
28 https://docs.gatesfoundation.org/documents/gender-responsive-orientation-document.pdf
29 Doss (2011)
30 http://www.poverty-action.org/study/demand-nontraditional-cookstoves-bangladesh
31 http://greenwatchbd.com/70000-improved-stoves-distributed-to-combat-indoor-pollution/
32 http://www.sciencedirect.com/science/article/pii/S0160412016307358
33 Crewe, Emma et al. (2015), 'Building a Better Stove: The Sri Lanka Experience', Practical Action, Sri Lanka
34 http://www.sciencedirect.com/science/article/pii/S0160412016307358
35 Ibid.
36 Ibid.; https://www.unicef.org/health/files/health_africamalaria.pdf
37 http://greenwatchbd.com/70000-improved-stoves-distributed-to-combat-indoor-pollution/
38 https://www.unicef.org/environment/files/Bangladesh_Case_Study_2014.pdf
39 http://www.unwomen.org/en/news/stories/2012/4/green-cook-stoves-improving-women-s-lives-in-ghana#sthash.IZM4RsCG.dpuf
40 http://www.sciencedirect.com/science/article/pii/S0160412016307358
41 Crewe, Emma (1997), 'The Silent Traditions of Developing Cooks', in R. D. Grillo and R. L. Stirrat (eds.), Discourses of Development, Oxford
42 Ibid.
43 http://www.gender-summit.eu/images/Reports/Gender_and_inclusive_innovation_

Gender_Summit_report.pdf

44 http://www.unwomen.org/-/media/headquarters/attachments/sections/library/publications/2014/unwomen_surveyreport_advance_16oct. pdf?vs=2710

45 Fatema, Naureen (2005), 'The Impact of Structural Gender Differences and its Consequences on Access to Energy in Rural Bangladesh', Asia Sustainable and Alternative Energy Program (ASTAE), Energy Wing of the World Bank Group

46 Crewe (1997), in Grillo and Stirrat (eds.)

47 http://www.washplus.org/sites/default/files/bangladesh-consumer_preference2013.pdf

48 http://answers.practicalaction.org/our-resources/item/building-a-better-stove-the-sri-lanka-experience #

49 Crewe (1997), in Grillo and Stirrat (eds.)

50 http://www.ideasrilanka.org/PDFDownloads/Cook%20Stoves%20in%20Sri%20LAnka.pdf

51 http://www.gender-summit.eu/images/Reports/Gender_and_inclusive_innovation_Gender_Summit_report.pdf

52 http://www.gender-summit.eu/images/Reports/Gender_and_inclusive_innovation_Gender_Summit_report.pdf

53 http://www.poverty-action.org/study/demand-nontraditional-cookstoves-bangladesh

54 https://www.se4all-africa.org/fileadmin/uploads/se4all/Documents/Abidjan_workshop_2016/SE_gender_GACC.PDF

55 https://news.yale.edu/2012/06/29/despite-efforts-change-bangladeshi-women-prefer-use-pollution-causing-cookstoves

56 Petrics et al. (2015)

57 http://answers.practicalaction.org/our-resources/item/building-a-better-stove-the-sri-lanka-experience #

58 https://www.se4all-africa.org/fileadmin/uploads/se4all/Documents/Abidjan_workshop_2016/SE_gender_GACC.PDF

59 https://www.thesolutionsjournal.com/article/how-a-simple-inexpensive-device-makes-a-three-stone-hearth-as-efficient-as-an-improved-cookstove/

60 Parigi, Fabio, Viscio, Michele Del, Amicabile, Simone, Testi, Matteo, Rao, Sailesh, Udaykumar, H. S. (2016), 'High efficient Mewar Angithi stove testing in rural Kenya', 7th International Renewable Energy Congress (IREC)

61 http://www.green.it/mewar-angithi/

第八章　適合所有（男）人的單一尺寸

1 https://www.ncbi.nlm.nih.gov/pubmed/5550584; http://www.who.int/gender/documents/Genderworkhealth.pdf; Boyle, Rhonda and Boyle, Robin (2009), 'Hand Size and the Piano Keyboard. Literature Review and a Survey of the Technical and Musical Benefits for Pianists using Reduced-Size Keyboards in North America', 9th Australasian Piano Pedagogy Conference, Sydney; Boyle, Rhonda, Boyle, Robin and Booker, Erica (2015), 'Pianist Hand Spans: Gender and Ethnic Differences and Implications For Piano Playing', 15th Australasian Piano Pedagogy Conference, Melbourne 2015

2 Boyle, Boyle and Booker (2015); Boyle and Boyle (2009)

3 Boyle, Boyle and Booker (2015)

4 Ibid.

5 Ibid.

6 http://www.smallpianokeyboards.org/hand-span-data.html

7 'Small hands? Try this Keyboard, You'll Like It', *Piano & Keyboard Magazine* (July/August 1998)
8 Boyle, Boyle and Booker (2015)
9 https://deviceatlas.com/blog/most-popular-smartphone-screen-sizes-2017
10 http://www.telegraph.co.uk/technology/apple/iphone/11335574/Women-more-likely-to-own-an-iPhone-than-men.html
11 https://medium.com/technology-and-society/its-a-mans-phone-a26c6- bee1b69#.mk7sjtewi
12 http://www.sciencedirect.com/science/article/pii/S1013702515300270
13 http://www.sciencedirect.com/science/article/pii/S1050641108001909
14 http://www.sciencedirect.com/science/article/pii/S1013702515300270
15 http://ac.els-cdn.com/S0169814115300512/1-s2.0-S0169814115300512-main.pdf?_tid=4235fa34-f81e-11e6-a430-00000aab0f26&acdnat=1487672132_c2148a0040def1129abc7acffe03e57d
16 Ibid.
17 http://www.sciencedirect.com/science/article/pii/S0169814116300646; http://ac.els-cdn.com/S0003687011000962/1-s2.0-S0003687011000962-main.pdf?_tid=f0a12b58-f81d-11e6-af6b-00000aab0f26&acdnat=1487671995_41cfe19ea98e87fb7e3e693bdddaba6e; http://www.sciencedirect.com/science/article/pii/S1050641108001909
18 https://www.theverge.com/circuitbreaker/2016/7/14/12187580/keeco-k1-hexagon-phone-for-women
19 https://www.theguardian.com/technology/askjack/2016/apr/21/can-speech-recognition-software-help-prevent-rsi
20 https://makingnoiseandhearingthings.com/2016/07/12/googles-speech-recognition-has-a-gender-bias/
21 http://blog-archive.griddynamics.com/2016/01/automatic-speech-recognition-services.html
22 https://www.autoblog.com/2011/05/31/women-voice-command-systems/
23 https://www.ncbi.nlm.nih.gov/pubmed/27435949
24 American Roentgen Ray Society (2007), 'Voice Recognition Systems Seem To Make More Errors With Women's Dictation', *ScienceDaily*, 6 May 2007; Rodger, James A. and Pendharkar, Parag C. (2007), 'A field study of data-base communication issues peculiar to users of a voice activated medical tracking application', Decision Support Systems, 43:1 (1 February 2007), 168–80, https://doi.org/10.1016/j.dss.2006.08.005.
25 American Roentgen Ray Society (2007)
26 http://techland.time.com/2011/06/01/its-not-you-its-it-voice-recognition-doesnt-recognize-women/
27 https://www.ncbi.nlm.nih.gov/pmc/articles/PMC2994697/
28 http://www.aclweb.org/anthology/P08-1044
29 https://www.ncbi.nlm.nih.gov/pmc/articles/PMC2790192/
30 http://www.aclweb.org/anthology/P08-1044
31 http://groups.inf.ed.ac.uk/ami/corpus/; http://www1.icsi.berkeley.edu/Speech/papers/gelbart-ms/numbers/; http://www.voxforge.org/
32 http://www.natcorp.ox.ac.uk/corpus/index.xml?ID=intro
33 http://www.natcorp.ox.ac.uk/docs/URG/BNCdes.html#body.1_div.1_div.5_div.1
34 https://corpus.byu.edu/bnc/5
35 例如：他=633,413，她=350,294；他自己=28,696，她自己=15,751
36 他=3,825,660，她=2,002,536；他自己=140,087，她自己=70,509
37 Chang, K., Ordonez, V., Wang, T., Yatskar, M. and Zhao, J. (2017), 'Men Also Like

Shopping: Reducing Gender Bias Amplification using Corpus-level Constraints', *CoRR*, abs/1707.09457.
38 https://www.eurekalert.org/pub_releases/2015–04/uow-wac040915.php
39 Caliskan, A., Bryson, J. J. and Narayanan, A. (2017), 'Semantics derived automatically from language corpora contain human-like biases', *Science*, 356:6334, 183–6, https://doi.org/10.1126/science.aal4230
40 Bolukbasi, Tolga, Chang, Kai-Wei, Zou, James, Saligrama, Venkatesh and Kalai, Adam (2016), 'Man is to Computer Programmer as Woman is to Homemaker? Debiasing Word Embeddings', 30th Conference on Neural Information Processing Systems (NIPS 2016), Barcelona, http://papers.nips.cc/paper/6228-man-is-to-computer-programmer-as-woman-is-to-homemaker-debiasing-word-embeddings.pdf
41 Chang et al. (2017)
42 https://www.wired.com/story/machines-taught-by-photos-learn-a-sexist-view-of-women?mbid=social_fb
43 https://metode.org/issues/monographs/londa-schiebinger.html
44 https://phys.org/news/2016–09-gender-bias-algorithms.html
45 https://www.theguardian.com/science/2016/sep/01/how-algorithms-rule-our-working-lives
46 https://www.theguardian.com/technology/2018/mar/04/robots-screen-candidates-for-jobs-artificial-intelligence?CMP=twt_gu
47 https://www.techemergence.com/machine-learning-medical-diagnostics-4-current-applications/
48 http://www.bbc.co.uk/news/health-42357257
49 Bolukbasi et al. (2016)

第九章　人山人海皆老兄

1 https://www.bloomberg.com/amp/news/articles/2017–09-21/a-smart-breast-pump-mothers-love-it-vcs-don-t
2 Ibid.
3 https://www.newyorker.com/business/currency/why-arent-mothers-worth-anything-to-venture-capitalists/amp
4 Ibid.
5 Ibid.
6 Ibid.
7 https://hbr.org/2017/05/we-recorded-vcs-conversations-and-analyzed-how-differently-they-talk-about-female-entrepreneurs
8 https://www.newyorker.com/business/currency/why-arent-mothers-worth-anything-to-venture-capitalists/amp
9 https://www.bcg.com/publications/2018/why-women-owned-startups-are-better-bet.aspx
10 https://www.bi.edu/research/business-review/articles/2014/03/personality-for-leadership/
11 https://www.bcg.com/publications/2018/how-diverse-leadership-teams-boost-innovation.aspx
12 http://www.bbc.co.uk/news/health-39567240
13 http://blogs.wsj.com/accelerators/2014/08/08/theresia-gouw-no-more-pipeline-excuses/
14 http://science.sciencemag.org/content/355/6323/389
15 http://www.theverge.com/2014/9/25/6844021/apple-promised-an-expansive-health-

app-so-why-cant-i-track

16 https://www.theatlantic.com/technology/archive/2014/12/how-self- tracking-apps-exclude-women/383673/; http://www.theverge.com/2014/9/25/6844021/apple-promised-an-expansive-health-app-so-why-cant-i-track; http://www.techtimes.com/articles/16574/20140926/apple-healthkit-period-tracker.htm; http://nymag.com/thecut/2014/09/new-iphone-grossed-out-by-our-periods.html

17 http://www.telegraph.co.uk/technology/news/8930130/Apple-iPhone-search-Siri-helps-users-find-prostitutes-and-Viagra-but-not-an-abortion. html

18 https://well.blogs.nytimes.com/2016/03/14/hey-siri-can-i-rely-on-you- in-a-crisis-not-always-a-study-finds/

19 https://medium.com/hh-design/the-world-is-designed-for-men-d06640654491#.piekpq2tt

20 https://www.theatlantic.com/technology/archive/2014/12/how-self-tracking-apps-exclude-women/383673/

21 Lupton, Deborah (2015), 'Quantified sex: a critical analysis of sexual and reproductive self-tracking using apps', *Culture, Health & Sexuality*, 17:4

22 Nelson, M. Benjamin, Kaminsky, Leonard A., D. Dickin, Clark and Montoye, Alexander H. K. (2016), 'Validity of Consumer-Based Physical Activity Monitors for Specific Activity Types', *Medicine & Science in Sports & Exercise*, 48:8, 1619–28

23 Murakami, H, Kawakami, R., Nakae, S., Nakata, Y., Ishikawa-Takata, K., Tanaka, S. and Miyachi, M. (2016), 'Accuracy of Wearable Devices for Estimating Total Energy Expenditure: Comparison With Metabolic Chamber and Doubly Labeled Water Method', *JAMA Internal Medicine*, 176:5, 702–3

24 http://genderedinnovations.stanford.edu/case-studies/robots.html#tabs-2

25 Wolfson, Leslie, Whipple, Robert, Derby, Carl A., Amerman, Paula and Nashner, Lewis (1994), Gender Differences in the Balance of Healthy Elderly as Demonstrated by Dynamic Posturography, *Journal of Gerontology*, 49:4, 160–167; Stevens, J. A. and Sogolow, E. D. (2005), 'Gender differences for non-fatal unintentional fall related injuries among older adults', *Injury Prevention*, 11, 115–19

26 Ibid.

27 https://www.ncbi.nlm.nih.gov/pmc/articles/PMC4750302/

28 Chang, Vicky C. and Minh, T. (2015), 'Risk Factors for Falls Among Seniors: Implications of Gender', *American Journal of Epidemiology*, 181:7, 521–31

29 Yin, Hujun et al eds. (2016) Intelligent Data Engineering and Automated Learning, Proceedings of the 17th International Conference, Yangzhou China

30 https://www.theatlantic.com/technology/archive/2014/12/how-self-tracking-apps-exclude-women/383673/

31 https://www.afdb.org/en/blogs/investing-in-gender-equality-for-africa%E2%80%99s-transformation/post/technology-women-and-africa-access-use-creation-and-leadership-13999/]

32 https://www.bloomberg.com/news/articles/2016–06-23/artificial-intelligence-has-a-sea-of-dudes-problem

33 http://interactions.acm.org/archive/view/january-february-2014/are- you-sure-your-software-is-gender-neutral

34 http://foreignpolicy.com/2017/01/16/women-vs-the-machine/

35 https://www.bloomberg.com/news/articles/2016–06-23/artificial-intelligence-has-a-sea-of-dudes-problem

36 https://www.ncwit.org/sites/default/files/resources/btn_03232017_web.pdf

37 https://www.ft.com/content/ca324dcc-dcb0-11e6-86ac-f253db7791c6

38 https://www.theverge.com/2016/1/11/10749932/vr-hardware-needs-to-fit-women-too

39 https://mic.com/articles/142579/virtual-reality-has-a-sexual-harassment-problem-what-can-we-do-to-stop-it #.ISQgjAanK
40 https://mic.com/articles/157415/my-first-virtual-reality-groping-sexual-assault-in-vr-harassment-in-tech-jordan-belamire #.5lnAqHFW1
41 http://uploadvr.com/dealing-with-harassment-in-vr/
42 Ibid.
43 https://www.newscientist.com/article/2115648-posture-could-explain-why-women-get-more-vr-sickness-than-men/
44 https://www.newscientist.com/article/dn3628-women-need-widescreen-for-virtual-navigation
45 https://qz.com/192874/is-the-oculus-rift-designed-to-be-sexist/
46 https://www.washingtonpost.com/local/trafficandcommuting/female-dummy-makes-her-mark-on-male-dominated-crash-tests/2012/03/07/gIQANBLjaS_story.html?utm_term=.5ec23738142a
47 'Gendered Innovations: How Gender Analysis Contributes to Research' (2013), report of the Expert Group 'Innovation Through Gender' (chairperson: Londa Schiebinger, rapporteur: Ineke Klinge), Directorate General for Research and Innovation, Luxembourg: Publications Office of the European Union
48 https://crashstats.nhtsa.dot.gov/Api/Public/ViewPublication/811766
49 https://www.washingtonpost.com/local/trafficandcommuting/female-dum-my-makes-her-mark-on-male-dominated-crash-tests/2012/03/07/gIQANBLjaS_story.html?utm_term=.5ec23738142a
50 http://genderedinnovations.stanford.edu/case-studies/crash.html#tabs-2
51 Ibid.
52 https://www.washingtonpost.com/local/trafficandcommuting/female-dummy-makes-her-mark-on-male-dominated-crash-tests/2012/03/07/gIQANBLjaS_story.html?utm_term=.5ec23738142a
53 Linder, Astrid and Svedberg, Wanna (2018), 'Occupant Safety Assessment in European Regulatory Tests: Review of Occupant Models, Gaps and Suggestion for Bridging Any Gaps', conference paper, 'Road Safety on Five Continents' South Korea, May 2018
54 http://sciencenordic.com/gender-equality-crash-test-dummies-too
55 Linder and Svedberg (2018)
56 United States Government Publishing Office, 'U.S. Code of Federal Regulations. 2011. 49 CFR U, -2RE Side Impact Crash Test Dummy, 50th Percentile Adult Male'. http://www.gpo.gov/fdsys/granule/CFR-2011-title49-vol7/ CFR-2011-title49-vol7-part572-subpartU
57 Linder and Svedberg (2018)
58 http://genderedinnovations.stanford.edu/case-studies/crash.html#tabs-2
59 http://media.leidenuniv.nl/legacy/leru-paper-gendered-research-and-innovation.pdf; Londa Schiebinger and Martina Schraudner (2011), 'Interdisciplinary Approaches to Achieving Gendered Innovations in Science, Medicine, and Engineering', Interdisciplinary Science Reviews, 36:2 (June 2011), 154–67
60 http://genderedinnovations.stanford.edu/case-studies/crash.html#tabs-2
61 'Gendered Innovations: How Gender Analysis Contributes to Research' (2013)
62 http://genderedinnovations.stanford.edu/case-studies/crash.html#tabs-2
63 https://www.washingtonpost.com/local/trafficandcommuting/female-dummy-makes-her-mark-on-male-dominated-crash-tests/2012/03/07/gIQANBLjaS_story.html?utm_term=.5ec23738142a
64 'Gendered Innovations: How Gender Analysis Contributes to Research' (2013)
65 http://content.tfl.gov.uk/travel-in-london-understanding-our-diverse-communities.

pdf; http://www.wnyc.org/story/283137-census-data-show-public-transit-gender-gap/

66 https://eur-lex.europa.eu/resource.html?uri=cellar:41f89a28-1fc6-4c92-b1c8-03327d1b1ecc.0007.02/DOC_1&format=PDF

第十章 無用的藥

1 Marts, Sherry A. and Keitt, Sarah (2004), 'Principles of Sex-based Differences in Physiology: Foreword: a historical overview of advocacy for research in sex based biology', *Advances in Molecular and Cell Biology*, 34, 1–333
2 搜尋Medline資料庫會發現以男性為常態的原則歷久不衰，臨床治療的方針和研究案例，仍然以體重70公斤的典型男性為標準。 Marts and Keitt (2004)
3 17-18頁
4 Plataforma SINC (2008), 'Medical Textbooks Use White, Heterosexual Men As A 'Universal Model', *ScienceDaily*, <www.sciencedaily.com/releases/2008/10/081015132108.htm>.
5 Dijkstra, A. F, Verdonk, P. and Lagro-Janssen, A. L. M. (2008), 'Gender bias in medical textbooks: examples from coronary heart disease, depression, alcohol abuse and pharmacology', *Medical Education*, 42:10, 1021–8
6 http://www.marieclaire.com/health-fitness/a26741/doctors-treat-women-like-men/
7 Dijkstra et al. (2008)
8 Henrich, Janet B. and Viscoli, Catherine M. (2006), 'What Do Medical Schools Teach about Women's Health and Gender Differences?' *Academic Medicine*, 81:5
9 Song, Michael M. Jones, Betsy G. and Casanova, Robert A. (2016), 'Auditing sex- and gender-based medicine (SGBM) content in medical school curriculum: a student scholar model', *Biology of Sex Differences*, 7:Suppl 1, 40
10 Marts and Keitt (2004)
11 Karp, Natasha A. et al (2017), 'Prevalence of sexual dimorphism in mammalian phenotypic traits', *Nature Communications*, 8:15475
12 Martha L. Blair (2007), 'Sex-based differences in physiology: what should we teach in the medical curriculum?', *Advanced Physiological Education*, 31, 23–5
13 Ibid.
14 https://www.ncbi.nlm.nih.gov/pmc/articles/PMC4800017/Jan 2016
15 https://theconversation.com/man-flu-is-real-but-women-get-more-autoimmune-diseases-and-allergies-77248
16 https://www.washingtonpost.com/national/health-science/why-do-autoimmune-diseases-affect-women-more-often-than-men/2016/10/17/3e224db2-8429-11e6-ac72-a29979381495_story.html?utm_term=.acef157fc395
17 http://www.nature.com/news/infections-reveal-inequality-between-the-sexes-1.20131?WT.mc_id=TWT_NatureNews
18 Ibid.
19 https://www.ncbi.nlm.nih.gov/pmc/articles/PMC4157517/
20 Ibid.
21 http://docs.autismresearchcentre.com/papers/2010_Schwartz_Sex Specific_MolAut.pdf
22 Clayton, Janine Austin (2015), 'Studying both sexes: a guiding principle for biomedicine', http://www.fasebj.org/content/early/2015/10/28/fj.15– 279554.full.pdf+html
23 Ibid.
24 Ibid.

25 https://theconversation.com/not-just-about-sex-throughout-our-bodies-thousands-of-genes-act-differently-in-men-and-women-86613

26 Holdcroft, Anita, Snidvongs, Saowarat and Berkley, Karen J. (2011), 'Incorporating Gender and Sex Dimensions in Medical Research', *Interdisciplinary Science Reviews*, 36:2, 180–92

27 ' Gender and Health Knowledge Agenda', May 2015, ZonMw, Netherlands, http://www.genderportal.eu/sites/default/files/resource_pool/Gender%20%26%20Health%20Knowledge%20Agenda_0.pdf

28 Pollitzer, Elizabeth (2013), 'Cell sex matters', *Nature*, 500, 23–24

29 Londa Schiebinger (2014), 'Gendered innovations: harnessing the creative power of sex and gender analysis to discover new ideas and develop new technologies', *Triple Helix*, 1:9

30 Cristiana Vitale et al. (2017), 'Under-representation of elderly and women in clinical trials', *International Journal of Cardiology*, 232, 216–21

31 The Henry J. Kaiser Family Foundation (2014), 'Women and HIV/AIDS in the United States'; women also experience different clinical symptoms and complications due to HIV disease

32 http://www.who.int/gender/hiv_aids/hivaids1103.pdf

33 Curno, Mirjam J. et al. (2016), 'A Systematic Review of the Inclusion (or Exclusion) of Women in HIV Research: From Clinical Studies of Antiretro-virals and Vaccines to Cure Strategies', *Journal of Acquired Immune Deficiency Syndrome*, 1:71(2) (February 2016),. 181–8

34 http://www.wpro.who.int/topics/gender_issues/Takingsexandgenderinto-account.pdf

35 Ibid.

36 Hughes, Robert N. (2007), 'Sex does matter: comments on the prevalence of male-only investigations of drug effects on rodent behaviour', *Behavioural Pharmacology*, 18:7, 583–9

37 http://helix.northwestern.edu/article/thalidomide-tragedy-lessons-drug-safety-and-regulation

38 https://www.smh.com.au/national/the-50-year-global-cover-up-20120725-22r5c.html

39 http://broughttolife.sciencemuseum.org.uk/broughttolife/themes/controversies/thalidomide

40 Marts and Keitt (2004)

41 http://foreignpolicy.com/2014/08/20/why-are-so-many-women-dying-from-ebola/

42 R. D. Fields (2014), 'Vive la différence requiring medical researchers to test males and females in every experiment sounds reasonable, but it is a bad idea', *Scientific American*, 311, 14

43 Richardson, S. S., Reiches, M., Shattuck-Heidorn, H., LaBonte, M. L. and Consoli, T. (2015), 'Opinion: focus on preclinical sex differences will not address women's and men's health disparities', *Proceedings of the National Academy of Science*, 112, 13419–20

44 Holdcroft, Anita (2007) 'Gender bias in research: how does it affect evidence based medicine?', *Journal of the Royal Society of Medicine*, 100

45 Ibarra, Manuel, Vázquez, Marta and Fagiolino, Pietro (2017), 'Sex Effect on Average Bioequivalence', *Clinical Therapeutics*, 39:1, 23–33

46 Mergaert, Lut and Lombardo, Emanuela (2014), 'Resistance to implementing gender mainstreaming in EU research policy', in Weiner, Elaine and MacRae, Heather (eds.), 'The persistent invisibility of gender in EU policy', *European Integration online Papers* (*EIoP*), special issue 1, Vol. 18, Article 5, 1–21

47 Ibid.

48 Ibid.
49 Hughes (2007)
50 Pinnow, Ellen, Herz, Naomi, Loyo-Berrios, Nilsa and Tarver, Michelle (2014), 'Enrollment and Monitoring of Women in Post-Approval Studies for Medical Devices Mandated by the Food and Drug Adminstration', *Journal of Women's Health*, 23:3 (March 2014), 218–23
51 http://www.sciencedirect.com/science/article/pii/S0002870310000864
52 Labots, G., Jones, A., Visser, S. J. de, Rissmann, R. and Burggraaf, J. (2018), 'Gender differences in clinical registration trials: is there a real problem?', *British Journal of Clinical Pharmacology*
53 McGregor, Alyson J. (2017), 'The Effects of Sex and Gender on Pharmacologic Toxicity: Implications for Clinical Therapy', *Clinical Therapeutics*, 39:1
54 Ibid.
55 Ibid.
56 Ibid.
57 Bruinvels, G. et al. (2016), 'Sport, exercise and the menstrual cycle: where is the research?', *British Journal of Sports Medicine*, 51:6, 487–488
58 Zopf, Y. et al. (2008), 'Women encounter ADRs more often than do men', *European Journal of Clinical Pharmacology*, 64:999
59 https://www.ncbi.nlm.nih.gov/pmc/articles/PMC198535/
60 Soldin, Offie P., Chung, Sarah H. and Mattison, Donald R. (2011), 'Sex Differences in Drug Disposition', *Journal of Biomedicine and Biotechnology*, 2011:187103; Anderson, Gail D. (2005), 'Sex And Racial Differences In Pharmacological Response: Where Is The Evidence? Pharmacogenetics, Pharmacokinetics, and Pharmacodynamics', *Journal of Women' s Health*, 14:1, http://online.liebertpub.com.libproxy.ucl.ac.uk/doi/pdf/10.1089/jwh.2005.14.19
61 Anderson (2005)
62 Hughes (2007)
63 Yoon, Dustin Y. et al. (2014), 'Sex bias exists in basic science and translational surgical research', *Surgery*, 156:3, 508–16
64 https://thinkprogress.org/scientists-avoid-studying-womens-bodies-because-they-get-periods-3fe9d6c39268/
65 Yoon et al. (2014)
66 Karp (2017)
67 Hughes (2007)
68 Yoon et al. (2014)
69 Ibid.
70 Ibid.
71 Ortona, Elena, Delunardo, Federica, Baggio, Giovannella and Malorni, Walter (2016), 'A sex and gender perspective in medicine: A new Mandatory Challenge For Human Health', *Ann Ist Super Sanità*, 52:2, 146–8
72 J. Peretz et al. (2016), 'Estrogenic compounds reduce influenza A virus in primary human nasal epithelial cells derived from female, but not male, donors', *American Journal of Physiology*, 310:5, 415–425
73 http://protomag.com/articles/pain-women-pain-men
74 https://www.newscientist.com/article/dn28064-female-viagra-has-been-approved-heres-what-you-need-to-know/
75 Anderson (2005); Whitley, Heather P. and Lindsey, Wesley (2009), 'Sex-Based Differences in Drug Activity', *American Family Physician*, 80:11 (December 2009), 1254–8
76 https://www.accessdata.fda.gov/drugsatfda_docs/label/2015/022526REMS.pdf

77 https://www.ncbi.nlm.nih.gov/pmc/articles/PMC4800017/https://www.ncbi.nlm.nih.gov/pubmed/20799923; Howard, Louise M., Ehrlich, Anna M., Gamlen, Freya and Oram, Sian (2017), 'Gender-neutral mental health research is sex and gender biased', *Lancet Psychiatry*, 4:1, 9–11

78 Marts and Keitt (2004)

79 Parekh, A., Sanhai, W., Marts, S. and Uhl, K. (2007), 'Advancing women's health via FDA Critical Path Initiative', *Drug Discovery Today: Technologies*, 4:2

80 http://www.nature.com/news/infections-reveal-inequality-between-the-sex-es-1.20131?WT.mc_id=TWT_NatureNews

81 Yoon et al. (2014)

82 http://genderedinnovations.stanford.edu/case-studies/colon.html#tabs-2

83 Devries, Michaela C. (2016), 'Sex-based differences in endurance exercise muscle metabolism: impact on exercise and nutritional strategies to optimize health and performance in women', *Experimental Physiology*, 101:2, 243–9

84 Schiebinger (2014)

85 Zusterzeel, R. et al. (2014), 'Cardiac Resynchronization Therapy in Women: US Food and Drug Administration Meta-analysis of Patient-Level Data', *JAMA Internal Medicine*, 174:8, 1340–8

86 Woodruff, Teresa K. (2014), 'Sex, equity, and science', *PNAS*, 111:14, 5,063–4

87 Nowak, Bernd et al. (2010), 'Do gender differences exist in pacemaker implantation?–results of an obligatory external quality control program', *Europace*, 12, 210–15

88 http://www.smithsonianmag.com/innovation/the-worlds-first-true-artificial-heart-now-beats-inside-a-75-year-old-patient-180948280/?no-ist

89 http://www.syncardia.com/medical-professionals/two-sizes-70cc-50cc.html

90 Sardeli, Amanda Veiga and Chacon-Mikahil, Mara Patricia T. (2016), 'Exercise-Induced Increase as a Risk Factor for Central Arterial Stiffness', *Journal of Archives in Military Medicine*; http://circ.ahajournals.org/con- tent/110/18/2858; http://www.medscape.com/viewarticle/728571; https:// www.ncbi.nlm.nih.gov/pubmed/22267567

91 Collier, Scott R. (2008), 'Sex Differences in the Effects of Aerobic and Anaerobic Exercise on Blood Pressure and Arterial Stiffness', *Gender Medicine*, 5:2

92 Ibid.

93 Devries (2016)

94 Tarnopolsky, M. A. (2008), 'Sex Differences in Exercise Metabolism and the Role of 17-Beta Estradiol', *Medicine and Science in Sports and Exercise*, 40:4, 648–54

95 Dick, R. W. (2009), 'Is there a gender difference in concussion incidence and outcomes?', *British Journal of Sports Medicine*, 43, Suppl. I, i46–i50, DOI:10.1136/bjsm.2009.058172

96 https://thinkprogress.org/scientists-avoid-studying-womens-bodies-because-they-get-periods-3fe9d6c39268/)

97 Hunter, Sandra K. (2016), 'Sex differences in fatigability of dynamic contractions', *Experimental Physiology*, 101:2, 250–5

98 Jutte, Lisa S., Hawkins, Jeremy, Miller, Kevin C., Long, Blaine C. and Knight, Kenneth L. (2012), 'Skinfold Thickness at 8 Common Cryotherapy Sites in Various Athletic Populations', *Journal of Athletic Training*, 47:2, 170–7

99 Costello, Joseph T., Bieuzen, Francois and Bleakley, Chris M. (2014), 'Where are all the female participants in Sports and Exercise Medicine research?', *European Journal of Sport Science*, 14:8, 847–51; https://www.sciencenews. org/blog/scicurious/women-sports-are-often-underrepresented-science

100 Faulkner, S. H., Jackson, S., Fatania, G. and Leicht, C. A. (2017), 'The effect of

passive heating on heat shock protein 70 and interleukin-6: A possible treatment tool for metabolic diseases?', *Temperature*, 4, 1–13
101 https://theconversation.com/a-hot-bath-has-benefits-similar-to-exer- cise-74600; http://www.huffingtonpost.com/entry/hot-bath-may-have-similar-benefits-as-exercise_us_58d90aa8e4b03692bea7a930
102 'Gender and Health Knowledge Agenda', May 2015 (ZonMw, Netherlands); http://www.health.harvard.edu/heart-health/gender-matters-heart-disease- risk-in-women; Dallongeville, J. et al. (2010), 'Gender differences in the implementation of cardiovascular prevention measures after an acute coronary event', *Heart*, 96, 1744–9
103 'Gender and Health Knowledge Agenda', May 2015 (ZonMw, Netherlands)
104 https://theconversation.com/medicines-gender-revolution-how-women-stopped-being-treated-as-small-men-77171
105 https://orwh.od.nih.gov/clinical/women-and-minorities/
106 https://orwh.od.nih.gov/sites/orwh/files/docs/NOT-OD-15–102_Guidance.pdf
107 Yoon et al. (2014)
108 Rees, Teresa (2011), 'The Gendered Construction of Scientific Excellence', *Interdisciplinary Science Reviews*, 36:2, 133–45
109 Howard, Ehrlich, Gamlen and Oram (2017)
110 Holdcroft (2007)
111 Ibid.
112 Marts and Keitt (2004)
113 http://www.nature.com/news/infections-reveal-inequality-between-the-sex-es-1.20131?WT.mc_id=TWT_NatureNews
114 Ortona, Delunardo, Baggio and Malorni (2016)
115 http://www.goretro.com/2014/08/mothers-little-helper-vintage-drug-ads.html
116 https://www.ncbi.nlm.nih.gov/pmc/articles/PMC198535/
117 Ibid.
118 'Gender and Health Knowledge Agenda', May 2015 (ZonMw, Netherlands)
119 https://www.ncbi.nlm.nih.gov/pmc/articles/PMC198535/
120 Ibid.
121 Ibid.
122 http://www.ajmc.com/newsroom/women-taking-stains-faced-increased-diabetes-risk
123 http://www.health.harvard.edu/heart-health/gender-matters-heart-disease-risk-in-women
124 Pollitzer (2013)
125 https://www.ncbi.nlm.nih.gov/pmc/articles/PMC4800017/ Jan 2016
126 Whitley and Lindsey (2009)
127 https://www.washingtonpost.com/news/wonk/wp/2014/06/07/bad-medicine-the-awful-drug-reactions-americans-report/?utm_term=.1a7067d-40dce
128 Tharpe, N. (2011), 'Adverse Drug Reactions in Women's Health Care', *Journal of Midwifery & Women's Health*, 56, 205–13
129 https://www.washingtonpost.com/news/wonk/wp/2014/06/07/bad-medicine-the-awful-drug-reactions-americans-report/?utm_term=.1a7067d-40dce
130 Marts and Keitt (2004)
131 Carey, Jennifer L. et al. (2017), 'Drugs and Medical Devices: Adverse Events and the Impact on Women's Health', *Clinical Therapeutics*, 39:1
132 Yoon et al. (2014)
133 'Gender and Health Knowledge Agenda', May 2015 (ZonMw, Netherlands)
134 https://www.ncbi.nlm.nih.gov/pmc/articles/PMC198535/
135 https://www.hindawi.com/journals/bmri/2011/187103/
136 Ibid.

137 Anderson (2005)
138 Wang, Lishi et al. (2017), 'Sex Differences in Hazard Ratio During Drug Treatment of Non-small-cell Lung Cancer in Major Clinical Trials: A Focused Data Review and Meta-analysis', *Clinical Therapeutics*, 39:1
139 Ibarra, Vázquez and Fagiolino (2017)
140 Whitley and Lindsey (2009)
141 Ibid.
142 Ibid.

第十一章　楊朵症候群

1 https://www.georgeinstitute.org/media-releases/disadvantaged-women-at-greater-risk-of-heart-disease-than-men-0
2 https://www.ncbi.nlm.nih.gov/pmc/articles/PMC4800017/ Jan 2016; http:// circ.ahajournals.org/content/133/9/916?sid=beb5f268-4205-4e62-be8f- 3caec4c4d9b7
3 http://heart.bmj.com/content/102/14/1142
4 http://circ.ahajournals.org/content/133/9/916?sid=beb5f268-4205-4e62-be8f-3caec4c4d9b7 2016
5 Ridker, Paul M. et al. (2005), 'A Randomized Trial of Low-Dose Aspirin in the Primary Prevention of Cardiovascular Disease in Women', *New England Journal of Medicine*, 352, 1293–304
6 Johannes, A. N. et al. (2011), 'Aspirin for primary prevention of vascular events in women: individualized prediction of treatment effects', *European Heart Journal*, 32:23, 2962–9
7 Kruijsdijk, R. C. M. van et al. (2015), 'Individualised prediction of alternate-day aspirin treatment effects on the combined risk of cancer, cardiovascular disease and gastrointestinal bleeding in healthy women', *Heart*, 101, 369–76
8 Wu, J. et al. (2016), 'Impact of initial hospital diagnosis on mortality for acute myocardial infarction: A national cohort study', *European Heart Journal*, 7:2
9 https://www.nytimes.com/2014/09/28/opinion/sunday/womens-atypical-heart-attacks.html?_r=0
10 http://heart.bmj.com/content/102/14/1142
11 Ibid.
12 Yoon et al. (2014)
13 http://circ.ahajournals.org/content/133/9/916?sid=beb5f268-4205-4e62-be8f-3caec4c4d9b7
14 https://www.england.nhs.uk/wp-content/uploads/2013/06/a09-cardi-prim-percutaneous.pdf
15 https://www.hqip.org.uk/wp-content/uploads/2018/02/national-audit-of-percutaneous-coronary-intervention-annual-public-report.pdf
16 https://www.sciencedaily.com/releases/2016/03/160304092233.htm 2016 march
17 http://heart.bmj.com/content/102/14/1142 Published online 24 June 2016.
18 https://www.sciencedaily.com/releases/2016/03/160304092233.htm 2016 march
19 Motiwala, Shweta R., Sarma, Amy, Januzzi, James L. and O'Donoghue, Michelle L. (2014), 'Biomarkers in ACS and Heart Failure: Should Men and Women Be Interpreted Differently?', Clinical Chemistry, 60:1
20 'Gender and Health Knowledge Agenda', May 2015 (ZonMw, Netherlands)
21 http://media.leidenuniv.nl/legacy/leru-paper-gendered-research-and-innovation.pdf
22 Ibid.
23 'Gender and Health Knowledge Agenda', May 2015 (ZonMw, Netherlands)

24 Schiebinger, Londa (2014), 'Gendered innovations: harnessing the creative power of sex and gender analysis to discover new ideas and develop new technologies', *Triple Helix*, 1:9

25 Dijkstra, A. F, Verdonk, P. and Lagro-Janssen, A. L. M. (2008), 'Gender bias in medical textbooks: examples from coronary heart disease, depression, alcohol abuse and pharmacology', *Medical Education*, 42:10, 1021–8; 'Gender and Health Knowledge Agenda', May 2015 (ZonMw, Netherlands); https:// link.springer.com/article/10.1007/s10459-008-9100-z; Holdcroft (2007)

26 Sakalihasan, N., Limet, R. and Defawe, O. D. (2005), 'Abdominal aortic aneurysm', *Lancet*, 365, 1577–89

27 'Gender and Health Knowledge Agenda', May 2015 (ZonMw, Netherlands)

28 http://genderedinnovations.stanford.edu/case-studies/colon.html#tabs-2

29 Ibid.

30 Ibid.

31 http://www.wpro.who.int/topics/gender_issues/Takingsexandgenderintoaccount.pdf

32 United Nations Development Programme (2015), *Discussion Paper: Gender and Tuberculosis*

33 ACTION (Advocacy to Control TB Internationally), 'Women and Tuberculosis: Taking a Look at a Neglected Issue', ACTION, Washington DC, 2010

34 Ibid.

35 United Nations Development Programme (2015), *Discussion Paper: Gender and Tuberculosis*

36 ACTION (Advocacy to Control TB Internationally), 'Women and Tuberculosis: Taking a Look at a Neglected Issue', ACTION, Washington DC, 2010.

37 Ibid.; United Nations Development Programme (2015), *Discussion Paper: Gender and Tuberculosis*

38 ACTION (Advocacy to Control TB Internationally), 'Women and Tuberculosis: Taking a Look at a Neglected Issue', ACTION, Washington DC, 2010; United Nations Development Programme (2015), *Discussion Paper: Gender and Tuberculosis*

39 http://www.wpro.who.int/topics/gender_issues/Takingsexandgenderinto account.pdf

40 ACTION (Advocacy to Control TB Internationally), 'Women and Tuberculosis: Taking a Look at a Neglected Issue', ACTION, Washington DC, 2010

41 United Nations Development Programme (2015), *Discussion Paper: Gender and Tuberculosis*

42 ACTION (Advocacy to Control TB Internationally), 'Women and Tuberculosis: Taking a Look at a Neglected Issue', ACTION, Washington DC, 2010.

43 Schiebinger (2014)

44 http://genderedinnovations.stanford.edu/case-studies/hiv.html#tabs-2

45 https://www.scientificamerican.com/article/autism-it-s-different-in-girls/

46 https://www.um.edu.mt/library/oar/handle/123456789/15597

47 https://www.scientificamerican.com/article/autism-it-s-different-in-girls/

48 https://www.um.edu.mt/library/oar/handle/123456789/15597

49 https://www.scientificamerican.com/article/autism-it-s-different-in-girls/

50 https://www.theguardian.com/society/2016/oct/21/m-in-the-middle-girls-autism-publish-novel-limpsfield-grange

51 https://www.gov.uk/government/consultations/adult-autism-strategy-guidance-update

52 https://www.theguardian.com/society/2016/oct/21/m-in-the-middle-girls-autism-publish-novel-limpsfield-grange

53 https://www.theatlantic.com/health/archive/2013/04/adhd-is-different-for-

women/381158/?utm_source=quartzfb
54 Hoffman, Diane E. and Tarzian, Anita J. (2001), 'The Girl Who Cried Pain: A Bias Against Women in the Treatment of Pain', Journal of Law, Medicine & Ethics, 29, 13–27
55 http://thinkprogress.org/health/2015/05/11/3654568/gender-roles-women-health/
56 https://www.theguardian.com/society/2017/sep/06/listen-to-women-uk-doctors-issued-with-first-guidance-on-endometriosis
57 https://www.endofound.org/endometriosis
58 https://www.theguardian.com/society/2015/sep/28/endometriosis-hidden-suffering-millions-women
59 https://www.theguardian.com/society/2017/sep/06/listen-to-women-uk-doctors-issued-with-first-guidance-on-endometriosis
60 http://www.independent.co.uk/news/science/stephen-hawking-says-women-are-the-most-intriguing-mystery-in-reddit-ama-a6687246.html
61 https://www.birdvilleschools.net/cms/lib/TX01000797/Centricity/Domain/1013/AP %20Psychology/Femininity.pdf
62 Showalter, Elaine (1985) The Female Malady: Women, Madness and English Culture 1830–1980, London 1987
63 https://www.health.harvard.edu/blog/astounding-increase-in-antidepressant-use-by-americans-201110203624
64 http://pb.rcpsych.org/content/pbrcpsych/early/2017/01/06/pb.bp.116. 054270.full.pdf
65 https://academic.oup.com/painmedicine/article/10/2/289/article
66 Hoffman and Tarzian (2001)
67 Fillingim, R. B., King, C. D., Ribeiro-Dasilva, M. C., Rahim-Williams, B. and Riley, J. L. (2009), 'Sex, Gender, and Pain: A Review of Recent Clinical and Experimental Findings', *Journal of Pain: Official Journal of the American Pain Society*, 10:5, 447–85
68 https://www.med.unc.edu/ibs/files/educational-gi-handouts/IBS%20in%20 Women.pdf
69 https://www.npr.org/sections/health-shots/2012/04/16/150525391/why-women-suffer-more-migraines-than-men
70 https://migraine.com/migraine-statistics/
71 http://www.independent.co.uk/life-style/health-and-families/health-news/will-this-hurt-doctor-much-more-if-you-are-a-woman-907220.html
72 Greenspan, Joel D. et al. (2007), 'Studying sex and gender differences in pain and analgesia: A consensus report', *Pain*, 132, S26–S45
73 Hoffmann and Tarzian (2001)
74 Clayton, Janine Austin (2016), 'Studying both sexes: a guiding principle for biomedicine', *The FASEB Journal*, 30:2, 519–524
75 http://www.independent.co.uk/life-style/health-and-families/health-news/will-this-hurt-doctor-much-more-if-you-are-a-woman-907220.html
76 http://www.npr.org/templates/story/story.php?storyId=18106275
77 Ibid.
78 https://www.ncbi.nlm.nih.gov/books/NBK92516/
79 http://www.gendermedicine.com/1st/images/Oral02.pdf
80 Kindig, David A. and Cheng, Erika R. (2013), 'Even As Mortality Fell In Most US Counties, Female Mortality Nonetheless Rose In 42.8 Percent Of Counties From 1992 To 2006', *Health Affairs*, 32:3, 451–8
81 'Gender and Health Knowledge Agenda', May 2015 (ZonMw, Netherlands)
82 http://ajph.aphapublications.org/doi/10.2105/AJPH.2016.303089

83 Ibid.
84 https://www.newscientist.com/article/2081497-women-live-longer-than-men-but-suffer-more-years-of-poor-health/
85 https://link.springer.com/article/10.1007 %2Fs10433-008-0082-8
86 http://www.demographic-research.org/volumes/vol20/19/20–19.pdf
87 http://www.euro.who.int/__data/assets/pdf_file/0006/318147/EWHR16_interactive2.pdf?ua=1
88 https://www.researchgate.net/blog/post/why-do-we-still-not-know- what-causes-pms
89 https://www.nhs.uk/conditions/erection-problems-erectile-dysfunction/ treatment/
90 https://www.health.harvard.edu/womens-health/treating-premenstrual-dysphoric-disorder
91 https://www.researchgate.net/blog/post/why-do-we-still-not-know-what-causes-pms
92 http://grantome.com/grant/NIH/R03-TW007438-02
93 https://qz.com/611774/period-pain-can-be-as-bad-as-a-heart-attack-so-why-arent-we-researching-how-to-treat-it/ 2016
94 Ibid.
95 http://grantome.com/grant/NIH/R03-TW007438-02
96 Dmitrovic, R., Kunselman, A. R. and Legro, R. S. (2013), 'Sildenafil citrate in the treatment of pain in primary dysmenorrhea: a randomized controlled trial', *Human Reproduction*, 28:11, 2958–65
97 http://edition.cnn.com/2013/03/27/health/viagra-anniversary-timeline/index.html
98 http://www.clevelandclinicmeded.com/medicalpubs/diseasemanagement/endocrinology/erectile-dysfunction/
99 http://edition.cnn.com/2013/03/27/health/viagra-anniversary-timeline/ index.html
100 http://www.telegraph.co.uk/women/life/period-pain-can-feel-bad-heart-attack-ignored/
101 http://www.who.int/mediacentre/factsheets/fs348/en/
102 https://www.pri.org/stories/2017–05-05/how-trumps-latest-budget-impacts-women-and-girls-classrooms-cops
103 https://livestream.com/refinerytv/physiology2016/videos/131487028
104 https://www.propublica.org/article/nothing-protects-black-women-from-dying-in-pregnancy-and-childbirth
105 https://edition.cnn.com/2018/02/20/opinions/protect-mother-pregnancy-williams-opinion/index.html
106 https://www.ncbi.nlm.nih.gov/pubmed/26444126

第十二章　待利用的免費資源

1 https://www.thetimes.co.uk/article/review-the-growth-delusion-the-wealth-and-wellbeing-of-nations-by-david-pilling-b322223kc
2 https://www.chathamhouse.org/expert/comment/g20-must-push-more-inclusive-gdp
3 https://www.theguardian.com/uk-news/2016/nov/10/doing-the-chores-valued-at-1tn-a-year-in-the-uk
4 http://databank.worldbank.org/data/download/GDP.pdf
5 http://www.oecd.org/dev/development-gender/Unpaid_care_work.pdf
6 http://progress.unwomen.org/en/2015/pdf/UNW_progressreport.pdf
7 https://www.theatlantic.com/business/archive/2016/03/unpaid-caregivers/474894/
8 https://www.theatlantic.com/business/archive/2016/03/unpaid-caregivers/474894/
9 http://progress.unwomen.org/en/2015/pdf/UNW_progressreport.pdf
10 http://www.pwc.com.au/australia-in-transition/publications/understanding-the-

unpaid-economy-mar17.pdf
11 http://hdr.undp.org/sites/default/files/folbre_hdr_2015_final_0.pdf
12 Ibid.
13 Sánchez de Madariaga, Inés, 'Mobility of Care: Introducing New Concepts in Urban Transport', in Marion Roberts and Inés Sánchez de Madariaga (eds.) (2013), *Fair Shared Cities: The Impact of Gender Planning in Europe*, Farnham
14 http://hdr.undp.org/sites/default/files/folbre_hdr_2015_final_0.pdf
15 http://progress.unwomen.org/en/2015/pdf/UNW_progressreport.pdf
16 2011年經合組織的年度社會指標報告（Social Indicators report）中，花了一章討論無支薪勞動，但自此之後就沒有類似的報告。http://www.oecd-ilibrary.org/docserver/download/8111041e.pdf?expires=1500914228&id=id&accname=guest&checksum=CD8E8A5F41FA84BE66F2291FF893E9F0
17 https://theconversation.com/gender-neutral-policies-are-a-myth-why-we-need-a-womens-budget-55231
18 Himmelweit, Susan (2002), 'Making Visible the Hidden Economy: The Case for Gender-Impact Analysis of Economic Policy', *Feminist Economics*, 8:1, 49–70, http://dx.doi.org/10.1080/13545700110104864
19 https://www.unison.org.uk/content/uploads/2014/06/On-line- Catalogue224222.pdf
20 http://wbg.org.uk/wp-content/uploads/2017/03/WBG_briefing_Social－Care_Budget-2017_final_JDH_SH_EN_20Mar.pdf
21 Ibid.
22 Ibid.
23 https://www.theguardian.com/lifeandstyle/2012/mar/18/public-sector-cuts-hit-prudent-houseife
24 https://www.unison.org.uk/content/uploads/2014/06/On-line-Catalogue224222.pdf
25 http://wbg.org.uk/wp-content/uploads/2017/03/WBG_briefing_Soc-Secu- rity_pre_Budget.pdf
26 https://www.theguardian.com/commentisfree/2017/may/01/conservatives- universal-credit-hard-work
27 https://wbg.org.uk/news/low-income-women-lose-2000-tax-benefit- changes/
28 http://progress.unwomen.org/en/2015/pdf/UNW_progressreport.pdf; http://wbg.org.uk/wp-content/uploads/2016/12/WBG_Budget2017_ Fullresponse-1.pdf
29 http://wbg.org.uk/wp-content/uploads/2016/12/Budget_pressrelease_ 9Mar17.pdf
30 https://www.legislation.gov.uk/ukpga/2010/15/section/149
31 https://www.theguardian.com/commentisfree/2017/may/01/conservatives-universal-credit-hard-work
32 Barsh, Joanna and Yee, Lareina (2011), 'Unlocking the full potential of women in the U.S. Economy', McKinsey
33 http://reports.weforum.org/global-gender-gap-report-2015/the-case-for-gender-equality/
34 http://ec.europa.eu/eurostat/statistics-explained/index.php/Gender_statistics#Labour_market
35 https://data.worldbank.org/indicator/SL.TLF.CACT.FE.ZS?locations=US, accessed 13 March 2018
36 Ibid.; https://data.worldbank.org/indicator/SL.TLF.CACT.MA.ZS, accessed 13 March 2018
37 http://reports.weforum.org/global-gender-gap-report-2015/the-case-for-gender-equality/
38 McKinsey (2015), 'The Power of Parity: how advancing women's equality can add

$12 trillion to global growth'
39 Ibid.
40 Ibid.
41 http://progress.unwomen.org/en/2015/pdf/UNW_progressreport.pdf
42 Himmelweit (2002)
43 http://cep.lse.ac.uk/pubs/download/dp1464.pdf
44 https://www.researchgate.net/publication/269288731_Business_training_plus_for_female_entrepreneurship_Short_and_medium-term_experimental_evidence_from_Peru
45 http://www.salute.gov.it/imgs/C_17_pagineAree_431_listaFile_itemName_1_file.pdf
46 http://progress.unwomen.org/en/2015/pdf/UNW_progressreport.pdf
47 http://www.who.int/mediacentre/news/releases/2014/lancet-ageing-series/ en/
48 Ibid.
49 https://www.kingsfund.org.uk/projects/time-think-differently/trends-disease-and-disability-long-term-conditions-multi-morbidity
50 http://ec.europa.eu/eurostat/tgm/table.do?tab=table&language=en&pcode=tps00001&tableSelection=1&footnotes=yes&labeling=labels&plugin=1
51 http://www.salute.gov.it/imgs/C_17_pagineAree_431_listaFile_itemName_1_file.pdf
52 Ibid.
53 http://caringeconomy.org/wp-content/uploads/2015/08/care-crisis-means- big-trouble.pdf
54 Ibid.
55 http://www.slate.com/blogs/xx_factor/2017/06/20/the_gop_s_plan_to_slash_medicaid_will_shift_a_costly_burden_onto_women_who.html
56 http://progress.unwomen.org/en/2015/pdf/UNW_progressreport.pdf
57 https://www.alzheimersresearchuk.org/wp-content/uploads/2015/03/Women-and-Dementia-A-Marginalised-Majority1.pdf
58 Ibid.
59 http://www.mckinsey.com/global-themes/gender-equality/the-power-of-parity-advancing-womens-equality-in-the-united-kingdom
60 http://www.nytimes.com/2010/06/10/world/europe/10iht-sweden.html
61 https://iwpr.org/publications/impact-equal-pay-poverty-economy/
62 http://wbg.org.uk/wp-content/uploads/2016/11/De_Henau_Perrons_WBG_CareEconomy_ITUC_briefing_final.pdf
63 http://wbg.org.uk/wp-content/uploads/2016/11/De_Henau_WBG_childcare_briefing3_2017_02_20-1.pdf
64 http://progress.unwomen.org/en/2015/pdf/UNW_progressreport.pdf
65 http://wbg.org.uk/wp-content/uploads/2016/11/De_Henau_WBG_childcare_briefing3_2017_02_20-1.pdf
66 Kim, Kijong and Antonopoulos, Rania (2011), 'Working Paper No. 691: Unpaid and Paid Care: The Effects of Child Care and Elder Care on the Standard of Living', Levy Economics Institute of Bard College
67 Ibid.
68 http://hdr.undp.org/sites/default/files/folbre_hdr_2015_final_0.pdf
69 http://newlaborforum.cuny.edu/2017/03/03/recognize-reduce-redistribute-unpaid-care-work-how-to-close-the-gender-gap/
70 http://wbg.org.uk/wp-content/uploads/2016/11/De_Henau_Perrons_WBG_CareEconomy_ITUC_briefing_final.pdf
71 http://newlaborforum.cuny.edu/2017/03/03/recognize-reduce-redistribute- unpaid-

care-work-how-to-close-the-gender-gap/

72 http://wbg.org.uk/wp-content/uploads/2016/11/De_Henau_Perrons_WBG_CareEconomy_ITUC_briefing_final.pdf

73 Ibid.

74 http://wbg.org.uk/wp-content/uploads/2016/11/De_Henau_WBG_child-care_briefing3_2017_02_20-1.pdf

75 http://www.mckinsey.com/global-themes/gender-equality/the-power-of-parity-advancing-womens-equality-in-the-united-kingdom

76 http://wbg.org.uk/wp-content/uploads/2016/11/De_Henau_WBG_childcare_briefing3_2017_02_20-1.pdf

77 http://www.mckinsey.com/global-themes/gender-equality/the-power-of-parity-advancing-womens-equality-in-the-united-kingdom

78 http://wbg.org.uk/wp-content/uploads/2016/11/De_Henau_WBG_childcare_briefing3_2017_02_20-1.pdf

79 Ibid.

80 http://www.gothamgazette.com/city/6326-pre-k-offers-parents-opportunity-at-economic-gain

81 Ibid.

82 https://ourworldindata.org/women-in-the-labor-force-determinants

83 http://wbg.org.uk/wp-content/uploads/2016/11/De_Henau_WBG_child-care_briefing3_2017_02_20-1.pdf; http://progress.unwomen.org/en/2015/pdf/UNW_progressreport.pdf

84 http://www.mckinsey.com/global-themes/gender-equality/the-power-of-parity-advancing-womens-equality-in-the-united-kingdom http://wbg.org.uk/wp-content/uploads/2016/11/

85 http://wbg.org.uk/wp-content/uploads/2016/11/De_Henau_WBG_child-care_briefing3_2017_02_20-1.pdf

86 http://newlaborforum.cuny.edu/2017/03/03/recognize-reduce-redistribute-unpaid-care-work-how-to-close-the-gender-gap/

第十三章　從女用皮包到男用皮夾

1 https://twitter.com/alex6130/status/872937838488281088

2 https://twitter.com/MaliaBouattia/status/872978158135508992

3 https://twitter.com/DavidLammy/status/873063062483357696

4 https://www.buzzfeed.com/ikrd/we-dont-actually-know-how-many-young-people-turned-out-to?utm_term=.yw9j2lr8l#.cqOlx8Aa8

5 https://blog.oxforddictionaries.com/2017/12/14/youthquake-word-of- the-year-2017-commentary/

6 http://blogs.lse.ac.uk/politicsandpolicy/the-myth-of-the-2017-youth quake-election/

7 https://www.prospectmagazine.co.uk/blogs/peter-kellner/the-british-election-study-claims-there-was-no-youthquake-last-june-its-wrong

8 https://twitter.com/simonschusterUK/status/973882834665590785

9 https://oxfamblogs.org/fp2p/are-women-really-70-of-the-worlds-poor-how-do-we-know/;http://www.politifact.com/punditfact/article/2014/jul/03/meet-zombie-stat-just-wont-die/

10 https://www.americanprogress.org/issues/poverty/news/2013/03/11/56097/gender-equality-and-womens-empowerment-are-key-to-addressing- global-poverty/; https://www.theguardian.com/global-development-professionals- network/2013/mar/26/empower-women-end-poverty-developing-world; https://www.globalcitizen.

org/en/content/introduction-to-the-challenges-of-achieving-gender/; https://www.pciglobal.org/womens-empowerment-poverty/; https://reliefweb.int/report/world/women-and-development-worlds-poorest-are-women-and-girls; http://www.ilo.org/global/about-the-ilo/newsroom/news/WCMS_ 008066/lang–en/index.htm; https://www.oecd.org/social/40881538.pdf

11 https://oxfamblogs.org/fp2p/are-women-really-70-of-the-worlds-poor-how- do-we-know/

12 http://www.politifact.com/punditfact/article/2014/jul/03/meet-zombie- stat-just-wont-die/

13 http://ideas4development.org/en/zombie-facts-to-bury-about-women-and- girls/

14 https://www.researchgate.net/profile/Rahul_Lahoti/publication/236248332_Moving_from_the_Household_to_the_Individual_Multidimensional_Poverty_Analysis/links/5741941d08aea45ee8497aca/ Moving-from-the-Household-to-the-Individual-Multidimensional-Poverty-Analysis.pdf?origin=publication_list

15 關於一家之主是男還是女，通常由同住者是誰來決定。一個男性為一家之主的家庭，可能包含成年女性，而且時常也是如此。相反的，女性為一家之主的家庭定義，幾乎等同於沒有成年男性的家庭——在此，「沒有」是最大重點。原則上，一家之主的預設值是男性而不是女性。

16 Lundberg, Shelly J., Pollak, Robert A. and Wales, Terence J. (1997), 'Do Husbands and Wives Pool Their Resources? Evidence from the United Kingdom Child Benefit', *Journal of Human Resources*, 32:3, 463–80, http://www. jstor.org/stable/146179

17 http://www.cpahq.org/cpahq/cpadocs/Feminization_of_Poverty.pdf; http:// eprints.lse.ac.uk/3040/1/Gendered_nature_of_natural_disasters_%28LS- ERO%29.pdf

18 https://www.jstor.org/stable/145670?seq=1#page_scan_tab_contents; https://blogs.wsj.com/ideas-market/2011/01/27/the-gender-of-money/; François Bourguignon, Martin Browning, Pierre-André Chiappori and Valérie Lechene (1993), 'Intra Household Allocation of Consumption: A Model and Some Evidence from French Data', Annales d'Économie et de Annales d' Économie et de Statistique Annales d' Économie et de, 29, Progrès récents en théorie du consommateur / Recent Advances in Economic Theory, 137–56; http://jezebel.com/5744852/ money-has-a-gender

19 https://www.theguardian.com/commentisfree/2017/may/01/conservatives- universal-credit-hard-work

20 https://docs.gatesfoundation.org/documents/gender-responsive-orientation-document.pdf

21 Ibid.

22 Gauff, Tonya Major (2009), 'Eliminating the Secondary Earner Bias: Lessons from Malaysia, the United Kingdom, and Ireland', *Northwestern Journal of Law and Social Policy*, 4:2

23 European Parliament (2017), Gender Equality and Taxation in the European Union, http://www.europarl.europa.eu/RegData/etudes/STUD/2017/583138/IPOL_STU%282017%29583138_EN.pdf

24 Andrienko, Yuri, Apps, Patricia and Rees, Ray (2014), 'Gender Bias in Tax Systems Based on Household Income', *Discussion Paper, Institute for the Study of Labor*

25 https://www.gov.uk/marriage-allowance/how-it-works

26 https://www.bloomberg.com/news/articles/2016–08-18/japan-may-finally-end-10–000-cap-on-women-s-incentive-to-work

27 http://www.undp.org/content/dam/undp/library/gender/Gender%20and%20Poverty%20Reduction/Taxation%20English.pdf

28 European Parliament (2017), Gender Equality and Taxation in the European Union, http://www.europarl.europa.eu/RegData/etudes/STUD/2017/583138/IPOL_STU%282017%29583138_EN.pdf

29 Ibid.
30 Ibid.
31 Institute of Development Studies (2016), 'Redistributing Unpaid Care Work–Why Tax Matters for Women's Rights'
32 https://wbg.org.uk/wp-content/uploads/2017/11/taxation-pre-Budget-nov-2017-final.pdf
33 Ibid.
34 Ibid.
35 Institute of Development Studies (2016), 'Redistributing Unpaid Care Work–Why Tax Matters for Women's Rights'
36 http://www.taxjustice.net/2016/11/03/switzerland-un-hot-seat-impact-tax-policies-womens-rights/
37 http://cesr.org/sites/default/files/downloads/switzerland_factsheet_2nov2016.pdf
38 http://www.undp.org/content/dam/undp/library/gender/Gender%20and%20Poverty%20Reduction/Taxation%20English.pdf 2010
39 Institute of Development Studies (2016), 'Redistributing Unpaid Care Work–Why Tax Matters for Women's Rights'
40 European Parliament (2017), Gender Equality and Taxation in the European Union

第十四章　女權正是人權

1 https://www.politicalparity.org/wp-content/uploads/2015/08/Parity- Research-Women-Impact.pdf
2 http://www.historyandpolicy.org/policy-papers/papers/women-in-parliament-since-1945-have-they-changed-the-debate
3 https://www.diva-portal.org/smash/get/diva2:200156/FULLTEXT01.pdf
4 澳洲、奧地利、比利時、加拿大、丹麥、芬蘭、法國、希臘、愛爾蘭、義大利、荷蘭、紐西蘭、挪威、葡萄牙、西班牙、瑞典、瑞士、英國和美國。
5 https://economics.mit.edu/files/792
6 https://web.stanford.edu/group/peg/Papers%20for%20call/nov05%20papers/Clots-Figueras.pdf
7 https://www.theatlantic.com/politics/archive/2016/09/clinton-trust-sexism/500489/
8 http://www.telegraph.co.uk/comment/3558075/Irrational-ambition-is-Hillary-Clintons-flaw.html
9 https://www.psychologytoday.com/blog/are-we-born-racist/201010/is-hillary-clinton-pathologically-ambitious
10 http://query.nytimes.com/gst/fullpage.html?res=9807E3D8123EF932A-15751C0A9619C8B63&sec=&spon=&pagewanted=2
11 http://www.weeklystandard.com/colin-powell-on-hillary-clinton-unbridled-ambition-greedy-not-transformational/article/2004328
12 http://www.teenvogue.com/story/hillary-clinton-laughs-too-ambitious-attack
13 http://www.dailymail.co.uk/news/article-3900744/Assange-says-Clinton- eaten-alive-ambitions-denies-Russia-Democratic-email-hacks-interview- Kremlin-s-TV-channel.html
14 http://www.theonion.com/blogpost/hillary-clinton-is-too-ambitious- to-be-the-first-f-11229
15 https://www.psychologytoday.com/blog/are-we-born-racist/201010/is-hillary-clinton-pathologically-ambitious

16 http://journals.sagepub.com/doi/10.1177/0146167210371949
17 http://www.sciencedirect.com/science/article/pii/S0022103108000334
18 Cikara, Mina and Fiske, Susan T. (2009), 'Warmth, competence, and ambivalent sexism: Vertical assault and collateral damage', in Barreto, Manuela, Ryan, Michelle K. and Schmitt, Michael T. (eds.), *The glass ceiling in the 21st century: Understanding barriers to gender equality*, Washington
19 https://www.sciencedaily.com/releases/2016/08/160829095050.htm
20 Hekman, David, Johnson, Stefanie, Foo, Maw-Der and Yang, Wei (2017), 'Does Diversity-Valuing Behavior Result in Diminished Performance Ratings for Non-White and Female Leaders?', *Academy of Management Journal*, 60:2, 771
21 https://www.lrb.co.uk/v39/n02/rebecca-solnit/from-lying-to-leering
22 http://archive.ipu.org/wmn-e/world.htm
23 https://www.parliament.uk/business/committees/committees-a-z/com-mons-select/women-and-equalities-committee/news-parliament-2017/govt-response-women-hoc-2017–19/
24 https://www.gov.uk/government/uploads/system/uploads/attachment_data/file/642904/Government_Response_-_Women_in_the_House_of_Commons.pdf
25 http://archive.ipu.org/wmn-e/arc/classif010197.htm
26 https://www.fawcettsociety.org.uk/Handlers/Download.ashx?IDMF=2e149e34-9c26-4984-bf64-8989db41a6ad
27 https://www.gov.uk/government/uploads/system/uploads/attachment_data/file/642904/Government_Response_-_Women_in_the_House_of_Commons.pdf
28 Diana Z. O'Brien and Johanna Rickne (2016), 'Gender Quotas and Women's Political Leadership', *American Political Science Review*, 110:1 (February 2016), 112–26
29 https://blogs.eui.eu/genderquotas/wp-content/uploads/sites/24/2015/03/Executive-summary-Sweden-Freidenvall1.pdf
30 Ibid.
31 http://www.europarl.europa.eu/RegData/etudes/note/join/2013/493011/ IPOL-FEMM_NT(2013)493011_EN.pdf
32 https://blogs.eui.eu/genderquotas/wp-content/uploads/sites/24/2015/03/ Executive-summary-Sweden-Freidenvall1.pdf
33 Yoon, J. and Shin, K. (2015), 'Mixed effects of legislative quotas in South Korea', *Politics & Gender*, 11:1, 186–95
34 O'Brien and Rickne (2016)
35 https://web.archive.org/web/20110605021810/http://www.parliament.the-stationery-office.co.uk/pa/cm200708/cmhansrd/cm080306/debtext/80306–0007.htm
36 https://www.worksopguardian.co.uk/news/politics/man-who-sent-mp-s-wife-dead-bird-in-post-is-given-restraining-order-1–4777574
37 https://christinescottcheng.wordpress.com/publications/women-in-politics/mixed-member-proportional-leads-to-more-women-mps/how-the-electoral-system-matters-for-electing-women/; http://www.europarl.europa.eu/workingpapers/femm/w10/2_en.htm
38 Castillejo, Clare (2016), 'Women political leaders and peacebuilding', http://noref.no/var/ezflow_site/storage/original/application/6ccaf3f24b120b8004f0db2a767a9dc2.pdf
39 http://reliefweb.int/sites/reliefweb.int/files/resources/6ccaf3f24b120b8004f0db2a767a9dc2.pdf
40 Castillejo (2016)
41 http://www.capwip.org/readingroom/cawp-womenstateleg.pdf

42 https://www.fawcettsociety.org.uk/Handlers/Download.ashx?IDMF=2e149e34-9c26-4984-bf64-8989db41a6ad
43 Hancock, Adrienne B., Rubin, Benjamin A. (2015), 'Influence of Communication Partner's Gender on Language', *Journal of Language and Social Psychology*, 34:1, 46–64
44 http://www.pbs.org/newshour/rundown/for-many-women-watching-trump-interrupt-clinton-51-times-was-unnerving-but-familiar/
45 https://www.vanityfair.com/news/2017/11/inside-the-fall-of-todays-matt-lauer
46 https://hbr.org/2016/09/why-hillary-clinton-gets-interrupted-more-than-donald-trump
47 https://www.theguardian.com/commentisfree/2016/mar/28/hillary-clinton-honest-transparency-jill-abramson
48 http://www.bbc.co.uk/news/uk-politics-13211577
49 http://archive.ipu.org/pdf/publications/issuesbrief-e.pdf
50 https://www.theguardian.com/politics/2014/feb/09/fawzia-koofi-afghanistan-mp-turn-off-microphones
51 https://www.theguardian.com/technology/datablog/ng-interactive/2016/ jun/27/from-julia-gillard-to-hillary-clinton-online-abuse-of-politicians- around-the-world
52 http://archive.ipu.org/pdf/publications/issuesbrief-e.pdf
53 Ibid.
54 http://www.medicamondiale.org/fileadmin/redaktion/5_Service/Media-thek/Dokumente/English/Documentations_studies/medica_mondiale_-_Report_on_Women__Peace_and_Security_-_October_2007.pdf
55 https://www.theguardian.com/politics/2014/feb/09/fawzia-koofi-afghanistan-mp-turn-off-microphones
56 https://www.reuters.com/article/us-afghanistan-women/bomb-attack-in-eastern-afghanistan-kills-female-politician-idUSKBN0LK1EI20150216
57 O'Brien and Rickne (2016)
58 Ibid.
59 http://archive.ipu.org/wmn-e/classif.htm
60 Kanthak, Kristin and Krause, George A. (2012), *The Diversity Paradox: Political Parties, Legislatures, and the Organizational Foundations of Representation in America*, New York http://www.pitt.edu/~gkrause/Kanthak%20&%20 Krause. Diversity %20Paradox.Book%20Manuscript.09–10-10.pdf
61 O'Brien and Rickne (2016)
62 Kanthak and Krause (2012)，婦女只要威脅到大多數，男性就會激烈反擊。
63 Wittmer, Dana and Bouche, Vanessa (2010), 'The Limits of Gendered Leadership: The Public Policy Implications of Female Leadership on Women's Issues', *The Limits of Gendered Issues*, APSA 2010 Annual Meeting Paper
64 http://archive.ipu.org/pdf/publications/issuesbrief-e.pdf
65 http://www.medicamondiale.org/fileadmin/redaktion/5_Service/Media-thek/Dokumente/English/Documentations_studies/medica_mondiale_-_Report_on_Women__Peace_and_Security_-_October_2007.pdf
66 http://archive.ipu.org/pdf/publications/issuesbrief-e.pdf
67 https://www.cfr.org/article/violence-against-female-politicians
68 http://archive.ipu.org/pdf/publications/issuesbrief-e.pdf
69 https://www.cfr.org/article/violence-against-female-politicians
70 https://www.ndi.org/sites/default/files/not-the-cost-program-guidance-final.pdf
71 https://www.ndi.org/sites/default/files/not-the-cost-program-guidance-final.pdf
72 https://www.cfr.org/article/violence-against-female-politicians
73 Jacobi, Tonja and Schweers, Dylan (2017), 'Justice, Interrupted: The Effect of

Gender, Ideology and Seniority at Supreme Court Oral Arguments' (14 March 2017), *Virginia Law Review*, 1379, *Northwestern Law & Econ Research Paper* No. 17–03

74 http://www.bbc.com/capital/story/20170622-why-women-should-interrupt-men

75 http://www.bbc.com/capital/story/20160906-how-rude-the-secret-to-smart-interrupting

76 https://www.nytimes.com/2017/06/13/us/politics/kamala-harris-interrupted-jeff-sessions.html

77 http://edition.cnn.com/2017/06/13/politics/powers-miller-kamala-harris-hysterical-sessions-hearing-ac360-cnntv/index.html

78 http://interactions.acm.org/archive/view/january-february-2014/are-you-sure-your-software-is-gender-neutral

79 Tali Mendelberg，普林斯頓大學教授，《沉默的性別：性別，協商與建制》（*The Silent Sex: Gender, Deliberation and Institutions*）一書合著作者，https://mobile.nytimes.com/ 2016/10/27/upshot/speaking-while-female-and-at-a-disadvantage. html?em_pos=small&emc=edit_up_20161028&nl=upshot&nl_art=3&nlid= 67555443&ref=headline&te=1&_r=0&referer=http://m.facebook.com

80 http://time.com/3666135/sheryl-sandberg-talking-while-female-manterruptions/

81 Mendelberg

82 Karpowitz, C., Mendelberg, T. and Shaker, L. (2012) 'Gender Inequality in Deliberative Participation', *American Political Science Review*, 106:3, 533–47

83 https://www.fawcettsociety.org.uk/Handlers/Download.ashx?IDMF=2e149e34-9c26-4984-bf64-8989db41a6ad

84 https://www.bindmans.com/insight/updates/when-can-the-law-remove-a-councillor-without-an-election;http://localgovernmentlawyer.co.uk/index.php?option=com_content&view=article&id=17463%3Acouncil-blames-local- ism-act-for-inability-to-remove-councillor-from-office&catid=59 %3Agover- nance-a-risk-articles&Itemid=27

85 https://www.fawcettsociety.org.uk/Handlers/Download.ashx?IDMF= 2e149e34-9c26-4984-bf64-8989db41a6ad

第十五章　誰來重建？

1 http://www.makers.com/once-and-for-all

2 https://www.globalfundforwomen.org/wp-content/uploads/2006/11/disaster-report.pdf

3 https://www.womensrefugeecommission.org/gbv/firewood

4 http://gdnonline.org/resources/women_will_rebuild_miami.pdf

5 Murakami-Ramalho, E. and Durodoye, B. (2008), 'Looking Back to Move Forward: Katrina's Black Women Survivors Speak', *NWSA Journal*, 20(3), 115–37

6 https://iwpr.org/wp-content/uploads/wpallimport/files/iwpr-export/publi-cations/D506_GetToTheBricks.pdf

7 https://www.theguardian.com/global-development/2015/jan/22/women-rights-war-peace-un-resolution-1325

8 http://www.peacewomen.org/assets/file/NationalActionPlans/milad-pournikanalysisdocs/igis_womeninpeaceandsecuritythroughunsr1325_millerpournikswaine_2014.pdf; Data2x

9 https://www.cfr.org/interactive/interactive/womens-participation-in-peace-processes/explore-the-data

10 https://reliefweb.int/sites/reliefweb.int/files/resources/UNW-GLOBAL-

STUDY-1325–2015.pdf
11 United Nations Security Council (2017) 'Report of the Secretary-General on women and peace and security'
12 Clare Castillejo (2016), 'Women political leaders and peacebuilding', Norwegian Peacebuilding Resource Centre
13 Ibid.
14 http://www.unwomen.org/en/what-we-do/peace-and-security/facts-and-figures#sthash.vq3NnLEu.dpuf; O'Reilly, Marie, Súilleabháin, Andrea Ó and Paffenholz, Thania (2015), 'Reimagining Peacemaking: Women's Roles in Peace Processes', International Peace Institute, New York
15 Castillejo (2016)
16 O'Reilly, Súilleabháin and Paffenholz (2015)

第十六章　殺死你的不是天災

1 http://www.securitycouncilreport.org/atf/cf/%7B65BFCF9B-6D27-4E9C-8CD3-CF6E4FF96FF9%7D/WPS%202010%20Sidebar2.pdf
2 http://www.un.org/en/preventgenocide/rwanda/about/bgsexualviolence. shtml
3 O'Reilly, Marie, Súilleabháin, Andrea Ó and Paffenholz, Thania (2015), 'Reimagining Peacemaking: Women's Roles in Peace Processes,' International Peace Institute, New York, June 2015, https://www.ipinst.org/wp-content/uploads/2015/06/IPI-E-pub-Reimagining-Peacemaking.pdf
4 http://www.un.org/en/preventgenocide/rwanda/about/bgsexualviolence. shtml
5 O'Reilly, Súilleabháin and Paffenholz (2015)
6 http://www.unwomen.org/en/what-we-do/peace-and-security/facts-and-figures #sthash.vq3NnLEu.dpuf
7 http://www.nytimes.com/2013/12/11/world/asia/effort-to-help-filipino-women-falters-un-says.html
8 http://www.unfpa.org/press/women%E2%80%99s-health-critical-recovery-aftermath-typhoon-haiyan-says-unfpa-executive-director
9 Ibid.
10 http://www.nytimes.com/2013/12/11/world/asia/effort-to-help-filipino- women-falters-un-says.html
11 O'Reilly, Súilleabháin and Paffenholz (2015)
12 http://www.indexmundi.com/facts/oecd-members/maternal-mortality-ratio
13 https://www.unicef.org/childsurvival/sierraleone_91206.html
14 http://www.thesierraleonetelegraph.com/?p=16261
15 https://www.washingtonpost.com/national/health-science/2014/08/14/3e08d0c8-2312-11e4-8593-da634b334390_story.html?utm_term=.51eb39dc57dc
16 Ibid.
17 http://www.thelancet.com/journals/langlo/article/PIIS2214-109X (15)00065–0/fulltext
18 http://www.wpro.who.int/topics/gender_issues/Takingsexandgenderinto account.pdf
19 http://theconversation.com/zika-and-ebola-had-a-much-worse-effect-on- women-we-need-more-research-to-address-this-in-future-64868
20 Ibid.
21 http://foreignpolicy.com/2014/08/20/why-are-so-many-women-dying-from-ebola/
22 http://www.unwomen.org/en/news/stories/2016/5/ed-statement-on-whs#sthash.xmKEsOBX.dpuf
23 https://www.washingtonpost.com/national/health-science/2014/08/14/3e08d0c8-

2312-11e4-8593-da634b334390_story.html?utm_term=.51eb39dc57dc
24 https://www.buzzfeed.com/jinamoore/ebola-is-killing-women-in-far-greater-numbers-than-men?utm_term=.gpzKwwzJze#.wce6ww292m
25 Ibid.
26 https://www.washingtonpost.com/national/health-science/2014/08/14/3e08d0c8-2312-11e4-8593-da634b334390_story.html?utm_term= .51eb39dc57dc
27 https://www.chathamhouse.org/publication/ia/gendered-human-rights-analysis-ebola-and-zika-locating-gender-global-health# https://www. chathamhouse.org/publication/ia/gendered-human-rights-analysis-ebo- la-and-zika-locating-gender-global-health
28 http://theconversation.com/zika-and-ebola-had-a-much-worse-effect-on-women-we-need-more-research-to-address-this-in-future-64868
29 https://www.theguardian.com/environment/blog/2014/jul/14/8-charts-climate-change-world-more-dangerous
30 https://www.washingtonpost.com/news/energy-environment/wp/2016/07/25/how-climate-disasters-can-drive-violent-conflict-around- the-world/?utm_term=.8b5c33ad65e7
31 https://www.washingtonpost.com/opinions/another-deadly-consequence-of-climate-change-the-spread-of-dangerous-diseases/2017/05/30/ fd3b8504-34b1-11e7-b4ee-434b6d506b37_story.html?utm_term=. e49b6bd86143
32 http://www.thelancet.com/journals/lanplh/article/PIIS2542-5196 (17)30082–7/fulltext?elsca1=tlpr
33 http://edition.cnn.com/2017/08/04/health/climate-change-weather-disasters-europe/index.html
34 Neumayer, Eric and Plümper, Thomas (2007) 'The gendered nature of natural disasters: the impact of catastrophic events on the gender gap in life expectancy, 1981–2002', *Annals of the Association of American Geographers*, 97:3, 55–66
35 Ibid.
36 https://www.theguardian.com/society/2005/mar/26/internationalaidanddevelopment.indianoceantsunamidecember2004
37 http://eprints.lse.ac.uk/3040/1/Gendered_nature_of_natural_disasters_%28LSERO%29.pdf
38 Ibid.
39 https://thewire.in/66576/economic-growth-bangladesh-challenge-change-women/
40 http://www.bridge.ids.ac.uk/sites/bridge.ids.ac.uk/files/reports/Climate_Change_DFID.pdf
41 https://www.globalfundforwomen.org/wp-content/uploads/2006/11/disas- ter-report.pdf
42 Ibid.
43 https://iwpr.org/wp-content/uploads/wpallimport/files/iwpr-export/publications/D506_GetToTheBricks.pdf
44 https://qz.com/692711/the-radically-simple-way-to-make-female-refu- gees-safer-from-sexual-assault-decent-bathrooms/
45 https://www.womensrefugeecommission.org/facts-and-figures
46 https://www.globalone.org.uk/wp-content/uploads/2017/03/SYRIA-RE-PORT-FINAL-ONLINE.pdf
47 https://www.amnesty.ie/greece-refugee-women-coping-fear-violence-camps/ https://blogs.cdc.gov/global/2014/11/17/implications-of-latrines-on-womens-and-girls-safety/
48 http://refugeerights.org.uk/wp-content/uploads/2017/03/RRDP_Hidden-Struggles.pdf

49 http://www.wame2015.org/case-study/1124/ https://blogs.cdc.gov/global/2014/11/17/implications-of-latrines-on-womens-and-girls-safety/
50 https://www.hrw.org/sites/default/files/report_pdf/wrdsanitation0417_web_0.pdf
51 http://refugeerights.org.uk/wp-content/uploads/2017/03/RRDP_Hidden-Struggles.pdf
52 https://qz.com/692711/the-radically-simple-way-to-make-female-refugees-safer-from-sexual-assault-decent-bathrooms/
53 https://www.theguardian.com/lifeandstyle/2018/jul/09/i-couldnt-even-wash-after-giving-birth-how-showers-are-restoring-the-dignity-of-female-refugees
54 艾琳新聞網和難民婦女委員會。
55 https://www.hrw.org/sites/default/files/report_pdf/wrdsanitation0417_web_0.pdf
56 Ibid.
57 http://www.bbc.co.uk/news/uk-england-beds-bucks-herts-36804714
58 https://www.irinnews.org/investigations/2017/05/10/women-refugees-risk-sexual-assault-berlin-shelters
59 https://www.buzzfeed.com/jinamoore/women-refugees-fleeing-through-europe-are-told-rape-is-not-a?utm_term=.lmMmNv6vBq #.tgnEGvDv89
60 https://www.theguardian.com/world/2017/feb/28/refugee-women-and-children-beaten-raped-and-starved-in-libyan-hellholes
61 https://www.irinnews.org/investigations/2017/05/10/women-refugees-risk-sexual-assault-berlin-shelters
62 Ibid.
63 http://www.huffingtonpost.com/soraya-chemaly/women-and-disaster- relief_b_5697868.html
64 http://odihpn.org/magazine/linking-food-security-food-assistance-and-protection-from-gender-based-violence-wfp%C2%92s-experience/
65 https://www.telegraph.co.uk/news/2018/02/17/oxfam-warned-decadeago-crisis-sex-abuse-among-worlds-aid-workers/
66 https://wssagwales.files.wordpress.com/2012/10/asawoman.pdf
67 https://phys.org/news/2017–04-uk-hidden-homeless-lone-women.html
68 https://www.theguardian.com/society/2017/dec/14/homelessness-womenseeking-support-outnumber-men-for-first-time?CMP=share_btn_tw
69 https://phys.org/news/2017–04-uk-hidden-homeless-lone-women.html
70 http://www.feantsa.org/download/feantsa-ejh-11–1_a1-v045913941269604492255.pdf
71 https://www.policyalternatives.ca/publications/commentary/fast-facts-4-things-know-about-women-and-homelessness-canada
72 http://www.feantsa.org/download/feantsa-ejh-11–1_a1-v045913941269604492255.pdf
73 https://phys.org/news/2017–04-uk-hidden-homeless-lone-women.html
74 https://www.theguardian.com/commentisfree/2017/apr/19/sex-rent-logicalextension-leaving-housing-to-market
75 https://www.policyalternatives.ca/publications/commentary/fast-facts-4-things-know-about-women-and-homelessness-canada
76 http://journals.sagepub.com/doi/abs/10.1177/088626001016008001
77 https://www.bustle.com/articles/190092-this-is-how-homeless-womencope-with-their-periods
78 https://www.theguardian.com/housing-network/2016/aug/22/sex-inreturn-for-shelter-homeless-women-face-desperate-choices-governmenttheresa-may
79 https://www.telegraph.co.uk/women/womens-health/11508497/TheHomelessPeriod-Campaign-for-homeless-women-to-have-free-tampons.html

80 http://thehomelessperiod.com/
81 https://www.change.org/p/help-the-homeless-on-their-period-thehomelessperiod/u/19773587
82 https://www.thecut.com/2016/06/nyc-will-provide-tampons-in-schoolsshelters.html
83 http://www.unhcr.org/uk/news/latest/2008/4/4815db792/corporategift-highlights-sanitation-problems-faced-female-ref ugees. html; http://www.reuters.com/article/us-womens-day-refugees-periodsfeature-idUSKBN16F1UU
84 https://www.womensrefugeecommission.org/images/zdocs/Refugee-Women-on-the-European-Route.pdf; https://www.globalone.org.uk/wpcontent/uploads/2017/03/SYRIA-REPORT-FINAL-ONLINE.pdf; https://globalone.org.uk/2017/05/a-14-year-olds-heart-wrenching-tale/390 Invisible Women
85 http://www.ifrc.org/en/news-and-media/news-stories/africa/burundi/upholding-women-and-girls-dignity-managing-menstrual-hygiene-in-emergency-situations-62536/
86 January 2016, https://www.womensrefugeecommission.org/images/zdocs/Refugee-Women-on-the-European-Route.pdf; http://www.nytimes.com/2013/12/11/world/asia/effort-to-help-filipino-women-falters-un-says.html
87 http://www.ifrc.org/en/news-and-media/news-stories/africa/burundi/upholding-women-and-girls-dignity-managing-menstrual-hygiene-in-emergency-situations-62536/
88 http://www.reuters.com/article/us-womens-day-refugees-periods-fea-ture-idUSKBN16F1UU
89 https://www.globalone.org.uk/wp-content/uploads/2017/03/SYRIA-RE-PORT-FINAL-ONLINE.pdf

後記

1 http://discovermagazine.com/2006/mar/knit-theory
2 http://www.cabinetmagazine.org/issues/16/crocheting.php
3 https://www.brainpickings.org/2009/04/24/margaret-wertheim-institute-for-figuring/
4 http://discovermagazine.com/2006/mar/knit-theory
5 Ibid.
6 http://www.cabinetmagazine.org/issues/16/crocheting.php
7 https://www.nytimes.com/2005/07/11/nyregion/professor-lets-her-fingers-do-the-talking.html
8 Cikara, Mina and Fiske, Susan T. (2009), 'Warmth, competence, and ambivalent sexism: Vertical assault and collateral damage', in Barreto, Manuela, Ryan, Michelle K. and Schmitt, Michael T. (eds.), *The glass ceiling in the 21st century: Understanding barriers to gender equality*, Washington DC
9 https://link.springer.com/content/pdf/10.1007 %2Fs00004-000-0015-0.pdf
10 https://www.wired.com/2008/06/pb-theory/
11 http://womenintvfilm.sdsu.edu/wp-content/uploads/2017/01/2016_Celluloid_Ceiling_Report.pdf
12 http://wmc.3cdn.net/dcdb0bcb4b0283f501_mlbres23x.pdf
13 http://www.slate.com/articles/news_and_politics/history/2016/01/popular_history_why_are_so_many_history_books_about_men_by_men.html?via=gdpr-consent #methodology
14 https://www.historians.org/publications-and-directories/perspectives-on-history/may-2010/what-the-data-reveals-about-women-historians

15 https://www.historians.org/publications-and-directories/perspectives- on-history/december-2015/the-rise-and-decline-of-history-specializations- over-the-past-40-years
16 http://duckofminerva.com/2015/08/new-evidence-on-gender-bias-in-ir- syllabi.html
17 https://www.theguardian.com/world/2004/jan/23/gender.uk
18 *Sex Discrimination Law Review* (January 2018), www.fawcettsociety.org.uk
19 Nielsen, Mathias Wullum, Andersen, Jens Peter, Schiebinger, Londa and Schneider, Jesper W. (2017), 'One and a half million medical papers reveal a link between author gender and attention to gender and sex analysis', *Nature Human Behaviour*, 1, 791–6
20 https://www.vox.com/policy-and-politics/2017/7/18/15991020/3-gop-wom-en-tank-obamacare-repeal
21 Ransby, B. (2006), 'Katrina, Black Women, and the Deadly Discourse on Black Poverty in America', *Du Bois Review: Social Science Research on Race*, 3:1, 215–22, DOI:10.1017/S1742058X06060140
22 https://grist.org/article/hurricane-maria-hit-women-in-puerto-rico-the-hardest-and-theyre-the-ones-building-it-back/
23 https://www.vogue.com/projects/13542078/puerto-rico-after-hurricane-maria-2/

國家圖書館出版品預行編目資料

被隱形的女性：從各式數據看女性受到的不公對待，消弭生活、職場、設計、醫療中的各種歧視／卡洛琳．克里亞朵．佩雷茲（Caroline Criado Perez）著；洪夏天譯. -- 初版. -- 臺北市：商周出版：家庭傳媒城邦分公司發行, 2020.07
面； 公分. -- (View point ; 103)
譯自：Invisible women : exposing data bias in a world designed for men
ISBN 978-986-477-853-9(平裝)

1.女性 2.性別歧視 3.性別角色 4.性別研究

544.52 109007129

ViewPoint 103

被隱形的女性：從各式數據看女性受到的不公對待，消弭生活、職場、設計、醫療中的各種歧視

作　　者／卡洛琳．克里亞朵．佩雷茲（Caroline Criado Perez）
譯　　者／洪夏天
企劃選書／羅珮芳
責任編輯／羅珮芳
版　　權／吳亭儀、江欣瑜
行銷業務／周佑潔、林詩富、賴玉嵐
總 編 輯／黃靖卉
總 經 理／彭之琬
事業群總經理／黃淑貞
發 行 人／何飛鵬
法律顧問／元禾法律事務所王子文律師
出　　版／商周出版
台北市南港區昆陽街16號4樓
電話：(02) 25007008　傳真：(02)25007579
E-mail:bwp.service@cite.com.tw
發　　行／英屬蓋曼群島商家庭傳媒股份有限公司城邦分公司
台北市南港區昆陽街16號8樓
書虫客服服務專線：02-25007718；25007719
服務時間：週一至週五上午09:30-12:00；下午13:30-17:00
24小時傳真專線：02-25001990；25001991
劃撥帳號：19863813；戶名：書虫股份有限公司
讀者服務信箱：service@readingclub.com.tw
城邦讀書花園：www.cite.com.tw
香港發行所／城邦（香港）出版集團
香港九龍土瓜灣土瓜灣道86號順聯工業大廈6樓A室　E-mail: hkcite@biznetvigator.com
電話：(852) 25086231　傳真：(852) 25789337
馬新發行所／城邦（馬新）出版集團【Cite (M) Sdn Bhd】
41, Jalan Radin Anum, Bandar Baru Sri Petaling,
57000 Kuala Lumpur, Malaysia.
電話：(603) 90563833　傳真：(603) 90576622
Email: services@cite.my

封面設計／日央設計
內頁排版／陳健美
印　　刷／韋懋實業有限公司
經　　銷／聯合發行股份有限公司
地址：新北市231新店區寶橋路235巷6弄6號2樓
電話：(02)2917-8022　傳真：(02)2911-0053

■2020年7月2日初版
■2024年5月7日初版3.7刷

Printed in Taiwan

定價490元

城邦讀書花園
www.cite.com.tw

 ISBN 978-986-477-853-9